Meticulous Translation Matters

Huang Yanfeng

译个活
翻是细

黄延峰 ◎著

Aletheia Derman Books

WINTER PARK, FLORIDA

本书由杨伟华女士资助出版，特此致谢。

The publication of this book was made possible
thanks to funding from Yang Weihua.

Published by Aletheia Derman
Winter Park, Florida, USA 32789

First Edition: May 2025

Library of Congress Control Number: 2025935413

ISBN 978-1-967528-00-4

Printed and bound in the United States of America

Contents

目 录

翻译是个细活

Part 01

理念先行
Ideas Ahead

文学之译
Literary Translations

梦想之城
City of Dreams

智慧的阶梯
Ladder of Wisdom

Part 05

营销无小事
Never Trivial About Marketing

Part 06

精译求精
Constantly Perfecting Translation

译后记
Afterword to the Translation

序 言

穿越孤独，静心独处

转地换行，寻觅，蓦回首，译书匠；

夜以继日，神闲，跨文化，搭桥梁；

字斟句酌终不悔，读思写译为食粮[1]，怎不费思量。

　　有位朋友知道我在译书，领着他朋友的孩子找到我，说孩子想跟我交流一下，并希望能跟我学译书。我是半路出家，不敢为人师，讲点体会还是可以的。

　　图书翻译大多是将英语译成汉语，这方面母语是汉语且懂英语的人比较有优势，所以，主要由母语是汉语的人来做。反之则反之。译者的能力方面，首先，汉语的功底非常关键，这是承载金字塔的大地。反倒英语相对不那么重要，因为单词记不住是可以查的，可以斟酌、推敲，不像口译，需要即刻反应，现翻词典肯定来不及。当然，知识面要广，因为一本书中可能涉及经济学、心理学、神经科学、历史、逻辑、希腊神话、诗歌、宗教和政治等。有些能力是自己多练就能提高的，有些需要有丰富的生活阅历，多阅读也能积累，包括读英文原著。另外，图书翻译都是有合同的，期限预定，这就需要速度。在一定时间内，译者需要集中各种资源，投入大量的时间，耗费大量的精力。尽管译书需要 meticulous，但 speed 也很重要。因此，在如此"多快好省"的压力之下，就看译者能否受得了孤独寂寞了。其实，我担心的就是他可能坐不住。

图书翻译往往是一个人孤独的煎熬。很多人坐着读三个月的书都是难事，更别说是译书了。曾经有位翻译学硕士，在得知我译了很多书后，愿意跟我交流，并立下宏愿，将来一定要把我拍在沙滩上。在我了解到他的中文功底一般，标点符号和文本格式都处理不好之后，更觉他勇气可嘉。有人喜欢译书总是好事，自当鼓励，但我心里想：小子，你不知道我的屁股坐烂过吧，而且前列腺肥大，但为了赶合同，仍得坚持坐着。

不但坐着，还需要精力集中。我有过多次"大炼钢铁"的经历。点燃煤气灶，开始煮水、热饭或熬稀饭之后，我认为稍离开一会没事，但一坐到电脑前，便忘得一干二净，等听到响声、闻到糊味才反应过来，结果就是煮干了壶和锅，煮坏了饭和菜。我还站着译过书。那时我开始译书不长时间，因为坐得太久，精力一集中就忘了坐姿，导致椎间盘突出，引起坐骨神经疼，只好站着译了半本书。我在飘窗上放了两个纸箱，再把笔记本电脑放在顶上，权当我的办公桌。从那以后，我全身的关节都疼了一遍。十年过后，我的身体剩下三大难受：眼睛、屁股和指关节。眼睛是近视、老花加疲累，因为其他功能可以暂歇，眼睛要盯着屏幕或书。右手指关节疼了，我可以换左手，大脑也随之无缝转换，只是苦了鼠标，但我延长了它一倍的寿命。自然，弯曲的食指也多了一倍。若遇两台电脑同时用，我就一手左键，一手右键。武者需要打通任督二脉，我是不是打通了胖胲体？

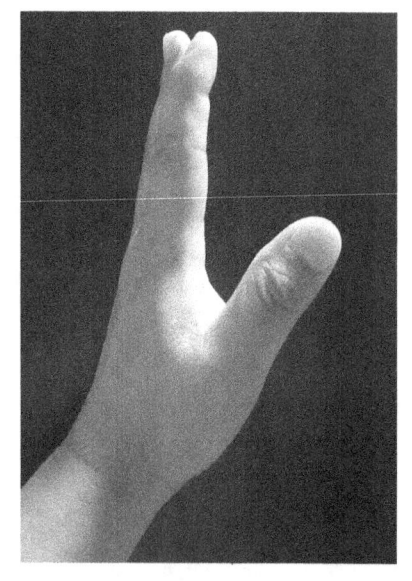

图书译者大多形单影只，一人伏一案，周围一堆书，一台旧电脑，一个犹抱琵琶半遮面的因特网。各人的理解不同，表述方式不同，文字功底不同，翻译理念不同，逼迫图书译者成为单干户。即使有几人合作译书，那也必须有一个人从头到尾通读通校，如果认真的话，那跟重译没什么两样；如果不认真的话，可想而知图书的质量。图书翻译不但从形式上表现为一个人的奋斗，而且实质上也是一个人的奋斗，因为你身边几乎没有人懂英语，读书人也不多，更别提译书了。谈得来的另外一位译者可能远在千里之外，作者更是万里之遥。此外，你还要忍受冷嘲热讽，甚至个别教翻译的教授也认为这不是一个好的选择：又不赚钱，干这个来？这么累，你不能找点能赚钱的事干吗？有些知道我但并不真正了解我所思所想的人会故作诧异地问：你怎么老待在家里？言外之意，你没混出来，因为中国人认为宅在家里的人都是不成气的人，没有本事，跟人无法相处。更不用说，为了完成合同，你还要减少或放弃社交所带来的孤独。

有些出版社对待译者的态度可以说是让人欲哭无泪。除了汉译英签合同先付一部分款、少数民营图书公司交稿即付款外，几乎全都是书出版了再付翻译费，这种付款方式给译者带来的那种提心吊胆可不是好滋味。嫌不合理，你可以不干啊，反正有的是人干。其实，即便一个不认真的译者，也是得不偿失的；认真译者的付出更是远超所得。可是如果不认真翻译，何谈尊重作者？何谈尊重读者？何谈不负编辑对你的信任？起码，你不得对得起自己的良心吗。

自古以来，完整的交易流程都是：交货—验货—付款，钱货两清，close the deal。可是译者交稿之后，出版社既不评审，也不付款，而是 open 着你，想什么时候出就什么时候出，完全不顾及译者也是要等米下锅的。当然，我指的是以译书为业的职业译者。因为这样的人少到可以忽略，出版社也就无需生态意识，只考虑自己合不合适即可。那些领着工资的兼职译者还好，尽管没有那么着急用钱，但羞于谈钱。所以，出版社吃他们吃顺嘴了。有良心的会在合同里写上如果一年没有出版，就会付款；有的不写，有的即使写了，但付款时会打九折。至于因故不出版了，大多数出版社会全额付款，但个别的只给 50% 的损稿费。出版不了又不是译者造成的，凭什么译者要承担损失？更有甚者，即使发生了版权交易也不跟译者分成。2018 年 3 月，台湾某出版社出版了我的一本译作，我就这一本繁体版译作，显然是从大陆某出版社购买的。我在网上发现之后，联系大陆这家出版社的法务部，问自己有没有收益。某法务说：没有，因为我们卖的是简体。至少你承认了是你们卖的，那是台湾那家出版社擅自改成了繁体？这样说是不是太钻头不顾腚了？果然，流氓不分男女。

出版方可以花几千、几万美元购买版权，回过头来就开始几十、几百地压低译者的翻译费，要命的是，不分译者的优良中差，一口价，并格式化霸王条款，让译者别无选择。这种连普通商人都不耻的行为，为什么能在知识分子成堆的文化产业中相沿成习，食之如甘饴？十年读得大学进，十年学不成买卖人。虽然"出版商"带着一个"商"字，但在一个离不开商人却鄙视商人的国度，若要体制内的人在商言商，学做商人，他们又觉得丢人。

从商业角度讲，凡垄断，必轻视，必邪行。从专业角度讲，"他们没有办法当下判断，译稿可用不可用"。要知道，一锅米饭能不能吃，不必等到吃完最后一粒米才能下结论。"等到出版才付款，其实是显示出版社自己不够专业。"[2]

本来我就觉得自己强行将身心转轨，自我流放，且是无期，就已经承受了各种压力。加上这些不受自己控制的事情，往往无从诉说，愈发感觉孤独无助。

可是，在读了阿琳·克莱默·理查兹等人的《穿越孤独：精神分析师眼中的孤独和孤单》（*Encounters with Loneliness: Only the Lonely*）之后，我对这种孤独有了新的认识。之前的模糊认识得以清晰和确认，现在我知道图书译者的这种孤独其实是一种独处。

《穿越孤独》的目的是从一个宽阔的精神分析视角来探索孤独感的广泛领域，有多个方面的专家写的18篇文章，分为5部分：孤独、创造性与艺术家；孤独感的临床面向；精神分析训练过程中的孤独与独处；生命事件中的孤独与独处；总结。"这本论文集呈现了一个万花筒，透过这个万花筒，我们看到当今精神分析学界有关这一重要主题的观点。"[3]在浏览了全书之后，我把阅读重点放在了第一部分：孤独、创造性与艺术家。

　　"孤独是一种痛苦而复杂的情感状态，没有人能够免受其苦。"[4]那么，什么是独处？"即在身体和心理上从他人那里撤回，这是一种单独和自己相处的状态，无论这是自主选择还是被环境所迫。……孤独是我们存在的背景，独处是自我的容器。"[5]

　　孤独者的宿命是悲惨和渴望，它只会带来更多的痛苦，而独处（solitude）是受欢迎的暂时缓解。"独处即是孤独，也是从孤独之中获得的安慰。"[6]"没有希望的感觉是孤独体验最基本的元素"，[7]而我是充满希望的，因此，我不孤独，只是独处。"从普通的生活轨迹中脱身，孤身一人去创造一件作品，这件作品以某种新的方式向人们讲述存在和生活。不足为奇，独处是一个充满恐惧和喜悦的地方，充满痛苦的自我贬低和狂喜的自我膨胀，而人类的创造（有时是那些最高水平的创造）就发生在这里。"[8]保罗·奥斯特（Paul Auster）说过："每本书都是一幅独处的影像，都是作者独守空房，长时间在独处中孵化出的产物。"[9]

　　其实，阴差阳错，刚入大学，选择公共外语时，我和少数几个同学选了日语，本想英语、日语同学，没想到不能同时追两只兔子，当时也没想着更正。结果日语入门后，很快失去了兴趣，但还是坚持学到了毕业。参加工作的第二年，我便开始在高中的基础上自学英语。直到现在，我还十分感激我的高中（莱芜一中）英语老师李明芳。她让我们边学高中课程边补背初中课文的方式，加之大量做语法题，效果非常好，我们很快找到了英语的感觉，成绩迅速提升，我的英文基础就是那时候打下的。当年，李老师应该没有想到我有朝一日走上译书这条路。不过我记得她曾经把自己的《傅雷家书》借我看过。说实话，那时的我草鸡子高中生一只，哪里懂译书，法语和西洋音乐更是一窍不通，从小唱到大的是："呼儿嗨哟，他是人民大救星"，以及"从来就没有什么救世主，也不靠神仙皇帝"。除了敬佩《傅雷家书》的高大上，并没从中学到什么。但或许它在我的心中悄悄埋下了一颗种子也未可知。读研究生时，王军老师教会了我精读。

　　在漫长的自学英语的过程中，从开始漫无目的地学，到为了考研而学，再到为了翻译而学，我时刻处于一种社交和独处的拉扯之中，"渴望陪伴的同时又无法忍受陪伴"。[10] 它牵扯我的精力，也考验着我的恒心和毅力，没有足够的定力，一个人很容易就随波逐流了。我知道自己跟那些人不是一类人，看到他们的现在，就看到了我的将来，这种发自内心深处的恐惧让我"逝将去女"，[11] 寻找属于自己的"在坰之野"。[12] 但那时，我并不清楚自己的 less traveled 之路在何方。[13]

心中有梦，就会永不停步。我走上职业译者的道路别说李老师想不到，连我自己也没想到，因为这本不是我的人生规划。也就是说，译书不是我从一开始就做的梦。只是后来觉得自己有这个能力，才跃跃欲试的。但多次被拒，各种理由，为此，我郁闷了五年。或许命运认为我对企业管理还缺乏实际认知，需要补课。于是乎，离开报社之后的那几年，我几乎把企业里的岗位干了一个遍，这对我后来翻译有关企业管理的内容大有助益。期间因为翻译结缘，我认识了苏兆海先生，我们成了朋友，经他推荐，第一个跟我联系并签订译书合同的编辑是杨云艳（可惜她现在已经不干编辑了），我得以正式开始英译汉图书，并且接二连三地签订合同。在译到第三本时，我觉得自己可以以此为业，施展拳脚，权衡而没有再三，就毅然决然地选择了这条少有人走的路。毕竟，这是自己早就心向往之的事情。汉译英图书的开始则得益于两个人：山东大学的徐超丽教授，她是我大学时期的辅导员。同学聚会时，得知我在搞图书翻译，她便把我推荐给了时任中国财经出版传媒集团副总经理兼经济科学出版社社长吕萍女士。目前，前期的两本汉译英专著已经出版，其中一本属于国家社科基金中华学术外译项目。还有很多帮助过我的人，在此一并致谢。

译书之事确立之后，我要追求的目标也逐渐清晰：从英译汉起步，进而汉译英，再就是出版自己写的书；最后，有可能的话，出版自己的英文书。本书的出版标志着我已经踏上了第三层台阶。

做梦也想不到的是，我的工作经历成为一节一节的助推器，把我送上了译者的轨道。一个非英语专业的人，没有跟随文盲、流氓、法盲和瞎忙者混日子，却自学成才，曲折而不挠地选择了图书翻译，并把它当成自己的事业。只要有这点精神，他就是一个脱离了低级趣味的人，一个有益于世界文化交流的人。真应了那句话：You cannot change the people around you, but you can change the people around you.

　　"独处和孤独是不同的，独处提供了一种存在性，因而是无情感的状态，是一种从痛苦之中获得疏解的孤单。"[14]亚当·菲利普斯（Adam Phillips）认为"个人独处的危险就是个人潜在自由的危险"。[15]"独处也有可能变成一种衰退和破坏，正如作家（或者主角）可能遭遇非常痛苦的阻塞，长时间无法创作"，[16]甚至有的人为了寻求从创作的痛苦中解脱而选择自杀。但我知道，我选择的道路不会给我带来痛苦和极端，有的只是疲惫和烦躁，以及不规律的快乐；我有清晰的目标和追求，我的时间和成绩成正比，因此我会想方设法保持工作和身体的平衡，维持着不至于大修。健康活着的意义在于：困苦弄不死我，将以有为也。

　　"虽然艺术家通常是孤独的，但是他们总是在和他人对话，为他人创作，当然这些人包括读者、观众和听众。"[17]而我在翻译过程中，虽独处而不孤单，我既会在作者的文字中神游，也会跟作者通过电子邮件交流，他们在美国、英国、加拿大、瑞士等国家（有的已经成了朋友，为我答疑解惑），还要跟国外出版社的编辑交流。甚至如果作者已经去世，还要跟作者版权的代理人交流（恰好是作者的粉丝），以期指点迷津；为了搞准确一个人名或名词，我会跟在网络上联系到的一切人交流；我要与国内的编辑交流，我要跟某些读者交流，我要跟译友交流，为了尽可能较低的价格得到自己心仪或需要的书，还要与网店书商讨价还价，因此见识了有文化的、没文化的各色书贩……尽管置身斗室，但我的触觉和视野却是国际性的，没有边际。这是对自由的奖赏。

　　"艺术家的独处是艺术创作的一项必要条件。"[18]马塞尔·普鲁斯特（Marcel Proust）说过："创意就像女神，它只在独处的人面前现身。"[19]而丹妮尔·卡纳夫（Danielle knafo）则说："从本质上而言，艺术创作是独处的职业。"[20] 斯托尔（Storr，1988）则认为：对于艺术家而言，自尊和个人满足感的首要来源并非人际关系，而是其艺术产出。[21] 尽管我不算艺术家，但我在图书翻译过程中有这种体会，当我看到渗透了自己心血的译作面市时，自豪感油然而生，感到满足。在得知读者满意、喜欢我译的书时，更是高兴得了不得。

周国平教授对独处的理解更为独到。"这个时代大家都很看重交往的能力，我承认交往是一种能力，但独处是一种更重要的能力，缺乏这种能力是更大的缺陷。"[22] 曾经在很长的时间里，周国平的这番话支撑着我的心理，让我孤独地奋斗而不至于崩溃和放弃。但人多了什么基因都有。萝卜白菜各有所爱。有的人喜欢活在别人的眼里，各种人际间的社会关系了然于胸，即便是满群"伪军"的低质量社交，他们也感到充实，求的是让自己不孤独，或显得不孤单。能做到独处的人只能是极少数；他们活在自己的一亩三分地里，追求绝大多数人做不到也无法理解的目标。耐得住寂寞，才能守得住繁华。但凡成功之人，往往都要经历一段没人理解、没人支持、没人帮助的暗淡时光，而这段时光，恰恰是自我沉淀的关键阶段。犹如黎明前的黑暗，捱过去，天也就亮了。"'昨夜西风凋碧树，独上高楼，望尽天涯路。'此第一境也。'衣带渐宽终不悔，为伊消得人憔悴。'此第二境也。'众里寻它千百度，蓦然回首，那人却在灯火阑珊处。'此第三境也。"[23] 王国维的三境界之说不正是对独孤求胜的写照吗！我切实体验过"蓦然回首"的感觉：就是它了。它者，译书也；"回眸一笑百媚生，六宫粉黛无颜色。"[24]

有时，我感到恍惚，我这是一种被迫独处，还是一种自愿独处？被迫独处是一种囚禁，不管是他人还是自己施加的；而自愿独处是自主选择的隐退，目的是投入到自己的事业当中。[25] 强加的独处未必不是一种赐福，就看你怎么理解。比如法国小说家克莱特（Colette）被丈夫锁在屋子里，不写到一定的页数就不许出去。[26] 而且，我觉得强加的独处可以转换成自愿的独处，二者并非完全没有交集。这让我想到了中国古代遭到贬谪的官员，也许有了独处的环境，不再忙于揣测人心，勾心斗角，才使他们静思，反而成就了他们的才华。从屈原到李白、苏轼、柳宗元，再到边塞诗人王昌龄、高适、岑参和王之涣，直至清朝的边塞诗人吴兆骞，这是一个长长的名单。嬴政以来近 500 个皇帝以及无数的王侯将相、贵子胄孙想不到的是，他们搜罗天下的宝物归于己、埋进墓的陪葬品竟然构成了华夏文化史和科技史的主体，[27] 而天子一怒之下贬黜官员反倒留住了文化的火种，传之四方，继而后世。说明只在放松管制，或自决于臣民，想管也管不了的时候，皇帝们才会有点贡献。正如伯纳德·曼德维尔（Bernard Mandeville）在《蜜蜂的寓言》（ The Fable of the Bees ）副标题中表达的那样，私恶（private vices）变成了公利（public benefits）。尽管经济学的"理性经济人"假设源于此，但跟皇帝的自私自利有天壤之别。理性经济人追求私利，但不排斥公利，因为他们深知二者是相辅相成的；因为市场经济的存在，信用体系的约束，冥冥之中，一只看不见的手引导着这一切。皇帝的私欲变成公益却是他们不情不愿的，因为等于是看得见的手挖了他们的龙脉。地理形态的风水只是表象，但只要跟几千年来的家天下一样灭私和抑商，就不可能挖断人们心中的龙脉。

千山鸟飞绝，万径人踪灭。

孤舟蓑笠翁，独钓寒江雪。

谪居永州期间，柳宗元写出了这首五言绝句。有人认为它反映了作者遭贬谪以后不甘屈从从而又倍感孤独的心理状态。作为所谓的政治家，不能置身于矛盾斗争的漩涡，在与同僚既竞争又合作的博弈中影响皇帝及其他臣民，影响政策方针，影响政局，影响社会及其发展变化，内心是孤苦寂寞的。那种成就感正是吸引各个朝代的才人前赴后继的磁石所在，也是官本位始终存在的根本原因，因为没有他途展示自己的才能，学成文武艺，只能货与帝王家，一句"居马上得之，宁可以马上治之乎"[28] 让很多"知识分子"找到了饭碗；又或者只能通过对权力的攫取和占有来彰显自己的成功和出类拔萃，因为其文化根基、价值立场和信仰无法让他们获得其他的安慰。自古商贾属于"贱类"，逐末之人，受到鄙视，地位低下。在《四民诗·商》中，范仲淹曾引述商人的话"吾商则何罪,君子耻为邻",为商人鸣不平。"溥天之下,莫非王土;率土之滨,莫非王臣。"理雅各(James Legge)译"臣"为 servants,[29] 即"奴仆"也,顶多就是个管家。尽管 servants 既有"仆人"之意,又有"雇员"之意,但考虑到作者的年代,显然不是指公司或行政机构的"职员",而是在地位上连现代社会的合同雇员都不如的"家臣"。因为现代雇员是可以双向选择的,而一旦吃上皇粮,基本上就由不得你了。国人不可谓不知,不但视而不见,而且趋之若鹜。"此弊已千载,千载犹因循。"(范仲淹)商人地位低,酸秀才孔乙己们也高不到哪里去,诗文难以换酒钱,致使家天下和官命贵愈加稳如磐石。

但遭贬谪就一定痛苦吗?据我理解,遭贬谪的痛苦并非遭贬谪本身,而是遭贬谪还不能一走了之,想挂冠而去?世界那么大,你想各处去看看?皇帝任性可以,可由不得你任性。1101 年 3 月,被贬海南的苏轼遇大赦而获准北归,其时,他的生命已经快走到尽头,路过金山寺时,心生感慨,自叹飘零:

心似已灰之木,身如不系之舟。

问汝平生功业,黄州惠州儋州。

皇帝让你靠边站,不仅要继续干,还要谢主隆恩;不仅要谢主隆恩,还要在规定的时间到岗。所以,他们的孤独是被迫的孤独。但是,我更愿意把柳宗元的"独钓寒江雪"理解成是对"独处"之美的赞叹。怎不见得作者心中想的是:乐土乐土,爰得我所,终于可以独自静一静了。尽管比庙堂之上时薪水低了不少,但江湖之远的好处颇多,不用看皇帝老儿的脸色(皇帝那鸟飞不到),也不用提防同僚的明枪暗剑(跑官买官、迎来送往的人踪消失不见了),既保住了老命,又有大把的时间潜心问道,深入思考哲学问题,所谓失之东隅,收之桑榆。王阳明就是在贬为驿长之后,龙场悟道,成就"知行合一"和"致良知"的心学,终成一代大儒的。再如东晋诗人陶渊明,他是为数不多轻松辞官、归隐田园的人。他写过《饮酒》二十首,其中最出名的是下面这首。不难看出,老陶已经喝断片了,想必已是微醺,这不就是悠然忘我的独处吗?

结庐在人境，而无车马喧。

问君何能尔？心远地自偏。

采菊东篱下，悠然见南山。

山气日夕佳，飞鸟相与还。

此中有真意，欲辨已忘言。

保罗·迪里奇（Paul Tillich）曾经说过：Loneliness expresses the pain of being alone and solitude expresses the glory of being alone. 可以理解为：孤独透露着孤单之痛苦，而独处则洋溢着孤单之荣耀。还有人说过：It is loneliness that makes you different, not gregariousness. 现在我知道了，此人所说的 loneliness 不应译为"孤独"，应是"独处"。此句意为：独处而不是合群让你变得出众。同样道理，将保罗·奥斯特（Paul Auster）的 *The Invention of Solitude* 译成《孤独及其所创造的》就不是很恰当，因为 solitude 是"独处"，而且是"自得其乐的独处"。牛津词典的释义为：the state of being alone, especially when you find this pleasant.

墙角数枝梅，凌寒独自开。

遥知不是雪，为有暗香来。

院子里新栽了一棵梅花。选址时，我特意选了院子的一角，因为想起了王安石的《梅花》。移栽时已过元旦，我担心它会冻死，又盼望它早日盛开。每天起床后，无论是冰天雪地，还是春寒料峭，我都会跟她 one on one，观察她的状况；想必王安石当年也是独自欣赏梅花时，心有所悟的吧。

熬过了冬天的苦寒，经历了几场雪和雨，从花苞萌绿，裂口露红，含苞欲放，终于等到了她迎风绽放。

杏花开，桂花落，花开花落自有期，适合自己的就是最佳时节。期待之中，我不时默诵这首《梅花》，突然想到王安石写的不就是自在的独处吗：

不因飞短流长而却步，不因浮华喧嚣而动摇，特立独行待花放，心无所怨散幽香。而且不只是精神上的独处，更兼时空上的独处。

我喜欢独处，觉得想读的书读不完，想写的文章写不完，想译的文字译不完。我没有王安石的失意，也无意吟诗言志，凌霜傲雪，只是想做自己喜欢又擅长的事。想要与众不同，就要忍受与众不同的不被人理解，吃与众不同的苦，受与众不同的罪。欣慰的是，我穿越了孤独，做到了静心独处。

临终前，诸葛亮将刘安在《淮南子》里的话改了两个字，用到了写给儿子诸葛瞻的《诫子书》中，这便是广为流传的"非澹泊无以明志，非宁静无以致远"。[30] 这是对独处的最高赞誉。

2016 年 4 月，初稿于　颐清园
2024 年 3 月、8 月和 10 月，改写于　壹号院

第一部分

理念先行

Ideas Ahead

翻译是个细活

本文所谈的翻译指图书翻译。为便于讨论，我需要先给图书翻译下个定义。重要的是，它既是本文的前提，也是本书的前提。

图书翻译是将文本从一种语言转换成另一种语言，同时尽可能准确地保留原文的内容和意义，而非二次创作。译者不能脱离原文任意发挥，根据自己的喜好拽文弄墨。我试着用英文再表述一遍：Book translation is converting a text from one language to another while retaining the content and meaning of the original text as accurately as possible. It is a reproduction using another language rather than engaging in the secondary creation based on the translator's understanding. A translator should avoid showing off according to their own preference. In other words, the translator's exertion of the subjective dynamics is not unbinding; the original text will always constrain it.

可是，定义容易，做到就难了。That is, while it is simple to define, it can be challenging to implement.

为什么我要强调译者不得脱离原文？因为这样译的人不在少数，译着译着，译者就变身第二作者，按照自己的设想开始写作，这还不包括大量理解错了原文而致的错译，或没有理解原文而以雅之名的猜测式美容；这就是我说的"写译"。以前，在跟我探讨译稿时，某位英语教授问我："你脱离原文，三稿了吗？"接着建议我："一稿对译，跟原文比较紧，语言会前言不搭后语；二稿参考原文，理顺关联；三稿脱离原文，润色成目标语。"不管将"脱离原文"理解成不再看外文原文，还是不再管外文原文讲什么，在

"润色"成好读的译入语过程中，有极大的可能会增减作者的原意，加入译者自己的表达。第一次有人明确要求我脱离原文，而且是很严谨地逐步脱离原文，我不是吃了一惊，而是大吃一惊，不知道是她老师教的，还是她自己悟出来的；如果以此理念教学生，那……。想到大量烂翻译或驴唇马嘴式的译文，我竟无言以对了。Even now I am left aghast and speechless at the thought of that.

细一琢磨，这个脱离原文的三步骤恰好对应着信、达、雅，这也正是严复三难原则的害人之处。不管是他语焉不详，还是后人的误解，"信"被拆分成了三个连续的步骤，致使很多译者把大招都放在了"雅"上。严复无意害人，译者自害也。

同样道理，编辑也不能不研究原文而想当然地将译文改成自己的表述，或想当然地将译者的表述改成自己的表述；如果做不到，就不能算是一个优秀的译作编辑。

总之，译者和编辑一定要弱化自己在译文中的存在感。毕竟，书是作者的，不是译者的，更不是编辑的。

一　家常菜，但必作于细

图书翻译是用外国食材为本国或他国人精心烹制家常菜。它既要让尽可能多的读者看明白，又需要高手"必作于细"。如果没有精译求精的态度，不能不厌其烦地翻词典、查资料、读书、上网搜索、问作者或专家以及跟译友交流，若标准要求是拧三圈再回半圈，我就拧两圈半，那还是不要考虑做图书译者了吧。可能你更适合在家自炒自吃。

细心还未必保证全部理解并翻译正确，况粗枝大叶乎。

特殊时期的特殊政策，很多书的出版处于前不巴村、后不着店的状态。最近，我译的一本书要出版了，至少出清样了，遥遥可期；编辑将排好版的译稿寄我，嘱我再看一遍。这是第一次有编辑主动让我校读已经排好版的稿样，这是本人图书翻译史上一件有里程碑意义的大事，有必要记上一笔。要知道，这可是我译的第三十几本书。除了第一本书我强烈要求看过校样，并在校样上又改了一遍外，我没有再看过排好版的书稿。我改变不了编辑文化，也觉得我译的书已经是编辑的作品了，我也没有多大兴趣再去读。除了个别书籍趁再版之机，我不得不修改编辑出来的错误外（其中一本书改了两版还没有改完，希望有机会在第三版杀清。但看形势，第三胎没人生），我不知道编辑把我译的书改成什么样了，也不想知道了。有句歌词说：不是你亲手点燃的，那就不能叫做火焰；不是你亲手摸过的，那就不能叫做宝石；陆九渊所谓的"此心同也，此理同也"。

因为事先问过编辑，编辑说改动很少，因此需要我修改的地方也不多，读起来既顺且速。不过有些地方不是我原来处理的样子，需要再改回去，或看到编辑的改动而重新思考和推敲后有了全新的翻译。

借此机会，我选择了一些有普遍性的修改，因为在已经出版的书中经常可以见到类似的编辑处理，以及我又能有感而发、言之有物的内容，将它们串在一起（connect the dots）。但例句不限于本书。

二　编辑和译者的交流

其实，编辑、译者的良好互动是保证图书质量的最佳方式。好的外版书编辑起码外语要好，中文功底要好，而且编辑理念要正确。编辑译过书是把双刃剑，可能因此有判断好译文的眼光，不乱改的意识稍强。但也未必。该书的编辑也译过书。从后文可以看出，他还是会忍不住地按照自己的理解修改译者的译文。惯性使然。

至于编辑理念，很多编辑在不懂何为编辑时就入了行；不知何人传授，他们只知道自己从此对译稿有了生杀大权。雇用他们的人也大多不具备相应的高阶编辑理念。很多编辑评估译稿时不看外文原稿，只读中文，顺溜的就是好稿，至于对不对，似乎不入他们的眼；而在接到译稿之后，有些编辑会视之如己出，埋头苦改，从头改到尾，把它雕凿成自己喜欢的模样，中间既不跟译者交流，也几乎不看英文原文，直到最后出版面世，我收到样书，随手一翻就能发现错误（挑错我可是一绝）。但你要是提点意见，他们会狮子护食一般对着你"咆哮"，似乎我生的孩子除了署我的名外，我竟然没权管了还。我曾经亲耳听过某出版社领导说过：译者交稿后都不管。从中可以分解出多层含义：绝大多数译者不再过问，任由出版社按自己的喜好对其整容和塑身；出版社也不再让译者管；编辑是我们的地盘，译者无权过问；你这样追着我们问真麻烦。甚至有位总监认为我扰乱了他们的编辑文化，动了他们的奶酪，不惜拉黑我的微信，断交。他在我的世界里留下的最后一句话是：编辑有权改。

不知道这种编辑文化是怎么养成的。我觉得这是中国亘古未有之事。

台湾的陈颖青是一位资深编辑，他却主张编辑不要自己改稿，而且希望有更强烈的做法：禁止编辑自己改稿。

"咦？编辑不改稿，烂稿子会自动变好吗？编辑不改稿，那还能叫编辑吗？当然，这些问题不会自动消失。烂稿子不改确实不会自动变好，因此我这个提议的重点，不在于'不改'，而在于如何'达成'不改。

禁止编辑在后端改稿，等于逼迫发稿人在发稿前就要确定，你找的是可靠的译者，译稿一交来就要正确可读，不能期望在后面编辑阶段还有修改弥补的机会、还有倒霉的小编辑帮忙收拾善后。"[1]

"你多找到一个可以稳定合作的职业译者，你未来的工作就越轻松。你每一次都舍不得多花三个月找译者，最后你就始终只能跟不入流的外行译者搏斗，永远沉沦成为悲情的改稿机器。"[2]

翻译很容易望文生义。比如，编辑看到 estate taxes 就会把"遗产税"改成"房地产遗产税"，外延扩大了，内涵缩小了；但要是查一下词典，就会知道 estate 本身就有"遗产"之义（everything that a person owns when they die），estate tax 与 inheritance tax（遗产税、继承税）同；再比如 there are some markets that are atomized but experience weak competitive forces because of collusion. 其中 atomized 不是"原子化"，而是指市场细碎化（markets that are atomized）。由此，也可以看出，编辑需要相应的跨学科的专业知识。

其实，问一下译者，或者自己深入查一下，错误可能就避免了。这既说明了编辑、译者交流的重要性，又说明编辑轻意修改的可怕性，因为这会传递给读者错误的信息或知识。当然，编辑的知识储备也要丰富。如果编辑不能跟（好）译者一样求证和推敲，还是选择相信译者吧；如果无法确认译者的翻译是错误的，请相信译者吧；只在确认自己知道的是正确的时再去修改。编辑不知道，有些单词或句子我跟作者都交流好几回了，看到自己费心费力译好的句子让编辑轻意就改了的时候，我抱着炸药包找她们的心都有了，这是谁家的孩子？这么不知天高地厚。

当然，我不否认编辑的贡献，有些编辑确实能够发现译者的疏忽或错误。我反对的是编辑随意修改，想当然地修改。比如 De minimis exemptions do make sense—but not for people who engage in business full time. 前半句是：小额豁免确实合乎情理，后半句编辑改成了"但那应该只是兼职者的专享"，从否定句转换成肯定句，出错了。因为 people who engage in business full time 指的是"专门经商办企业的人"，从上下文推断，作者没有"兼职者"或"兼职经商办企业的人"之意。

否定转肯定需要慎之又慎，否则，意思就反了，或者不是作者想要表达的意思了。但肯定变成双重否定一般不会出错，但也要小心表述。如：

The study also showed that people's feelings of alertness were the same whether the lights were dimmed or bright and overhead. This is good to know, because we want people to interact but also for the room to have a good level of energy.[3]

参考译文：该研究还表明，无论是灯光昏暗还是顶灯明亮，人的警觉性是相同的。知道这一点不无好处，因为我们想让人们互动，却又不想让房间失去活力。

最后一句就是肯定句转换成了双重否定句。"互动"加上"充满活力"给人的感觉是一个乱哄哄的场面，而双重否定的"互动"却又"不失活力"更符合汉语对"恰如其分"的表达，相比之下，也就更准确地表达了作者的想法。

是什么阻止了编辑跟译者的交流呢？我认为是"我的地盘我做主"之意识作祟。编辑动辄修改数月，不可能没有时间跟译者交流。跟译者交流或让译者再斟酌，能够迅速解决问题，编辑省事，图书质量提升，上不愧作者，中不愧译者，下不愧读者，何乐而不为也？

不为，不为，神州遍地。

三　译者可不是抹墙的

不管是阅读还是翻译，一本外文书中总有些句子晦涩难懂，中外思维方式不同，文字的表达方式也不一样。遇到难句，有些译者会不译，象泥瓦工一样，设法用灰找平就算交待了；若是不对照英文单读汉语很难读出来；外表光滑，暗地里却偷工减料了。我多次与这样抹墙工打过照面；学术著作尤其多见，但它们恰恰是最需要准确和完整的。

遇到难句，我首先想到的是问作者，或是跟译友探讨，或是跟翻译方面的专家、教授请教。以我的经验看，只要多问或多琢磨，没有解不开的难句。

但翻译是有时间要求的，为了赶时间，或者纯粹就是累了，大脑缺氧了，翻译时译者可能觉不出来自己译得有毛病，也就不会细细推敲。这时，好编辑的作用和意义就很大了。他们可以是译者的第一读者、好参照系和提醒者。因为编辑在客观地读，他们没有译者当时满脑子的思绪，也就容易读出不恰当之处。

本书有一段话，说的是一句引文：

Galbraith noted the mystical American belief in competitive markets: "For competition, with us, is more than a technical concept. It is also a symbol of all that is good. We wouldn't survive under a regime of competition of classical purity—with an economy rigorously so characterized we should have succumbed not to Hitler but to Wilhelm II—but we must still worship at its throne." [4]

这句引文出自加尔布雷斯的《美国资本主义》（*American Capitalism:*

The concept of countervailing power）。这句话的难点在插入语 with an economy rigorously so characterized we should have succumbed not to Hitler but to Wilhelm II 的理解。当我发现编辑的修改和我原来的译文不一样时，警报响起。我知道，挖雷的时候到了。

此句可分前后两半，前半句 with an economy rigorously so characterized 相对好理解，结合上文，这里应该是"一个国家的经济特征是纯粹竞争的，而且是严格意义上的"。后半句 we should have succumbed not to Hitler but to Wilhelm II 就比较费解。我开始理解为"不屈服于希特勒，而是屈服于威廉二世"，因为结构就是 not ... but，只是觉得与常理不符；编辑的理解是"屈服于希特勒或威廉二世"，表示都屈服。没有办法，只能问作者。在等待作者回复的同时，我联系上了山师的英语教授贾老师。尽管在医院里忙，他还是尽快跟我交流起来。直到作者回复说会输给这两人（We would have lost to both）。我看到的是 not ... but（不是……而是），作者告诉我的是 not only ... but also（不但……而且）。如何解？

没有办法，我就把我对句子结构的理解告诉了作者，问他是不是掉了 only。他回复说：你可以加上 only（You can add in "only"）。就怕老外顺风倒，因为老外可能是不分析句子成份的吧，我跟四十多位外国作者交流过，他们从来没有就我提出的句子结构问题"顺藤摸瓜"。而中国人学英语从小就是分析句子成份，结构理不顺就理解不了。从作者的回复看，他一直没有承认句子是错的，也就是说 only 是为了顺应我的理解而加的。那么，句子没有错，还是"双输"，而我看到的又是非此而彼，烧脑子啊。

就在我跟贾老师你来言我去语，互相表述各自的理解时，他也说句子语法没有问题，并将句子分拆为 We should have succumbed not to Hitler, but (should have succumbed) to Wilhelm II。此时，我俩几乎同时说出了类似的理解，贾老师的是"不用等到二战，一战就玩完了"，我的是"别说是二战了，一战早就输了"。于是，电光石火一般，我顿悟。句子语法没有问题，还暗含着都会输，只是表达上不是简单的"不但……而且"。我立刻将我不加 only 的理解告诉作者，回复是 Yes。

至此，这段引文译为：

加尔布雷斯指出美国人对竞争市场很迷恋："对我们来说，竞争不只是一个技术概念，它还象征着一切的美好。在古典纯粹竞争制度下，我们无法生存；若经济是如此严格意义上的完全竞争，即便我们不屈膝于希特勒，也早就向威廉二世投降了。尽管如此，我们仍需对着'纯粹竞争'的王座顶礼膜拜。"

此间，我还联系了我的大学老师、山大的徐超丽教授，问她有没有中文版《美国资本主义》，目的是想看一看其他译者是如何译的，帮助理解。她所在的校区没有，便托另一个校区的她的一位研究生到图书馆拍下了相应的译文传给我：

我们身边的竞争并不仅仅是技术的概念，它也是一种经济健康发展的象征。虽然我们无法生存在古典经济学中纯粹的竞争条件下，但是我们仍然尊崇它在经济学中的王者地位。[5]

不但丢三拉四，剩下的也完全走样了。这就是我说的单看中文还挺顺溜，但毫无意义（useless shit）。

其实，这句英文之所以难以理解，是因为它缺失了一个环节：为什么在市场完全竞争的条件下，美国会输给希特勒或威廉二世？因为是引文，作者推定英语读者是理解的，但中国读者势必会提出此问。为此，我加了一个译者注，对此加以解释：

在现实生活中，严格意义上的完全竞争市场是不存在的。即使如此，经济学家还是会在很多场合下利用完全竞争模型。作者是站在美国的立场上说这番话的。如果美国经济是完全竞争的，大企业就不可能存在；大企业不存在，资源就无法集中使用，战时物资就无法大批量地及时制造，美国不但会输掉第二次世界大战，也会输掉第一次世界大战。

至此，对这句话的理解才算完满。正式出版时，不知为何，编辑将前两句删掉了。如此一来，若读者不明白这两句话表述的经济学前提，还是不理解为什么这样译。

四　体例

体例也是译文的一部分。有人跟我说：你忙活这个干什么，让编辑干去吧；编辑也有跟我说：这个让我们来干吧。可我觉得，这是我份内的事，怎么能交给他人呢？在译者交出译稿时，其体例应该绝大多数是符合出版方要求的，毕竟出版社各有差异。我就是这样要求自己的。

这事得从译稿的格式做起。多年来，我交出的稿子都是一个规格：

5 号宋体（我一般将将页面放大到 150，在屏幕上阅读恰恰好）

1 倍行间距

首行缩进两个字

尽量不居中。尽量与正文同（缩进两个字），阅读起来不用跳跃，版面不显得杂乱。

英文大小写要正确

该斜体的斜体

标红、绿波纹线的英文单词要确认不是错词

英文词与词、词与标点符号之间要加空格

汉语的标点符号要正确，但不能滥用，能不用就不用

杜绝错别字

……

简单吧，可是，多年来，我没有看到一个年青人交给我的稿子不存在其中某几个问题。有些学翻译的朋友让我看他们翻译的稿子，我搭眼一看，若是看到这些问题，比如连首行缩进 2 字都没有，我就会劝他们修改好格式再给我。否则，我一点也不想看。其实，不用看，如果存在这些问题，翻译质量不会高到哪里去，因为这就是翻译质量的一部分。文本格式都不细心，很难说翻译会细心。有些人因我三番五次地逼他们修改而不再找我，我也就省心了。我这是在为难他吗？不，我这是在教他做到基本的质量要求。至于对方明不明白其中的道理，会不会因此而有所改进，我就不得而知了。

译文中涉及到几个体例问题：

4.1 外国人名往往不在汉语中间夹杂英文

比如　John Kenneth Galbraith

如果译成"约翰·加尔布雷斯"，感觉比较顺劲；若是译成"约翰·K. 加尔布雷斯"，感觉很别扭。好比"王广发"译为"Wang 广 Fa"一样，有点不伦不类。

处理办法：要么把中间的字母译成汉语，如译成"约翰·肯尼斯·加尔布雷斯"，要么中间名不译，也不必保留字母 K，还要加个点。

还有一种情况是英文名只有姓是完整的，其他的都是简写，如：

也许第三个案例可以提供更多信息，这个案例由 S. S. 阿克利（S. S. Ackerly）和 A. L. 本顿（A. L. Benton）于 1948 年报道。[6]

这样处理既啰嗦，又不美观，可以说是乱糟糟。其实，在后面加括号英文的情况下，前面完全可以只译姓，即阿克利（S. S. Ackerly）和本顿（A. L. Benton），读者也不会当成另外的人；要么找到此人的完整英文名，把第一个 S. 和 A. 译成汉语，中间的 S. 和 L. 不必译出，或者全部译出。

4.2 破折号和括号的偏好

破折号是英文常用的，但汉语不用，而且我讨厌这种用法。遇到英文中有破折号，我一律去掉，设法用汉语表达这种关系。例如，

It's ironic that one of the most significant developments in the democratization of wealth in this country—the explosive growth of mutual funds and the increasing prevalence of defined contribution retirement plans—is also a cause of tremendous anguish.[7]

我提交的译文，编辑照单全收，也没有加上破折号：

不无讽刺的是，在财富大众化方面，美国实现了共同基金的激增，固定缴款养老金计划也日益盛行，但这个最重要的发展之一同时也让美国人倍受折磨。[8]

可是，有的编辑会添加破折号，不明究理。例如，

On the question of economic value, medieval thinkers were more interested with what value "should be" rather than what value "is" (the latter question preoccupied the early economists such as Adam Smith and David Ricardo).[9]

我提交的译文如下：

在经济价值问题上，中世纪的思想家更感兴趣的是价值"应该是什么"，而非价值"是什么"，"价值是什么"是亚当·斯密和大卫·李嘉图等早期经济学家关注的问题。

出版后，我看到编辑没有改文字，但在句中加上了破折号：

……而非价值"是什么"——"价值是什么"是亚当·斯密……[10]

英文原文没有破折号，编辑加上它，想必是因为感觉"是什么"接着"价值是什么"有点让读者迷惑，于是，贴心地加上了破折号，但没有必要，读者不必回读也能分清。

再如本文第三节加尔布雷斯那段引文，最后出版时编辑加了破折号。破折号之间的内容将意群完全打断了：

加尔布雷斯指出了美国人对竞争市场的神秘信仰："对我们来说，竞争不仅仅是一个技术概念。它还是一切美好的象征。在纯粹的古典竞争体制下——经济如果真的满足如此严格的描述，即便我们还没有屈膝于希特勒，也早就向威廉二世投降了——我们根本就无法生存。饶是如此，我们仍然对市场竞争的王座顶礼膜拜。"[11]

既然说到这一段，我就顺便说一下编辑的几处主要误改。

首先是对 the mystical American belief in competitive markets 的理解。其中的关键是 mystical。除了"神秘的"之外，mystical 还有"难以理解的、不可思议的"等意思，也就是说，美国人相信竞争市场的作用已经到了"不可思议的"程度，即"迷恋"，它与最后的"顶礼膜拜"是呼应的，而不是"信仰"，更不是"神秘信仰"。

其次，不存在一个"纯粹的古典竞争体制"。古典学派有"纯粹竞争市场"理论，或者说"完全竞争市场"理论，它肯定不是"体制"。

第三，顶礼膜拜的不是"市场竞争"，而是"纯粹竞争"，即 a regime of competition of classical purity。这样前后才会一致。

4.3 有直接引语，必须要用冒号吗？

我先举一下典型的例子：

For Gerald Ford and Jimmy Carter, "......"[12]

我是这样译的：

在杰拉尔德·福特和吉米·卡特看来，……

我没有用冒号。通常，后面有直接引语，前面就是具体说这话的人。但此句前面的表述者是两个人，而两个总统异口同声说同样的内容是不可能的。我查了作者的注释，发现出处是一本似乎跟二人不相关的书。这说明后面的直接引语不是二人说的话。同时我又注意到了作者的标点符号用的是逗号，这就进一步说明这是一种"冒似的"直接引用。

在 William Strunk Jr. 和 E. B. White 写的 The Elements of Style 中讲过如何处理这种情况：

Formal quotations cited as documentary evidence are introduced by a colon and enclosed in quotation marks.

The United States Coast Pilot has this to say of the place: "Bracy Cove, 0.5 mile eastward of Bear Island, is exposed to southeast winds, has a rocky and uneven bottom, and is unfit for anchorage."

A quotation grammatically in apposition or the direct object of a verb is preceded by a comma and enclosed in quotation marks.

I am reminded of the advice of my neighbor, "Never worry about your heart till it stops beating."

Mark Twain says, "A classic is something that everybody wants to have read and nobody wants to read."[13]

意思是说：若是文献引用，直接引语前要用冒号；若是同位语或动词的直接宾语，直接引语前用逗号。

从使用逗号的两个例句可以看出，在使用逗号的情况下，后面的引文可能是别人说的，也可能是自己说的。上述两位总统的直接引语不是他俩说的，要用逗号。我又重新查看了一下后面五位美国总统的直接引语，发现有的是本人说的，有的是别人说的，符合 William Strunk 的要求。

如何判断 For somebody，"……"的引语是不是本人说的呢？一是看作者的表述，如上述 Mark Twain says，二是查证作者的注释或网络。比如 *Big is Beautiful* 最后提及的：

And for Donald J. Trump, "The American dream is back. ..."

查看作者的注释，发现这是特朗普的推文。

4.4 汉字中间的英文不必加引号

还有一种双突出的格式需要说一下，就是为汉字中间的英语单词再加上引号，很是多余。这种惟恐交待不清而滥用标点符号在不是译作的中文书里也有，如：

纽约有多少艺术家？不同期的不同统计显示在十万至三十万之间（根据税收、人口、职业等资料）。其中以纯艺术（即英文的"Fine Art"，有别于设计、广告、工艺、影视等艺术家）谋生的人数，即使比例不高，依此推算，再比照画廊的数量，就极为可观。[14]

Fine Art 即使不加引号，也没有哪位读者认为是别的。

翻译过来的书中就更多了。

你可能听说过希腊字母"ω"（发"fai"音），它可拥有着你所想象不到的漫长的历史。[15]

我注意到本书将作者之一译成了"唐纳德·J·特朗普"，又是汉字中间夹杂字母。但此处暂且不表，说引号的事。等我看到原文（如下），发现问题不只是引号。

You may be aware of the number phi (pronounced "fee"), which has an astonishing history.[16]

首先，我觉得 ω 和 fai 都不必加引号；其次，发音应该是"发 fee 的音"，意思是如 fee 这个单词一样发音。为什么发 fee 的音，而不是 fai 呢？这就涉及对 the number phi 的理解，译者认为这是"希腊字母"，但英文的意思是"数值"，这是一个知识点，译者按照自己的理解或是不理解将它替换了（是否是编辑替换的，不得而知）。原来 phi 是第 21 个希腊字母 ω 的英文拼写，在数学中代表某一个定值，此时读 fee。什么数值呢？就是黄金比例 1.6180339887。其实英文版隔了一句话之后就进行了说明：

It's been around for a long time and the number itself is 1.6180339887. It's called the golden ratio, and if you want to know more specifics, you can read The Golden Ratio by Mario Livio, who goes into great detail about it.[17]

可见，phi 是数值，不是希腊字母。但译者的译文如下：

它拥有着悠久的历史，从数值上来说，它大致相当于 1.6180339887。这个字母被现代人称谓"黄金分割"。[18]

译者还没有意识到，仍然将 It's called the golden ratio 译为：这个字母被现代人称为"黄金分割"。刚说了"从数值上来说"，没有引起警觉，接着又要延续自己的错误，一错再错；再者，"字母"也不等于"黄金分割"，黄金分割是一种数学方法；不知道怎么还冒出来了"现代人"。另外，作者说的是准确数，不是个约数（尽管黄金比例是个约数），但这里译"大致相当于"就不准确，属于不信的增译。也就是说，除了数字和人名正确外，其他的都不对，即不"信"。

黄金比例可追溯至公元前 6 世纪古希腊的毕达哥拉斯，达芬奇也用过，最有可能的使用者是埃及金字塔的建造者（It's been employed by people from Pythagoras to da Vinci, and most likely the builders of the pyramids used it as well. 本文分论 7 中的例句英文）。埃及金字塔建于公元前 2690 年左右，可"黄金比例"这个词的出现是 19 世纪（德国数学家马丁·欧姆的《基本纯数学》第 2 版注释）。它确实是现代的称呼，但不是增译的理由。即使译者知道得更多，也绝不能当改写者；若是不知道，更不能随意改写。

再就是 an astonishing history 是"令人吃惊的历史"，不是"你所想象不到的漫长的历史"。Mario Livio 的书名副标题中就有 astonishing：*The Golden*

Ratio: The Story of Phi, the World's Most Astonishing Number，书名可译为《黄金比例：世界上最惊人的数字 Phi 的故事》（翻译时可以直接用 Phi，而非 ω ）。

简短的一句话，错误连连，人道是：译如西风凋碧树，茅屋透风又撒气。

言归正传。有人会说：你说汉字中间的英文不必加引号就有点鸡蛋里挑骨头了。这可不是我个人的偏好，《中文出版物夹用英文的编辑规范》（ CY/T 154-2017）第 5.8.2.1 条规定：中文句子内夹用英文单词或词组时，夹用的英文单词或词组不用引号标示。我想绝大多数编辑可能没有看过这个新闻出版行业标准。

反过来，英文中间夹汉字用不用加引号？我们先看一个例句：

The correct rendering of the word "退让" is key to the proper understanding of the whole sentence, which gives expression to a strategic principle in maintaining and developing the united front with the bourgeoisie. "Yielding" is a much better translation than either "concession" or "compromise", which mean "让步" and "妥协" respectively in Chinese.[19]

英文中间夹汉字更是泾渭分明，根本不用加引号。是不是也有不加引号的？其实，本书后面就有这样的例句：

To find a good English equivalent for Chinese nouns such as 正气、歪风、气派 is a big headache to the translator.[20]

遗憾的是，英文句中出现了汉语的顿号，不伦不类。另外，即使是中文词汇，也要按照英文例举的规则处理：such as 正气，歪风，and 气派

4.5 引号和括号并用

如果英文原文有括号，但译成中文时可以处理得不用括号，我便不用。这是我的一个偏好，目的是尽量保持阅读的丝滑，不停顿。但还有一种加括号的情况，我忍不住要吐槽一下。

在译作中，经常看到某个词汇、人名、地名或机构名后面带着加括号

的英文。为了让读者明确地知道英文对应的是哪个汉字，作者、译者或编辑往往在括号英文的同时，再用引号将前面的词汇括起来。如前所述，我的中文译文中绝对不会出现破折号。除破折号之外，另外一个我看到就讨厌的格式是"给括号英文前的名词加引号"，别说是用了。我称之为"脱了裤子放屁"，即 It is redundant to take off the pants to emit gas；裴淳华（Rosamund Pike）则译为 The act of taking your trousers off to fart。

括号英文又分两种：

一是人名、地名或机构名，基本上没有把括号前面的名称加上引号的；比如，若是有人这样处理：

"卡尔·马克思"（Karl Marx）

读者会觉得多此一举，因为马克思在中国家喻户晓外。当然，不是名人也没有必要加引号。

二是专用词汇，尤其是不常见的名词，好多书都会在括号前加引号。比如：

福特汽车的"红河谷"（River Rouge）工厂就是一个典型的例子，……[21]

其实，名词后面加括号英文是一种很友好的做法，因为读者可以凭后面的英文推断其准确意义或方便查找其出处，对学者尤其方便。毕竟是翻译过来的书，词语有不同的译法，甚至不同的语境差别很大。比如，读者若是读到上述例子，就知道译者说的红河谷指的是 River Rouge，但该地在哪里？到底叫什么呢？可以查找。不过，若是有心人求证一下，就会发现这个地名不叫"红河谷"，也不是"胭脂河"，而是"里弗鲁日"。如何准确地翻译地名另当别论。

从第一次译书开始，我会在译稿中加括号英文，目的是为了提醒编辑注意，或方便他们核查，或向他们表明我是这样译的，而该词的译法不止一种。因为编辑大多不看英文或中英文对照稿，有时我主动给他们对照稿，他们也不要。但是，本想引起他们注意的做法有时会适得其反。在他们的重视下，有的反而改错了，让我徒生后悔，还不如不加括号英文呢。

但括号英文前面再把加引号并不友好，看着也不舒服，这样的双重突出既不美观，也有点低估读者了。书和读者是相向而行的，没有一定水平也不读此类的书，真正的读者不需要这种保姆式的、事无巨细的、惟恐别人不明白的处理方式。（还有一个保姆式的编辑处理就是将英寸换算成厘米，现在很少把美元换算成人民币了。）

台湾的书也有这种情况，比如：

我们有等待「正中红心好球」（fat pitch）的投资纪律。如果我有机会进入企业，但在里面被人用基准衡量，并被迫完全投入，还要时时战战兢兢等待，我会很痛恨。[22]

其实，我看这本书中，括号英文前面的词基本是不加引号的。我在想，译者或编辑在此处加引号似乎是怕读者将"等待"纳入到对 fat pitch 的理解之中。大可不必有此担心。我认为读者分三种：

懂行的 — 不加引号也知道对应哪些汉字；

不清楚但会查找资料的 — 不加引号也能查出所指何字；

不清楚还不求证的 — 那还管他懂不懂干什么。编辑何必麻烦改之呢。

在涉及引号的用法中，新闻出版行业标准（CY/T 154-2017）没有明文规定需要将括号英文前面的名词加引号。那么，也就没有必要多此一举了。遇到这种情况，较好的处理办法是：

（1）如果非要保留引号，那就不用括号英文了。因为英文不是非要不可。比如下句中的两句英文就没有保留的必要：

正是这种持续不停的躯体状态的表征使你可以不假思索地回答："你感觉怎么样？"（How do you feel?）这种问题，而且你的回答确实与你感觉的好坏相关。请注意这不同于简单的"你怎么样？"（How are you?），这个问题通常只是得到敷衍的礼貌性回答，而非对躯体状态的描述。[23]

（2）若想保留括号英文，那就不要用前面的引号。这样的例子也有很多，比如：

而且他必须聪明——脑袋里有小小的灰色脑细胞（little grey cells）——不错的说法，我得记下来。对，他有小小的灰色脑细胞。[24]

你看，破折号又出现了。

五　人名、地名的处理

5.1 米勒还是穆勒

读到"穆勒"这个名字我觉得陌生，我交稿已经几个月了，但不是时间的问题，而是我没有记得译稿中有叫"穆勒"的人。打开原来的译稿一查，发现英文如下：

A study of UK and US firms by Holger Mueller and coauthors found results that would seem to support the Piketty argument.[25]

我译：霍尔格·米勒（Holger Mueller）及其合著者对英、美公司的研究结果似乎支持皮凯蒂的观点。

原来编辑将"米勒"改成了"穆勒"，有什么道理呢？ Holger Mueller 不是什么大家，没有约定俗成的译名而非要译为"穆勒"不可。我是按照新华社人名翻译词典译的，而且 Mueller 的英文读音就是"米勒"，没有错啊。这样改的意义何在？

约定俗成的译名有很多，说到穆勒我就想到了经济学家 John Stuart Mill，中文名是约翰·斯图尔特·穆勒。其实新华社将 Mill 译为"米尔"，但因为当初译 Mill 书的人译成了"穆勒"，后来的人就改不过来了。当然，也有译成"米尔"的，如浙江大学出版社的《精神科学的逻辑》（李涤非译）。其实，遵从新华社的译名有时也挺别扭的，如 Trump，新华社人名翻译词典译为"特朗普"，但其读音却是"川普"，尽管我很喜欢用"川普"，正式行文却要随大流。

译名之乱象最大的原因就是译者或编辑不以新华社人名翻译词典为本，再结合约定俗成，二者皆无的，才可以按读音译出。因为我一直遵循新华社的译名，所以会说以新华社的为本，但也有出版社要求按照商务印书馆的《英语姓名译名手册》和《世界地名译名手册》。既生瑜，何生亮。这玩意不需要一国两制吧？

我发现甚至翻译专业的学生都不守此道，因为我与一些翻译硕士接触、交流过，猜测可能他们的老师没有强调和要求。比如我在北京某著名外语大学的翻译硕士学位论文中发现将 Page Act 译成了"培芝法案"。用世界上最好的搜索引擎搜索，发现只有两个人采用"培芝法案"，但从是繁体字看，不是大陆人士。说明学生无此意识，导师没有看过，或者看过也无此意识。

5.2 Main Street 是梅因街，还是什么街？

每次遇到 Main Street 需要翻译时，总是纠结、头痛很长时间，因为没有一个为大多数人接受的汉译名。跟 Wall Street 不一样，"华尔街"已经家喻户晓，而且还很上口。

Main Street 能否象"华尔街"一样意译呢？有译"迈因街"的，但会让人想到"卖淫"；有译"缅因街"的，但会联想到美国的缅因州；有译"梅因街"的，似乎只是用近音字"梅"取代了"迈"和"缅"。

我倾向意译，选择了"梅因街"。有例句如：

He located his new store on Main Street.（他在梅因街开了一家新店。）

Main Street 难译的原因在于它是一类街的名，不象 Wall Street 是一条街的名。此外，Wall Street 和 Main Street 现在都有抽象含义，不再仅仅指具体的街，而是两个阶层和圈子。如《新牛津英汉双解大词典》定义 Wall Street 为 used allusively to refer to the American money market or financial interests，华尔街是资本、投机、影响社会和呼风唤雨的"豪门"。定义 main street 为 used in reference to the materialism, mediocrity, or parochialism regarded as typical of small town life，Main Street 体现的是世俗、狭隘、势单力薄和忙忙碌碌的"布衣"。朗文直接将 main street 定义为"信仰美国传统价值观的老百姓"：ordinary people who believe in traditional American values。如此，直译可能会失去这些含义。但不直译难度也很大。

当我读到编辑修改稿中出现"小镇商业街"时，我意识到这不是我的表述，应该是对应 Main Street 的。看来"梅因街"不太容易被人接受，毕竟编辑也是读者的一部分。

那 Main Street 如何直译呢？

柯林斯的定义：In small towns in the United States, the street where most of the stores are is often called Main Street. 美国小镇大多数商店所在的街

牛津的定义：the principal street of a town，小镇的主街或大街

朗文的定义：the most important street, with many shops and businesses on it, in many small towns in the US，最重要的街，有多家商店和企业

商店很多的街是不是商业街？汉语中的商业街大都不在主要街道，说起商业街很难让人想到主要街道或大街。看其定义，我觉得重点是"主街"或"大街"，"商业"属性在其次。小镇可能有不止一条大街，但既是大街、商业又繁荣的街道在小镇上往往是唯一的。30 年前，我老家的县城就是一条主街，从东到西以一贯之。因此，"主街"可选。

"小镇主街"是退而求其次的译法。

5.3 人名中的 De 或 de 译为"德"，后加不加点？

根据新华社人名翻译大词典，人名中的 De 译为"德"，与后续部分连写，不加圆点。比如 economists Jan De Loecker，就应译为经济学家扬·德勒克（Jan De Loecker）。我没有见过译为"扬·德·勒克"的依据在哪里？

无神论者和存在主义哲学家 Simone de Beauvoir 的译名就比较典型。Simone 译"西蒙娜"，没有问题；de 译"德"，但西蒙娜的中文版书全都没有跟后续部分连写，比如，

中国书籍出版社：《第二性》《名士风流》《女宾》和《他人的血》；

上海外语教育出版社：《解析西蒙娜·德·波伏娃〈第二性〉》；

上海译文出版社：《第二性》

外国文学出版社：《人都是要死的》。

Beauvoir 的译名更是特别，按照《新华社人名翻译大辞典》，按法国人名译 Beauvoir 应是"博瓦尔"，但前两家出版社都译"波伏娃"，外国文学出版社和上海译文出版社则译"波伏瓦"。

有的出版社直接将 de 略去不译的。还有一些出版社出版西蒙娜的中文版书，但没有一家是"德"字后面不加点的，或把 Beauvoir 译为"博瓦尔"的。

可见，各行其是，没人听辞典的。

类似的情况还有：

Leonardo da Vinci，译"列奥纳多·达芬奇"，译"达·芬奇"按说就不对。比如，

从毕达哥拉斯（Pythagoras）到达·芬奇（da Vinci），甚至很可能可以追溯到当年金字塔的修建者都曾经使用过它。[26]

Vincent Willem van Gogh，新华社人名词典译 van 为"范"，也是与后续文字连写，不加点。"梵·高"或"凡·高"按说都不对。比如，

有一幅晚年的很少被印制的小画画着海边的朝阳，甚至有光辉从正面照来的刺目感，简直像凡·高（应该是像他）。[27]

翻译的不规范对人的影响如此之深，即使著名画家也不了解这一点。但似乎没有人译 van 为"范"，所以，新华社人名词典需要不断更新，不妨每五年出一新版，十年也好啊。

另外，有的编辑就是要加点，似乎外人也没有办法阻止。我在一家大型出版社的《编辑须知》里就看到过这样的要求：

外国人和某些少数民族人名内各部分的分界，用间隔号标示。例如：列奥纳多·达·芬奇

因此，需要规范。

六 词语的选择

6.1 她们还是他们？

有的作者在感谢家人时会提及具体的人物，比如妻子、一个儿子和一个女儿，那么，后面再说到这三人时用"她们"还是"他们"，不同的人有不同的选择。我是按照主次和男女比例考虑的，因为我碰到的情况是二女一男，而且母亲是主角，我选择用"她们"。

之前译书时我还碰到过一男一女的情况。编辑将我译的"她们"改成了"他们"。我是按照谁为主考虑的。当时是女的带着男的处理业务，按

照主次之分的话，女的是主角，男的是次角，但我们不能把女的称为"男主角"。最后我建议编辑改成"她俩"。

之所以出现不分男女的"他们"，我想可能是编辑认为"他们"是通称。或许在称呼不需要分男女的一群人或难以分辨男女的一群人时通称"他们"可以，但在男女分明、人数不多时最好分别称呼；若其中有动物，更应如此。比如，

上个月，当地农场主住宅管理局（Farmers Home Administration）的一位年轻官员在自己的妻子、儿女及宠物狗熟睡的时候杀死了他们。[28]

这句话就属于人和动物共存的情况。如此，人称代词用"他们"就不妥。毕竟狗的第三人称代词是"它"或"它们"；繁体字的动物第三人称代词是"牠"或"牠們"。那么，如何分译？这就要研究一下其英文原文：

Last month, in Union County, which has the richest land in South Dakota, a young Farmers Home Administration supervisor killed his wife, daughter, son and dog while they slept, ...[29]

显然，受害者是妻子、一子一女和一只狗，当时都在睡觉，英语可用 they 指代，但汉语不行。我尝试这样译：

一位年轻的……主管杀死了睡梦中的妻子和一儿一女，以及一只熟睡的宠物狗。

如果非要将人和狗放一起译，可考虑这样：

一位年轻的……主管将熟睡中的妻子、一子一女以及一只宠物狗先后杀死。

顺便说一下例句译文的其他优缺点。将 in Union County, which has the richest land in South Dakota 译为"犹尼昂县拥有南达科他州最富庶土地"，并提至句子前面，以避免译文过长，并在后面的句子中用"当地"以避免地名的重复，这是可取的。但将 Union County 译为"尤尼昂县"显然是译者根据 Union 的读音译的，没有查找谷歌地图。而谷歌地图给出的地名是"尤宁县"，而且译 supervisor 为"官员"太笼统，此处可译"主管"。另外，Farmers Home Administration 是大萧条之后为方便向农民和农村社区发放贷

款而成立的一个政府机构，其中的 farmers 译"农民"，不译"农场主"，因为除农场主外，美国的农民还包括农场雇员，而且该管理局的贷款面向农村的个体农民、低收入家庭和老年人（FmHA mission and programs involved extending credit for agriculture and rural development. Direct and guaranteed credit went to individual farmers, low-income families, and seniors in rural areas[30]），不是针对农场主的。

6.2 雇佣还是雇用

通常，我译 employ 为"雇用"，可编辑通通改成了"雇佣"。觉得有必要解释一下我为什么用"雇用"而不是"雇佣"。

"雇佣"含有主从、主仆之意，很容易让人想到"女佣"或"佣工"，对劳动者有贬低、轻视的味道；或是用于拿人钱财、替人消灾的"雇佣军"。前者是卖身，后者是卖命。

而"雇用"相对中性，基于劳资双方是一种劳动合同关系，而不是卖身契，双方是平等的，而非上下尊卑。

七 语法有关

7.1 求短废长，取乱之道

不知何时，外译汉图书刮起了一阵用逗号断长句之风（use commas to break up a long sentence in order to make it easier to read），用逗号断主语犹烈，甚至很多中文写作者也如此标点。究其原因，或许是英文插入句读多了的缘故，或许是编辑求短所致。

中国真正成为亚洲经济的中流砥柱，是在亚洲金融危机爆发之后。……这番言行，不免令亚洲国家寒心。随之而来的，则是一片唱衰亚洲的和声。[31]

其实，上述三句中的逗号都需要去掉。或许编辑没有看出来，又或者因为是请人写的序，不好意思修改。那就文责自负，赖不得别人了。

在主谓语后面添加逗号，更可能是将长句拆成短句。若类似结构多次出现，它就成了一种"病态的"标点符号用法。比如：

但它忽略了制造、运输和基础设施以及高科技零售业，在现代发达经济体系中的核心地位，这些行业的特点是范围经济和规模经济。[32]

第一个逗号是编辑加的。我怎么知道？因为这是我的译文。主语单独成句不合汉语语法，但为了缩短句子而将宾语单列也不可取。上句就把"忽略"悬停了。因此，"零售业"后面的逗号应去掉，即使句子长也要坚持原则，或者设法将长句拆短。有些长句很难分拆，读者阅读时可以停顿，我称自读（self-repunctuation）。读者自读之后可明其意，也会不明所以。比如，

黄河在山东西南部，1935年发生严重水患，时任山东省主席韩复榘（1890—1938）展开大规模救灾，……[33]

读完第一句，我立马断定这个说法不对，往下读也能读得通，更加确信作者要表示的是黄河的位置。我住的地方不是紧靠黄河，就是离黄河不远，无数次往返于南北或东西两岸，不可谓不熟；加之知识体系里从无"黄河在山东西南部"这个概念，愈发不解。我当即联系作者，告之此处出错。作者回我一张灾区位置图，并说"水灾区在西南部"。但鲁西南黄河决口，造成水灾，并不能因此说"黄河在山东西南部"啊。黄河又不是湖泊，它是一个流域，流经9个省区，从鲁西南的荷泽进入山东境内（1935年的决口即在荷泽的郓城），斜向流经济宁、泰安、聊城、济南、德州、滨州、淄博后，在鲁北的东营入海。思维不对头，探讨没奔头，当天一夜无话。第二天晚上，我突然想通了，作妖者，标点符号也。其实，作者想要表达的是"1935年，黄河在鲁西南决口，引发严重的水患"。这次作者 stick up his thumb 了。我不便追问原句是如何表述的，以及逗号是作者还是编辑所加，只知道不加逗号的句子实在别扭（黄河在山东西南部1935年发生严重水患）。加上逗号，介词"在"就很容易被读者理解成动词"处于"，致使读者深陷误读的泥淖，若不是对"主语后面加逗号"这一现象有所了解，实难自拔。

7.2 尽量减少"的"的使用

"的"的使用很让译者头痛，也很考验译者的能力，而翻译体的一大特点是"的"字用得过多。汉语的特点是由外而内"脱衣服"，英语的特点是由内而外"穿衣服"，因此，翻译英语时需要用一连串的"的"才能交待清楚关系。但汉语中，"的"字用多了读起来会一顿一顿的，不符合中国人思维和语言习惯。最好少用"的"字。比如：

我喜欢市场！强大而健康的市场是强大而健康的美国的关键。

这句话译得没错，只是后面的两个"的"字连用读起来不顺，有必要在不改变意思的情况下优化一下。不妨这样处理：

强大而健康的市场是让美国强大而健康的关键。

翻译的三层次、三境界与三心二意

三个工人在砌墙。

有人问其中一个工人："你在做什么？"他没好气地说："没看见吗，我在砌墙！"

于是他转而问第二个工人："你在做什么呢？"他说："建一幢漂亮的大楼！"

这个人又问第三个工人，他嘴里哼着小调，欢快地说："我在建一座美丽的城市。"

同样面对平凡的工作，有的人不胜其烦，懊恼以待，有的人却快乐面对，憧憬未来，在平凡中感知不平凡，两者之间态度问题决定其品味的高低。

工作是人生的第一大权利，失之则惘，善待则娱，慢待则郁，角度决定深度，视野决定宽度，深度和宽度便是人的境界呀！

态度决定一切，也许这就是一个很好的诠释。

翻译有三个层次：

一是为了挣点零花钱（make money）。所以，才有人说：翻译能挣多少钱啊？才会有人在翻译时不认真，不负责，大差不差即可，当成了一手交稿一手拿钱的小买卖。因此，才有很多英语专业的人不会从事翻译，才会有很多英语专业八级的人翻译不好。

相应地，很多人在找翻译时，总是觉得太贵，给人的感觉就像是在买肉、买菜、买鸡蛋，货比三家，找最便宜的买。岂不知，信息准确远比你的钱重要，因为它会让你将来挣钱，或者将来省钱，而不是现在省钱。

二是为了爱好（have fun），翻译一本书，或一个材料，有这个能力，也有时间，把翻译当成一个业余爱好，或者一时的兴致。

三是为了东西方的文化交流（intercultural communication）。把翻译当成毕生的追求，以提供高质量的译文为满足，以能传作者情、达作者意为目标，以贴近、贴切为标准，真正架起一座东西方文化的桥梁。这种对待工作的态度是典型的使命取向。

微斯人，吾谁与归?

能让一个人坚持下去的是兴趣。也就是说兴趣是基础，愿景是动力。心有多大，舞台就有多大。

抱着你自己 10 公斤重的孩子，你不觉得累，是因为你喜欢；抱着 10 公斤重的石头，你坚持不了多久。

当一个人不喜欢做某件事，就算他才华横溢，也无法发挥；当一个人喜欢上了某件事，他发挥出来的能力会让人大吃一惊。

所以，一个人没有成绩，不一定是他没有能力，很可能是因为不喜欢。

而到了第三层次，还有三境界之分：

清代大学问家王国维在他的《人间词话》一书中讲了这样一段话：

"古今之成大事业、大学问者，必经过三种之境界。'昨夜西风凋碧树，独上高楼，望尽天涯路。'此第一境也。'衣带渐宽终不悔，为伊消得人憔悴。'此第二境也。'众里寻它千百度，蓦然回首，那人却在灯火阑珊处。'此第三境也。"[1]

这段话的意思是说，读书治学是一种艰苦的脑力劳动过程，需要有一个由浅入深、循序渐进的知识积累过程，没有执著的追求和不懈的努力，那是无法达到目的的。

学者周国平说："这个时代大家都很看重交往的能力，我承认交往是一种能力，但独处是一种更重要的能力，缺乏这种能力是更大的缺陷。"[2]

所以，翻译要从兴趣开始，经历三个层次，再熬过三个境界，最后剩下的就是坚持了，忍受住孤独和寂寞。

忍受住孤独和寂寞，我心里对我自己说。It's dogged that does it!

"众里寻他千百度，蓦然回首，那人却在灯火阑珊处"这种境界不只是中国人有体会，外国人也有。比如乔布斯。在斯坦福大学毕业典礼上的演讲中，他就表达了这种感受。

None of this had even a hope of any practical application in my life. But 10 years later, when we were designing the first Macintosh computer, it all came back to me. And we designed it all into the Mac. It was the first computer with beautiful typography. If I had never dropped in on that single course in college, the Mac would have never had multiple typefaces or proportionally spaced fonts. And since Windows just copied the Mac, its likely that no personal computer would have them. If I had never dropped out, I would have never dropped in on this calligraphy class, and personal computers might not have the wonderful typography that they do. Of course it was impossible to connect the dots looking forward when I was in college. But it was very, very clear looking backwards 10 years later.

Again, you can't connect the dots looking forward; you can only connect them looking backwards. So you have to trust that the dots will somehow connect in your future. You have to trust in something — your gut, destiny, life, karma, whatever — because believing that the dots will connect down the road will give you the confidence to follow your heart, even when it leads you off the well-worn path, and that will make all the difference.

译成汉语就是：

我从未想过以上这些可在我的生活中有什么实际用处。不过，10年后，当我在设计第一台 Macintosh 时，我想起了当时学的东西，就把它们设计进了 Mac 里。那是第一台有着漂亮字体的计算机。如果我从未在大学里旁听过那门课程，Mac 就不会有那么多种间距合理的字体。要不是因为 Windows 抄袭了 Mac，大概世界上就不会有个人电脑拥有它。如果我从没有退学，或从没旁听这一书法课，个人电脑现在可能打印不出如此漂亮的字体。当然我还在上大学时，还不可能把这些点点滴滴串起来，从而期待一种什么样的人生。但 10 年过后，当我回首时，一切豁然开朗了。

需要再次强调的是，展望未来时，你不可能将这些点连起来，只能在回首时才能做到。所以，你必须相信这些点在未来会以某种方式连接起来。你必须要相信你的直觉、命运、人生、因缘或不管什么会在你未来的人生道路上连接起来，让你信心十足地坚持自己的梦想，虽然它会引你偏离常有人走的大道，但也会创造大不同。

那么，如何达此境界？我的体会是：译者需要三心二意，外加技巧和知识面。

译书事关文化交流和学术良心。优秀的图书译者首先需要确立三心：

对于文化交流的虔敬之心，不能骗读者；

忠实作者原意的敬畏之心，不能骗作者；

不自欺之心。翻译别人的作品，不是自己写书，不能不懂装懂，不能胡译八译。

翻译涉及译出语和译入语，译者必须熟练掌握两种语言的转换。所谓会意，不是汉字造字的方法之一，而是指准确理解译出语，再用准确的译入语表达出来，这是译书的前提。

翻译也存在一个熟能生巧的过程，基于翻译经验的翻译技巧必不可少。

另外，译书涉及诸多方面的知识，若知识面狭窄，即使有心翻译也会力有不逮。

翻译的前提是真的读懂了

译书的这些年里，陆续发现了一些整段垮掉的译文。挑选一些有代表性的分析一下。

最近我买了一本某译者译的书，读到一句话，觉得有问题。现代社会，认识未必谋面，正好我认识译者，就给她留言，提出此事。她回：没看出来，请指教。

昨晚已经到了半夜，今早我看到回复，扩展开来再看，发现问题不止一处，就想好好整理、解释一下，把自己的想法表达清楚，谈不上指教，only for her reference。

我是在读到"他们要承担后果，为了他们曾经鼓吹的错误政策和事业"这句时感觉有问题的，因为中文一般不这样说，也就是带有翻译腔，或者说译完后没有优化。我觉得句子结构至少应该是"他们要为……承担后果"才好。我又找到了它的英文（为探讨方便，我给句子编了号）：

(1) If locally owned newspapers criticise us, we know that their criticism, however wrong or right, is bona fide criticism, (2) because they may stay and take the consequences of any foolish policies or causes they may have advocated. (3) Not so the birds of passage who run the *Straits Times*. (4) They have run to the Federation, from whose safety they boldly proclaim they will die for the freedom of Singapore ...[1]

其中文译文如下：

本地报纸批评我们，不管对错，我们都相信这批评是真诚的。因为他们跑不掉，他们要承担后果，为了他们曾经鼓吹的错误政策和事业。但是，《海峡时报》不一样，它的管理者像候鸟般漂泊不定。他们投靠了联邦，有了这个靠山的庇护，他们可以大胆地声明自己可以为新加坡的自由而死……[2]

先分析（2）because they may stay and take the consequences of any foolish policies or causes they may have advocated

1）什么后果？是"错误政策和事业"造成的后果，因此，这句话脱节了，本来是一句完整的话，却分成了两句，而且原因放在了后面。而中文表述一般是前因后果，

2）"事业"和"鼓吹"不是好搭配，我觉得此处用"目标"比较合适。政策和目标在一起比较多，而且 cause 有"目标"之意。

Cambridge Dictionary：a socially valuable principle that is strongly supported by some people（为某些人所强烈支持的）原则，事业，目标

柯林斯英汉双解大词典：A cause is an aim or principle which a group of people supports or is fighting for. 奋斗目标；事业

这里暗含着"鼓吹政府的政策和 causes"，如果 causes 译成"事业"，事业一般都是政府已经完成的业绩，已经完成了，还值得吹捧，自然不是错误的；只有鼓吹的是还没有完成的内容，才会在实践之后发现是错误的，而这个尚未完成的东西是什么？而且还要与"政策"在一起，很大可能是政府的"奋斗目标"。从这个角度讲，"目标"更可取。

3）"跑不掉"和"承担后果"是并列的，因此，要将这种并列关系译出来，不妨用"不但……而且"。

4）take/suffer the consequences of 是"自食其恶果"，consequence 通常指不好或不利的结果、后果，即 a result of a particular action or situation, often one that is bad or not convenient。尽管有人在用"承担后果"，但我觉得"后果"和"承担"不是好搭配。

所以，这里可译：

因为他们不但跑不掉，若是鼓吹了错误的政策和目标，他们还要自食其果。

再分析（3）Not so the birds of passage who run the Straits Times. 其中文译文是：

但是，《海峡时报》不一样，它的管理者像候鸟般漂泊不定。

这是一个倒装句，正过来是这样的：the birds of passage are not so，或 are not the same。那么，这个 so 指什么呢？结合上文，指的应是：既跑不掉，又会自食其恶果；not so 就是既能开溜，吹牛吹过了头还不用担责任。

什么样的候鸟呢？它有个定语从句：who run the *Straits Times*。因此，这句的意思是：

经营《海峡时报》的候鸟们可不是这样。

优化一下就是：

经营《海峡时报》的候鸟们可无此忧。

译到此处，译者会心生此问：为什么要以"候鸟"称之？如果此处解决不了，紧接着，作者用了一段不算短的文字说明了"候鸟"的来由：

'Birds of passage' was a reference to the expatriates who ran the paper. Clearly the management's decision to move the company headquarters to Kuala Lumpur earlier in the year had not gone down well. The Federation of Malaya was the larger country, independent, and might have seemed a more attractive commercial environment given the tempestuous state of labour relations in Singapore at the time, and the political tensions being generated by the extreme left. The move was clearly also a defensive measure in anticipation of a PAP election victory. Only a skeleton staff of reporters and sub-editors was left in Singapore, under Wee Kim Wee, to relay news to the Kuala Lumpur newsroom, and to edit one or two Singapore-edition pages, the sub-editors reporting to and taking orders from editors in Kuala Lumpur. The paper was put together mainly in Kuala Lumpur, but it was printed in both the Federation and Singapore. ...[3]

大意是说：《海峡时报》将总部从新加坡迁到了吉隆坡（Kuala Lumpur），其经营者两地来回跑，可不就像是候鸟。

因此，只说"《海峡时报》不一样"是不够的，要接续上文的内容和语气，而英语采用倒装句也正是此意。另外，候鸟是来回飞的，不是"漂泊不定"。

再分析（4）They have run to the Federation, from whose safety they boldly proclaim they will die for the freedom of Singapore ... 其中文译文为：

他们投靠了联邦，有了这个靠山的庇护，他们可以大胆地声明自己可以为新加坡的自由而死……

因为是引文，没有上下文，译者不太可能找到所有引文的原文看，因此，读者至此会想：这个联邦是新加坡国内存在的联邦吗？美国联邦还是其他联邦？

就在分析（3）时摘录的那段文字中就出现了 Federation of Malaya（马来亚联邦），如果前面没有弄清楚"联邦"的来由，那译者译至此，就应该意识到前面的联邦指的是不是"马来亚联邦"。

如果没有相关的知识积累，此时就要快速搜索网络了，你可能得到以下信息：

In 1948, the British-ruled territories on the Malay Peninsula formed the Federation of Malaya, which became independent in 1957.

大意：1948 年，马来半岛英国治下的领地组成了马来亚联邦，1957 年独立。

After a national referendum in 1962, Singapore was admitted into the Federation of Malaysia along with Malaya, Sabah and Sarawak as a state with autonomous powers in September 1963. After heated ideological conflict developed between the state government and the Federal government in Kuala Lumpur, Singapore was separated form the federation on 7 August 1965. It became an independent nation two days later on 9 August 1965.

大意：1962 年，全民投票之后，新加坡于 1963 年 9 月获准以自治主权国的身份加入马来亚联邦。……1965 年 8 月 7 日，新加坡脱离联邦。两天之后的 1965 年 8 月 9 日，它宣布独立。

考虑到上述引文引用的是 1959 年 5 月 20 日李光耀总理写给《海峡时报》的信

The prime minister said at an election rally on 20 May 1959 that his remarks were directed at foreign-controlled papers. He wrote on the same day to the Straits Times that:

说明新加坡当时是在马来亚联邦的，译文中的 the Federation 当指"马来亚联邦"。因此，译文应是：

他们跑到了马来亚联邦那里（指搬到了吉隆坡，谈不上"投靠"），自以为安全有保障（不是投靠，也就不能说有"靠山的庇护"），便大胆地声称愿为新加坡的自由而死。

不过，有一点需要明确，尽管作者称是 prime minister 讲的话、写的信，但当时李光耀还不是新加坡总理，尚处于选举时期，到 1959 年 6 月 3 日，新加坡自治邦成立，人民行动党在自治邦政府的首次选举中成为立法议院第一大党，李光耀才出任总理。

最后分析（1）If locally owned newspapers criticise us, we know that their criticism, however wrong or right, is bona fide criticism。其中文译文为：

本地报纸批评我们，不管对错，我们都相信这批评是真诚的。

在对外国控制的报纸口诛笔伐的同时，对新加坡当地的报纸则是理解万岁。这句话中的 bona fide criticism 如何措辞，需要辨识。

如果就当地报纸的批评是"真诚的"，那跑到外国的《海峡时报》就是"不真诚的"。但从引文前面一段文字中不难看出，《海峡时报》不是不真诚，而是效法水门事件那种调查性的深度报道，提前透露政府的公共政策，干扰了公众的预期，致使他们对政府产生对立情绪和距离感，使得旨在改善新加坡的政策失效，政府无法达成施政目标：

A couple of days earlier I had been to see the prime minister to take my leave. Again we discussed the Straits Times. He said there were two major concerns. First, he said, the paper was pre-empting government press releases and encouraging leaks about public policies. The effect was to subvert whatever government was trying to do. He felt that some of the younger staff were also working hand-in-glove with foreign journalists and resorting to investigative journalism under the influence of the post-Watergate culture in the US. He said that government did not mind if there were real skeletons in the cupboard   — in that case he would be the first to ask that they be made public. However, journalists were seeing sinister motives behind every government policy. With an increasingly wide English-language readership, following the expansion of English as the medium of education and administration, these little drops of venom would be disastrous for Singapore if allowed to continue. The effect would be to develop public antagonism and distance towards government and thwart policies designed for Singapore's betterment.[4]

bona fides 有两层含义：good or sincere intentions，一是"善意"，一是"诚意"。这里最好从善意的角度用词：不管说得对或错，当地报纸的批评都是善意的。也就是说，尽管影响到了政府施政，外国报纸还是善意的，不是不怀好意，更不是没有诚意。

翻开《漫漫自由路：曼德拉自传》，读完第一段，我对照了一下英文，发现每句都有问题。我没有继续读下去，一来我想研究一番，二来看到错译较多，我也就兴味索然了。

中文译文如下：

除了让我具有强壮体格并与泰姆布王室有着永恒联系的一条生命外，我父亲还给了我一个名字—豪利沙沙。在科萨语中，豪利沙沙字面是"拽树枝"的意思，但其口语意思更为准确，意思是"惹是生非的家伙"。我不相信名字能决定命运，或者说，我不相信我父亲在一定程度上已经预测了我的前途。但是，后来的岁月中，亲戚朋友竟然认为我出生时的名字注定会给我带来许多风风雨雨。直到上学的第一天，我才有了更让人熟悉的英文名字，即教名。但是，现在我正在超越我自己。[5]

对应的英文有五句（编号为方便分析而加），如下：

(1) Apart from life, a strong constitution, and an abiding connection to the Thembu royal house, the only thing my father bestowed upon me at birth was a name, Rolihlahla. (2) In Xhosa, Rolihlahla literally means "pulling the branch of a tree," but its colloquial meaning more accurately would be "troublemaker." (3) I do not believe that names are destiny or that my father somehow divined my future, but in later years, friends and relatives would ascribe to my birth name the many storms I have both caused and weathered. (4) My more familiar English or Christian name was not given to me until my first day of school. (5) But I am getting ahead of myself.[6]

相应地，我将中文译文分成五句，只是译者将第三句断成了两句。下面我分别说一下我的理解。

第一句译文：除了让我具有强壮体格并与泰姆布王室有着永恒联系的一条生命外，我父亲还给了我一个名字——豪利沙沙。

除了译者去过南非，确认 Rolihlahla 读"豪利沙沙"外，整个句子理解错了。

"体格"和"与王室的联系"不是"生命"的定语，而是并列的，应该是"除生命、强健的体格和与王室的联系外"。

名字是唯一给予（the only thing）、父亲给予我的（father bestowed upon me，"给了我一个名字"有"取名"的意思，但用词太随意）、出生时起的名（at birth），这些没有译出来。

第二句译文：在科萨语中，豪利沙沙字面是"拽树枝"的意思，但其口语意思更为准确，意思是"惹是生非的家伙"。

colloquial meaning 不是"口语意思"，colloquial 还有"通俗讲"的意思，什么词会在口语中换个意思呢？好比"小舅子"，通俗讲是骂人的，但它确实是一种亲戚关系。

troublemaker 译"惹是生非的家伙"，似乎不妥，谁的父亲在孩子出生后会给孩子起个不好的名字呢？"惹是生非的家伙"即"不是个好东西"。父亲应该是同族中有文化的人吧，不会不知道这个词的通俗含义，很有可能通俗的意思是"捣蛋鬼"，顶多是"麻烦制造者"。

第三句译文：我不相信名字能决定命运，或者说，我不相信我父亲在一定程度上已经预测了我的前途。但是，后来的岁月中，亲戚朋友竟然认为我出生时的名字注定会给我带来许多风风雨雨。

I do not believe that 一般译"我认为……不"，最好不译"我不相信"。比如这一句应该是：我认为名字决定不了命运，而且我父亲并没有预言我的未来。

divine 最好译"预言"，"预测"是一种主动行为，孩子出生时哪个父亲会"预测"孩子的未来？"预言"的意思是说，父亲起了个名字，这个名字无意中"预言"了孩子的未来。

不是我的名字"给我带来"什么，而是将我引起的风暴和平息的风暴"归因于"我的名字。ascribe to sth/sb sth 也就是 ascribe sth to sth/sb，因为这句的前一个 sth 太长，作者置后了，意思是"把……归因于"或"……是……造成的"。

caused and weathered 没有译出来。

第四句译文：直到上学的第一天，我才有了更让人熟悉的英文名字，即教名。

more familiar 最好译为"更为人所知的"。"英文名即教名"这个说法不妥，英文名并非都是教名，总有不信教的。还是按英文的 or，译为"或者说"比较好。"我有了英文名，或者说教名"。如果作者想表达"即"，可能用 that is 或 i.e. 了，不会是 or。

第五句译文：但是，现在我正在超越我自己。

getting ahead of myself 译为"我正在超越我自己"是不对的。即使对，译为"我正在超越自我"比较好。它的意思是"我讲早了"，或"讲得太快了"，还是让我从头讲起吧（But I'm getting ahead of myself. Let's start at the beginning.）。下文便是从头开始讲他的家世。英文讲了半句，但汉语要译全。否则，表达不出准确的意思。

很多人吐槽英译汉书籍的质量差，不是看不懂，就是翻译腔，激烈者甚至建议读者去读英文原版书。其实，读原版书这个建议不无讽刺，因为绝大多数人读不了。正因为读不了，才有了译作存在的必要。况且，如果英语达不到一定水平，读原版书的收获未必比读译作的收获多，除非译作质量差到你读完后仍是荷仙姑走娘家，云里来，雾里去。

也有人认为翻译费太低，以至于好译者都不屑于译书。窃以为不然。你没有好的译作，或者说，是骡子是马，没有出来遛过，怎称好译者？况且，翻译费高低不是决定因素，把译作的质量差归结为翻译费低导致"高手看不上、低手不认真"实际是给译者找了一块遮羞布。说白了，就是译者力所不逮（not enough in the tank to translate accurately）。

当然，我并非说费用低是合理的，而是认为高手应拿高费，低手应拿低费。不过，为什么要用低手呢？这就引出了新的问题，有些编辑不识货，既没有能力判断译者的水平高低，也无从判断译文的水平高低，但她们还需要有人译书出版，只好挖到篮子里的就是菜了，而且认为编辑有权选择译者，于是乎，自己的喜好和感觉就成了她们选择译者的依据。我就见过这样的编辑，她宁可选择译文错误连篇但在她看来有点名头的译者，也不选择几乎没有错译但她似乎不感兴趣的译者。而有些译者根本没有读懂，还得译，于是乎只好硬译，鼓捣出一堆汉字，就算是履约了。总之，编辑不识货，还得找人译，译者水平不够，还得译，在两方面的硬性约束下，两硬换一硬，读者只能硬着头皮读了。

但归根结底，起决定作用的还是译者的翻译水平，包括其源语言（source language）的水平、目标语（target language）的水平和双语的转译水平。因为若是译者水平高，即使编辑胡改八改，也最多让好马变成了中马，不至于放出（release）一匹劣马入市。源语言的水平表现为是否真的读懂了，读不懂还要译，那就没治了；目标语的水平表现为能否想到或找到准确表达原意的词语。但有时源语言的意思译对了，遣词造句还有一个能否被目标语读者接受的问题；剩下的所有技巧都可归入转译水平，主要表现为将源语言的词语和句式转换为目标语的词语和句式，还不能丢失源语言的语素。借用《你侬我侬》的话来说，那就是：本来一个你，另有一个我，现在要将泥打破，用水调和，看着一个你，再塑一个我。我泥中有你，你泥中有我。

　　经验告诉我，翻译的前提是真的读懂了原文，或是千方百计读懂了原文，这关乎质的蜕变。过不了这一关，剩下的就全是生拉死拽，牵强附会。如此，还想你侬我侬，想得美（**You wish!**）。

读懂原文，知悉背景，长句可短

台湾清华大学经济系荣休教授赖建诚在读到我的译文后说："我从来没见过把句子译得这么短的，看来你是真的读懂了。"谢谢赖教授的称赞，我从一开始就注意将句子译短，但我还需要继续努力。我的经验是：只要保持语素不多不少（既不画蛇添足，又不削足适履），长句是可以拆分成短句的。与赖教授所喜见乐读的短句相反，则是让人需要憋着气读，而且读完之后还不明就理的长句子。这便是中、英语言的差异之处，英语句子中可以有很长的同位语或插入语，所以，中国人在英语的听、说、读、译时就比较头痛，中国人不习惯一件事没有说完，就再说另外的事，一旦思路中断，中国人理解起来往往会晕头转向；若是中国人如此说话，其他人就会说你"天上一脚，地上一脚"。但有时未必是插入语的问题，可能就是真的没有完全读懂原文，但还要译，于是乎硬译。

在图书翻译上，我还有一个习惯，就是购买引用较多的经典书的中、英文版，甚至是多个中文版。但10年来，我译过的引文估计数万计了，但我从来没有完整地抄过任何一人的译文（说明这些译文都不准确）；只有个别的编辑舍弃我的译文，私自抄录已经出版的某些中文版的译文，盖因他们认为已经出版的译文都是正确的，而事实恰恰相反，错误或不准确的居多；这是典型的不懂且不尊重译者，一般会在我的强烈要求下，再版时改回我的译文。

不抄别人的译文，并不表示我不研究其他人的译文。基于上述习惯，我会在翻译时找到相应的中文版（主要用于英译汉）或英文版（主要用于汉译英）。没有比较就没有鉴别。本来译完就完事了，但若比较一下，就会发现问题。在译 *The Classical School* 一书的马克思一章时，就出现了这种情况。原文如下：

But what Engels says next strongly suggests that he is bluffing. He declares that if anyone "can show in which way an equal average rate of profit can and must come about, not only without a violation of the law of value, but on the very basis of it, I am willing to discuss the matter further with them".[1]

理解引用的难点在于如何处理 can and must come about, not only ..., but ... 这个结构。查其引文的英译本，我手中只有两个版本：

莫斯科版：

Marx had resolved this contradiction already in the manuscript of his Zur Kritik. According to the plan of Capital, this solution will be provided in Book III. ... If they can show in which way an equal average rate of profit can and must come about, not only without a violation of the law of value, but on the very basis of it, I am willing to discuss the matter further with them.[2]

企鹅版：

Marx had already resolved this contradiction in his manuscript of "Zur Kritik"; in the plan of Capital, the solution is to be included in Book 3. ... If they show how an average rate of profit can and must come about, not only without violating the law of value, but precisely on the basis of this law, then we shall have to continue our discussion.[3]

比较之下，两种英译文大同小异，企鹅版的英译交待得更加清楚。但因为我遇到的引用是莫斯科版的英译文，我只能按照它的译文加以理解，用企鹅版的英译文帮助理解。其实，这个结构是两个并列的句子：

an equal average rate of profit can and must come about (not only) without a violation of the law of value

an equal average rate of profit can and must come about (but also) on the very basis of the law of value

大意是：

（不但）相同平均利润率的实现不违反价值规律

（而且）相同平均利润率的实现恰恰基于价值规律

若简化一下，即是：

相同平均利润率的实现（不但）不违反价值规律，（而且）恰恰基于价值规律

如此一来，句子是不长了，但你会发现句子中的 can and must 没法处理，不论加到哪里，似乎都别扭。

那么，已经出版的版本是如何译的呢？我手中有两个版本。带下划线的句子为相应的译文：

郭大力和王亚南译：

马克思在手稿《批判》中，已经解决了这个矛盾。按照《资本论》的计划，这个解决要留到第三卷再提出。……如果他们能够说明，一个相等的平均利润率怎样能够，并且必须不但不损害价值规律，反而要在价值规律的基础上形成，我们就愿意同他们进一步谈下去。[4]

编译局译：

马克思在《批判》手稿中，已经解决了这个矛盾；按照《资本论》的计划，这个问题要在第三卷来解决。……如果他们能够证明，相等的平均利润率怎样能够并且必须不仅不违反价值规律，而且反而要以价值规律为基础来形成，那末，我们就愿意同他们继续谈下去。[5]

是不是读起来很别扭。在编译局版的版权页，他们声明"在翻译过程中参考了《资本论》第二卷郭大力、王亚南中译本"。不难看出，编译局的译文比郭王本稍有改进，比如"手稿"置后，"说明"改为"证明"，"损害"改为"违反"，"进一步"改为"继续"，等等。但"相等的平均利润率"那里同样没有交待清楚，而且因为"并且必须"处没有断句，反而更加让人费解。

"相等的平均利润率怎样能够并且必须……"，单纯地读它，有谁能读明白？看来译成两句比较费解。要想译得让读者明白，除了正确理解句子

结构外，还需要正确理解 can and must come about。我把 can and must 译成"必能"，"必"对应 must，"能"对应 can；而 come about 译为"实现"，如此，将句子拆分成三句，先把主要内容交待清楚，再用"而且"将主句与后面的"不但……还"紧密连接起来，读起来就比较容易理解了。我的译文如下：

> 但恩格斯接下来说的话强烈表明他只是在虚张声势。他宣称，若有人"能够证明相同的平均利润率必能实现，而且不但不违反价值规律，还恰恰基于价值规律，我愿意与他们进一步地讨论"。

为什么我可以把 come about 那里译为"相同的平均利润率……实现"？因为我稍微了解一些此项争议的背景。不妨借此机会简单介绍一下。

在马克思写作之时，"劳动价值论"已经流行。这种想法认为，决定某件物品价值的因素是在它上面投入的劳动时间，即某人花了多少小时来制造它；花费大量劳动时间的东西比花费很少劳动时间的东西更有价值。

而在工人创造的价值中，资本家以利润的形式拿走了一部分。用马克思主义的术语讲，这种额外的价值被称为"剩余价值"。即资本家占有了"实际上"属于工人的价值，这便是马克思主义者所说的剥削。

对马克思来说，没有劳动价值论，那就没有剩余价值。剥削也就不再是资本主义的必要组成部分。因此，马克思试图拯救劳动价值论。因此，他开始陷入各种混乱。他提出了"社会必要"劳动时间的概念，意思是说：并非任何人的工作时间都是劳动时间。只有"具有社会必要性"的工作，即具有社会价值的工作才能真正"计入"价值。但这削弱而非增强了劳动价值理论。

后来，马克思试图夹带上需求因素，以便可以继续讲下去。否则，就讲不通了。所以，它不再是一个真正意义上的劳动价值论，而是声称"供给和需求决定产品价值"的价值论。但马克思不能承认这一点。马克思必须坚持劳动价值论，因为他的剥削理论需要它的支撑。

但随之而来的是一个更大的问题。有人指出不同行业之间的利润率往往趋同。利润率趋同使得劳动价值论的思想无法立足。

总之，有很多证据表明劳动价值论是站不住脚的。对于不同行业的利润率均等是否破坏了劳动价值论，他进行了长期而艰苦的思考。但晚年的马克思无法完成这些著作，借口就是有病。不过，他所说的疾病却没有妨碍他做其他方面的研究。因此，马克思至死也未能就劳动价值论提供一个令人满意的辩解。

1883 年，马克思去世，之后，恩格斯承担起续写《资本论》第二卷、第三卷的责任。在《资本论》第二卷的序言中，他写道："不论使用多少活劳动，相同时间内，等额资本总会产出等额的平均利润。"然后，他不好意思地说这个问题"将在第三卷给出解释"。但恩格斯接下来说的话强烈表明他只是在虚张声势。他宣称，如果有人"能够证明相同的平均利润率必能实现，而且不但不违反价值规律，还恰恰基于价值规律，我愿意与他们进一步地讨论"。没有这样的经济学家站出来，《资本论》第三卷也没有解决这个问题。换句话说，马克思和恩格斯没有能力挽救劳动价值论。

无利不起早。很明显，没有利润，谁还当商人，谁还投资、办企业？赚取利润是必然的，合理就好。只有超过合理利润之上的利润，才可以认为是"剥削"。问题在于，谁来确定一个各方都能接受的合理利润呢？人为的划线就好比建一个塑料大棚，尽管也长水果、蔬菜，但肯定不如自然之风吹拂下、自然阳光照射下的好吃；无论是理论上，还是实践上。

因此，长句变短的前提是读懂原文，且了解背景。赖教授认为，不但句子要短，段落也要短。他的心法是：

1. 每行至少有 2 个标点符号。

2. 标点符号之间无重复字。

3. 两行内必有 1 个句号。

4. 每段以 5 行为度。

可以鉴之。

图书译者的三个短板

某天，大街之上，张明带着新交的女朋友遇到了 Thomas。

— Hey, Thomas. 我给你介绍一下，这是我的 lover.

— You what?

— My lover. 我跟你说过的。

— Oh ... 能否借一步说话？

— 嗯？

— 哥们，谁会到处跟人讲他有个 lover 呢！

— Why? 我爱她，这有什么不能公开的？

— lover 可不是个好词。

— 是吗？它不就是表示爱的 love 加上表示人的 er，爱人吗？

— lover 是"小三"的意思。

— Wocao，原来如彼！那"爱人"应该怎么说？

— Instead of "lover", you can call her my "love".

Thomas 走后，女友好奇地问张明：

— 那老外什么个意思？

— 他说我把女友当炮友了。

— 滚！

此段情景是我编的，但现实中未必没有中国人称"爱人"为 lover。

的确，英语中确实有"某种东西＋er＝从事某种职业的人"。比如

thatch，意为"茅草屋顶"，它加上 er 应成了"盖茅草屋顶的人"。想必撒切尔夫人（Margaret Thatcher）的祖上从事这一职业。汉语中也有类似的组合词，比如"铁＋匠"或"木＋匠"。但如果母语为非英语的人想当然地以此去套外语中的词，就会闹笑话。它属于母语迁移中的负迁移（negative transfer of mother tongue）[1]。

除了是"爱好者"外，lover 还指 a person having a sexual or romantic relationship with someone, especially outside marriage，即中国人说的婚外的"小三"或"情人"。但 especially 表明它不限于婚外情，也指非婚单身男女的关系，俗称"炮友"。如果你给中国女友写信，除了表情达意，还想秀一下英文的话，You are the lover of my life 会让她爱死你的。因为她很可能把你的中式英文理解为 You are the person I loved most。若是写给一位外国女友，她会恨死你的，从此你就真的成炮灰了。

母语的习惯思维是译者的一大短板。

最近，某编辑做了一套中英对照的儿童绘本，希望我能帮他校听其英语录音。初接到他的电话，我心里没有多大底，毕竟我没有受到专业的读音训练，怕发现不了错误，误导小读者。但在听到试听材料后，发现也不是很难。因为面向儿童，录音的吐词相对清晰，连读很少，不像那种听了以后跟不上反应的洋片子，那就试试吧。

录音校听很快完成。其间，我发现本书的英文翻译问题不少，中式英语很明显。比较突出的一个问题是：凡看到"上"就用 on 或 onto。

趴在地上 — lie on the floor

猫咪在树上 — the Kitten on the tree

爬到了树上 — climbed on the tree

（动物）飞到树上 — fly on the tree

树上的苹果 — the apple on the tree

（雨伞）被吹到了树上 — was blown onto the tree

树上有个鸟巢 — a bird's nest on the tree

（雨伞）被吹到了河面上 — was blown onto the river

（雨伞）被吹到了一朵云上 — was blown onto a cloud

结合图片仔细分析，只有两处可以用 on。但即使这两个句子的表述也有其他问题。也就是说，以上表述全有问题。

一开始，我感觉译者是国内的，经验不足，应付了事。但读着读着，闻到了东南亚英语的味道，就问编辑译者是哪里人？因为我译过东南亚某国的英文材料，尽管不至于出现 good good study，但属于那种半生不熟的中式英语，按英语思维翻译讲不通，按汉语思维翻译则又通又顺。

编辑回说是"马来西亚"。噢，华人英文。后来进一步沟通，我才知道译文是作者提供的。至于译者什么背景，一时不好了解；是作者自己译的，还是找人译的？是作者找中国人译的，还是找马来西亚华人译的？但不管是谁译的，想必母语是汉语。我不禁感叹：汉语思维的影响甚巨，即使到了国外，身处英语环境也难以改变，因为作者没有看出"树上的鸟巢"用 on 是错的。况且，很多移民国外的人难以融入洋圈，平时都说汉语，混汉语圈子，好比四川人跑到了香港。

在编辑邀请我作为那书的审校后，我从头仔细改了一遍。涉及"上"的部分我是这样解释的：

1. "趴在地上"原译 lie on the floor。如果 floor 按"森林里的地面"解释的话，这就是对译，趴 + 在 + 地上 =lie + on + the floor。但"趴在地上"的英文表达有以下四种：

- lie on face/stomach/belly/abdomen

- lie face down

- get down on the ground

- lie prone on the ground

在某篇讲述卧姿射击的网文中，作者是如此描写的："So let's concentrate on the prone position — quite simply, lying on the ground. As a rule of thumb, the closer you can get to the immovable ground the steadier you can be." [2]

而"仰躺在地板上"则是：

- lie supine on the floor

- lie on one's back

2. 长在树上的东西才用 on，比如苹果，"树上的苹果"要译为 apples on the tree。不属于树本身的东西"在树上"要用 in。因此，"猫咪在树上"是 There is a kitten in the tree。同理，"树上有个鸟巢"就是 There's a bird's nest in the tree，不是 a bird's nest on the tree。

3. "爬到了树上"不是 climb on the tree，而是 climb a tree 或 go up a tree。那"下树"就是 get down from the tree。

4. 动物"飞到树上"不是 fly on the tree，而是 fly to the tree。

5.（雨伞）"被吹到了树上"是 The umbrella was blown into the tree，不是 was blown onto the tree。"雨伞"不是树本身的东西。

6.（雨伞）"被吹到了河面上"不能简单地译为 was blown onto the river，如同"被吹到了树上"一样，无法简单地用 onto 既表示方向，又表示方位。看其画面，雨伞是倒立着浮在水面上的，那么，完整的表达应该是"雨伞被吹进了河里，漂浮在水面上"，即 The umbrella was blown into the river by the wind, floating on the water.

7.（雨伞）"被吹到了一朵云上"是 was blown (up) to a cloud，不是 onto a cloud。因为图画和文本没有显示雨伞落到了云上，只不过表示飞上了云霄。

可以说，没有哪位译者没有碰到过看着英文却不知其意的情况。我说的不是完全没有碰到过或学过的纯生词，而是看着面熟，但就是想不起来何意的单词。不管你搜索多少遍大脑硬盘，也读不懂句子，自然就译不通。说明该单词超纲了。

之所以说是超纲了，主要是英语学习者都是分级背单词的，长此以往，很熟悉纲内的单词及其词意，超纲的单词或词意就不熟悉，甚至毫无概念。这可以说是单词表的筒仓效应（silo effect），比如前面错把 lover 当爱人就很典型。可能是最先学 love 时它是动词，中国人就习惯地认为 love 没有名词"爱人"的意思。其实，love 的名词词义有好几条呢，其中之一就是 a person that you like very much。邓丽君翻唱过一首歌就叫 Goodbye My Love；不只指人，若是你很喜欢某种东西或活动，那也是你的 love。

我曾经写过《fountain 和 source 以及尼罗河源头》，说的就是分级背单词的缺陷，因为作者已经移民到英语国家，已经用英文写了几本书了，但遇到 fountain，他还是想到的是"泉水"，尽管有可能想到过"源泉"，但绝没有想到还是"源头"，没有想到查查词典。

但具体到图书翻译上，外国作者不会考虑到中国读者是背四级单词的，就用四级词汇，背专业八级的，我就用八级词汇，背 GRE 的，那就用难度大点的。也就是说，英文图书不会与中国考试的单词级别挂钩。

有些外国作者还喜欢用超纲单词，我个人感觉英国作者比较突出，在译英国作者的书时，我搬词典的次数明显增多。比如，译 *Big is Beauty* 一书时，我就在三个地方遇到了 inform：

Can a consensus that is so broadly based be wrong? Yes — if it is based on lazily repeated clichés and inherited myths rather than on fact and analysis. What is called the "antimonopoly tradition" informs most of the criticism of big business in the United States and many other countries. The antimonopoly tradition has two somewhat incompatible strands.[3]

However, as we have seen, the neo-Brandeisians are back. As we saw earlier, the major heirs of Brandeis following World War II abandoned his support for measures such as anti-chain store laws that protected small producers from competition but retained his conviction that big firms and concentrated markets are social and economic evils. This view informed the Harvard school of antitrust policy, which focused on the structure of industry, with rigid views regarding market share.[4]

Under this act the EPA and the Occupational Safety and Health Administration (OSHA) must inform the SBA's chief counsel for advocacy before they even begin to promulgate rules. The counsel then must create a council of small firms that will be affected by the rule so they can raise objections and the agencies must make their proposed changes where appropriate.[5]

　　如果再套原来的分级词汇表，似乎译不通，比如第一句：所谓的"反垄断传统"告诉／通知／告发／报告／了美国和其他多个国家对大企业的大多数批评。

　　从我手中的词汇书看，inform 大致就这些意思：

　　四级：vt.通知，向……报告

　　六级：同四级

　　大学英语大纲：vt.通知，报告　vi.（against, on）告发，检举

　　专业四级：vt.通知，向……报告

　　专业八级：vt.通知，告知，使了解；告密，告发

　　同等学历申硕大纲：vt.通知，告诉，向……报告　vi.检举，告发

　　硕士入学大纲（非英语专业）：v.（of, about）通知，告诉，报告；告发，告密

　　研究生词汇（同济版）：v.通知，告诉，报告；告发，告密

　　刘毅 Fundamental：v.告知

　　雅思词汇：v.（~ of/about）通知，告诉，获悉，告知

　　没有 inform 词条的：

　　新概念词汇

　　研究生词汇（北大版）

　　TOEFL 词汇

　　GMAT 词汇

　　GRE 词汇

　　总之，在中国英语学习者脑子里 inform 基本就是"告诉""通知"，记得再多点的就是"告发"。其他词意若非专门学习过，一般想不起来还有其他意思。但确有其他意思。

牛津词典：to have an influence on sth 对…有影响

例：Religion informs every aspect of their lives. 宗教影响着他们生活的各个方面。

朗文：to influence someone's attitude or opinion 影响〔某人的态度或观点〕

例：Her experience as a refugee informs the content of her latest novel. 她的难民经历影响了她最新小说的内容。

把"影响"代入第一句和第二句，就通顺了：

第一句：所谓的"反垄断传统"影响了美国和其他多个国家对大企业的大多数批评。

第二句：这一观点影响了哈佛学派的反垄断政策，其政策侧重于行业结构，而关于市场份额的观点很是僵化。

第三句的 inform 就不是"影响"，而是"告知"或"正式告知"。

第三句：根据该法案，美国环保署（EPA）和职业安全与健康管理局（OSHA）必须在开始公布规则之前告知小企业管理局的首席法律顾问，以获得支持。

据说，从 2020 年开始，中国的英语考试要实行新的分级制度，不管怎么分，目的还是考试。对于图书译者来说，不会有多大的帮助，要想解决遇到的具体问题，还得靠自己多翻词典。

除了汉语思维、分级单词表的筒仓效应外，图书译者还存在一个短板，那就是知识面不够宽。

比如，我译过 *The Art of Decision Making*[6]，其中文版是《深度决策》[7]。它应归类心理学书吗？因为决策与心理有关，还是管理学书？因为作者是商业教练，培训了几十年的企业高管。谈着神学，接着会谈哲学，甚至神学和哲学混在一块说，中间还夹杂着艺术和宗教。可能连续三段涉及宗教，每词每句都是知识点，需要一步一个地雷地挖着才能前进。这就是翻译中的骨头，好多人啃着啃着就放弃了，骨头上还带着些许剩肉。但能啃干净吗？能的，嘴不行，就用其他工具，至少小刀可以刮吧！只要你的目的是一丝肉也不剩，那就能一丝肉不剩。

莎士比亚	《哈姆雷特》《一报还一报》《李尔王》《暴风雨》
宗教	《圣经》《耶路撒冷三千年》
希腊神话	
西塞罗	《对诗人阿基亚斯的》《论演说家》
艾略特	《普鲁弗洛克》《四个四重奏》
雷纳·马丽亚·里尔克	《给一个青年诗人的信》
陀思妥耶夫斯基	《地下室手记》
埃里克·弗罗姆	《无能为力的感觉》
	《白雪公主》《小红帽》《灰姑娘》《哈利·波特》
	《爱丽丝漫游奇境记》《爱丽丝镜中奇遇记》
维克多·雨果	《行与言》
卢克·莱恩哈特	《骰子人生》
布鲁诺·贝特尔海姆	《魔法的使用》
让—雅克·卢梭	《论语言的起源》
布勒内·布朗	《不完美的礼物》
阿尔贝·加缪	《反抗者》
丹尼尔·卡尼曼，阿莫斯·特沃斯基	《风险性决策》
布拉姆·斯托克	《德古拉》
戏剧	《威尔斯登巷的钢琴家》《人情世故》《小夜曲》
电影	《失常》《夏夜的微笑》
高乃依	《熙德》
丹尼斯·狄德罗	《关于喜剧演员的诡论》
约翰·弗兰肯海默	《第二生命》
歌曲	《小丑进场》
绘画	博士来拜、最后的晚餐、天使报喜、基督受洗、大使们
拉斐尔	《雅典学派》
莱昂·巴蒂斯塔·阿尔贝蒂	《论绘画》
乔治·瓦萨里	《画家传》
米开朗基罗、达·芬奇等	《大卫》

续表

沃尔夫冈·阿马德乌斯·莫扎特	
但丁	《地狱》
荷马	《奥德赛》
豪尔赫·路易斯·博尔赫斯	《不朽》
马丁·海德格尔	
约翰·凯	《间接》
爱比克泰德	《手册》
赫西奥德	《神谱》
	《吉尔伽美什》
荣格	需要了解其理论的各种传记、心理学的讲解和手册
荣格，卫礼贤	《金花的秘密》
西格蒙德·弗洛伊德	《精神分析导论》《自我与本我》
马丁·布伯	《人类之路》《我与你》
康德	《纯粹理性批判》
柏拉图	《斐德诺篇》
尼科洛·马基雅维里	《君主论》
斯宾诺莎	《伦理学》
布莱兹·帕斯卡尔	《思想录》
卡尼曼	《思考，快与慢》
史蒂夫·彼得斯	《黑猩猩悖论：控制非理性冲动》
依纳爵	《灵修》
奇普·希思，丹·希思	《决断力：如何在生活与工作中做出更好的选择》
罗伊·鲍迈斯特，约翰·蒂尔尼	《意志力》
	《父辈的职业道德》
托马斯·马丁	《英语的语言学语法》

出版社是这样推介这本书的：

Drawing from different 'fields' such as philosophy, psychology, literature, and theology, Joseph Bikart uses decades of experience as a business coach for senior executives around the globe to explore how and why we make the decisions we do.

　　大意：约瑟夫·比卡特从哲学、心理学、神经学、文学、艺术史和神学等领域旁征博引，利用自己数十年培训世界各地企业高管商业教练的经验，探索了我们如何决策以及为何决策。

　　当然，这些都是大类，如果细分还会更多，涉及很多人物和著作。另外，从头到尾的词源学也需要译者极大的耐心。

　　为了说明翻译社科书籍所需专业知识的宽泛，我特意将 *The Art of Decision Making* 引用或提及、需要了解的书、人物等列了一个表（英文书名太长，省略了），详见前表。

　　大致总结一下，难点涉及宗教、文学（莎士比亚）、艺术（尤其是宗教绘画）、精神分析（荣格、弗洛伊德）、哲学、希腊神话，还有词源学，又涉及拉丁语、法语、德语等，再加上这本书没有涉及的经济、管理方面的书籍，所有这些就是翻译社科书籍需要掌握或了解的主要知识。没有捷径，译者只能是读书，比如宗教就研读圣经和各种宗教历史，精神分析就读荣格和弗洛伊德，希腊神话就找相关神话书籍，哲学就读大师的著作，艺术就读各种著名人物的传记。

　　不过，最好是读国内此专业的专家、学者翻译或写的书，比其他乱写乱译的有参考价值。如果条件（阅读能力和金钱）允许，就购买英文书籍阅读，再自己建立自己的资料库。因为很难有哪一本书完全满足你的要求。

小结

　　1.英语与汉语属不同的语系，二者差异明显。在母语思维的干扰下，译者会想当然地理解，从而出现错译。

　　2.英语学习者受词汇分级的影响较大，尽管在改革，但对于图书译者帮助不大。译者应扩展自己的词汇，既有宽度，也要深度。

　　3.图书翻译需要译者的知识面宽泛。没有办法，只能通过多读书积累自己的资料。临时用到的，只能恶补。好在现在快递很快，网上购书足以让你尽快阅读、消化和吸收。

4.如果可能，同一本书既要购买中文书，也要购买英文书，因为译者未必翻译的正确，而且中英对照，也是一个很好的学习方法。

5.把翻译一本书当成一次学习的机会，就能逐渐丰富自己的知识。若是单纯为了完成一次合同，难说有积累。

6.作为图书译者，一些经常被引用的名人名作需要常备，咬牙也要购买。每次译书，我多多少少都会购买一些书。照此发展，若干年后，我能开一个私人图书馆了。

书到用时方恨少啊。不只是说书读的少，还指手底下可以翻查的书少。

翻译知识点与临终关怀

　　最近几年，我比较喜欢看吐槽大会，还有 O 总那伙人的脱口秀，每季都看。当然，吐槽大会也是 O 总那伙人搞的，只是 O 总越来越火，跟他一起闯天下的池子却见不到了。池子的"知识点"给我留下了很深的印象，每当他说出一个梗，比如，你怎么能喜欢那个修铁路的呢？还没等你反应过来，他就会说：知识点好不好。

　　在一个浮躁、一切要快、一切向钱看、生存压力巨大的当今社会，在一个见面说好话，凡事夸领导的文化中，吐槽大会简直是逆势生长。很多人在这个节目里得以心理疗愈。因为夸别人容易，夸自己是找死；嘲笑别人容易，自嘲不易开口。自嘲不只表明一个人的成熟，也表明其内心的强大。我都自嘲了，还怕你嘲吗！别人也就下不去嘴了吗。于是，自嘲者卸掉心理包袱，轻装上阵，无往而不胜。

　　当然，也有夸别人难，夸自己容易的人，比如赫鲁晓夫，他认为本宇宙最颠扑不破的一个真理是：如果我不比你懂得多，怎么能当这么大的官？

　　其实，译者更需要知识点，译一本书好比走一段旅程，一路之上时不时地出现知识点，它们有可能是你充饥解渴的美食佳酿，也很有可能是让你伤筋动骨的地雷。

　　我在译书时有个习惯，会随时记下备查或记忆的单词或词组、需要紧接着或以后处理的事项、校稿时需要核查的各种表达、需要的各种联系方式，等等，因为在精力长时间高度集中之下，很多事情若是当时不记下，过后就怕很难想起。

我家存有各种纸，习惯使然。为的是在我充分利用之后再抛弃，单面 A4 复印纸就不用说了，多年前的稿纸都有，甚至我还用过三联单，用完一张，撕掉一张，感觉有某种说不出的快感。有时整理书和杂物时会发现说不清楚怎么还会有的纸。

想来这种珍惜每张纸的意识还是从我小时候养成的，传授自我的小叔，说是小叔，其实比我大不了多少岁。他告诉我：纸要是写不满就不要扔。我上小学那会，农村还很少见成品的作业本，若是听说其他公社的哪个村子的代销点有作业本，几个小伙伴会相约翻山越岭地去买。最远的去过淄博的某个山村。那是我对不同行政区域并没有一个明显的界线，但存在差别的最初印象。

若是赶上没有作业本，还要写作业，怎么办？那就自己制作。首先，到供销社的代销点买大张的粉连纸（那时我只知道说"粉连纸"，并不知道是哪三个字，直到我写此文，我才在网上查了查），这个好买，白的黄的粉连纸都有，再裁成合适的大小，基本上折几折后就是作业本大小，裁开，整齐，边缘类似今天的毛边书，没有装订的东西怎么办？用一张纸，搓成一个纸捻，一断为二，再用铁钉子在本子的上沿钻出四个洞，用纸捻将纸捆住，若是嫌纸捻鼓疙瘩，那就用铁锤把它们砸扁。我还清楚记得纸捻上会留有铁锈。对于现在的年青人来说，这就是知识点。好比一生下来就用高档手机、Windows 10 一样，认为电脑就是这样，对于 286 的家用电脑怎么会有概念。

项庄舞剑，意在沛公。我忆苦思甜了半天，是为了引出我前几天偶尔找出的一摞纸的事。说是一摞纸，其实也就几十张，是那种处方签大小的便笺，看抬头，是四川某酒业公司的，我是山东人，怎么会有四川的纸？想来想去，可能是某亲戚带来的，他是酿酒技师，曾经被派到本地酒厂在四川开的酒厂当过师傅，这纸想必是他带着孙子孙女在我家暂住时留下的。

大半天了，你觉得我是在说纸吗？非也，非也。说找出这纸也不是今天的最终目的，而是我在这摞纸的背面有所发现，因为有人用铅笔写了一句话：

要想成为与众不同的人，就要有与众不同的知识结构我确实不知道是何人所写，但觉得说得那么富有哲理。有什么样的知识结构，你就会成为什么样的人；反之，你是什么样的人，说明你拥有什么样的知识结构。

信矣！

做图书译者，就要图书译者所需要的知识结构。这是基本的素质要求，好比 NBA 球员，跑跳等身体素质不应是攻防的障碍才行。

而且，在翻译的过程中，说不定什么时候就碰到知识点。这些知识点可能是你已知的，也可能是需要你研究一番才能获知的，甚至是你译完了书也未必知道的，因为你没有想到这个地方涉及一个知识点。

总算扯到正题了。那就举个例子说明吧。

One particular shift overnight, a nurse was basically confronted with several palliative care patients and several routine patients needing insulin or intravenous antibiotics. There was a huge dilemma: how do you provide quality care to these patients, to everybody? It's so much bigger than just the patient – it's the family as well, and the nurse really felt at breaking point because she couldn't deliver the quality of care she wanted to deliver. She was so upset and disheartened that she emailed myself and the Chief Exec at 2 a.m. to explain. [1]

需要知识点的那句话是：It's so much bigger than just the patient – it's the family as well

为了便于说明问题，我把我译的这句话前后的中文先发出来：

有位护士赶上了一次特殊的通宵夜班，她要面对的病人大致分几种情况，有几个正实施临终关怀的病人，还有几个需要注射胰岛素或静脉注射抗生素的常规病人。一个巨大的难题摆在她的面前：在这种情况下，你如何为每个病人提供高质量的护理呢？It's so much bigger than just the patient – it's the family as well, 护士真的感觉自己要崩溃了，因为她无法提供她想提供的优质护理。她非常沮丧，以至于在凌晨 2 点给我和首席执行官发邮件吐苦水。

你首先可能想到的是：提高护理质量不仅仅需要病人配合，病人的家人也要配合。可是为什么作者要用 bigger than？ bigger 如何理解，这也是一个问题。

那么，你会想到是不是：不仅仅是病人，还有家人。可是你会纳闷，陪床的家人你管他干什么呢？护士只管病人就好了。

复杂的钩连理解需要图书译者极有耐心，否则，基本上是吃不了这碗饭的。

此时，译者就要研究她护理的这些病人，其中就有 palliative care patients，即"临终关怀的病人"。什么是 palliative care？我在网上找到了一句话：

Palliative care service aims to provide holistic care to patients with life-threatening and life-limiting conditions and their families to address their physical, psychological, social and spiritual needs.[2]

它是意思是说：临终关怀服务旨在为生命垂危和不久于人世的病人提供整体护理，并照料其家人，以满足其身体、心理、社交和精神的需求。

临终关怀需要一个团队，包括医生、护士、医务社会工作者、临床心理学家、物理治疗师、职业治疗师等，其中护士应该是比较累的，尤其是同时照顾几位临终关怀的病人时更是如此。难怪她会崩溃了。

这就是知识点。

于是，便能理解为什么除了照顾病人外，还要照顾病人的家属的理由了。那句不解的英文就是："不只有多位病人，还有很多病人的家人"。相应地，你也就理解了 bigger 的意思了，因为 big 有"人多"的含义。

若想 get 到这种知识点，有时需要译者不止于看到某些词语的中文解释，它们大都是总结，还需要同时查看其英文解释；有的双解词典只告诉你"然"，不译"所以然"；有的词典会兼顾，比如《新牛津英汉双解大词典》对 palliative care 词条的解释，其英文解释是：

(It refers to the) care for the terminally ill and their families, especially that provided by an organized health service.

但其中文翻译除"临终关怀"外，后面括号里的译文我觉得有待改进，我自己译了一下：

　　尤指医疗服务机构对临终病人的护理及其家人的照料。

　　因为病人需要的是护理，家人需要的是照料，尽管英文用的是 care，译成中文却要区分开。否则，译成"护理家人"就更加费解了。

　　只有知其然，而且知其所以然，译者才算真的理解了。

欲引名言轻借力，山重水复知何处

汉译英时，遇到中文文字没有处理好的翻译底稿，我是十分地反感，但亦无可奈何。

印象比较深的是一位女士写的一章。主作者不知怎么改，我只好联系分作者，看能不能修改一下。有的挺配合，但时间长了，有人会忘记当初怎么写的了，或没有保存原始参考资料，最后还是我的事；有的直接不理，神仙也没法；那位女士则直接回说：译者按稿子译就好了。理由很充分，我被拒门外。虽不至于哽咽，但竟也是无语了。我很想大声告诉她：整本书里就你这章写得最烂，还就你最自信。那句可助语气的话在我脑子里百转千回，毕竟没有出口。只是跟她导师说起时，点到为止。"出口转内销"的存在，说明不是国人生产不出高质量的产品，而是没有要求，或选择性地不做。

她的稿子完全可以作为修改文章的范本，里面几乎包括了所有写作的毛病，比如前后颠倒、前后不一致、前后重复、错别字、掉字、多字、病句、逻辑不通、引用错误、引用不实，等等。译这样的稿子等于自虐。我只好随译随改，前提是不改变作者的本意。

我遇到的类似作者多为男性。他们不似女性，出门多有化妆，却知道清除眼屎、耳屎、鼻屎和口屎，知道带着它们见人丢人。但为什么要把带着诸多"屎"的文稿交出去呢？这不同样丢人吗？尽管署名可能不是你，但在这个世界上，至少有"我"会鄙视你吧。

译得多了，我把有些学者在中文表达上的毛病总结出几句话：掐头去尾拦腰砍，不显逻辑，错引连连。"掐头"指无主句，而且是多个无主句罗列，这是抄公文的结果。因为无需明确具体责任人，而且说起来带劲。但学者可不能跟着喊口号，要把它们消化成自己的语言，可他们又怕错辙；"去尾"指说着说着没了下文，可是已有的文字又不暗含下来的走向；"拦腰砍"指主语、谓语或宾语被用逗号分开，意在缩短句子，明为分拆，实为分割；"不显逻辑"指一连串的句子罗列在一起，分不清彼此之间的逻辑关系，比如两个连续句子，明为并列，实际后者是前者的目的。本来汉语就不显逻辑，再加上刻意为之，翻译起来很是头疼。译者需要反复阅读，补齐逻辑关系才能译。因为译成英语时，如果句子之间不表明逻辑关系，就是坏句子；"错引连连"指作者引用时多从网上摘抄，不寻根溯源，查找其最原始的出处，互抄之下，以讹传讹，最后都信以为真。这些作者不知道自己的稿子有问题，盖因除了随便一抄，应付了事外，他们在文字上离"训练有素"仍有相当的距离。读到博士，升至教授，并不表示你的文字也具备相当的水平。

遇到这样的稿子，我不但要耐着性子理顺文稿，还要花时间求证，辨别对错，徒然耗时。好比我想替人织布，对方给我的却是一团乱麻。没有办法，我要先理清乱麻，否则，无法开工。

有位原同事喜欢气功，在当地是一位积极分子，竟然带了不少徒弟，还带队外出比赛。某日见面，他说我最适合练气功。当时我只能说没有时间，但多年下来，我愈觉译者尤其是职业译者就是在练气功。在社会上行走的，皆是外练筋骨皮；在家里窝居的，皆是内练一口气。

但正所谓福祸相依，烂稿子逼着我放慢脚步，有机会琢磨一下中文的词意，反而能找到更准确的表达。比如"行政权力"。若细究，中央的行政权力就跟地方政府的行政权力不一样，管理的行政权力和做事的行政权力也不一样。相应地，我译 administrative power 和 executive power，以及 political authority 等。

我较少发挥余地的领域是引用。每次遇到都免不了打一场阵地战，无法推进。

一种情况是中文典籍的引用。比如，

"积力所举，无所不胜"[1]

如果只是借用，就不要加引号；如果加上引号，那就是想直接引用，毕竟看得出来作者并非是想强调。既然想直接引用，那能不能查一下原文，确保准确呢？显然没有。此语出自刘安主持编纂的《淮南子》，网上有文章说是《荀子》，可见抄网文是不靠谱的。其原文是：

故积力之所举，则无不胜也；众智之所为，则无不成也。[2]

全部引用不但显示作者的严谨，而且加上后句更有助于表达作者想要表达的意思。这种情况下，译者可以译，毕竟是自己的母语。但若感觉力有不逮，可以引用相应的英文版书籍。

另外一种情况是原文是英文的引用。笑话就多了。

其一，作者读了英文原文，但理解有误，或者抄错了。比如 Tom 的话成了 Jerry 的话，支持 B 观点的表二的数据成了支持 A 观点的表一的数据，举不胜举。盖因英文能力不足。糊弄导师和杂志编辑，容易，糊弄我这样的译者，难。除非我有意视而不见（wilful blindness，这是我译的《盲目心理学》的英文书名）。

其二，没有读原文，也没有查找原文，只是转抄网文或者书本，结果不对，甚至找不到英文原文。有些以讹传讹的情况比较隐蔽，若不是对照英文原文是断不可能发现的。比如下面的间接引用：

在科斯那里，糖果商对机器的所有权是明确的，但他在使用过程中制造噪音，影响了牙医；硫酸氨制造商对自己工厂拥有绝对的所有权，但他在生产过程中，排放气体，影响了草席制造商。[3]

乍读之下，没毛病。让我好奇的是：机器噪音如何影响了牙医？因为作者在前面提及科斯的《社会成本问题》，想必出自这书。我就找到 *The Problem of Social Cost* 开始研究。果然，看似简单的两句话，却涉及两个案例。一是斯特奇斯诉布里奇曼案（Sturges v. Bridgman）。说的是某医生迁新址，邻近某糖果制造商。开始相安无事，直到 8 年后，医生紧挨制造商的炉灶间建了一间诊疗室：

It was then found that the noise and vibration caused by the confectioner's machinery made it difficult for the doctor to use his new consulting room. "In particular ... the noise prevented him from examining his patients by auscultations for diseases of the chest. He also found it impossible to engage with effect in any occupation which required thought and attention." [4]

他发现糖果制造商的机器噪声和震动让他难以使用新诊室，尤其是噪声妨碍他用听诊器检查病人的肺部疾病，而且无法思考和集中精力工作。根本就没牙医什么事。

二是库克诉福布斯案（*Cooke v. Forbes*）。

Fumes from a manufacturer of sulphate of ammonia had the effect of turning the matting from a bright to a dull and blackish colour. The reason for this was that the bleaching liquid contained chloride of tin, which, when affected by sulphuretted hydrogen, is turned to a darker colour. [5]

说的是一家椰棕垫（cocoa-nut fibre matting）制造商靠近一家硫酸氨厂。椰棕垫浸过漂白剂后要晾晒。漂白剂中含有氯化锡，但化工厂散发出来的气体中含有硫化氢，二者化合导致垫子变暗变黑。由此还发现，这家制造商编的不是"草席"，而应是放在门口的那种"脚踏垫"。

最后，我将此段译为以下英文，避免了失误：

In Coase's case, it is clear that the confectioner owns his machines. Still, the noise and vibration caused by machines in the running process prevented the doctor from examining his patients by auscultation for a disease of the chest. Again, a manufacturer of sulphate of ammonia has absolute ownership of his factory. Still, its fumes in the production process affect a manufacturer's cocoa-nut fiber mats, and so on. [6]

"牙医"和"草席"是我第一次碰上的绝对错误的引用，印象深刻，并经常拿它说明学者要准确引用的重要性。

找不到原文的情况比较多见。其中之一是找不到英文原文但还可以修改。比如：

1992 年，在巴西里约热内卢召开了……联合国环境与发展大会，会议通过了《里约环境与发展宣言》以及作为具体行动计划的《21 世纪议程》等一系列有关可持续发展的文件，并提出了一个重要的口号："人类要生存，地球要拯救，环境与发展要协调"，充分体现了可持续发展的新思想被世界上绝大多数国家和组织承认和接受，并且成为世界上大多数国家制定经济社会发展战略的指导思想。[7]

"人类要生存，地球要拯救，环境与发展要协调"，它的英文是什么？遍寻人间皆不见。再细琢磨，这也不象是一句口号，更象是一句大实话。这种情况，我就不能把自己译的当成直接引用。但我找到了一个有依据的说法：

透过《二十一世纪议程》（Agenda 21）做为全球推动永续发展的行动方案，并发表《里约宣言》，提出'全球考量，在地行动'的概念，呼吁各国共同行动追求人类永续发展。[8]

征求作者同意后，我改成了 think globally, act locally。译为"全球理念，本土行动"可能更适合大陆的口味。放进文中虽稍有别扭，但大致不差。再如，

1943 年，罗森斯坦·罗丹在《东欧和东南欧国家工业化的若干问题》一文中提出，发展中国家要从根本上解决贫困问题，关键是实现工业化，而首要的障碍就是资本短缺。[9]

此处虽然不是直接引用，但出处明确，对严谨的需求丝毫不弱于直接引用。阅读它提到的英文论文，并没有此意的表达，从头到尾没有提及"发展中国家"。怎么办？我在本英文论文的 PDF 文件中把相应的内容标出来，即 highlighted in a color，发给作者，帮助作者选择。最后我改成了论文中类似的句子：industrialisations of "international depressed areas" like Eastern and South-Eastern Europe (or the Far East) is in the general interest not only of those countries, but of the world as a whole.

情况之二是找不到英文原文，尚不知如何改的。比如：

按照联合国环境规划署的定义，自然资源是指在一定时间和地点条件下，能够产生经济价值的、以提高人类当前和未来福利的自然环境因素和条件。[10]

不少学者或行政人士引用联合国环境规划署对自然资源的定义，或带引号，或不带引号。但是，联合国环境规划署是个大机构，自然资源保护也是一个大议题，它的定义不可能不显明，那它的英文呢？找不到出处，便无法证实这个著名机构下过此定义。反正我忙活了半天，没有找到。无法确定的情况下，引用一个找不到出处的定义，问题就比较严重。经作者同意，只能删掉。

有人会说：这是作者的责任，不是译者的责任，想法处理就是了。是的，我可以译，但问题是作者引用的语主是一个世界知名的机构，说它有个定义。如果被查出它没有这个定义，或者有定义，但不是这样说的，那就是错误，作者岂不丢人。

又或者如那位烂稿女王说的，给什么，就译什么，丢人也是作者的事。呵呵，书上印着译者的名字！即使没有我的名字，我也无法释怀。明明是个坑，还要跟着跳，虽弱智亦不为也。

语素序乱但不失其义

句子是由语素构成的，或者说是最小语义单元的组合。尽管我不懂其他语言，但我想所有的语言莫不如此，就像物质是由原子构成的一样。翻译外语不妨将句子分拆成有意义的最小单元或语素，在不缺失语素的基础上，乱其顺序，但不失其义，从而将句子准确地译出来。下面举例说明：

Today Life Is Good with its positive, upbeat messages has $100 million in annual sales and sells Life Is Good T-shirts, hats, and other items for men and women in 4,500 retail stores nationwide.[1]

在翻译之前，需要交待一下这句话所在段落的语境：

生活多美好（Life Is Good）是始于 1994 年的一种文化衫，创始人约翰·雅各布斯和伯特·雅各布斯经常跟朋友们聚会。聚会时，兄弟俩会在其客厅的墙上贴一些画，上面写有可能成为他俩 T 恤衫创意的语录，并要求朋友们在这些图画上粗略地记下看到后的反应，而上写 Life is Good 的戴着贝雷帽微笑的一张简笔人物画得到的好评最多。他们给这个人物取名"杰克"，并制作了 48 件印有微笑杰克和"生活多美好"的 T 恤衫，送到当地一个街头市场上销售，结果不到 1 个小时就卖光了。紧接着就是前面那句英文，也是该段最后一句话。如果按照原有顺序翻译，可译为：

今天，印有积极、乐观语句的"生活多美好"年销售额达到了 1 亿美元，全国 4500 家零售店都在销售"生活多美好"T 恤衫、帽子和其他男性和女性用品。

感觉作者是先说有了孩子，再说谁生的，最后说谁跟谁结婚，有一种倒叙的感觉，这跟汉语的语序和逻辑关系有点违和。此时就需要用语素分拆法，将语序打乱，重新译。借用管道升的《我侬词》，将这种译法表述为：将句子一个，全部打破，用义调和。再捻一组词，再塑一短句。短句中有词，组词再成句。这就是所谓打乱语素的顺序而不失其义的重塑法。

上述句子可分拆成：

Today	今天，目前
Life Is Good with its positive, upbeat messages	印有积极、乐观语句的生活多美好
has $100 million in annual sales	年销售额 1 亿美元
sells Life Is Good T-shirts, hats, and other items for men and women	销售生活多美好 T 恤衫、帽子以及其他男性和女性用品
in 4,500 retail stores nationwide	在全国 4500 家零售店

当然，根据需要，还可以进一步细分：

Today	今天，目前
Life Is Good	生活多美好
with its positive, upbeat messages	印有积极、乐观语句的
has $100 million in annual sales	年销售额 1 亿美元
sells	销售
Life Is Good T-shirts, hats, and other items for men and women	生活多美好 T 恤衫、帽子以及其他男性和女性用品
in 4,500 retail stores	在 4500 家零售店
nationwide	全（美）国

从整个句子看，重点是：

1. 何时卖（when）—今天

2. 在哪里卖（where）—全国 4500 家零售店

3. 卖什么（what）—生活多美好 T 恤衫、帽子以及其他男性和女性用品

4. 销售业绩（how）—年销售额 1 亿美元

5. 为什么卖得好（why）—T 恤衫上印的句子积极、乐观

由此，按照"何时—在哪里—卖什么—结果"的逻辑，打乱语句的顺序，重新翻译如下：

时至今日，全美国有 4500 家零售店在销售印有积极、乐观语句的生活多美好 T 恤衫、帽子以及其他男性和女性用品，年销售额已达 1 亿美元。

可是，这句英文是错的！

尽管错了，我还是把它译出来了。感觉像是你对某首诗很熟悉，即使里面的字颠三倒四，你也能读出正确的诗句一样。其实，这正好说明了译者在翻译过程中，读完句子后事实上记住的是语素，并按语素的逻辑关系译成了符合逻辑的汉语。

如果明明知道英文是错句，译者既不深究，也不跟作者求证，不想多耗费时间和精力，更重要的是，译文似乎也能说得过去，读者未必能读出来，此句的翻译也就画上句号了。在读译作时，我们会读到一些似是而非的句子，这就是原因之一。

那么，错在哪？

错在主语和谓语不对称。

Life Is Good 既是这家服装公司（the apparel company）的名字，又是该产品线（product line）的名字，而 Life Is Good with its positive, upbeat messages 只能是产品的名字，因为公司不可能印有积极、乐观的语句。那么，这个句子的结构就成了：

"生活多美好"产品每年销售额 1 亿美元，并且该产品自卖自身。

若前半句理解成"该产品拥有多少销售额"，勉强还能说得过去，但后半句就糊弄不了了。

5W1H 恰恰少了一个 W，即谁卖（who），理应是 Life Is Good 服装公司卖。

同样是讲述销售额达到 1 亿美元，Wikipedia 在介绍 Life is Good Company 词条时是这样说的：

On this occasion, one drawing received considerable favorable attention from their friends—the head of a beret-wearing, smiling stick figure and the phrase

"Life is good." The brothers named the character Jake and printed up 48 shirts bearing a smiling Jake and the words "Life is good." At a street fair in Cambridge, Massachusetts, the shirts sold out in less than an hour. <u>The brothers began to sell T-shirts and hats featuring Jake in local stores. Sales grew quickly and they hit the $100 million sales mark by 2007.</u>

注意上段最后两句的主语＋谓语：

The brothers + began to sell …　（兄弟俩开始销售……）

Sales + grew …　（销售额增长……）

they + hit …　（销售额达到……）

前一句的主语是 the brothers（兄弟俩），后一句的主语都是 sales（they 指代 sales），这是成立的。但若是：

Life Is Good with its positive, upbeat messages + has …　（产品有多少销售额）

Life Is Good with its positive, upbeat messages + sells …　（产品卖产品）

这样的主语和谓语就是不对称的。

说到主语，我注意到前面错句错译的后半句是把"零售店"当成了"销售"的主语：全国 4500 家零售店都在销售"生活多美好"T 恤衫、帽子和其他男性和女性用品。

其实，严格意义上讲，"零售店在销售……"在汉语中也不通，因为"店"是不能卖东西的，卖东西的只能是人，但如此说，中国人明白，生活中也会这样说，有个歇后语怎么说来着：

百货大楼卖西装——一套一套的

你会追究说"大楼"怎么能卖西装呢？

商店卖东西可以说得过去，但产品卖产品就不行了。

为了确认这是一个错句，我询问了作者之一的 Hartley 先生，他的回复是：

This is not a good sentence in English.

The subject is really the company, Life Is Good.

不过，我的一位译友指出这句英文算不上错，也能理解，并提出了几种修改建议，前半句都认为尚可，主要是后半句，如把 sells 改为 are sold in the forms of，或就用主动语态：sells in the forms of，sell 作不及物动词，如此物品可以作主语。当然也可把 sell 调后，为：... and Life is Good T-shirts, hats, and other items for men and women are sold in 4,500 retail stores nationwide.

我开始怀疑自己是不是太武断了。其实，从一开始我就注意到 Hartley 先生说的是 not a good sentence in English，而不是 a faulty sentence。我又重新查了一下词典，发现《朗文当代高级英语词典》里有产品做 sell 主语的例句：

Tickets for the concert just aren't selling. 这场音乐会的门票销路不佳。

Anti-age creams always sell well. 抗衰老护肤霜总是很畅销。

《新牛津英汉双解大词典》的 sell 词条中则有这两个例句：

The store sells hifis, TVs, videos, and other electrical goods. 商店经销高保真音响、电视、录像机等电器。此句的 sell 意为"经销"。由此可见，若是把"百货大楼卖西装"说成是"百货大楼经销西装"，似乎比较成立了。

The album sold 6 milliom copies in the United States. 该专辑在美国售出 6 百万张。此句的 sell 意为（出版物、唱片）达到（一定销量）

如此，我开始举的那个例句就要改写成：

Today Life Is Good T-shirts, hats, and other items for men and women with positive, upbeat messages have sold $100 million in annual sales in 4,500 retail stores nationwide.

我是不是越搞越复杂了？我只好再次找"如来佛"确认一下：这是一个错句，还是英语中可以这样说，只是不好而已？ Hartley 先生回复如下：

It is not a good sentence but English readers probably understand it.

There are many separate elements of the sentence. Think of it as these parts:

1. Today

2. Life Is Good

3. With its positive, upbeat messages

4. Has $100 million in annual sales

5. and sells Life Is Good T-shirts, hats, and other items

6. for men and women

7. in 4500 retail stores

也就是说，Hartley 先生始终没有说是错句，那它就不是错句，而是一个不好的句子。这跟"百货大楼卖西装"有异曲同工之妙。不过，这次让我吃惊的是，Hartley 先生分拆句子的理解方法竟然跟我如出一辙。

尽管如此，万变不离其踪，句型结构虽然改，语素始终没有变。我还是想按照跟 Hartley 先生交流后修定的改动较少的句子翻译：

Today Life Is Good has $100 million in annual sales because of its positive, upbeat messages and sells Life Is Good T-shirts, hats, and other items for men and women in 4,500 retail stores nationwide.

如此，5W1H 就齐全了。

如何译？仍然需要打乱语素的顺序而不失其义：

时至今日，这些积极、乐观的语句仍能促进销售，生活多美好服装公司的年销售额已达 1 亿美元，除 T 恤衫外，产品线还扩展到了帽子以及其他男性和女性用品，零售店扩大至 4500 家，遍布全美国。[2]

汉语的表述已经与原英文有了较大的差异，这符不符合我一贯坚持的"信"呢？其实，"信"不是指语序或结构的完全对应，而是指意义的忠实。汉语的一些表述已经暗含在英文的表述中：

because of 句自然指 T 恤衫上的语句起到了促销的作用，消费者看到后，感觉"（衬衫）之言，于我心有戚戚焉"，同样买 T 恤衫，谁不愿意买还能给自己鼓劲打气的。但编辑改为"仍能促进销售"略显不妥。这也是编辑唯一修改之处。

英文句没有"除……之外，还……"的表述，但在该段英文中，一直说的是 T 恤衫，现在又多出了帽子和其他用品，自然是：除 T 恤衫之外，产品线扩展了。

那么，英文原文只是说"在 4500 家零售店"销售，并没有说"扩大至"，这是因为该段英文前面只是说了在地摊上卖过，现在突然有了 4500 家零售店，自然是"规模扩大"了。

而 nationwide 自然是"全美国"了。

最后，我想讲一讲 Life is Good 的翻译，搭眼一看，它的意思应该是"生活是美好的"或"美好人生"。考虑到印在 T 恤衫上的这句话可能带有感叹之意，我译成"生活多美好"。比如，上面这件儿童 T 恤衫上写的那句话：Life is good when you've got an uncle like mine! 就可以译成：若是你叔叔能跟我叔叔一样好，那生活多美好！

可是谷歌告诉我它的译名是：我真是快乐。

小 T 恤衫上的话就成了：我很高兴你有一个跟我叔叔一样的叔叔！

这是最让译者头疼的事情之一，你面前站着两个美猴王，肯定是一真一假，但你念紧箍咒，两个都喊疼，不辨真假；用照妖镜照，也看不出来；你又无处寻找谛听（谛听听出来了，也不会说），只好找终极辨手了，这两个词"形容如一，神通无二，若要辩明，须到雷音寺释迦如来那里，方得明白。"（《西游记》第 58 回）

译者的如来佛祖就是作者。

于是，我给 Hartley 先生发了一封电邮：There are two Chinese translations of Life of Good: Life is Very Beautiful, and I'm Really so Happy. Which one is closer to its original meaning?

Hartley 先生回复说：Life is Very Beautiful is closer ...

问题迎刃而解。

所以，译者主动找作者求证理应得到支持和鼓励，如果译者都向作者询问，跟作者交流，也就没有那么多垃圾翻译了，也就没有那么多似是而非的句子了，也就没有那么多一词多义了。

在这方面编辑是支持的，因为我没有见过编辑从中阻挠的，而某些版权代理确实需要转变思想观念，不要认为有些译者的问题"图森破"，不值得一问，或不给转。你们不知道译者在选择时的痛苦和纠结，以及时间和精力的消耗，而这些问题若是问一下作者便很容易解决。而作者是很乐意跟译者交流的，就我交流过的作者来说，其态度基本上是"有什么问题，尽管问来"。因此，若是猛孤丁地有哪位译者要求跟作者交流，不要讽刺打击，更不必自找麻烦当二传手或三传手，帮译者联系好，让译者直接跟作者交流就好了，除了你没有亲自转，少了麻烦之外，有什么损害吗？提高翻译图书的质量，大家的目标是一致的，不是吗？除非你们只看重挣钱，别的概不关心。

我的经验是：凡经过版权代理转的，基本上各方都不愉快。事实上，版权代理已经成了译者和作者之间交流的障碍，成为血栓，甚至是毒瘤。

顺畅如叠瀑

讲过一句、一段之后，再讲一下段内、段际之间衔接的翻译。

语言、文字是逐步向下展开的，恰如汉字，最后一笔要落在右下角，一段之内如此，段际之间亦如此。形象比喻的话，它就应是顺势而下的叠瀑。

英文的长句还是比较突出的，甚至有时一段就是一句，但在英语语境下，如果彼此的逻辑关系能交待清楚，通读下来也不会感到繁重，或稍感繁重。但英语并非喜欢长句。在汉译英学术论文或著作时，我会采用简洁的短句，长句肯定要被分拆的。汉语喜欢短句，最高形式就是唐诗和宋词，但彼此之间的关系交待得明明白白，所谓形散而神不散。而且，英文喜欢插入语，汉语不待见它，英语的插入语像是水在流淌中翻起的小浪花，汉语的插入语，那就成了小堤坝（我一般在译文中不保留英语的插入语，都是处理成正常的句子），因此，英语的插入语翻译成汉语时较难处理。通常，带有插入语的句子比较长，需要将长句断成几句，插入语也要变成其中的一句，或合并到句中，而且要交待清楚彼此的关系，此时最能体现翻译的转换功能，也最能体现译者的翻译功底，以及译入语（母语）的水平。

其实，读英语越多，越觉得英语、汉语思维越相近。尽管有些句型不尽相同，但二者的思维方式几乎相同，不但单词类似汉语拼音（我记单词时就是通过拼音记拼写），而且有些句子像是古汉语，英语简洁，但译成汉语却要说一长串（所以，越简单的英语句子越让译者头疼，感觉像是把古文译成白话文，还译不出味来，比如古文的"也矣"，鬼知道是什么意思，人都作古了，上哪里问去）；不但句型万变不离其宗，都是主谓宾定补状（我中学时的作业就有一部分是划分句子成份，即用不同的符号将主谓宾定补状标出来），而且按照汉语思维推算下面的表述也大差不差。也就是说，如果你按照汉语思维理解下来的英语表达，如果牛头对马嘴，说明你没有正确理解英语；或者读中文译作时，你接下来读的句子不符合汉语思维，很可能是译者没有译对。

感觉出汉语里插入语太多的烦人了吧？

啰嗦半天，无非想说三点：

1. 不管句型如何转换，主谓宾定补状都要交待清楚，汉语如此，英语也一样。

2. 从顺序和逻辑上要流畅，要叠瀑一样逐级向下流淌。

3. "前言最接近后语"原则。

翻译实践中如何运用呢？我先用 Becoming Facebook 中的几小段文字说明一下。

还次我要一段一段地讲，否则，英文、中文离得太远了，别说读了，我写都费劲。

To this day, that is the unique difference of the Instagram community, 600 million strong by December 2016 and using an app that at its core has remained largely unchanged in five years. While you are primarily on Facebook because of whom you are connected to, you are on Instagram because of what you see.[1]

这一段是为了强调衔接，意思差不多，不纠结其翻译。台版的译文：

时至今日，这已经成了 Instagram 社群的最大特色。到了二一六年十二月，已经有六亿多的用户（二一七年则已经突破七亿用户），而且五年来，核心功能上并没有太大更动。如果你上脸书的原因是和其他人想连结，那么你上 Instagram 的原因就是因为可以看到各种精美照片。[2]

"二一七年则已经突破七亿用户"原英文中没有，可能是译者或编辑后加的。最好是说明一下，否则，读者认为是作者的原话，但读者知道书中的数据滞后是正常的，而且加上此句没有看出有多大意义。我的译文：

时至今日，这已经成为照片墙独特的产品差异性，2016 年 12 月，照片墙用户达到 6 亿多，但在 5 年内，其应用程序的核心基本没变。若你上脸书主要是因为想了解好友动态，那么，上照片墙是因为想浏览照片。[3]

Instagram 我译为"图享社区"，编辑改成了"照片墙"。无所谓对错，因为脸书在中国不开放，也就没有一个明确的汉名。另外，我看到台湾版保留了英文，没有译成汉语，想必台湾也没有一个统一的称呼。有的读者喜欢保留英文不译，但若那样，另一部分读者就会有意见。尤其是脸书的产品多种多样，如果满篇是英文名，既读不准英文，也不知道汉语何意，阅读体验照样不爽。众口难调。

Behind the scenes, Krieger had made the two hardest parts feel fast— uploading pictures to Instagram and scrolling the photo-heavy feed smoothly on iPhones that had a fraction of the performance we're used to today. This kind of "boiler room" work is often overlooked by outsiders but is crucial to mobile usage and the app's success.[4]

台版译文：

在幕后，克利格让两项最困难的功能变得顺畅快速—上传照片到 Instagram，并让草果手机可以顺畅浏览大量的照片，其中有一部分是我们现在习惯的性能。这类工作经常被外人忽略，但对于手机的使用与软体的成功与否有着莫大的关系。[5]

这段英文里面出现了一个插入语 uploading pictures to Instagram ... we're used to today，尽管不是句子中间的插入语，但仍是对前面内容的解释，而且还要衔接后面的句子，因为下面说的 This kind of "boiler room" work ... 就是指 made the two hardest parts feel fast，并且插入语句子很长。如何处理？也就是我说的，是把它处理成小浪花，还是一个堤坝？

台版基本没有处理，按照英文的顺序依次译的，而且仍然采用了破折号来表示插入语。我不喜欢用破折号，再在后面说一大串文字，而且这也不是汉语的句式。遇到英文这种表述我都会改成正常的语序，可偏偏有编辑再给我改回去，认认真真地做无用功。所以，在读了一长句之后，读者才能重新接上前面的话题，这就让读者的阅读体验打了折扣。说到这里，必须强调但很多人都忽视了的是：译者是产品制造者，或称服务供应商，译者一个人就是一个庞大的制造车间，译文即产品，同样需要质量和性能，同样需要带给其使用者好的体验。

我是这样处理的：先接上段，"克里格在幕后付出了很多"，当然，你也可以在前面加上"为此"，英文中没有这个连接词，但加上它也说得过去，因为英文的这一句 Behind the scenes, Krieger had made 暗含着克里格为了能让你上照片墙看照片，他在背后做了很多事情，而"付出很多"也是增译的，主要是用于将英文的长句裁成短句，可想而知，克里格肯定在背后付出了很多。接着，将插入语从复合句中单列出来，而且提前讲述："照片墙有两项难度最大的功能，即把照片上传到照片墙，并让苹果手机顺畅地滚动浏览大量的照片，其中一些性能我们今天已经用习惯了。"并将 made the two hardest parts feel fast 演绎成"克里格想方设法解决了这两个难题，用户感觉更快了"。如此，就将 made the two hardest parts feel fast 这个前言和 This kind of "boiler room" work ... 这个后语搭在了一起，下来就可以说："这种幕后工作常常被外人忽视，但对于手机的使用和应用程序的成功却是至关重要的。"我的译文是：

克里格在幕后付出了很多，照片墙有两项难度最大的功能，即把照片上传到照片墙，并让苹果手机顺畅地滚动浏览大量的照片，其中一些性能我们今天已经用习惯了。克里格想方设法解决了这两个难题，用户感觉更快了。这种幕后工作常常被外人忽视，但对于手机的使用和应用程序的成功却是至关重要的。[6]

我注意到编辑在"两项难度最大的功能"之后，修改成了"一是把照片……"和"二是让苹果手机……"。错倒是不错，却是惟恐读者不明白的保姆式的修改。既然前面说是两项，再明确分一和二有多大必要？我用"即"和"并"就能说明。

Instagram was the very model of the mobile-only "minimally viable product" that is fetishized in Silicon Valley: simple for people to grasp, use and become addicted to.[7]

接下来这一小段仍然需要解决流畅性的问题。这一段出现了一个定语从句：that is fetishized in Silicon Valley，它插在了 minimally viable product 和 simple for people to grasp, use and become addicted to 之间，其实，simple for 句才是说明它为什么是"功能最少还可用的产品"，而定语从句仅仅表示它受硅谷人的欢迎。台版的译文仍然是按照英文的顺序：

Instagram 是手机专用"最简设计"的完美模型，风靡了整个矽谷：如此容易掌握，让人一用就上瘾了。[8]

我则把定语从句置后，先说清楚这个精简版产品的特性，再总结性地表示它受欢迎：

照片墙是"最简可用产品"的典范：简单到人人可以掌握，而且会用上瘾，这种产品设计在硅谷很受推崇。[9]

我注意到编辑将"最简可用产品"改成了"最小化可行产品"。一般来说，人们说一个虚拟产品"简单好用"，而不是"小而好用"；产品是"可用"的，而不是"可行"的。其实，如果不是实质性的错误，如果没有十足的把握，在一些有细微差别的措辞上，编辑要谨慎修改。

Within 24 hours of launch, it had grown to 25,000 users. Three months later, it had one million users. And a year after its launch, 10 million.[10]

此为一个过渡段，意思不难理解，顺便对比一下。台版译文：

当初才发表二十四小时，马上就有两万五千个用户，三个月已经有一百万个用户；一年之后，用户数达一千万。[11]

若用"当初才发表……"开头，似乎在语气上是又起一段，尽管事实上是另起一段，但语感上跟前面不能断。我则直接用"发布不到 24 小时……"起头，既翻译准确，又没有与上一段断了语气，表示好产品到了市场上就有人抢。我的译文：

照片墙发布不到 24 小时，其用户就增至 2.5 万。3 个月后，用户增至 100 万。发布 1 年后，用户达到了 1000 万。[12]

再接下来的一段中间隔了一个小标题 Playing a Much Bigger Game，尽管如此，它在语气上也是与前面关联的。其英文为：

Although Instagram had caught the attention of the Silicon Valley elite—an A-list of investors including former Facebooker d'Angelo, Twitter's Dorsey, angel investor Chris Sacca and top-tier institutional investors Benchmark Capital, Andreessen Horowitz, Baseline Ventures and Greylock Partners had put money into the company in two rounds of financing—and the app had been runner-up Best Mobile App at the TechCrunch awards in early 2011; by late 2011, it had just one-tenth the monthly users of Twitter and roughly one-hundredth those of Facebook.[13]

这一段尽管长，但其结构很简单：Although Instagram ...（插入语）... and ... , it ...。用中文表示即是：虽然照片墙引起注意（好多投资人追捧），而且获奖，但它的用户没有那么多。台版的译文中规中矩，只是谈到获奖时漏掉了 runner-up，因此是亚军，不是"最佳"：

虽然 Instagram 吸引了矽谷精英的注意，包括脸书的迪安杰洛、推特的多西、天使投资人克利斯·萨卡（Chris Sacca）以及最顶级的机构投资者像是指标基金（Benchmark Capital）、安德森霍洛维兹（Andreessen Horowitz）、基线创投（Baseline Ventures）以及格雷拉克公司（Greylock Partners）等最顶级的投资方，都在前两轮融资就加入了，而且还在二〇一一年年初，被知名科技媒体 TechCrunch 评选为最佳手机软体；但是直到二〇一一年年底，Instagram 月活跃用户不过是推特的十分之一，大约脸书的百分之一。[14]

但考虑到与上下文的衔接，以及很长的插入语的处理，我把 although 表达的关系放到最后，先承接上面段落，因为产品受欢迎，引起投资人的关注，我开头即表示"照片墙引起了硅谷精英们的关注"（当然，此句前面也可加上一个"因此"），接着说一长串投资商及其活动，免得让"虽然……但是……"中间夹着很长的文字，中国人不习惯在句子结构上迈大步，抬起脚来，看不到落脚点在哪里，更喜欢小步，抬起脚就能看到下一脚落在哪里。接着用"尽管如此"体现 although 的关系，承上启下，引出最后一句。我的译文：

照片墙引起硅谷精英们的关注，一群顶级的投资者和一流的机构投资商在前两轮融资时就向其注资，其中就有脸书共同创始人德安捷罗、推特的多尔西和天使投资人克里斯·萨卡，以及机构投资商基准资本公司、a16z 公司、基线创投公司和格雷洛克风投公司，而且该应用程序在 2011 年初获得 TechCrunch（全球领先的科技媒体公司）的最佳手机应用软件的亚军。尽管如此，到 2011 年末，其月活跃用户数仅是推特的 1/10，约是脸书的 1/100。[15]

这一段，编辑的改动比较多，有必要分别解释一下。

·提到德安捷罗时，作者用的是 former Facebooker，说明他现在已经不在脸书了。因此，只说"脸书共同创始人"就丢失了 former 携带的信息。

·说到机构投资商时，编辑在"基准资本、a16z、基线创投"后面都加上了"公司"，那就啰嗦了，没有必要。好比说到"脸书"时不用带"公司"，但大家都知道它是一家公司。最后的"风投公司"就表明前面都是公司。但编辑细心地将 Andreessen Horowitz 改成了 a16z，这样就跟前文一致了。

·翻译 TechCrunch 时，为了让中国读者明白它是什么，我加译了一个定语"专注信息技术公司报道的新闻网站"，我采用的是 Wikipedia 的说法：TechCrunch is an American global online newspaper focusing on topics re-garding high tech and startup companies。编辑改成了"全球领先的科技媒体公司"，并后置放进了括号里。两种说法都有出处。我当时考虑的是一个网站在评奖，而不是一家公司。

·编辑将"第二名"改成了"亚军"。二者虽然是同义词，但我感觉应该用于不同的情境。冠、亚军一般指体育比赛成绩，应用软件的评比还是分一、二名吧。类似的修改没有多大意义，为什么就不能接受译者的说法。

·我译 the monthly users 为"每月用户数"，编辑改成了"月活跃用户数"，这两个数字有质的区别。"活跃用户数"是 active users in any particular period，"每月活跃用户数"简称"月活数"，书中有介绍，编辑应该没有完全明白，或者这会没有看英文，想当然了。

有时候，一段之内也需要微调。比如，我在校译中就碰到了这样一段：

Direct exporting is when a firm sells its domestically produced products in a foreign country without intermediaries. Companies become involved in direct exporting when they believe their volume of sales will be sufficiently large and easy to obtain that they do not require intermediaries. For example, the exporter may be approached by foreign buyers that are willing to contract for a large volume of purchases. Direct exporting involves more risk than indirect exporting for the company but also opens the door to increased profits. The Boeing Company applies a direct exporting approach. Boeing is the world's largest aerospace company and the largest U.S. exporter.[16]

上段的最后一句，先说波音公司选择直接出口的方式，接着介绍波音公司是什么样的公司。这在汉语的表述中有点别扭，因为重点句是前一句，而以不是重点的后一句结束此段，这不符合中国人大头在后头的文字逻辑。

同样的英文，《市场营销》第九版是这样译的：

直接出口是指公司不经由中介，将其国内生产的产品直接销售给另一个国家。当公司认为自己的产品销量足够大而且容易销售的时候，大部分公司会采用直接出口的方式，而不再需要中介。例如，出口公司会接触到愿意与之签订大额购买合同的外国购买者。与间接出口相比，直接出口的风险更大，但同时也会带来更多利润。波音公司就采用了直接出口的方式，它不仅是世界上最大的飞机生产商，也是美国最大的出口商。[17]

其实后一句类似"波音"的定语或定语从句，但因为较长，直接用作定语较长，不好处理。不妨颠倒一下，先介绍波音公司，后说明它采用直接出口方式。我的译文如下：

直接出口指公司不经过中间商，自己将国内生产的产品直接销售到另一个国家。当公司认为自己的产品销量足够大，而且不需要中间商也易于在其他市场销售的时候，就会采用直接出口的方式。例如，出口公司会接触到愿意与之签订大额定单的外国购买者。与间接出口相比，直接出口的风险较大，但也有机会赚取更多的利润。波音公司不仅是世界上最大的飞机制造商，也是美国最大的出口商，它采用的就是直接出口的方式。[18]

如此，"出口方式"接在了"出口商"之后，感觉更顺畅。但编辑改了两个地方，有必要解释一下。

·第一句我译的是"直接出口指公司不经中间商而将其国内生产的产品销售到另一个国家"，这跟英文是相符的，将定义一气呵成。不知编辑是出于缩短句子的需要，还是受第九版的影响，将句子一分为二。它导致句子被割断，主语与谓语分离；而且前面刚说了"不经过中间商"，第二句就以"自己"开头，同义重复就是啰嗦。虽然定义稍微显长，但没有分拆句子的必要。

·编辑将"不需要中间商也易于做到"改成了"不需要中间商也易于在其他市场销售"。"易于做到"对应英文的 easy to obtain，obtain 什么呢？指的是"直接出口"，而"在其他市场销售"包含但不限于"出口"。编辑应该将"做到"明确化，而不是改成"在其他市场销售"。

编辑和译者不能各自为战

一般情况下，书译完后，交稿，等待编辑。

期间我希望编辑能跟我交流，可是，除少数几位编辑问过我一些句子的理解，并让我自己修改外（过一段时间的冷却期后，我可能会有更好的表述），我的好多译作的编辑没有跟我交流过，大江南北，长城内外，概莫能外。我能感觉到，他们埋其首，一直改，一直改。我忍不住想问：难道出版社的绩效考核是以修改字数为 KPI 吗？改得越多，给钱越多？又或者不改表明自己没有干活，改得越多，显得自己文字能力越强？

要不我们玩个游戏？你们每改错 1 处，给我 100 元人民币，你们每发现我的错译 1 处，我给你们 100 元人民币，最后统算账。我想可能我得到的钱比翻译费还要多。

我很期待呢。

每句译文我都默念过数遍，大概知道编辑可能在哪里会改错，所以，后来我会在译稿中预期编辑乱改之处解释我为什么会这样译，列出依据，并表示不要改动，但仍有少数编辑不管你这一套。等到我拿到书，一搭眼就能看到编辑轻意改动之处，尤其是一翻就发现其中很幼稚的错误时，简直是怒不可遏。我知道编辑队伍里蔓延着一种职业病，而且生生不息，从我第一本书，直到现在，不断有这样的编辑出现。尤其是听说是新编辑，我就惴惴不安，好歹别给我改出错来就好，可每次都是失望。即使我强压怒火，说"脑子有病""心理变态",也无法遏止他们拿过译稿就改的"恶习"。

我不知道这种恶习是怎么养成的,尽管我也骂过"这是什么狗屁老师教你这么做的",但我知道没有人教编辑这样做。要命的是,没有人告诉编辑不要随意改。注意,我说的是"不要随意改",不是编辑"不要改"。更没有人告诉编辑千万不要自以为是,毕竟这不是你的译作。这已经不是技术问题了,而是到了做人做事层面了。

多年来,我一直想跟编辑说说这事,每次都是想着想着就想爆粗,甩几句京骂,想过很多个开头,但都没有了下文,再说,培训编辑也不是我的责任。但今天,我想趁此机会说道说道这件事。

火山总归要宣泄一下的。

1. 找到好的译者是前提,但好马配好料吗?

要找严肃、认真的译者。如果编辑找到的是一个低水平的翻译,那书出来很可能是些烂翻译,那不是我要谈的。我知道我自己是认真翻译的,看过我译作的人就会知道我的翻译是很严谨的,我讲究的是精准,我的付出远远超过翻译费的价值。因此,根本不需要从头到尾地改得面目全非。那就不是我的译文了。

译者要忠于作者,编辑要尊重译者,可是仍然有雅奸,"不信没关系,一定要雅"。当然,我的前提是"找到严肃、认真的译者"。

关于如何寻找译者,我觉得陈颖青的《老猫学出版》很值得一读。

2. 编辑的两个极端:过于认真,或不认真

不是所有编辑都有这种职业病,而是一部分,我感觉大约占三分之二强,新手尤甚,若是有这种职业病的人扎了窝子,那可真够受的。

也有一些编辑对自己有很好的定位,不会乱改一气。有些编辑对作者、译者怀有敬畏之心,这与悟性有关,并不全在编辑时间的长短。

有位编辑曾经跟我说过,如果看我的稿子看不懂,她就会多读几遍,而

且是先通读一遍。若是上手就改，就会发现越改越需要改。最后想不改都不行了，因为书是个体系，前面的改了，后面的也要改；前面的风格改了，后面的表述也要改。

所以，如果编辑写过或译过书，可能有所体会，或许不会乱改了吧？我到建议编辑不妨自己也译一些文字，不能只是看中文，文字的功底是相辅相成的。

还有另外一种情况，即编辑不改。我就读过这样的书，错误非常明显，可是编辑并没有更正。个别我的书也有这种情况，译者总是会有失误的，要知道，译完一本书后，累得很，加之长期琢磨同样的内容，自己已经不愿意再仔细读自己的稿子了，厌倦了。或者还有其他的书等着译，没有时间了。编辑没有更正译者的错误，或者说没有发现译者的错误，我照样不高兴。

3.什么是编辑？

我的理解：编辑不是改稿子的，而是顺稿子的；因为改指的是改变译文的表达，当然，改正译者的错译自然需要改；顺是使之通顺，但不改变译文的意思。注意，我这样说的前提还是找到好译者。实践告诉我，忠实和通顺不是一对矛盾。好译者就能做到既忠实又通顺。如果通顺但不忠实，或者忠实但不通顺，只有两种可能：译者没有正确理解原语言，或者理解了原语言，但目标语的表达欠佳，或目标语水平不高。至于为什么选择差的译者，自己大量修改，累个半死，那是编辑的事，那是你们的选择，不能说你们乐意，至少是愿意，自找的。

编辑是为人作嫁的，不是体现自己文字水平的，要尽量避免在别人的作品中留下自己的痕迹。小修改可以自主，但大修改甚至根本性的修改最好跟译者商量好。否则，你编十本书，都成了你在说，读者还当是十个译者呢，其实在读你一个人的文字。

编辑不是作者，也不是译者，是助产士。有谁见过，别人生下孩子，护士赶快按照自己的审美标准给孩子整容的？如果有，你会不会说她们变态呢？那是犯罪，可不仅仅是变态。为什么编辑就可以轻意改动别人的稿子呢？

如果编辑把译者的稿子改得面目全非，而且还改出很多错来，怎么还好意思说自己是个编辑？

如果编辑忍不住有随意改别人稿子的冲动，我建议你不妨学习写作，自己去写，并希望你不要遇到一个随意改稿的编辑。

译文是译者的，不是编辑的；编辑不能当第二译者。不过，当我看到被我输入到电脑里的这句时，感觉就像在说"金子是黄的一样"，不言而喻，却又没人理会，徒增烦恼。

有位编辑告诉我，很多译稿都是改出来的，她们已经习惯了当改稿机器。因此，即使拿到质量好的稿子也不会手下留情。那你们何苦呢？

4.编辑三规范和三层次

我不是不让编辑改，而是强烈反对随意改，不看英文改，按照自己的喜好改，根据自己的理解和知识改。我就知道几位编辑，探讨了半天，最后还是改错了。难道问下译者有那么低三下四吗？我每本书的笔记都能写一本书，每个词、每句话我都推敲过，并把重点写在了书上，而且把依据写了下来，你问我一下，自己是不是也省时省力呢？

我觉得编辑的修改至少应做到三条：

改正作者或译者的错误或错别字，我称之为"雪中送炭"，但前提是你要有足够的能力鉴别是不是错误。要知道，如果一个认真的作者或译者，经过一段时间的集中思考、分析、鉴别和判断，肯定要比编辑在短期内单凭看中文稿子要深刻的多，所以，编辑不能轻意否定，重大改动要征得译者的同意，或让译者自己修改。

对作者或译者的文字进行优化，我称之为"锦上添花"，比如译者用一句话来表述，编辑改成了一个成语，简洁而且准确，比如，No one is invincible and capable of doing and knowing all things. 如果译成"没有人是无敌的，没有人什么都能做，也没有人知道所有的事情"也不算错，只是有点直译了。如果编辑改成"没有人是无敌的，也没有人无所不能和无所不晓"就上档次了。这就是一个优秀编辑该做的。

第三，不要迷信专家和学者、知名译者的翻译能力或已出版书的准确性。"许多书的知识领域，看起来都非常明确，编辑无法抗拒'找到那个领域的相关专家来翻译那本书'的诱惑。可是专家大部分都没空，或者没意愿，于是他们介绍另外一个有时间、有意愿的'专家'，通常是他的学生，抱着可以增进英文能力的心情来担纲。……专家的专业是他的本行知识，而不是翻译，翻译是另一门专业，专家不明白翻译是一门专业，尚可原谅，出版社若不明白，就不可原谅了。"[1] "一个我尊敬的编辑同行曾说过，研究生是全世界最可怕的译者，这句话差不多有 90% 的正确率。"[2] 不要被译者的名气所惑，他们译的未必正确，因为翻译的底线是正确。还有就是一定要转变"已经出版的就是对的"这个观念。出版时间越早，准确性越无法保证。

那么，编辑如何凭借一己之力提升译作的质量？"第一步是，你要找到真正的翻译专家。……其次，你应该长期配合能跟你合作的职业译者（那些以翻译为业，以翻译糊口、谋生的稀有动物）。……最后，你还要找到一群专家，成为你工作上的知识顾问。"[3] 专家围绕着编辑提供服务不现实，编辑广泛阅读，扩展知识领域倒是可行。

凡此三条，完全可以作为编辑规范。据我对出版社的了解，编辑规范有，但多囿于编辑的认知水平。因此，我要对有些编辑说，你不要再拿编辑规范为自己搪塞了。你有自家的编辑规范，我有好多家的编辑规范，泱泱大国，连几个字都规范不了，还谈什么规范？好好学习我这三条，保你成为优秀编辑。否则，你会在黑暗中摸索更长的时间而不得。借用特朗普总统的话：Without my three principles it would have been a much longer, tougher, process!

依此三条，不难划分出编辑的三个层次：

三等编辑：雪上加霜—不但改不了译者的错误，还把译者正确的改错了

二等编辑：雪中送炭—改正了译者的错误

一等编辑：锦上添花—不但能改正译者的错误，还能对译文进行优化

若要把编辑三原则和编辑三层次加以总结，则是：

编辑硬核三剑客，送炭添花不加霜

5.编辑有权力改吗?

有,但不能胡改八改。注意我的前提:尊重作者,尊重译者,切实理解什么是译作,而且我的译文不需要大动干戈,可以根据编辑方向改动标题、书名、封面,顺通句子,改正错字错译等,出版方应把更多的精力放在包装,挖掘书的内在价值上。有人会说:我们就是这样做的。那为什么容许图书有那么多的错误?没有错误难道不是一本书内在价值的重要组成吗?

出版行业有个不可思议的理念:编辑或出版社的领导认为只要译者交稿了,那就不关他的事了。这就好比我把孩子生出来,之后,一群护士接手,并且声称我再也无权过问它的高矮胖瘦,无权起名,甚至看一眼都不行。

编辑可以随意改,那你如何保证尊重作者、尊重译者呢?我曾经跟一位编辑对过话:我说你们不能乱改,译者是我的名啊。编辑说:责任编辑还写我的名呢。你觉得再往下交流还有意义吗?我只能说:既然都重视,那希望多点交流吧。我知道,理念不一致,交流上八百年也不会有什么益处。

其实,将译者纳入出版方的质量管理体系是一个低成本高产出的好办法。

或者编辑认为:我买断了你的版权,我不用跟你商量就可以改。其实,问题的关键不是权力之争,而是如何保证图书质量。质量差,有损译者和出版方,质量高,译者获名远大于获利,出版社可是获利远大于获名。为什么一个译者在不会增加获利的情况下,还会重视稿子的修改,大概是因为重视自己的名声吧,名声对于一个职业译者来说比利重要。不是说出版社不看重名声,而是在相对垄断的情况下,相对没有那么注重自己的名声,潜意识里:只要我抢到版权,你不买也没有别的可买。所以,任何事情都是"凡垄断,必邪行"。君不见,快递公司发展起来后,邮局也羞羞答答地送件了,有些业务也不再按行政级别一级一级地送了,而是学快递公司打破行政区划,重新安排递送路线,原来可是指定收件人在指定时间到指定地点领取的主,而且过期不取还会退回。

6. 三审和三校

几乎每家出版社、出版公司都有三审三校制度，我想有此制度，错译、错字总会少到没有了吧，结果，三审三校不仅形同虚设，而且好多错误反而是在三审三校过程中制造出来的。有些一审编辑跟我诉苦，说不是她/他改错的，是二审、三审编辑改的，甚至是他们要求一审改的。那么，三校呢？我前面说过，书也是产品，你们的质检标准呢？新闻出版审查的惩罚制度呢？

中国人擅长提出一些漂亮的口号，猛一看，红旗招展，锣鼓喧天，最后都糊墙了。挂在墙上的基本都做不到，因为融化不进血液中。

不过，鉴于中国特色的出版制度，我倒对三审三校有自己的考虑，说是建议也行。三审三校的分工重点是：一审顺文字，二审挑错别字，终审是政治审查。尤其是终审，要加快速度，不能积压在自己手里，影响出版。效率是企业的生命，除非你们不是企业，也不差钱。

7. 百度是编辑杀手

说到这里，我还要说的是，其实当今的译者还有一个大麻烦，那就是谷歌不能用。脸书可以用来寻找想要联系的人，也是不能用。若用围棋术语表示的话，这就是眼，而且是真眼。译者处于两个眼中，这对于翻译质量影响甚巨，对于译者的工作量影响甚巨。同样，对于编辑质量的影响也甚巨。

我曾经问过不止一个编辑：为什么这样改？有什么依据？某位编辑给我发来依据，我一看是百度搜索结果的截图："额叶、顶骨叶、颞叶和枕叶"，[4]哎！此类术语一般都是字数相同的，若是三个字，就都是三个字；若是两个字，就都是两个字；不太可能有的三个字，有的两个字，仅从四个叶中只有一个是三个字这一点就可以否定它。再说了，此处探讨的是大脑，不是脑壳，跟"骨"没有关系；"顶骨"是脑袋顶上的骨。如此幼稚的错误，你也信？

尽管我不看好百度，但也不可否认，编辑缺乏知识和经验也是改出错的原因所在。

所以，在各种艰苦的条件下，我千方百计查阅，想方设法问作者，穷尽可能的办法，认认真真地把书译出来，结果到编辑手里，随随便便就给改了，而且改错了，好歹你们也要比某大学校长的中文水平高些些吧？好歹你们事先要预防出错，出了错就要认错，端正态度，设法弥补，比某大学校长更会做人做事吧？

我怎么突然感觉象是找到病根了呢！？

读至此，有些读者会想这怎么可能，特别是译过书的译者。译者好比小时工，干活，拿钱，走人，编辑怎么能跟译者结盟？好吧，算我心存希冀吧。

正如瓦茨拉夫·哈维尔（Václav Havel）所说：

Hope is not the same thing as optimism. It is not the conviction that something will turn out well, but the certainty that something makes sense, regardless of how it turns out.[5]

坚持一件事，并非因为做了会有效果，而是坚信它有道理。

坚持所相信的，相信所坚持的。说不定哪天梦想就能成真了呢。

不要脸的译者，不识货的编辑

最近，有编辑让我帮忙改一下图书的译稿，我发觉还没有机器译得好。尽管我不知道译者是不是英语专业的，但想必是在大学学过英语，或是还没有毕业的大学生。

比如，看到 aunt 就译成"姑姑"，可是作者致谢的这两位跟作者都不是一个姓，外姓也叫姑姑？难道不能问一下作者吗？再如，在同一本书中，接二连三地出现低级的错译：

belief systems 信仰体系   译成   信念系统

mass culture 大众文化   译成   大规模文化

the developed world 发达国家   译成   发展了的世界

GDP accounting 国内生产总值的核算   译成   GDP 会计

aggregate demand/supply 总需求/供给   译成   合计需求/供给

interested parties 利害关系人/利益关系人   译成   有兴趣的方面

governance system 治理体系/制度   译成   政府系统（想必把 governance 看成了 government）

greenhouse gas mitigation 温室气体减排   译成   温室气体的环节（我不知道为什么"减排"译成了"环节"，细一想，译者可能是想打"缓和"这两个字）

生搬硬造的句子，如：

她们听了我在布鲁克林区一顿漫长的午餐谈论会计

学会布局了新的建立在范式改变的声明基础上的新经济原则……

细究之下，几乎没有一句是完全可用的。

这样的译者中文不行，英文不行，知识面狭窄，翻译技能不足且素养不够，缺少对文化交流的敬畏之心，精益求精的高质量意识淡漠，缺乏职业道德。但是胆大，脸皮厚，一听有钱可赚，便不知天高地厚地应承下来。但可能是便宜（有时未必，比如老师拿到合同，学生分而译之），还很有市场。要知道，价格低不是你可以滥译的理由，嫌价低，你可以不干，但一旦签了合同，翻译上就不能打折。但据我观察，很多翻译质量差不是因为价格低，而是译者的翻译能力低。刀不是天生的杀人凶器，只有落在匪徒手中时才是。对于翻译图书来说，这些译者就是受过专业训练的匪徒（不识货的编辑也算），不论是在庙堂之高，还是在江湖之远，他们抢走了你的钱，却阉割了你的知识和思想。

从上述译者的错误不难看出，此人心中有多么地轻视翻译。从把"In 2012"译成"在 2012 年"来看，此译者在翻译上有多么地初级；再加上标点符号的乱用，基本可以判断此译者没有文字功底。还能看得出来，这位译者根本没有查过词典，否则，就不会将 phenomenal improvement 译成"现象级的进步"，因为词典里的释义有"现象的"，但没有"现象级的"。此外，还能看出译者无法使用全世界最好的搜索引擎。缺少一个利器是翻译、出版图书质量普遍差的一大原因。从这一角度看，搜索引擎的质量和翻译图书的质量正相关。

是什么样的社会环境和教育给他们这样的自信？

成王败寇的思维始于争权夺利的官场，它逐渐为社会所崇尚，成为一种思维定势，并最终在方方面面生根发芽，成为社会的病根。比如，我反正弄出来了一堆汉字或英文，你就得给钱。当然，也有编辑告诉我，他们曾经退回过类似的稿子，但不可否认的是，外版图书翻译质量低是普遍现象。

托我帮忙修改的编辑是个澳大利亚留学生。后来，我了解到那本书没有出版。原因不是因为翻译质量差，而是译者跟出版社的合作方式没有谈拢。译者是自行翻译之后，再寻找的出版社，不是出版社策划的选题。读者幸甚。

职业道德、工匠精神可不是只喊喊口号、刷刷标语就会有的。同时也说明，从小到大学习的政治、思想、品德、修养课对于培养职业道德、工匠精神（几乎）毫无贡献，因为这些课程追求的都是宏大的目标，具体而微的目标如"如何做一个认真负责的合格译者"似乎属于"小学"，是术，难登大雅之堂。更何况在学生眼里，那些只不过是学分而已，不得不浪费精力和时间，Over is fuck over，又怎么能够与职业道德联系起来呢。我建议新中国的大学除了统一军训外，还要统一开一门有关职业道德的公共课：《人脸树皮—新时代的礼义廉耻》，取意于"人要脸，树要皮"，意为 Face is as important to man as the bark is to the tree。只是由谁讲呢？毕竟，正能量的强哥也偃旗息鼓了。

另外，这也反映出目前中国翻译出版界的现状。通常，编辑被要求找那些译费尽量低、质量尽量高、译速尽量快的译者；甚至明确规定翻译费和翻译时间，只是高质量只能定性，无法定量。遵循多快好省的标准，编辑只能找快餐店或地摊。甚至如某位英语教授说的：本来想找厨子，结果选了个价格低的裁缝。于是，大餐变成了家常菜或地摊炒菜，编辑只好硬着头皮勉为其难地大量修改，只为读者勉强可读。

编辑也要识货，劣质译稿为什么不退稿？（编辑的英语水平不高、中文功底差、不具备专业知识是不识货的重要原因。）怎么还能进入编辑流程呢？从上述错误看，译者没有会计学、经济学的知识背景，英语句子的基本语法关系、汉语句子的基本逻辑关系都不通，又是如何通过试译的呢？即使通过试译，中间抽查一下，不行就要马上叫停。编辑费心劳力地改好，这也太便宜了那些译者了吧！他们胡翻乱译，反而既得名，又得利。

有位英语教授称：到了文化交流的层次，有足够水平去做人文图书翻译的，其总人数在人口中的比例，在所谓学外语的人中的比例是有限的。不可能太多，也不会因为外语教育的推广而大幅度地提高。在好的译者稀缺，而且翻译费用人为刚性限制的情况下，编辑去哪里找译得又好、还不多要钱的译者呢？话又说回来了，为什么要找要价高又难"伺侯"的好译者呢？凑凑乎乎又不是不能生存。从出版社到编辑有多少人真的重视翻译质量呢？况且他们一时也难辨质量高低。我知道有出版社招标译书，重视标书的规范，而非译文的质量，谓之公平；我还知道有编辑宁可找有博士头衔或留洋背景的译者，也不选用高质量的译文，谓之编辑有权，结果出版的书错误连篇。有些编辑的领导就鼓励编辑找要价低的译者，找到不要钱的更好。你看，他们只考虑成本和利润，图书质量在他们心中几乎没有意义。而且，出版社（几乎）没有译者分级，好译者和烂译者的价格差不多。有的编辑并不认可译者的贡献：你说你是好译者，那图书会因为你的翻译而增售吗？增不增售我不掌握，但我知道：如果译者不翻译，你们谈何出版。或者说，编辑们看不出质量高低，只要没有读者堵着出版社门口骂大街，那就是质量没有问题。

很奇怪，不是吗，若是有人买了注水肉，或者卖菜的少给了他们一两，他们就会大骂黑心贩子，无奸不商，但读者买到了注水书，却很少有人大骂译者无脑和书商无德。难道买物质食粮的钱比买精神食粮的钱更值钱？细细想来，只所以买菜者知道少一两，是因为家里有秤，而读者大多英语不好，而无法判断译的好坏，而且即使英文好，也未必能看到英文原文，除非有人为了比对而专门购买英文书。看来，读者比买菜的好骗多了。

那么，这些出版社是二傻子吗？雇用了一批本科、硕士、博士就是为了处理这样的垃圾稿子吗？在抹布上绣花？给这样的烂译者脸上贴金，让他们侥幸过关，岂不助长了这种恶劣的风气？难道就不能多花点钱找水平高的译者吗？依目前的价格算，也增加不了多少钱，可是出版社买版权时一次性拿出几万美金甚至十几万美金可是很舍得呢。他们可不傻，知道哪个柿子好捏。不给洋人钱，他们就没有版权；而译者是弱势群体，生产资料而已，能省则省。而且出版社不害怕要价高的好译者拒绝他们，因为总有"不要脸"的译者排队等候。

尽管很少，但确实有不要钱也要译的人。失之东隅，收之桑榆。他们会拿着出版的书捞取其他好处。从这一角度讲，大学教授翻译的书不算科研成果不失为一件好事。尽管有创作，毕竟不是自己的研究成果。否则，教授们不得喜极而疯：辛苦了，同学们。

教授、卖茶叶蛋的、乔布斯传和 4V

有位同学看我正在译 *Big is Beautiful*，觉得观念上受到了冲击，似乎一下子接受不了。但时间长了，我忘记他具体怎么说的了。不过，暗含着他的思想是 Small is Beautiful。

Big is Beautiful 什么意思？按照作者的想法，它表达的是"大企业好"。从创造就业方面看，好多美国人都认为小企业是创造就业的引擎，因此，很多税收优惠和政策倾斜都朝小企业使劲。但事实真的如此吗？

我同学的想法或许能代表好大一部分中国人的想法：还是小企业多了好。看来，不但美国人有这样的观念，有此想法的中国人也大有人在。

作者自然会为自己的观点辩护，自圆其说，不必多言。其中有些事例我觉得很有道理，忍不住要分享几段：

Most of all, today's perspective allows us to see that the origin myth of the information age—the overthrow of sclerotic, hide-bound, giant corporations by scrappy, brilliant tinkerers building the future in their garages—is just a myth. Steve Jobs, Bill Gates, and others deserve credit for their brilliant success in commercializing new technologies. But most of those technologies had been invented in the laboratories of giant corporations, many of them working for the US military or civilian federal agencies on contract. The tech revolution of our time owes far more to teams of scientists and engineers working in well-funded corporate labs than to college dropouts tinkering in garages.

...

Before there was the Apple Macintosh, there was the Alto. And before there was Apple, there was Xerox PARC. On March 1, 1973, the first Xerox Alto was unveiled. The Alto was the first PC to combine a graphical user interface with a handheld mouse and other features that became standard elements of PCs a decade later. By the end of the decade, roughly 1,500 Altos were in use.[1]

我的译文：

最重要的是，以当今的视角，我们得以看出，下面这种信息时代起源的神话只是一个神话而已：在车库里创造未来的、聪明绝顶且又敢打敢拼的鼓捣小发明的人，颠覆了僵化守旧的大企业。史蒂夫·乔布斯、比尔·盖茨和其他人在新技术商业化方面取得了巨大的成功，值得称赞。但是，这些技术大多是在大企业的实验室里发明的，其中很多是美国军方或民用联邦机构的承包商。我们这个时代的技术革命更多要归功于在资金雄厚的企业实验室研究的科学家和工程师团队，而不是在车库里搞改进的大学辍学生。

……

在苹果麦金托什问世之前，有奥托。在苹果公司之前，有施乐的帕洛阿尔托研发中心（PARC）。1973 年 3 月 1 日，首款施乐奥托亮相。奥托是第一台将图形用户界面与手持鼠标和其他功能相结合的个人电脑，10 年后，这些功能成了个人电脑的标配。到这个 10 年结束时，大约有 1500 台奥托电脑投入使用。[2]

PARC 是 Palo Alto Research Center 的缩写，它的中文名不止一个。这个坐落于 Palo Alto 的研发中心到底叫什么？取决于 Palo Alto 叫什么。我查的是谷歌地图，显然它叫"帕罗奥图"，编辑改成了"帕洛阿尔托"。中国外版书行业存在这个问题，很多编辑不知道也无法从谷歌地图查找中文译名，也不认可。他们宁愿在网上随便搜索一个用，也不以谷歌地图的中文名为准。要知道，那可是外国人认可的中文名呢。我特意查了一下中信版的《史蒂夫·乔布斯传》（以下简称"乔布斯传"），发现它采用的是"帕罗奥图"。[3]

另外，想必编辑是想缩短长句，在"我们得以看出"和"鼓捣小发明的人"之后添加了两个逗号。第一个逗号之后编辑又加了"下面这种"，但这不是英文的原意，作者未必指向下面所述的内容。其实，这句话中间不加逗号也没多大事，因为不是太长，也不是太复杂。不过，我到对 the origin myth of the information age 的意思有了重新思考，即它应该是"信息时代的创世神话"，或"创造信息时代的神话"，这要比"信息时代起源的神话"更易懂。第二个逗号等于将主语、谓语分割开了。既然编辑想分拆句子，而且句子确实复杂，我就想能不能按照"语素序乱而不失其义"的原则重新翻译，改写成这样：

在车库里鼓捣小发明的人聪明绝顶，又敢打敢拼，他们颠覆了僵化守旧的大企业，从而创造了未来。

囿于译者在翻译时的理解和时间所限，译书总是有遗憾的。

看来，科研还得是大公司，毕竟实力雄厚；创业者是技术的应用者，但他们的光环盖过了真正的创新研究者。所以，大学教授不如卖茶叶蛋的有其道理，教授会几种煮茶叶蛋的方法，但小贩就会一种，但他做出来出售，于是，挣钱了。

期初，中国社会最早惊呼教授不如卖茶叶蛋的时候，并不是说教授是技术的研究者，而小贩是技术的应用者，而是指脑体倒挂现象。期初，大学教授不如经商的或搞企业的挣得多，中外皆然，也很正常。社会财富就那么多，既然不再划粥而食，那就看谁的本事大了。

好在现在好多教授也在卖"茶叶蛋"。

致富须躬行。

继续分享：

In 1976, Steve Jobs and Steve Wozniak cofounded Apple computer, a venture that grew out of the Homebrew Computer Club, a group of computer hobbyists that met in Silicon Valley. Initially Apple sold PCs named Apple I and Apple II. A key moment in the history of the young company came in 1979, when the twenty-four-year-old Jobs persuaded Xerox to allow Apple staff to tour the Xerox PARC facility in Silicon

Valley in return for Xerox's acquisition of stock in Apple. Taking part in the second tour, Jobs was reportedly amazed by the Alto, seeing the commercial potential of the device. According to Larry Tesler, a Xerox engineer who demonstrated the use of the new "windows" and other features of the Alto, "He was very excited. Then, when he began seeing the things I could do onscreen, he watched for about a minute and started jumping around the room, shouting, 'Why aren't you doing anything with this? This is the greatest thing. This is revolutionary!' " [4]

我的译文：

1976 年，史蒂夫·乔布斯和史蒂夫·沃兹尼亚克（Steve Wozniak）共同创立了苹果电脑公司，这是一家从"自制计算机俱乐部"成长起来的企业，该俱乐部的成员是一群在硅谷相识的计算机爱好者。最初，苹果公司销售的个人电脑名为苹果 I 和苹果 II。这家年轻公司历史上的关键时刻出现在 1979 年，当时乔布斯 24 岁，作为施乐购买苹果公司股票的回报，他说服施乐公司允许苹果的员工参观位于硅谷的施乐帕洛阿尔托研发中心。第二次参观时，据说乔布斯对奥托惊奇不已，他看到了这款设备的商业潜力。据施乐工程师拉里·特斯勒（Larry Tesler）回忆，他演示了奥托新颖的"窗口"和其他功能，"他非常兴奋。然后，看我在屏幕上演示了大约 1 分钟后，他开始在房间里跳来跳去，大喊：'你为什么不用它做点什么？这是最了不起的东西。这是革命性的！' " [5]

有没有觉得你心中那个创业天才的神话崩塌了？

这就是卖茶叶蛋的和教授的区别。

其实，说教授不如卖茶叶蛋的时候，有人卖茶叶蛋是社会的进步，人们不是都在说：穷得像教授一样，傻得跟博士一样，精得跟卖茶叶蛋的一样，看到工商来了，掂起来就窜；我还见过不管鸡蛋就跑的。典型的留得青山在，不怕没蛋卖。

到了教授开始卖"茶叶蛋"了，也是社会的进步，但是，人们又开始说：教授成了商人，商人成了教授。教授开始挤占小贩的生存空间，而卖茶叶蛋的也有应对之策，开始著书立说，到处发表演讲：如何把 1 个茶叶蛋卖出 10 个茶叶蛋的钱？如何砍掉茶叶蛋的成本？如何将茶叶蛋小摊开成同城连锁，进而全国连锁，最终走向市场？

其实，最好的模式是教授和卖茶叶蛋的联手，优势互补，这更是社会的进步。不过，这有点太理想。毕竟二者不是一类人，思维模式不一样，生活重点不一样，但部分有交集还是可能的，可以共同做大做强茶叶蛋市场。

再次分享：

It would be wrong to accuse Apple of simply copying ideas from PARC. Even before the PARC visit, the designers of the Macintosh intended it to include a number of features, such as bitmapped screens, that later appeared in the Mac. Furthermore, Apple modified the pioneering design of the Alto in numerous ways that made the Macintosh both cheaper and easier to use. And, of course, Apple also pursued a business and marketing strategy that proved to be more successful than those of its rivals, including Xerox, which was hamstrung by unimaginative management that failed to see the commercial potential in these innovations. In the late 1970s and early 1980s, Apple promoted its computers through computer stores, magazines, and schools and encouraged software developers to write their own programs.[6]

我的译文：

指责苹果仅仅是抄袭帕洛阿尔托研发中心的想法是错误的。甚至在参观帕洛阿尔托研发中心之前，麦金托什的设计者就打算为其增加一些特色，比如后来苹果电脑采用的位图显示屏。此外，苹果以多种方式修改了奥托的开创性设计，使麦金托什既便宜又易用。当然，事实证明，苹果奉行的商业和营销策略也比包括施乐在内的竞争对手更为成功。20 世纪 70 年代末和 80 年代初，苹果通过电脑商店、杂志和学校推广其电脑，并鼓励软件开发者编写自己的程序。[7]

如果说苹果抄袭了帕罗奥图研发中心的想法那就错了，这就是卖茶叶蛋的本事，不能让他看到，你教授有好的创意，我就借鉴，还会改造。于是，茶叶蛋的小摊变成了茶叶蛋门头，进而成立茶叶蛋公司，进而发展成全国连锁，进而形成全球性公司，影响全球茶叶蛋市场。

分享仍没结束。

上述几段英文有一个引注，表明作者引自 Malcolm Gladwell, "Creation Myth: Xerox PARC, Apple, and the Truth about Innovation," New Yorker, May 16, 2011，因为内容涉及乔布斯，我有兴趣搞清楚故事的来龙去脉，就找出了 Walter Isaacson 的 Steve Jobs 及其中文修订版《乔布斯传》阅读，故事出现在第八章的第二节。此处我只说一下在阅读《乔布斯传》这一节相关句子时发现的错译及其对我的翻译的修正。

Xerox's venture capital division wanted to be part of the second round of Apple financing during the summer of 1979. Jobs made an offer: "I will let you invest a million dollars in Apple if you will open the kimono at PARC." [8]

时值苹果开发的苹果 III 销售惨淡，乔布斯正焦急地想办法创造出更加与众不同的东西，苹果的员工提醒乔布斯注意施乐的 PARC，可他们不知道的是，乔布斯正着手一项更复杂的交易，时值 1979 年夏天，苹果公司想要进行第二轮融资，施乐的风险投资部门想要参与，于是，撞到枪口上了，乔布斯开出了条件：

如果你们愿意揭开施乐 PARC 的神秘面纱，我就同意你们投资 100 万美元。[9]

open the kimono，译者译为"揭开……的神秘面纱"，其实有些偏差。

open the kimono 的词源说法不一。平时日本人穿的和服比较严谨，但在回家后穿的和服比较宽松，大概引申自此意。The kimono is a traditional Japanese garment. There are conflicting etymologies for this phrase, but the one closest to its current business connotation is the idea of Japanese people loosening their kimonos to relax at home, much like loosening a tie. 计算机行业一度专指日本的 IT 人正在干什么（From the computer industry, referring especially to the involvement of the Japanese in this field.）后来，又离开特定的人群，成为一句俚语，指透露一个人正在干的事（to reveal what one is planning），或让某人的盘算、交易或意图公开透明（To be transparently open about one's plans, dealings, or intentions）。也有人这样解释：Open kimono means to reveal what is being planned or to share important information freely.

回到乔布斯传的那句翻译，对乔布斯或苹果公司的员工来说，帕洛奥图研发中心并不神秘，相信硅谷人多多少少知道一些，神秘的是施乐正在搞的研发，因此，若是译为"揭开帕洛奥图研发中心最新研发的神秘面纱"就比较准确了，或者不用"面纱"，译为"如果你们让我们看看帕洛奥图研发中心的最新研发，我就让你们投资苹果 100 万美元"更好。因为根据《乔布斯传》，当时有的施乐员工是不同意向他们展示核心技术的，但乔布斯很执着，一再去该中心参观，就是因为开始没有看到最想看的技术，乔布斯他们读过 PARC 的相关论文，知道 PARC 正在搞什么研发，知道那是计算机的未来（these features were the future of computing）。[10]

想看又看不到，乔布斯失去了耐心，大叫着别再让他看这种狗屁玩意了（Let's stop this bullshit!）。于是，施乐那帮了家伙私下聚在一起，商量着多展示一点，但要徐徐展开（open the kimono a bit more, but only slowly），[11] 像乔布斯这样理直气壮地看他人的技术秘密，不让看还发飙，这个世界上估计没有第二个人了吧！这里译者将 open the kimono 译成了"展示部分核心技术"，就比较接近前面的探讨了。

但英文中没有"部分"之意，而且 a bit more 不是"只是一点点"，而是"再多展示一点"；另外，but only slowly 没有译，也就是说，既然不得不给你展示，那我就慢慢地"挤牙膏"。

通过这些细节性的分析，更加证明了 open the kimono 不是揭开研发中心的神秘面纱，而是不愿意告诉中心的核心秘密。

好吧，如果前述定义还不清楚的话，这个 open the kimono 的定义就更清楚地说明了透露的是公司内部的秘密，而不是揭示整个公司：Similar to "open the books" or an "open door policy," opening the kimono means revealing the inner workings of a project or company to an outside party.[12]

一年后，苹果上市，100 万美元股份价值 1760 万美元，但让乔布斯参观施乐的研发中心造就了苹果，施乐在计算机行业出局，相当于将自己的核心机密卖了一千多万美元。

在《乔布斯传》此节的故事中，我了解到乔布斯第一次和第二次参观都去了，于是，我想到 *Big is Beautiful* 中的这句话：Taking part in the second tour，因为前文没有交待第一次去没去，我理解的是，既然单挑出第二次说，可能是第一次没有去，所以，我开始时译为"第二次参观时，乔布斯亲自参加了"，暗含着第一次参观时乔布斯没有去。现在既然不是第二次才去，那就要译成"第二次参观时"。

另外，我还顺便探讨了乔布斯在看到图形界面后的表现：He ... started jumping around the room。初看到 jumping around，我译为"跳来跳去"，后来一想，乔布斯会在其他公司的办公室里"跳跃"吗？似乎不可能，就改成了"快速地走来走去"。因为 jump 有"快速或突然行动"之意：to move or act suddenly or quickly。可是，当我看到 Steven Jobs 这样写时，就迷糊了：

Jobs bounced around and waved his arms excitedly. "He was hopping around so much I don't know how he actually saw most of the demo, but he did, because he kept asking questions," Tesler recalled.[13]

作者连用了 bounce around 和 hop around，我就想或许乔布斯真的在别人公司的办公室里跳起来了。为保险起见，我还是问一下作者之一的 Robert D. Atkinson 吧：What is puzzling me is Jobs would "leap" in other person's office of other company？他回复：Yes, he was so excited he was moving his body up and down。看来是在"跳"。可见，看到真经给了他极大的刺激。

只是如何跳的，无法想象。

我还注意到了 bitmapped screens 的翻译：Even before the PARC visit, the designers of the Macintosh intended it to include a number of features, such as bitmapped screens, that later appeared in the Mac.[14]

在位图显示出现之前，计算机用户需要输入 DOS 命令，无法直观地加以选择，So Xerox PARC's engineers began to develop user-friendly graphics that could replace all of the command lines and DOS prompts that made computer screens intimidating.[15] 于是，施乐 PARC 的工程师们开始研发 user-friendly 的图形界

面，以取代命令行和 DOS 提示符，因为 DOS 命令让电脑屏幕 intimidating。但是，《乔布斯传》的译者把 user-friendly graphics 译成了"友好的用户图形界面"，而把 intimidating 译为"拒人于千里之外的"，[16] 前者没有用对，后者就用词过重了。

user-friendly 开始出现时，大都直译为"对用户友好的"，但现在一般不这样用了，而是译为：方便用户的，或易于使用的（If something, especially something related to a computer, is user-friendly, it is simple for people to use），即便用"对用户友好的"，也要译为"对用户友好的图形界面"，而不是"友好的用户图形界面"，这就成了"用户图形界面是友好的"，不存在"用户图形界面"，而且对谁友好呢？

上世纪 90 年代初，我应是当地第一个购买家用电脑的人（正因为接触到电脑才让我意识到再不追赶时代潮流，就真的成了混子了），一来很贵，连打印机共花了我 1.5 万元，二来很少有人懂，不知如何使用，所以没有人买，后来图形界面出现后，电脑才慢慢进入百姓家。当时我买的是 286 的主机，需要运行 DOS 命令（当时是在山工办的销售公司买的，因为经十路拓展，那楼已经消失了。后来，山工也消失于山大了。买电脑免费教五笔字型输入法，培训一周后，我拿到了结业证）。读大学时，我只学过很简单的 BASIC 语言，还是需要上课时统一到学校机房上机，草绿色的电脑屏幕，输入命令即可显示结果，这些给我留下了深刻的印象。自己有了电脑后，需要学习 DOS 命令，除了到处拜师咨询，就是自己不断地尝试，常常身裹军大衣，研究到深夜。所以，我能理解 made computer screens intimidating 的含义，没有一定文化和基础的人确实"望而生畏"，但 intimidating 译为"拒人于千里之外"就言重了。当时，普通人很想亲近它，而不是见了它就要远遁，只是因为不会用，所以不敢碰。

图形界面就像是送电脑这只"燕子"飞入百姓家的"春风"。位图显示技术始于施乐 PARC，创新于苹果，发展于微软。显示位图整个过程可分为三步：首先得到位图（Bitmap）的内存数据，即从相应的图片文件解码，得到数据，并放到内存；其次使用某种 2D 引擎，将位图内存按一定方式，渲染到可用于显示的图形内存（Graphic Buffer）上；再由显示合成系统（Surface Flinger）将相应的图形内存投放到显示屏。如此看来，bitmapped screens 即是"位图显示屏"。因为乔布斯当时正盯着显示屏，但他想看的不是屏幕，而是位图显示，故此处可译为"位图显示"。

如果《乔布斯传》译 open the kimono 有些偏差，那涉及 bitmapped screen 这句话可就译错了：

But Jobs and his team paid little attention to these attributes because they were so amazed by the third feature, the graphical interface that was made possible by a bitmapped screen.[17]

译者译为：

但乔布斯和他的团队对这些并不感兴趣，因为他们的注意力被图形界面和位图显示屏幕完全吸引了。[18]

paid little attention to 不是"并不感兴趣"，而是"很少注意"或"几乎不注意"；

these attributes 不是"这些"，而是"这些产品特点"；

they were so amazed by the third feature 几乎没有译，对应地找一个中文，大概是"他们的注意力被……完全吸引了"，前面的 attention 译成了"兴趣"，此时没有了 attention，又出现了"注意力"，但英文里没有此意，这句话的意思是说：前面介绍的特点他们几乎没有听，而是"对第三个特点大为惊讶"，因为施乐公司的 The Smalltalk demonstration showed three amazing features。我不明白译者为什么将 three amazing features 译为"三项惊人的成果"。[19] 已经介绍了两个 feature，而第三个 feature 就是：the graphical interface that was made possible by a bitmapped screen，从语法上看，这是一个带定语从句的名词，目的是给"第三个特点"的同位语 graphical interface 下定义，因此，译为"图形界面和位图显示屏幕"就不对了，二者不是并列关系，而是主从关系。它的意思是"以位图图像显示的图形界面"。

满打满算就 3 页英文，我还不是一句句校对，就已经发现不少翻译错误或不妥之处。Steve Jobs 正文 531 页，同比例推算全书，不敢想象有多少错译和不妥。

有人说了，看来译者的计算机专业知识不足。《乔布斯传》修订版有4位译者，我不敢说他们全都不熟悉计算机行业，但想必跟第一版众包的译者已经大不同了吧，但观其上述失误，只有 bitmapped screens 算是涉及专业知识，但也并不难解决，问一问业内人士，或上网搜索一下相关文章，现学习也来得及；大多数失误不是因为缺乏专业知识，反倒是基本的语法判读、字词的理解和推敲、研读句子的能力、准确理解作者想法的能力、考证的能力……都是一些基本的翻译能力。

我觉得在理念、态度和方法上有缺失。

态度：为何翻译？急于挣钱？急于出名？急于评职称？做任何事有没有认真的态度？明知译的不对，放不放过自己？重视不重视个人品牌？对于编辑来说，有没有研读过外文原文？书中有翻译错误和修改错误，放不放过自己？尽管书的质量差不会当时致人死地，但读者应该得到的信息和知识没有得到，这和低劣的假药有什么区别？掌握着一流资源，却年复一年地出版如此错误千出的三流作品，羞不羞愧？

理念：何为翻译？对于编辑来说，就是何为编辑？若不信，你去问译者或编辑：你的翻译理念或编辑理念是什么？估计好多人答不出来。凡不以准确为前提的翻译都是耍流氓。凡不以准确为前提的编辑也是耍流氓。好多编辑不但将译者的文字修改成自己的文字，还修改作者的标题和章名，似乎他们比作者更了解这本书，如此一来，不但作者原有的逻辑结构改变了，而且原有的整体立意也改变了。适当修改是可以的，但主题思想和段落大意都改了，书还是作者的书吗？随意地修改作者和译者的文字，这是一种病，很严重的病，在有些出版社就是癌症。

方法：有没有办法或想尽千方百计准确理解作者的意思？有没有四处询问，有没有跟作者确认一下？我在网上曾看过某译者的译后记，说是自己没有问过作者，不以为憾，反以为荣；我还读过一本专著的译者序，译者说："如果我有幸见到他本人，一定当面向他请教这些问题"。言下之意，译者没有跟作者交流。瞬间，这本 16 开 500 页的历史专著让我凉了半截。因为任何译者都不可能完全准确地理解书中的每一句话。而作者的解释是最准确和最权威的，是译者的最后一道防线，退无可退。

之前我曾经就翻译质量差写过一篇博文，大意是经过译者和编辑的先后violate 之后，翻译质量可想而知。V 就是 violate 的首字母，有"侵犯、强奸"之意，现在，我的翻译图书质量差的 2V 模式发展到 4v。简单总结如下：

译者 violate 作者，错译或不恰当翻译；能力不到不可怕，胡乱翻译最可怕。

编辑 violate 译者，把正确的译文改成错的，或没有发现译者的错译；不校对外文原文，也不顾原文的意思，单凭阅读中文改成自己觉得顺溜的文字。

审校 violate 编辑，审校将编辑的修改或没有编辑修改过的译文改成他或她认为正确的，其实是错误的；或迫使编辑按他或她的意思修改，完全不顾外文原文的意思。

译者、编辑 violate 读者，最后，译者和编辑共同 rape 了读者，而读者还浑然不知。

翻译是一个精细的手工活。图书翻译更要寻求快慢的平衡。译者应该术业有专攻，精于此道；虽非所有的译者都是胡来的，但很多译者非不能也，而是不为也；如果做不到精准翻译或尽最大可能地精准翻译，尤其是图书翻译，那还是准备点家伙什干点其他的"粗活"吧。即便学到翻译博士或升到翻译博导又有什么用呢？自己浪费精力和时间也就罢了，祸害读者就不应该了。

别勉强自己，不祸害他人，是为则也。

隔空摸象离不开作者

　　有人说译书跟生孩子差不多，十月怀胎，一朝分娩。信矣。我译 *Becoming Facebook* 也有一段时日了，现在完成了，但会时不时地反思整个过程，觉得有话要吐槽，而且这也不是我的头胎，我也是个经产妇了，有些孕育和生产的经验想要分享，当然不是全部，而是围绕着翻译脸书这书的部分体会。

　　脸书以及扎克伯格如雷贯耳，如浩月当空。只是这一轮遥悬的美国月亮，我怎么看着有点浮云遮望眼呢，不太圆啊。因此，我翻译讲述脸书故事的这本书就如隔空摸象，至少翻译的前期如此。众所周知，对于我这百姓之一来说，脸书只可远观，不能近玩焉。扎克伯格想连结全球，以"让世界更开放和更互联"为使命，但放眼望去，一盘围棋硬硬地剩下了为数不多的几个眼，而我就在其中一个眼中，而且是最大的眼。好在围棋不以一城一池的得失为取胜的标准，好在当年，我注册过脸书账户，用它来寻找、联系作者，偶尔与作者互动一下。我乃夷人，东夷，用夷之长技以找夷，只是此夷非彼夷。脸的好友一般都是自己认识的人，但若是联系某个你不认识的人，尤其是不认识的外国人，没有哪种方式比它更快捷的了。当然，前提是他们是脸书的用户。从这个角度讲，脸书不会非死不可，而是会演化，不会灭亡，因为我们人类天生有连结他人的渴望，而且现在还远远没有达到地球村的程度。

　　我译 *Becoming Facebook* 就是凭借当初那点印象。不仅对脸书网不熟悉，因为我用脸书网的目的很单一，好多功能没有直接的体验，而且对脸书公司也很不熟悉，对其发展的了解也仅限于新闻和寥寥几本相关书籍的介绍，比较碎片化，看来没有人用，有关脸书的新闻也成了铁梅的表叔，没有大事不登门；对其内部的运作更是陌生的不得了，光是一系列的产品、功能及其名称就应接不暇了，因为脸书和其他同类产品或功能大都没有正式的中文名称，有些中文名得到了公认，比如"动态消息"，比如 Like button，遥想当年，偶尔浏览作者发的照片时我曾经真的点过"赞"，自然有印象，有些名称则是五花八门，大陆、台湾、香港、美籍华人各有称呼，而且网民也纷纷献计献策，让你无从取舍，Facebook 是叫"脸谱"，还是"脸书""面书"，莫衷一是，况且还有网民调侃的"非死不可"，你还真别说，如果不是含义不佳，"非死不可"真是绝妙的音译。不得不说的是，"脸谱"或"脸书"都不是传神的译名，看到"脸谱"国人往往想到的是京剧，看到"脸书"想到是"脸"和"书"。若是用"粉丝簿"，音近，义也可，但脸书用户连结的并非粉丝，不像微博那般可以粉丝云集，捧或棒。总之，跟中国人给孩子上户口一样，要取个大名，小名再多也不顶用。一旦名字定了，不管外人喊着别不别扭，时间一长就习惯成自然了，也就有了唯一性。

　　一般来说，译书时，总有辞典、网络和译者对付不了的句子或短语，有些译者遇到难句会当木匠，砍去，或当抹灰工，找平，读者一看，稀溜滑，啥也察觉不出来，我见过不少这样的译作。遇到难以理解或一读脑子一片空白的句子，我会反复琢磨，与其受其折磨，不如解决了事，因为我知道一定有一个最佳的译文等在那里，想到或想不到而已；又或每当想拿起斧头或抹灰刀时，我就想自己跟那些三流译者又有什么两样呢，心里不舒服，正因为鄙视这样的行为我才兴心译书的，于是，不忘初心，拒拿刀斧。

　　通常，我是自己先遍查手头各种可及的资源（包括我的记忆），其次跟译者朋友交流，或通过同学、群友等广发英雄帖，在当今拥有网络、搜索引擎和电子邮件的时代，理论上讲，你几乎可以联系到任何人，即使是素不相识的一位母语是英语的人都有可能帮助你的理解，只要他们愿意回复你。只要想解决，基本上都是可以解决的。try to do it，寓意"想方设法"，而不仅仅浅尝辄止。

　　若还是解决不了，最后的救命稻草自然就是作者了。跟其他人的交流只能帮助你理解，或有助于如何向作者提出问题，而跟作者的交流才是真正的理解，因为书是作者写的，作者想表达什么只有他或她有最终的解释权（也有作者在跟我交流过程中进行修改的）。同作者交流是我保证翻译质量的一贯做法，我译的书除非不可能，都与作者交流过，其中一本的作者已经去世，出版社帮我联系上了作者的版权代理，正好是作者的粉丝，交流的效果好极了。

至于 *Becoming Facebook* 这样一本书，不是理解一下短语、俚语或语法就能解决的，我的译者朋友似乎也难下断言，比如什么是 proverbial west，看来只有求助作者一条道了。好在作者是脸书的前高管，而不只是脸书的一个旁观者，他了解脸书的领袖、文化、竞争、市场和发展，对其未来也有切实的感受和思考，而且对于中国不开放脸书的理解也很客观。跟他交流不但能解决我的疑难问题，还会理解不少我认为不是问题的问题。当我跟作者联系上以后，他的回答是 Looking forward to working together 和 Will do the best I can。好了，我有救了。

为了尽量减少对作者的干扰，我跟作者商定译完一章后集中提出问题，个别仍是不理解的，再单独发邮件询问。本书共 18 章，外加前言和致谢，以及少量勒口和封底文字。初步统计我跟作者通了 65 封电子邮件，一共涉及 209 段文字，问了 318 个问题，本书有正文的 217 页，平均下来，每页接近有 1 段和 1.5 个问题。假如我全部不理会，砍掉或抹平，再加上粗心大意，望文生义，不求甚解，我想每页出现 3 至 5 个错误或不准确的翻译是很轻松的，不难想象最后的译文什么水平。但依我处理文字的能力，我会让读者觉不出来，但那就不是我了。

或许你觉得有这么严重吗？我有书为证，我在英文书里都标着呢。本来我不想说的，恐有同行相轻之嫌，或"就你能"之议，但不说就没有比较（其实这是翻译比较学的内容），没有比较就没有鉴别。

翻译后期，在搜索资料时，我无意之中发现台湾某出版社已经先期出版了 *Becoming Facebook* 繁体中文版，书名是《成为脸书》。在此之前，我还译过 5 本台湾有繁体版的书，译完之后我都对照过，除了不同的表述之外，还是存在诸多问题的，我的疑难问题鲜有得到解决的。也就是说，我的问题处被他们砍掉或抹平了，不是我的问题处反倒被他们译出了问题，但他们的译文也有闪光点，不再一一赘述。所以，我跟编辑商量从宝岛购买一本，供双方参考。

我跟作者提问题的统计结果：

章	涉及句段	问题数	章	涉及句段	问题数
序言	5	6	10	11	15
1	3	4	11	4	4
2	5	12	12	6	8
3	7	12	13	7	12
4	11	20	14	8	15
5	22	31	15	20	25
6	16	30	16	15	24
7	7	8	17	19	42
8	7	9	18	13	13
9	18	23	致谢	5	5
合计	101	155		108	163

问作者，方能见微知著

　　跟作者交流是一件很有难度的事情，毕竟是两个操不同语言的人，而且还不是面对面，除了不同的语言表述方式、不同的思维方式外，还涉及文化的差异、异国的地理环境不熟悉等障碍，甚至是准确地提出问题也很关键，如果你提不出问题，也就不可能得到作者的解释，或者你想的是东，问的是西，那作者的回复对你来说就是南辕北辙，你就是在缘木求鱼。说实话，有时我真不知道问什么，只好说 I don't understand it，看作者如何解释再说。有时感觉自己的英文无法准确、流利地表达自己的想法而苦恼时，就想作者为什么不会说汉语呢？可冷静一想，他要是会说汉语，说不定就不用我翻译了。翻译就是作这洋难的。

　　那么，*Becoming Facebook* 台版译者有没有跟作者交流过？为此，我求证过作者，他的答复是：I did not work with the translator of that version. 这是看着的。

　　我敢肯定地说：大多数译者没有跟作者交流过。几年前，我曾经在网上读到过某小说的译者写的文章，他说自己没有跟作者交流过，言下之意是自己的英文很棒，不需要问作者。我还忍不住怼了他一句，大意是：你没跟作者交流过，怎么还好意思说出来？

　　我还可以肯定地说：没有哪位译者能准确无误地理解书中的每一句话。如果你没跟作者交流过，那我肯定地说：你一定当过木匠或抹灰工，差别只是你是一级木匠，还是八级木匠。有人说了：你有没有当过木匠？说实话，没有哪个译者能做到准确无误地翻译，我的译文也不例外，我可以保证我的译文准确率相当高（编辑环节改出的错不能算我头上），翻译不准确和下角料应该不多。我如此有底气的原因之一是遇到不明白的，我就问作者；之二是我从未主动拿起斧子砍削，或用灰抹平。

准确率当然是我个人的主观估计，没有科学的统计，因为我译书以来，后来发现的错误屈指可数，手指头不够，脚指头凑。确实有读者对照着英文读过我的某本译作。我记得很清楚，那位读者是位经济学硕士，他对照着我的译文一字一句地看了一遍，并且告诉了我两处错误，要不我还发现不了，新版时更正了。译那书时没有电子版，英文书的字又小，我看花眼了，"路易十六"译成了"路易十四"，或看错行了，"马歇尔"看成了"门格尔"。

注意我说的是错译数量，不包括可优化之处，即表述的分寸或程度需要推敲的地方，比如，"张三"译成"李四"，这叫错；但"粗门大嗓"和"声若宏钟"都表示某人说话声音大，程度有差异，不算错；又比如，我译成"张三"，编辑非要改成"张老二的弟弟"，或"张老头的三娃子"，这也是表述上的区别，不算错。有些编辑乐于干这种事，非要把我的译文改成她或他喜欢的表述，真替他们累得慌。

不同的理念导致不同的行为。编辑需要编辑理念，翻译同样需要翻译理念。如果非要概括的话，我的翻译理念就是"准确"，甚至做到"精准"，而非"信达雅"。因为在翻译过程中，我从来没有想起过要"信达雅"，想的是如何在保证语素完整的情况下，准确理解译出语的含义，再用恰当的译入语表述出来。

我选择一句，把我的翻译和台版译文对比研究一下。

这句话说的是作者从英特尔跳槽去脸书之后，分别征求安迪·格鲁夫和马克·扎克伯格的意见，看是否有兴趣彼此见一面，共进午餐，二人均表示同意，并选择当时脸书的办公大楼附近见面。

我先把台版的译文贴出来：

接着，我们就在加州帕罗奥图附近南加州大道脸书总部楼上的露台碰面了。[1]

　　只所以先发台版译文，我是想让读者看看，在不知道其英文或其他译文的情况下，你读一读，似乎没有什么异常啊，语法没有问题，逻辑也对，可是，你看了我下面的解释之后，你就理解我说的所谓木匠和抹灰工式的翻译了。本来我没有多重视的一句话，解剖下来，原来如此之典型，研究完它之后，连我都惊呆了。

　　请你再读其英文：

　　We found ourselves sitting at one of the outdoor tables on the small patio behind Facebook's eclectic building adjacent to a Palo Alto neighborhood at the top of South California Avenue.[2]

　　英文并不复杂，读者也可自己试译一下，对比一下台版译文，最后再对比一下我的译文。

　　可是就这么一句不复杂的句子，我与作者通了 10 封电子邮件，可以说是连说带比划，文字加图片，才算最后搞得一清二楚。

　　这是我整本书翻译与作者交流的最后一个问题，是我最后通读第三章时发现的，开始译时觉得差不多了，但细一琢磨，发现这个句子有 5 处需要推敲（因为这一段后面还有 1 处难点问过作者，因此，我在统计时就算是 1 段 6 个问题），这 5 个难懂的语素是：patio，eclectic，neighborhood，at the top of 和 South California Avenue。限于篇幅，我无法把我的电子邮件全部列出，而且全部是英文，需要翻译，不如我中英混杂着总结一下，说明我是如何从不理解，到理解一点，再到误解，再理解一点，而且还要纠正作者的错误，对抗着自己的理解能力差，再跟作者达成共识……一点一点弄清楚这个句子的。

　　1. 我首先觉得 at the top of 译为"在某街道的一头"似乎有点问题，好像中文没有这么说的，一般说"东头"或"南头"等，于是我就想知道脸书的旧办公大楼在街道的哪头？通过查地图，我发现 South California Avenue 是南北走向，只不过不是正南正北，我提出问题，并画了一张草图，让作者告诉选择 1 还是 2，我也就知道是南头或北头了。作者告诉我是"南头"。这点确定无疑了。其实，这点是译者结合自己的语言补充的，但不能胡乱添加，需要经作者的确认，因为译者不熟悉当地的道路，猜测着译会出笑话的。（其实，我事先告诉作者的是，我要把这句话当成例句，说明跟作者交流的价值，同时避免让人笑话：I'll express my deep appreciation to you for your help, and take the sentence as example to show the value of communication with you. So I should understand it precisely to avoid someone laughing at me.）

看台版的译文，显然没有译出这一点。

只是作者的回复我时，顺便说了一句：the reason I call it the "top" is that at that end of the street it has gone up a little hill.

因为我不熟悉，不知道还有一座小山，又是 top，又是 hill 的，我开始觉得是不是大楼在山上呢？其实，事后看来，我是误解了作者的意思，他的意思是说：此处在南头，再往南是一座小山。

2. 接着，我发邮件问作者：根据你的解释，我想知道大楼是在山坡上吗？他的答复是：It's at the south end, which is near the top of a little hill. 至此，我更加误解了作者的意思，开始觉得大楼在接近山顶的地方。于是，我在译文中加上了"接近小山顶"的内容。

同时，通过查谷歌地图，我发现帕罗奥图还有一条街道叫 N California Avenue，我就开始考虑它跟 S California Avenue 是同一条街，还是两条街？询问作者，回复说是 it's the same street, which used to be called north above El Camino and south below. Now it's actually just called California all the way through.

既然是一条街，那 S California Avenue 就不能译成"南加州大街"，我当时想到的是我住的附近几条街道：我所在的小区靠近山东大学中心校区，有一条南北向的"山大路"，两条东西向的街道：山大南路和山大北路，南北向的山大路的南段不能叫"山大南路"，因为山大南边的街道才是"山大南路"，也不能叫"南山大路"，中国人好像不这样称呼，比如坐公交车，报站名时说"山大路南口"或"山大路北口"，那就只能说"山大路南段"。

于是，我的译文成了"加州大街南段南头，接近小山顶"。

3. 看到作者回复说加州大街以 El Camino 为分界点，那 El Camino 是什么？旅馆、饭店、公司或什么建筑？我就再查地图，顺着加州大街看，发现

El Camino 其实是 El Camino Real 大街，可是当我从此大街继续向北看时，发现过了此街还是叫 S California Avenue，那到哪里结束呢？我继续顺着加州大街向北看，发现南、北加州大街从 Alma Street 断开，可我不确信地图是不是过时，所以，又要问作者。

与此同时，我对大楼靠近山顶半信半疑，似乎不对头。同时问了作者。作者回复说：Yes, you're right. Alma is the divider and the old Facebook building (which has been torn down and is a construction lot now) was the last building on the right side of the southern part of California before it bends left and gives way to the Kite Hill.

作者承认南、北加州大街以 Alma 为分界线。可见，作者这个当地人也未必全然了解当地的街道，或者没有想到我会打破砂锅问到底，顺口一说吧。同时，根据作者的表述，脸书的旧大楼已经拆除，现在是建筑工地，而且显然不在山坡上，应该是在山下，可是他一会说是在"右侧"，一会说"左转"，这就涉及作者说的左或右是从哪个方位看？我还是迷糊。

其实，此时已经有点超出译书的范围了，成了我必须弄清楚脸书旧大楼的确切位置。

4. 没办法，只能再问作者。我开始跟作者感叹说两种语言的人交流实在有难度。为了避免进一步造成误解，我再次求助地图，找到了南头，而且也知道了附近的小山是 Kite Hill。于是，根据我对左右的理解，我在地图上标出了一个位置，切图让作者确认。作者回复说是在街道的正对面。

5. 说实话，我已经让误解整怕了，还是不放心，我又重新标了一张地图，让作者确认，如上图：

作者回复：Exactly. 如此，"大楼位于南段南头，不在山上"就非常明确了。而且，现在看来，作者所说的左右，是通常面对地图时人的左右手的左右。

6. 修改译文后，我交给了编辑。心想这回总算把所有问题都解决了。可是，当我休息看电视时，我突然想到南、北大街在 Alma 断开了，并没有连接，中国人看来，不连接的路就不能算一条路，拐弯但是中间不断或中间与其他路共用也算一条路，南、北加州大街的中断很特殊，是因为 S

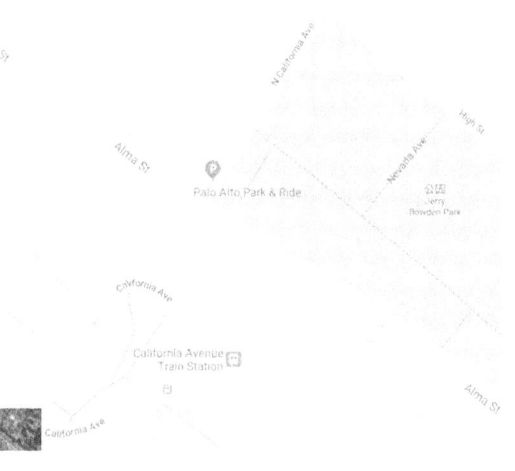

California Avenue 在与 Alma 大街连结之前掉头折返了。如上图所示。

于是，我发邮件告诉作者或许我们都错了，两条路若是不连结就不能说是一条路，既然不是一条路，那 S California Avenue 就不是"加州大街南段"，而是"南加州大街"，即南边的一条加州大街。这一点与台版的译文一样，但我不知道台版译者是否进行过类似的考证。

同时，我还告诉他，我发现在旧金山区有一条加州大街是一条完整的，但那条街道叫 California Street，不是 Avenue，而且是东西向的，不是南北向的。只所以告诉作者这个信息是担心作者一时疏忽，说成了那一条。

作者回道：Technically S California Ave in Palo Alto is a different street from N California Ave, but they're related. 言下之意，还是一条，并且强调不必再纠缠此事，说明是在 S California Ave. 的南头就好了。

7. 我看作者并没有十分理解我的意思，我只好再发邮件说明为什么一条街道和两条街道对于 S California Ave 的重要性，并且加上点文化介绍，帮助理解：整体而言，汉语比英语简洁，英语是横里写，而汉语相对立体化，一大厚本英文书译成汉语就薄不少。英语较大而化之，汉语有时就细腻得不得了。比如，中国人祖先崇拜，各种关系不能混乱，否则，无法行礼，也无法区分远近亲疏。英文可以说一个 brother，一个 nephew，一个 niece 就代表了同辈且有同类关系的人，中国人则是一种关系一个称呼，brother 有哥、弟、堂哥或弟，表哥或弟，还有一个 brother-in-law，还要区分为同母异父、同父异母和异父异母。我妻子朋友的女儿找了个美国人，结果在国内举办婚礼敬酒时，各种关系让老外一会就迷糊了，乱喊一通，当然也有亲友故意拿他开玩笑的，但即使严肃地介绍，相信他也会头大。

作者的回复是：Great. Thanks, Yanfeng.

8. 我再次拿这句话对照台版译文，发现他对 patio 的理解与我不同，而且没有译 eclectic，同时我还发现台版译者却把我理解的"楼后的小院"译成了"楼上的露台"，这也需要作者确认一下。我发出自己的问题，同时附上照片，表示我和台版译者对 patio 的不同理解。

作者回道：Patio is simply an open area for seating near a building like this picture，还随邮件附了一张照片。可是，照片太小，放大后模糊不清，我只好比着它画个简图，大致表示一下照片中的环境。可见"楼后的小

院"是正确的，院子铺的是鹅卵石（可惜画不好，只能改成平地），中间一张圆桌，桌子中心插一个白色大遮阳伞，周围摆着 8 把椅子。查词典可知，patio 有两个基本的意思：露台，天井。天井好理解，但"露台"有些人会理解成是楼上的阳台，台版译者就是这样理解的。Cambridge Dictionary 的解释是：an area outside a house with a solid floor but no roof, used in good weather for relaxing, eating, etc.，Collins 的解释是：an area adjoining a house, esp. one that is paved and used for outdoor activities，强调的都是在屋外，但与屋子相连的一小

块地方，可能是土地面，也可能是铺设石板或鹅卵石的，但肯定没有顶。"露台"其实较不准确，因为中国人说"台"是指高出某个平面的地方，patio 更接近"天井"，但中国人的天井是围在屋子中间的，不开放，相对而言，"小庭院"还算确切，尽管中国人说的"庭院"是有围墙或篱笆的，但没有围墙或篱笆，但有清晰边界的房前房后的一小块地方也可叫"庭院"，所谓前庭后院。作者说的这个见面地点在楼后，只能说是"院"，不能称"庭"。除了"小院"我想不到更恰当的翻译了。

eclectic 较复杂些，Cambridge Dictionary 的解释：Methods, beliefs, ideas, etc. that are eclectic combine whatever seem the best or most useful things from many different areas or systems, rather than following a single system. MW's Collegiate Dictionary 的解释：selecting what appears to be best in various doctrines, methods, or styles. 强调的都是"兼容并蓄的"或"博采众长的"，难道脸书的大楼是一座兼容并蓄的大楼，好像不讲。而作者的回复是：Eclectic is slightly "unusual"，表示是"稍显与众不同的"，或其他近义词，这就是我说的"总有词典解决不了的翻译"。至于该大楼为什么与众不同，作者的解释是：the architecture of the building had some unusual roof-lines. 该楼的楼顶有类似车顶弧线的造型，好比大家都留平头，它却留了个大背头。

9. 问题还没有完。neighborhood 的含义也需要澄清，它是一个什么区域？作者回道：In this case I mean that it is across the street from regular houses (usually these kinds of businesses are in an area with other businesses). Neighborhood in this case is used to describe a very small part of a larger town.

这让我想到我曾经译过一篇景观设计专业的论文，就涉及对 neighborhood 的理解，我当时把它译成"近邻区"，因为它不是 block、community 或 street segments，而是跨越了它们的拥有相似性的一片区域。可是我不能译成"邻近一个近邻区"，看到作者指出它是 regular houses，我理解应该是"居民区"，再结合作者括号中的解释："通常此类公司会跟其他公司待在某个地方"，表明当时脸书刚起步，没有钱租赁商业区或专门购买某地作为办公场所，是在居民区附近租的楼房，也就理解作者为什么会强调脸书大楼邻近居民区的寓意了。这样的翻译就已经是深层翻译了，不只是看字面，还要理解其背景。

10. 是否是"居民区"我要跟作者求证一下，毕竟是例句。我问：Does "neighborhood" refer to "a residential area"? That is to say, FB's old building is near a residential area which is across the street, rather than in a business area together with other companies.

作者的答复是：Yes.

好了，至此，这句话算是啃完了。我的译文是：

脸书公司那座与众不同的办公大楼位于帕罗奥图南加州大街的南头，毗邻居民区，我们来到其后面的一个小院，并在其中一个露天桌子旁坐下。

比较之下，台版的译文毛病就多了：

1. "接着"是超译，但为了衔接，有时译者会增加一些连词，未尝不可；

2. "加州帕罗奥图"中的"加州"可以不用添加，因为上下文能看出这是在加州旧金山，而且熟悉硅谷的人对帕罗奥图不会陌生。若想给读者交待一下地点的话，不如说是"旧金山的帕罗奥图"，或"湾区的帕罗奥图"，"硅谷的帕罗奥图"更准确；

3. sitting at one of the outdoor tables 没有译；

4. patio 译成了"露台"，而且 small 没有译；

5. behind 译成了"楼上"；

6. eclectic 没有译；

7. adjacent to a Palo Alto neighborhood 译成了"帕罗奥图附近"，neighborhood 没有译；

8. at the top of 没有译，这里是 at the south end of 的意思。

9. 作者只用了 building 一词，没有强调是"总部"，而且当时估计脸书没有分部，何来总部？所以，台版译者译成"脸书总部"是超译，有夸大之嫌。

10. 作者的前雇主、现雇主是"碰面"了，但作者并没有用"碰面"这个词，用的是"坐在桌旁"，暗含的意思就是见面了。此处应尽量保留作者的表述，译者不能抛开作者自行表述。至于作者用的 we found ourselves doing sth.，中国人不太会用这种表述，所以不能完全对译。我想"我们发现自己置身于……"这种表述有可能受英文的影响，即所谓的翻译腔。

其实，我译的书大都可以写成一本翻译笔记，但要是复盘，把原来的思考过程写下来，工作量很大，既耗时间，又耗精力和体力，这一句话就已经让我脑子缺氧了，我需要补充点能量，睡一觉，再接着写下来的内容。

可是，等到收到样书，我发现不明究理的编辑把我的译文改了两处。还不错，比我担心的少多了。如下所示：

脸书公司那座与众不同的办公大楼位于<u>帕洛阿尔托</u>南加州大街的南头，毗邻居民区，我们来到其后面的一个小院，并在<u>露天小院其中一个桌子旁坐下</u>。[3]

哎，又是一个不按谷歌地图译地名的。美国人译为"帕罗奥图"，我们非得改成"帕洛阿尔托"。第二个修改就有点离谱了。不妨把中英文列出，方便对比。

英文：sitting at one of the outdoor tables on the small patio

原译：并在其中一个露天桌子旁坐下

编辑：并在露天小院其中一个桌子旁坐下

我译的是"小院中的露天桌子"，而编辑改成了"露天小院中的桌子"。时间一长，我没有联系上该编辑，也就没法问她当时是怎么想的。但我猜测，她的逻辑可能是：露天小院中的桌子自然是露天的。她把重点放在了小院上。想必她没有推敲英文，而且忘记了上一句已经交待来到小院了，不用再强调小院的事了，而是应该说桌子的事了。我之所以用"露天"修饰"桌子"，是因为英文是 outdoor table。有人会说：门外的未必露天啊，但要不是露天的，那就应该是 indoor，至少是 under the tent。那院子是不是露天的？这种情况表明是的。全部或部分桌子是露天的，院子就是露天的。那要是院子上面完全被覆盖了呢？那又回到了 indoor。那要是院子有一部分不是露天的呢？那就更不能强调院子是露天的了，而是只说他们坐的桌子是露天的即可。总之，院子是不是露天的不是译者关注的重点。译者只需按照作者的文字，译出"来到小院"，坐在"露天桌子"旁即可。不过，通过作者特意表明桌子是"露天的"，推测院子里可能有不露天的桌子。比如院子里有帐篷或玻璃房，里面也有桌子。

第二部分

文学之译

Literary Translations

文学作品与人性

在感怀姚一苇先生的《文学不死》一文中，白先勇对姚一苇以宗教的虔敬之心对待文学表示了钦佩和赞赏。除了讲述二人"长达三十四年的文学因缘"外，白先勇还有感而发，认为"文学写的不外乎人性人情，只要人性不变，文学便有存在的必要。……人性人情大约总还脱不了男男女女以及男男、女女这些牵扯纠缠，即使当今的电脑网络族恐怕也难逃离这张天罗地网，而描写人性中最微妙复杂又难以捉摸的这些东西，还是文学最在行。"[1] 在谈及他与台大的文学因缘及创作历程的《故事新说》中，他又进一步强调"文学脱离不了人性"。"在我们所看过的作品中，能流传下来，还能感动触发读者的，通常都是处理一些人性基本感受的主题。"[2]

这种人性说恰与简·奥斯丁关于文学的理解不谋而合；毕竟，她写的不外乎是男大当婚，女大当嫁，中外皆然；尤其是年轻女士，在当时的社会条件下，必须找一个长期粮票方为上策，这是最能显示人性人情的世俗之事。不过，那要退回到 200 多年前的英国了。《诺桑觉寺》写于 1798 至 1799 年间，它是奥斯汀售出的第一部长篇小说，时为 1803 年，不过，直到 1817 年才正式出版，不但时间最晚，而且是跟她的最后一部小说《劝导》合在一起的。在《诺桑觉寺》第一卷第五章有一段为小说辩护的话，不妨视为她对优秀小说的一个定义。相关内容如下：

... or, in short, only some work in which the greatest powers of the mind are displayed, in which the most thorough knowledge of human nature, the happiest delineation of its varieties, the liveliest effusions of wit and humour, are conveyed to the world in the best-chosen language.[3]

乍看之下，这个句子是从 only some work 开头的。因此，我看到的译文都是如此："只是……"或"只不过是……"。当然，不表示没有其他版本的译文，只是我一时无法穷尽。但 only some work 是顺着前面的句子来的，前面是 It is only Cecilia, or Camilla, or Belinda; or, in short, ... 也就是说，如果此句补全的话，应是：(It is) ... only some work in which ... 由此解决了 some work 的单复数问题。当然，确定 some work 是单数，还有一个原因，那就是它是 some+ 名词单数，而不是 some+ 名词复数。

从主语和语法两方面看，some work 都是单数。由此，将 some 译为"某些"的都错了。更重要的是，这正是此长句的核心所在，in which 之后全是修饰成份。

in short 译为"简单讲""简单来说"或"简（而）言之"均可，只是"简而言之"较为正式，专著译文可用。当然，也有译"总而言之"，但此处似乎没有总结陈词的意思，也就不妥当。

如果从 only some work 开始译，译者往往会将 some work 当成主语，把 are conveyed to ... 当成谓语。在这种情况下，some work 只能是复数，work 就是类似 people 的集合名词。比如译文一（顺便标明句前的标点符号）：

（。）总而言之，只有那些展示了智慧的伟大力量、表现了对人性最透彻的理解的作品，只有那些最巧妙地勾画了人世的千姿百态、四外洋溢着机智和幽默的作品才能用最精湛的语言传达给这个世界。[4]

此译文即是将一个句子割断了译的，因为在英文中，or 前面是分号，而在译文的"总而言之"前面成了句号。且不说，"总而言之"恰不恰当，or 没有译。简化看，此译文的结构为"只有那些……作品，才能……传达给这个世界"，足以说明译者把 only some work 当成了主语，导致 work 的单复数成了问题，进而改变了整句翻译的表述角度。

不知译文一（2017 年）是否参考了比它更早的下述译文二（2008 年），因为都是从分号断开，开头也大同小异：

（。）总之，她看的不过是一本流露着伟大的智慧之作。作者在作品里发表了他对世态人情最深刻的见解，绝顶微妙地刻画了各种人物的性格，并且非常生动地流露出俏皮而诙谐的意境，作者把这些都用最精炼的言语表达给世人了。[5]

想必是为了断句，译者添加了"她看的不过是……作者在……作者把……"，不但打断了接着上句贯通下来的语气，而且改变了说话者的角度，本来是奥斯丁作为第三者对世人看不起的小说的赞美，现在成了告诉读者那位小姐在看什么书；由泛指变成了实指。

此外，还无法解释主、谓语之间为什么有两个 in which 引导的定语从句，而且一个限制性的，一个非限制性的。

接下来要解决的便是两个 in which 的问题。尽管形式上有差别，但二者都是 work 的定语从句，只是因为后者较长而分置的。类似的结构还有：

It is rooted in a balanced and sustainable relationship between the urban and natural environment, between the needs of present and future generations and the legacy from the past.[6]

大意为：其源于城市与自然环境之间、当代人和后代人的需求与历史遗产之间可持续的平衡关系。

如此，翻译时便可将限制性的 in which 从句与 some work 紧咬在一起，将非限制性的 in which 引导的部分分开译，如此，就有机会将长句译成短句了。

但整句的翻译有个前提：经过我的斟酌，我决定放弃被动句式，改用主动语句，可能更符合汉语的表达习惯。比如，"老师奖励我了"就比"我被老师奖励了"读着舒服。

大的结构条分缕析清楚后，就可以把前面带限制性定语从句的句子先译出来：它只是那种什么什么书。首先要面对的是 the greatest powers of the mind 如何译。字面意思无非是：最大的 / 最伟大的 / 最卓越的 / 最优秀的＋

思想或心灵的力量；这样的作品展示/提示/讲述了这种力量，而且还要译出最高级。什么样的表达能够容纳这些语素呢？细一琢磨，"最具……的"或"最富……的"似乎过于绝对，因为难以界定，没有标准，历史上也没有哪本书被公认拥有此"最"。我觉得不妨用"极具思想力的"。"极"者不"最"而最，亦有"富于"之意。小说打动人靠的是人物及其命运和情感，它们体现了作者对人性、人生和社会的洞悉，这便是思想力之所在。

有人会说这也不信啊，但汉语里暗含此"最"。就像汉译英时，不必一一对应一样，只要英语能够表达汉语的意思即可。否则，就是中式英语（Chinglish）。比如，人山人海，不是 people mountain people sea，而是 It's packed/crowded/rammed/chock-a-block。英译汉也不必一一对应，否则，就是英式汉语（Englinese）。比如，英文中的最高级一律译为"最"。

考虑到上文的谦虚语气，only 可译为"只不过是"或"不过是"；some work 表示"某类作品"或"某本小说"，本意表示不确指，但"某本"就带有确指的意味了，说明作者心中有所指。

最后就是攻克非限制性定语从句的四个短句了。

不过，要先搞清楚 its varieties 中的 its 指代谁？它很关键，因为若是搞不清，句子可能译不下去。推敲之下，我觉得 its 指代 human nature，即人性；它接前句，类似于汉语的"及其"。既然说到 its 了，那就顺便理解一下 varieties 吧。当然，人性是"各种各样的"，但我觉得用"繁纷复杂的"可能更好。很难将人性划分成某种类别，它是很复杂的。

从语法上看，前三个短句是主语，最后一句是谓语成份。可是现代英语常见的是连续并列的最后一项要加 and，表示并列要结束了。可是，此处英文没有加 and。但在现代英语中，不加 and 并非没人用。比如下文译三个"一个"时就没有在最后项 one leader 前用 and 连结。

什么是第三种方向？那就是公平合理地用政治方式解决国共关系问题，诚意实行真正民主自由的宪政，废除"一个党，一个主义，一个领袖"的法西斯独裁政治，并在抗战期内召集真正民意选举的国民大会。我们共产党人是自始至终主张这个方针的。[7]

它的英文译文如下：

What is this third course? A just and reasonable political settlement of the relations between the Kuomintang and Communist Party, a genuinely democratic and free constitutional government, the abolition of the fascist dictatorship with its "one party, one doctrine, one leader" and the convening during the War of Resistance of a national assembly genuinely elected by the people. We Communists have advocated this course from the very beginning.[8]

至于在简·奥斯丁的时代，这是不是一种常用的语法现象，我就不得而知了，我对早期的英语没有研究，作者早已作古，一时也联系不到研究奥斯丁的外国学者。我只能理解为在奥斯丁生活的年代没有此项要求；当然，基于我对三个并列句的理解是正确的。

就在这时，我恰好在某群里看到冯老师说：前后两句结构一致，可不必用 and。就忍不住将上述问题抛给了他。意想不到的是，我本询冯师，冯师问 AI。以下是 AI 的回复。除了把不恰当的例子和重复表达部分删除外，我只是为了行文方便重新组合了一下。

AI 的回复先说这是一种语法现象，谓之连接词省略（asyndeton），意在创造一种文体效果。

Q：Can two structurally similar sentences be connected with just a comma without "and"?

A：In English, connecting two structurally similar sentences typically requires a conjunction like "and" to indicate the relationship between the two thoughts. While a comma can be used to separate independent clauses in a compound sentence, it's generally accompanied by a coordinating conjunction like "and," "but," "or," etc. However, there are cases where a comma can be used without a conjunction to create a stylistic effect called an asyndeton, where items in a list or clauses are intentionally not connected by conjunctions for emphasis or a specific rhythmic effect. This stylistic choice is less common and typically used for specific literary or rhetorical purposes. Here are examples of sentences using a comma without a conjunction:

1. "She sang, she danced, she laughed."

2. "He ran, he jumped, he conquered."

Absolutely, here are some real-world examples of asyndeton used in publications:

3. From Shakespeare's "Julius Caesar": "I came, I saw, I conquered."

In these sentences, the clauses are connected by commas without conjunctions. This style, known as asyndeton, creates a sense of speed, urgency, or rhythm in the sentence.

至于是不是跟奥斯丁时代对于语法的要求有关系呢？ AI 的回复是肯定的，而且已经使用几个世纪了：

Q：Was this a trend in Jane Austen's time?

A：Yes, the use of asyndeton, or the deliberate omission of conjunctions between phrases or clauses, was indeed present in writing during Jane Austen's time. It's a rhetorical device that has been used in literature for centuries and was a known stylistic choice among various writers, including those from Austen's era. Writers often employed this technique for emphasis, rhythm, or to create a particular effect in their prose. While it might not have been as explicitly labeled as it is today, the stylistic technique of omitting conjunctions for effect was certainly part of the writing styles of Austen's era.

尽管 AI 有顺情说好话的偏好，但回答得不无道理。在没有找到新论据之前，堪以参考。

经由多年的翻译实践，我发现英国作者跟美国作者写的书有一个明显的差别，即英国作者用的词往往是单词很常见，其意却是不常见的，形容词尤其如此，很多情况下，需要查词典，并根据语境推测其最佳译文。因此，在译英国作者的书时，我翻查词典的次数会大大增加，而且最好是牛津词典。之所以这么说，是因为中国的英语学习者绝大多数是从背课后单词、四六级单词表开始起步的，单词表列出的义项不无局限。此外，没有把列出的义项全部背过也是原因之一。之所以说"绝大多数"，那是因为学习者众多，说不定就有人是从阅读开始的，而非学课文起步的，没有背过单词表。

　　比如，一看到 happy，英语学习者就会脱口而出"幸福的"和"快乐的"，毕竟，Happy birthday 太熟悉了。那 the happiest delineation 是不是译成"最幸福／快乐的描述"呢？显然不讲。没有办法，只能查牛津词典，比较贴切的就是"合适的"或"恰当的"。比如，the happiest choice of words，意为"措辞恰当"。既然是"恰当"，那就是暗含着"最"恰当之意。否则，就是在"最恰当"之外，还有"次恰当"。因此，这个"最"就可以不译。也就是说，是作者写作时认为的最恰当之词。尽管以后有可能有人发现还有更恰当的表述，却不是作者的选择了。同样道理，下文中的 liveliest 也不用译"最生动"，"生动"即可，没有"次生动"。

　　再如 wit，单词表中常见的义项是"智力"和"才智"吧，偶见"机智"。在 wit and humour 中，wit 译为"才智"不妥，那"机智"呢？liveliest effusions of wit and humour 译为"机智和幽默的生动流露／倾诉"？好像也能讲得通。我看到的译文无非是"才智"和"机智"。但仔细琢磨，既然是流露或倾诉的是机智和幽默，那就不是在说作者，而是在说文字。那文字用"机智"形容就讲不通了，只能理解为作者的表现手法，即"风趣的"，风趣、幽默地表达。那"（说话）风趣的"在单词表中有吗？偶见。我在《大学英语教学大纲词汇表》中见过，这就属于那种容易背不全的义项。至于现在的教学大纲词汇表里还有没有，以及单词后面还列不列出汉语义项，我不知道，我背的是 2000 年出版的词汇表。

　　最后，就是如何理解 in the best-chosen language，我看到的译文是"用最精湛的语言"和"用最贴切的语言"，的确是这个意思。但如果止步于此，汉语译文势必复杂化。我觉得这句不妨从作者的写作态度这个角度理解，即在遣词造句上不断地推敲，势必找到最恰当的词语。那么，能不能跳出对于最高级的翻译，用"字斟句酌"来表示呢？都字斟句酌了，是不是表示一直在寻找最合适的词句呢？杜甫诗曰"为人性僻耽佳句，语不惊人死不休"，极言求工。

　　单挑独选之后，剩下的就是如何串珠成串了。我想先解决头尾，将 the

most thorough knowledge of human nature 与 conveyed to the world 联系起来译，the most thorough knowledge of 译为"彻底看透"，既不背离原意，又暗含形容词最高级之意。剩下的就好安排了，语序也可以打乱。最后成句如下：

（不过是《塞西莉亚》、《卡米拉》或《贝琳达》），[9] 或者简单说吧，不过是本极具思想力的作品，字斟句酌之间，用风趣、幽默的生动语言，恰如其分地描述繁纷复杂的人性，让世人彻底看透世情冷暖。

不难看出，句中的五个最高级全部隐掉，失形而不失意。而且，在对应 human nature 的地方我没有译"人性"，而是用了"世情冷暖"，反而将"人性"提前，一是避免重复，二是表明人性有好有坏，反映到读者的感受上，就是冷暖自知。

可是，对于这句话的理解并没有就此结束。各位看官，读完我的译文之后，是不是觉得哪里有点不对劲？是的，就在"不过是本极具思想力的作品"这里。按照逻辑或者常识，only some work 之后应该是说这种书一般般，为什么反而是高大上呢？为了准确理解，只能再看此句英文的上文。原来，奥斯丁正在谈论世人多瞧不起小说家，贬损他们的劳动成果，而有人随便拼凑个集子，便可收获很多人的点赞：

there seems almost a general wish of decrying the capacity and undervaluing the labour of the novelist, and of slighting the performances which have only genius, wit, and taste to recommend them.[10]

接着，她模拟了一种场景：有位女士正在读小说，有人问她正在读什么？她不好意思地放下书，装作不感兴趣地说道：就是本小说，就像《五鼠闹东京》《续侠义传》，或简单讲，就像《红楼梦》或《卡拉马佐夫兄弟》那样描述人性的书。看官需知道的是，白先勇认为，要是让他选择两部最伟大的作品，必是红、卡，因为"它们分别代表了佛教文化和基督教文化的最高境界"。[11] 听到如此回答，问者是不是咂摸出点味来了呢？用当代的话语说，这不是凡尔赛是什么。之所以如此写，是因为当时的英国社会看不起小说，更鄙视读书写作的妇女，认为针线活才是她们唯一应该擅长的事情。[12] 因此，也就不难理解这位女士或者说奥斯丁本人在被人发现读书时有多窘迫了。掩饰不成的情况下，只好承认在读小说，但又不愿意因为读小说被人看低，只好巧妙地称赞小说，为小说正名：瞧，你们看不起的小说是多么好的东西！话锋一转，反讽的效果拉得满满的。"她的小说……以轻松愉快的打趣讽刺著称"，[13] "话里的讽刺意味不言自明，她显然是在正话反说。书中这样的旁白和插入式评论还很多，语气诙谐又深具文学色彩。"[14]

下面我将我手里有的出版过的其他译文列出，读者自鉴。基本判断标准有这样几条：

1. 英文用分号略作停顿，中文译文断句重起则不信。

2. in short 译为"总而言之"或"总之"不妥。

3. some work 译为"一些"或"某些"作品是错的。

4. 将 some work 当成 are conveyed to 的主语则更是错上加错。

译文三：

（。）总而言之，只是这样一些作品，在这些作品中，智慧的伟力得到了最充分的施展，因而，对人性的最透彻的理解，对其千姿百态的恰如其分的描述，四处洋溢的机智幽默，所有这一切都用最精湛的语言展现出来。[15]

译文四：

（。）或者，总而言之，不过是一些用世界上最精美的语言表达思想，传播知识，表达各种各样的感受，展示人类的幽默、智慧的工作。[16]

译文五：

（；）或者简而言之，只不过是一部表现了思想的巨大力量的作品，一部用最贴切的语言，向世人传达对人性的最彻底的认识、并对人性的种种表现作最恰当的刻画，传达洋溢着最生动的才智与幽默的作品。[17]

译文六：

（，）总之，它是一部体现了最伟大的头脑和智慧的作品，书中对于人性最透彻的理解，对各种不同人性最恰当的描写，以及智慧与幽默最生动的流露，用最美好的语言表达给这个世界。[18]

不难看出，上述六种译文只有译文五和六没有从分号处断句；译文六的前面是逗号，而不是句号；译文五的前面是分号。除了译文五是"简而言之"外，都是以"总之"起句。对于单数 some work 的翻译，有三个译成了复数："一些"或"那些"，想必是把后面的 are conveyed 当成了谓语造成的；三个译成了"一部"或"一本"，但囿于当时轻描淡写和反讽的氛围，"一部"显得过于正式和沉重。

从句子的衔接和分号后的起句看，译文五最信，表现在：只有它在句前用了分号，唯一将 in short 译成了"简而言之"，而且 some work 译成了单数的"一部"。其他五家译文大同小异，而且无法接续前一句的语气。

海明威：破产之悖论？

特伦·格里芬（Tren Griffin）的 *Charlie Munger - The Complete Investor* 译完了。在讲到企业的护城河时，作者提到了海明威（Ernest Hemingway）《太阳照常升起》（*The Sun Also Rises*）中比尔问迈克破产的事：

When it comes to moats, durability matters. Munger wants to avoid a business that has a moat today but loses it tomorrow. Some moats atrophy gradually over time and some fade much more quickly. As Ernest Hemingway said in The Sun Also Rises, a business can go bankrupt in two ways: "gradually and then suddenly." [1]

就护城河而言，持久性很重要。有些护城河会随着时间的流逝逐渐衰败，有些则是极快地衰败。作者提到海明威，主要就是借用 two ways 的表述方式，指企业破产倒闭的方式有两种："逐渐的和突然的。"说白了，就是慢慢死和突然死。

·逐渐破产。欠债越来越多，最后撑不下去了自然就会破产，其结局有两种：一是悄无声息地倒闭了，个人宣布破产，或虽不宣布，但个人不想在一颗树上吊死，干别的去了，并将企业转手他人。然后，想办法还清欠债，或债务随着企业也转手了。这是常见的破产。另外一种情况是依法宣布破产，动静大，影响也大。但有特例。比如海南发展银行，因为拉郎配，几个烂果子塞给了一个好果子，最后，大家一起玩完。由于难以处理好法人存款等历史遗留问题，海南发展银行长期处于破而不灭的状态，宣布关闭了，却清不了盘，重组也无望。

·迅速破产。经济体制的根本变革、老板因还不上账跳楼自杀或其他原因导致暴毙、投资失败或天灾人祸（包括被骗），到期还不上贷款，企业立马完蛋。这种情况也有特例。改革开放之后，几乎全部国有中小企业（包括集体企业）迅速破产，但有些破了一二十年了，还有留守人员。如果说 Too big to fail 有情可愿，好多国企是 too small to fail，破而不倒。因为资产好处置，人员难安排，直到老职工的社会保险金缴纳，到点办理退休才算告一段落；但额度肯定没有在职的时候多，体制改革的成本由工人老大哥承担了。这就叫迅速破产，逐渐清盘。

需要注意的是，资不抵债未必破产。只要企业或个人与债权人达成协议，继续负债经营，直至还清欠款也是可以的。

译到这里，我不禁好奇地查了查海明威的原著，当然作者的引用没有错，原文如下：

"How did you go bankrupt?" Bill asked.

"Two ways," Mike said. "Gradually and then suddenly." [2]

此处的翻译既涉及对 two ways 的理解，又涉及对 and then 的理解，很值得推敲。出于对比研究的需要，我尽可能地买了二十七个《太阳照常升起》的中文译本，同一个译者的只选择一家的版本。其中，封面标明是"海南国际新闻出版社"，扉页又标明是"海南国际新闻出版中心"，没有译者署名，怀疑是盗版，而且译文没有新意，弃之不用。所选版本的译文大致分成两类。

一类是从 two ways 开始理解，把 gradually 和 suddenly 视为相对独立的两种方式，是谓 A + B。相应地，把 and then 理解为 and 或"此外"。因为 and then 是一个词组时，它是有这个含义的。Longman Dictionary of Contemporary English 中，then 的词条下有此意：used to add something to what you have just mentioned。例如：

We have to invite your parents and my parents, and then there's your brother.

除邀请双方父母外，还要邀请你哥哥或弟弟。

这里的 and then 是"另外还有"，不能理解成"然后，……"

再查 The New Oxford English-Chinese Dictionary (Second Edition)，then 有 also, in addition 之意。例如：

I'm paid a generous salary, and then there's the money I've made at the races.

我的薪水丰厚，此外，比赛也挣了些钱。

此类版本译文分为两种，一是两类破产，不分先后；二是两类破产，但分先后。

首先，承认两类破产，不分先后。

版本 1.1：译林出版社，译者是冯涛，译文如下：

"你是怎么破的产？"比尔问。

"两种途径，"迈克尔说，"一是逐渐累计，二是突然到来。"[3]

译者是按两种独立的破产译的，way 译成了"途径"，不妥，因为 gradually 和 suddenly 不是途径，而是两种方式。"累计"当指债务的数量逐渐增多，破产怎么累计？

版本 1.2：译林出版社，译者是方华文，译文如下：

"你是怎么破产的？"比尔问。

"两种原因造成的，一种是日积月累的原因，一种则是突如其来的。"迈克尔说。[4]

该译文将 way 译成了"原因"，也不妥，因为 gradually 和 suddenly 不是原因。况且接下来，比尔问道：What brought it on? 这才问原因。不可能迈克尔刚说了原因，比尔还要再问原因。另外，译的啰嗦。

其次，承认两类破产，但分先后。

版本 1.3：上海文艺出版社，译者是吴建国，译文如下：

"你是怎么破产的？"比尔问。

"分两步走，"迈克说，"先是逐步破产，然后突然一下就完全垮掉了。"[5]

版本 1.4：河南文艺出版社，译者是张宽新，译文如下：

"你是怎么破产的？"比尔问。

"有两个步骤，"迈克说，"先是慢慢的，后来突然就破产了。"[6]

版本 1.5：长江文艺出版社，译者是周舟，译文如下：

"你是怎么破产的？"比尔问。

"还不就是两个阶段。"迈克尔说，"先慢慢地破产，然后突然破产了。"[7]

另一类是将 and then 分开，按 and 和 then 理解，译成递进关系，模式是"先 A，再 B"，或类似的表述。虽然前面仍译为"两种"，但后半句却译成了一种。要知道，如果分先后，那就不是两种方式，而是一种了。为了说明"先……后……"是一种，我举例说明。比如将吃饭分为"吃"和"喝"，这里的吃指吃馒头、大米、面包等主食和菜，喝指喝稀饭、粥、汤或牛奶等。那么，吃饭有多少种组合呢？

只吃不喝

只喝不吃

先吃后喝

先喝后吃

边喝边吃

不吃不喝

由此不难看出，"先……后……"算作一种方式，不算两种。通常，吃饭指吃饱喝足，没有吃饱喝足即是没有吃完饭，二者需要同时满足才是吃饭；不能说有吃有喝的一顿饭分为吃饱了一回，喝足了一回。

在后半句分"先……后……"的情况下，two ways 又有几种译法。

第一，两个阶段

版本 2.1：上海译文出版社，译者是赵静男，译文如下：

"你怎么破产的？"比尔问。

"分两个阶段，"迈克说。"先是逐渐地，然后就突然破产了。"[8]

既然 then 理解成"然后"，那么，就得有"先"，尽管作者没有表达"先"的词语，可以补译，是谓"先是……，后是……"。同时把 two ways 译成"两个阶段"，不如此"先……后"之说就立不住脚。但是不妥，way 没有"阶段"之义，由此导致 two ways 令人费解。

版本 2.2：长江文艺出版社，译者是周平，译文如下：

"你是怎么破产的？"比尔问。

"还不就是两个阶段，"迈克尔说，"先慢慢地破产，然后突然破产了。"[9]

仍然译"两个阶段"。但是，后半句译成了两种破产：慢慢地破产和突然破产。不过，相对而言，不管是个人宣布，还是依法宣布，"突然破产"在时间上更象是一个点，不是一个阶段。

版本 2.3：人民文学出版社，译者是周莉，译文如下：

"你怎么会破了产？"比尔问。

"两个阶段，"迈克说，"由逐渐到突然。"[10]

结构是"由……到……"，类似"先……后……"的译法。

版本 2.4：华中科技大学出版社，译者是刘艳，译文如下：

"你怎么破产的？"比尔问。

"分两个阶段，"迈克尔说，"先是逐渐累积，然后就突然破产了。"[11]

此译文跟版本 2.1 很接近，只是"逐渐地"成了"逐渐累积"。显然，Mike 应译为"迈克"，"迈克尔"已经不对了，此处又多了一个"尔"。既然是引用，我只好照抄，再加以说明。

版本 2.5：安徽师范大学出版社，译者是严加丰，译文如下：

"你为什么会破产呢？"比尔问。

"两个阶段，"迈克尔说，"先是逐渐累计，然后就突然破产了。"[12]

这个版本表示不服，你说多一个"尔"不对，那我从头到尾加两个"尔"。我就译 Mike 为"迈克尔尔"。很任性，没办法。

版本 2.6：远方出版社，译者是罗宾，译文如下：

"你怎么破产的？"比尔问。

"分两个阶段，"迈克尔尔说，"先是逐渐累计，然后就突然破产了。"[13]

又一个"迈克尔尔"。但这次不是从头到尾"尔尔"，而是多了一个"尔"，因为译者译 Mike 为"迈克尔"。"累计"又跟下一个版本相同。啥都不说了。

版本 2.7：湖南文艺出版社，译者是赵谨，译文如下：

"你是怎么破产的？"比尔问。

"分两个阶段，"迈克说，"逐步地衰落，然后突然破产了。"[14]

跟前面的译文大同小异。对于个人破产来说，"衰落"一词不恰当。即使从企业的角度讲，衰落也未必导致破产，可能是市场暂时不景气。破产一定是债务越来越多致使无力偿还的结果。这一点在《太阳照常升起》第八章中 Brett 介绍 Mike 时已经说得很明白了：

She turned to Mike. "This is Bill Gorton. This drunkard is Mike Campbell. Mr. Campbell is an undischarged bankrupt." [15]

undischarged bankrupt 的意思是说迈克破产了，债务尚未还清。

版本 2.8：西苑出版社，译者是李东东，译文如下：

"你怎么破产的？"比尔问。

"分两个阶段，"迈克说，"先是逐渐地，然后就突然破产了。"[16]

版本 2.9：煤炭工业出版社，译者是刘旭亮，译文如下：

"你为什么会破产呢？"比尔问。

"分两个阶段，"迈克尔说，"先是逐渐累积，然后就突然破产了。"[17]

版本 2.10：江苏凤凰文艺出版社，译者是苏心一，译文如下：

"你怎么破产的？"比尔问道。

"两个阶段，"迈克尔说，"先渐渐的，然后突然破产了。"[18]

版本 2.11：辽宁大学出版社，译者是姜蕾、赵广发和郭朝，译文如下：

"你是怎么破产的啊？"比尔问。

"有两个阶段。"迈克说，"先是渐渐的，然后就突然破产了。"[19]

版本 2.12：中国友谊出版公司，王仁才译，译文如下：

"你怎么会破产呢？"比尔问。

"两个阶段。"迈克说，"先是渐渐地，接着突然就一无所有了。"[20]

译文同上述相似。但"一无所有"不准确，一来破产并非什么都没有了，二来从迈克还能旅行和社交看，也还是可以维持基本生活的。我就认识一位破产的老板，她的公司还在，只是消费受限，估计余生就是还债了。

第二，两种原因

版本 2.13：中国言实出版社，译者是吕元，译文如下：

"你为什么会破产呢？"比尔问。

"两种原因，"迈克尔说，"先是逐渐累计，然后就突然破产了。"[21]

跟版本1.2一样，"两种原因"是不对的，因为比尔紧接着问起了原因。后半句不是原因，而是结果；其他内容跟其他版本差不多。

版本2.14：北方妇女儿童出版社，舞阳编译，译文如下：

"你为什么会破产呢？"比尔问。

"两种原因，"迈克尔说，"先是逐渐累积，然后就突然破产了。"[22]

版本2.15：四川大学出版社，译者是马晓娟，译文如下：

"你为什么会破产呢？"比尔问。

"两种原因，"迈克尔说，"先是逐渐累积，然后就突然破产了。"[23]

版本2.16：现代出版社，译者是苏琦，译文如下：

"你为什么会破产呢？"比尔问。

"两种原因，"迈克尔说，"先是逐渐累积，然后就突然破产了。"[24]

版本2.17：煤炭工业出版社，译者是王艳霞，译文如下：

"你为什么会破产呢？"比尔问。

"两种原因，"迈克尔说，"先是逐渐累积，然后就突然破产了。"[25]

版本2.18：天津人民出版社，译者是麦芒，译文如下：

"你为什么会破产呢？"比尔问。

"两种原因，"迈克尔说，"先是逐渐累积，然后就突然破产了。"[26]

第三，两种方式

版本2.19：黄山书社，译者是陈燕敏，译文如下：

"你怎么破产的？"比尔问。

"两种方式。"迈克尔说，"先是逐渐累积，后来就突然破产了。"[27]

版本2.20：江苏凤凰文艺出版社，译者是崔蒙，译文如下：

"你怎么破产的？"比尔问。

"两种方式。"迈克说，"先是逐渐地，然后突然破产了。"[28]

版本2.21：世界图书出版公司，盛世教育西方名著翻译委员会译，译文如下：

"你怎么会破产的？"比尔问。

"两种方式，"迈克说，"逐步的，然后是突然的。"[29]

尽管译者译出了"两种方式"，"然后"的出现使其归于"先……后……"一类的译文。

第四，祸不单行

版本 2.22：天津人民出版社，译者是杨蔚，译文如下：

"你怎么会破产的？"比尔问。

"祸不单行，"迈克说，"日积月累，然后一下子爆发了。"[30]

首先值得肯定的是，该译者不落窠臼，将 two ways 译为"祸不单行"，既避免了非要分成 A 或 B 的窘境，又暗含着存在两种情况，也预示着后半句"先……后"之分。但细加琢磨，还是不恰当，因为"祸不单行"还是指向 gradually 和 suddenly。但是，比尔的破产不是两件祸事，而是一件祸事；况且除破产外，没有迹象表明比尔经历了另外一件祸事。不管怎么说，该译者确实动脑子了，独辟蹊径。

第五，两方面

这是我在网上找到的，不知道译者的名字，也没有查出出自哪本书，权当一家之译吧。译文如下：

"你是怎么破产的？"比尔问。

"两方面，"迈克说，"开始是每况愈下，接着便是一泻千里。"

这位译者可能也觉得"两个阶段"不是太靠谱，于是译成"两方面"，但其后的译文还是分两个阶段。"一泻千里"确实形容发展变化极快，但形容破产似乎不妥；破产不会破得如此奔放，富有气势。

上述译文哪一类比较靠谱？

第一类译文的重点在前半句，按"两种"译，则后半句说不通，因为既然是"两种"，那就是各自独立的，and then 等于 and，不分先后。实际上，它们译成了先后两次破产，可是比尔一个人怎么可能同时经历两种破产呢？

第二类译文的重点是后半句，and then 理解为 and 和 then，但据前面的分析，"先……后……"的关系不是两种，而是一种，前半句就说不通了。似乎对这句话的理解陷入了一个悖论，无法获得作者权威的解释，或是没有母语是英语的明白读者或学者的解释，很难将这一句译得合情合理，基本上都是在猜，"差不多"先生的徒弟而已。

但是，具体到迈克身上，他的破产只有那时的那一次，他不可能同时经历快、慢两类破产，也不可能先慢破产，再快破产。感觉他是答非所问，译者却理解成了他是在说自己的破产，读者看了也是一头雾水。思来想去，逻辑讲不通。迈克说的是什么？他为什么要这样回答？正如我前面的文章所述，如果译成汉语后感到逻辑不通，很有可能是没有正确理解英文。但是，two ways 不难理解啊，怎么整句理解起来那么别扭呢？

就在有一搭没一搭地跟人交流时，我忽有所悟。原来在比尔问"你怎么破的产"后，迈克其实没有直接回答自己是如何破产的，而是说了破产的两种形式，相应地，比尔一个人经历了两类破产一说也就烟消云散了。至于迈克没有直接回答，想必提及自己的失败不好意思直接讲，或有点沉重，需要先缓口气吧。等到比尔再次问及"那是怎么造成的"时，迈克才说出原因，原来他结交了很多朋友，都是一些虚情假意的家伙，他因而欠了一屁股债。由此可知，他的破产属于温水煮青蛙，欠债越来越多，量变到质变。至此，能够过度到下文，理解就算是通了，看来应该是没有理解文字后面的东西；不理解，译出来自然别扭。那该如何译好呢？延及比尔的下一个问题，我试译如下，为帮助理解，我加了几个字：

"你咋破的产？"比尔问。

"（破产不外乎）两种，"迈克说，"慢慢找死，（或）突然完蛋。"

"（废话，到底）你是咋破的？"

"交友不慎（Friends）。"迈克说。

以此看来，凡是后半句译"先……后……"的都错了。前半句译两种原因、两种阶段、两种途径、分两步走或两方面的都错了。理解比尔说 two ways 不是说自己的破产是重中之重；前半句讲通了，后半句就应刃而解了。那么，翻译时如何体现迈克不是说自己呢？单靠加上"不外乎"还不够，要在比尔接下来的问话中再加上"废话，到底你……"，强调比尔知道破产有快有慢，但他想知道的是迈克属于哪一种。然后再通过迈克承认交友不慎，欠债越来越多，读者终于理解了迈克的破产属于慢慢找死型的。

当然，这只是为了帮助理解超译的，实际译的话如何处理还需再琢磨，否则会有人说不信了。如果不加字的话，我想很有可能需要加译者注。

说起翻译，不管是不是从业者，人们张口就说"信达雅"，似乎已成定律。其实，信达雅不应是并列关系或递进关系，而是包含关系，即不是"信、达、雅"，而是"信（达、雅）"。[31]信（faithfulness）者，意不悖原文，即译文准确，不偏离，不遗漏，也不随意增减语素；达（expressiveness）者，译文不拘泥于原文的句式，且通顺，交待清楚。请注意，它的重点是"不拘泥于原文的句式"，并非指改变原文的意思；雅（elegance）者，译文选用的词语要恰如其分，简洁明了，而非华丽的辞藻或不必要的对仗和押韵，即不要拽词，以显示自己有文化（翻译须严谨，拽词有风险）；要知道，elegance本身就有"准确、简洁"之意。总之，"达"和"雅"说的还是"信"，在信的基础上，做到通顺，词不达意自然不是好译文，但为了通顺而篡改原文，那就是自欺欺人了；而离开了信的雅，也谈不上雅。比如前述引文中的"一泻千里"并不雅，更不信。

有位退休教授听到我直言不讳地批评信达雅，直接跟我断交，或许我掀翻了他常年吃饭的餐桌，或许认为我太不自量力了，尽管他并没有说因何不愿再理我，但我推测是这么回事。这一认识是我在长期的翻译实践中悟出来的，但我并非孤雁。最近，我发现钱钟书也持同样的观点。"译事之信，常包达、雅；达正以尽信，而雅非为饰达。依义旨以传，而能如风格以出，斯之谓信。……雅之非润色加藻，识者犹多；信之必得意忘言，则解人难索。"[32]

翻译小说就应该求"雅"，也是误区，不能为了雅而雅。曾经有人问过我有没有翻译过英文小说，并且说小说不好译，因为不只是准确就行的事。言外之意似乎翻译小说可以自由发挥，或者说二次创作。当时因为还没有译

过小说，我无言以对。但是并非没有机会，因为我实在忙不过来，曾经拒绝
过译小说的邀请。在那人问过之来，我争取到了译小说的机会。我的理念
是：不论翻译小说，还是翻译财经、管理、心理类的书，翻译的理念其实是
一样的。小说也不能例外。从这一句的理解中，我确信我的坚持是对的，翻
译要做到的只有"准确"：正确理解之后，准确地表达出作者的意思；该雅
的自然雅，不雅的就该不雅。重要的是，如此翻译不会形成翻译腔。当然，
遣词造句需要多揣摩。

最重要的是，你看到的是作者的意思，而不是译者的意思。更不是编辑
的意思，因为好多编辑不看原文，凭自己的偏好，想当然地修改。

既符合逻辑，又符合语法，如此翻译就好了，不必削足适履，也不必浓
妆艳抹，素颜就好。否则，不是画蛇添足，就是捉襟见肘，增一分就肥，减
一分即瘦。具体到 two ways 和 and then 的翻译，除了词法和语法理解上的不同
外，译者缺乏经济学知识和现实经济生活的感受，无法细加区分也有关系，
尤其是破产不可能"慢慢"破产，再"突然"破产。此类误解如何避免？

重中之重是坚持逻辑。如果坚持了逻辑，但意思还是讲不通，说明很有
可能是英文词义理解不对，此时就要查词典，不能怕麻烦，有些词确实有不
常用的词义；或者理解的角度不对，没有真正领会作者想要表达的意思。

总之，要认认真真地翻译。不能觉得读者看不到英文，或者即使看到英
文也不能理解其义就随意发挥。说到词义，我想起最近翻译 Art Thinking 碰
到的一句话：

If you were going up hill, you'd lurch forward and suddenly find a certain part of
your anatomy on the street, with the scooter about ten yards ahead of you.[33]

其中有几个词就不是搭眼一看想到的词义，有兴趣的读者不妨试着翻译
一下。

莎士比亚：我们天生一副做梦的皮囊

一千个人眼里有一千个哈姆雷特。

估计好多人听过这句话。还有人拿其英文 There are a thousand hamlets in a thousand people' eyes 在网上四处询问：这是谁说的？不但中国人在问，外国人也在问。如果有人感兴趣，拍一个求证的记录片也未尝不可，就像《莎士比亚是谁？》那部记录片一样。哪怕写本书也好，比如迈克尔·伍德（Michael Wood）的《莎士比亚是谁》（*In Search of Shakespeare*）。

只是它很可能就是 Made in China，出口转内销的。从"外国人也有同问"可以反证之，好比中国人在问：这是孔子说的吗？那十有八九不是孔子说的。

这句话的意思是说：因为每个人的文化背景不同、社会阶层不同、知识水平不同、政治立场不同，在读哈姆雷特或观看其戏剧、电影作品时，各人有各人的理解，很有可能完全不同。即便当时，上至伊丽莎白、王公贵族，下至贩夫走卒、街痞混子，都喜欢看莎士比亚的戏剧，他们眼中是不是看到了不同的哈姆雷特？可惜当时没有采访记录，又或者藏在什么书里而无人得知吧。

类似的，一千个译者眼里有一千个哈姆雷特。比如，许渊冲先生已经出版了《莎士比亚悲剧六种》，本人以超低的价格淘了一套仿皮印制的限量版，发现他将 Hamlet 译成《哈梦莱》，并在比较了 10 种 to be, or not to be 的译文之后，把它译为"要不要这样过日子，这就难了"。

上哪里说理去？

有人可能认为译文无关对错，只要读起来感觉比较恰当或接近作者的意思（when translating Shakespeare's works, there is no right or wrong, only more appropriate）就好，因为无从求证，作者及同时代人已经作古多年，不像当代的著作，可以通过电子邮件与作者求证、探讨。

不过，这也太多版本了。作为文字，它的意思有且只有一个，作者不可能一句话想要表达多个意思。莎士比亚若是活到现在，还精通中文，他很可能捻着自己的小胡子说：你们译的都不准确，我的意思是……

但翻译就是这样，以英译汉为例，准不准确，看译者的英文水平；地不地道，看译者的中文水平；最后的成品好不好读，看译者的双语互换能力。有时也有可能取决于编辑的水平。

我在翻译中遇到这样一句，不妨以它为例说道说道。

We are such stuff as dreams are made on, and our little life is rounded with a sleep.

- William Shakespeare, *The Tempest*, Act IV, scene I [1]

为便于分析，我先把朱生豪和梁实秋等先生的译文罗列出来：

朱生豪的译文：

构成我们的料子也就是那梦幻的料子；我们的短暂的一生，前后都环绕在酣睡之中。[2]

但是，这句话我还读到了另外一个版本：

我们都是梦中的人物，我们的一生都在酣睡之中。[3]

版本不同，译者却都是朱生豪。我一时难辩真假，只好都列举出来。因为第二个版本（短句子）何其莘校译过，是出版社搞错了，还是何先生有改动，问过该出版社的某位编辑，没有回复，便不得而知了。

梁实秋的译文：

我们的本质原来也和梦的一般，我们的短促的一生是被完成在睡眠里面。[4]

但是，我买的这一版本出现了错误，本来是"环绕"在睡眠里面，却成了"完成"在睡眠里面。因为是引用，我只能忠实于原文，再解释一下。

后来，我陆续买到了其他几个版本。

孙大雨的译文：

我们都是梦幻的素材所形成，我们渺小的生命都用一觉沉睡来圆成。[5]

方平的译文：

论我们的料子，也就是凭空搭成那梦幻的材料儿。我们这匆匆一生，前后左右都裹绕在睡梦中。[6]

彭镜禧的译文：

我们的本质跟梦境一样；我们短暂的生命，到头来以睡眠结束。[7]

总之，人生如梦，以睡觉结束。

卞之琳的译文：

我们就是梦幻所用的材料，一场睡梦环抱了短促的人生。[8]

这句译文最终确定是卞先生译的经历了一个求证的过程。最早我写此文时，在网上搜到了它，很多人说是卞之琳译的。可我除了网络之外，一直没有找到确凿的旁证，就作为"存疑"保留了下来。之所以当作一家之言，乃是因为它表达了"我们是做梦的材料"，"与我心有戚戚焉"。[9]

等到整理书稿准备出版时，我就想别再让它悬而未决了。当然，我也可以写我没有找到依据。但想到提及这句译文时，网上没有指向第二个人，想必不会是空穴来风。我先试着寻找卞先生译的《暴风雨》，未果；肯定不会出自他译的《莎士比亚悲剧四种》。我又查阅了《卞之琳文集》以及汉乐逸的《发现卞之琳》，没有找到他译《暴风雨》的线索。就在要放弃时，我想不妨到微信群里广撒英雄帖，说不定就有人知道呢。子曰："三人行，必有我师焉"。尽管他的原意并非指求知，而是"择其善者而从之，其不善者而改之"，[10] 但今人断章取义，已经约定俗成，实难扭转。想必孔子知后，会露出两颗门牙笑道："亦可，与时俱进矣。"

很快，"铁冰"先生回复说：我印象中，许渊冲说过卞之琳译过一些莎剧里的片段，用来做"以顿代步"译法的示范。由此推知，卞之琳没有译过整本《暴风雨》，但极可能译过这一段。卞之琳译诗，尤其是译莎剧，讲究以顿代步：原文每行 5 个音部，译文每行 5 个顿（每个停顿 2 至 3 个字）。上述译文符合这个特点。因此，它是卞先生译的可能性很大。

他的话很专业，坚定了我要找下去的决心。就在浏览网上文章的时候，我打开了一篇 2008 年的论文《把美与诗凝铸在与莎士比亚的对话中》，不过论述的是方平对莎作的翻译与研究。就在我要关闭此 PDF 文件时，我瞥见其作者是四川外语学院莎士比亚研究所所长李伟民教授。找到方家了。幸运的是，首页上还有作者的邮箱地址。但 16 年过去了，作者还在用这个邮箱吗？不管怎样，试一试吧。结果，李教授很快就回信了，明确告诉我见《卞之琳译文集》中卷第 33 页，果然在我阅读范围之外。我抓紧找到此书，そうですね。

下面再分析一下它的英文。分析句子我习惯从单词开始，最后才是整个句子。那就从 stuff 开始吧。

stuff 有几个意思，感觉这里应该是 something that something else is made from，即制作某种东西的材料，we are stuff 即我们是某种材料，再用 such ... as 与 dream 联系起来，表示这种材料与梦有关，那么，dreams are made on 表示这种材料是梦的载体，总起来就是：我们这种材料跟做梦的那种材料是一样的。从这个角度看，朱生豪的"构成我们的料子也就是那梦幻的料子"算是准确，但过于直译；而梁实秋的"我们的本质原来也和梦的一般"偏远了一些，因为莎士比亚没有强调"本质"，尽管可能包含有这一意思：本质上，我们就跟……一样。但要译出来还要考虑这是戏剧，在舞台上，演员不可能说得如此逻辑，都是生活中的对话，观众能读出它的意思，但未必全说出来。翻译也是这样。

"我们这种材料跟做梦的那种材料是一样的"，放到舞台上说起来有点绕，考虑到 make dream 我们通常译为"做梦"，可以理解为"我们就是一堆做梦的材料"（It means that our life is really made up of the same material as our dreams）。再就是人是活动的立体，可以译为"我们天生一副做梦的皮囊"。

little 有小的（small）、短暂的（short）和无关紧要的（diminutive as in insignificant）等意。开始时我按 not important 译为"小命"；后来想一想，人生如梦，可能更多地是强调"短暂"之意，就还是译成"短暂的一生"。

小沈阳曰：人这一生可短暂了，有时候跟睡觉是一样一样的，眼一闭一睁，一天过去了，眼睛一闭不睁，这辈子就过去了。

is rounded with 表示 is circled with/surrounded with，即围绕着，直译的话，后半句就是"我们短暂的人生被一觉围绕着"；我理解剧中角色说这句话的意思是：人生如梦，我们都还没睡醒就过去了。意译的话就是"我们短暂的一生就是睡了一觉"。

演员还是不会这样说。考虑到莎士比亚强调的是 a sleep，而且还要与前半句的梦关联起来，我译为"我们短暂的一生就是睡梦一场"。不出所料，编辑仿照朱生豪的译文改了。编辑迷信已经出版了的大家的译文，三大迷信已经占了两个。不过，为了避免抄袭，她改了几处，那就算是这位编辑的译文吧。如下所示：

构成我们的材料也就是构成梦幻的材料，我们短暂的一生，前后都环绕在沉睡之中。[11]

不同译者眼中有不同的莎士比亚。没有最好，只有更好（No best, but better）。但我的译文不能是一场梦，不能还没生下来就给掉包了。怎么我也得让它来到这个世上走一遭：

我们天生一副做梦的皮囊，短暂的一生就是睡梦一场。

其实，读莎士比亚的原著没有那么难。尽管现在是名著，但在当时也就是挣扎求生的草台班子的剧本。所以，最好的办法是，如果读者懂英文，在看了中文版后，再对照英文看，形成自己的版本。重要的是，把它想象成东北二人转，想象二人转演员会怎么说，莎士比亚的演员就会差不多那样说。电影《莎翁情史》（Shakespeare in Love）对当时的剧场、戏剧的社会环境有很好的反映。

最后，我突然想到：经过市场选择而能留传于世的一定是精品（I mean the true classics cannot be forced or artificially constructed in any way, but screened by the market, by the readers.）。

饲养员做好饭了，我得吃饭去，就此停敲。

李尔王：滚开我的眼前

最近，翻译时碰到威廉·莎士比亚（William Shakespeare）的《李尔王》（*King Lear*）中的一段，原文如下：

Lear: Kent, on thy life, no more.

Kent: My life I never held but as a pawn

　　　To wage against thine enemies; nor fear to lose it,

　　　Thy safety being the motive.

Lear: Out of my sight!

Kent: See better, Lear; and let me still remain

　　　The true blank of thine eye.[1]

我试着译了一下：

李尔：肯特，要是想活命，就别再说了。

肯特：我的命从没属于过我，我就是个小卒子，

　　　用来跟你的敌人战斗；哪怕丢了小命，

　　　也要确保你的安全。

李尔：走开！

肯特：看得更清楚点，李尔；让我依然做你眼前的活靶子吧。[2]

译完后，我想起莎士比亚的著作肯定有大家的翻译，于是找到了朱生豪、梁实秋、卞之琳和许渊冲的译本。

朱生豪的译文:

李尔 肯特，你要是想活命，赶快住嘴。

肯特 我的生命本来是预备向你的仇敌抛掷的；为了你的安全，我也不怕把它失去。

李尔 走开，不要让我看见你！

肯特 瞧明白些，李尔，还是让我永远留存你的眼前吧。[3]

梁实秋的译文:

李 坎特，小心你的性命，别再说了。

坎 我从不珍视我的性命，只当作是和你的敌人的打赌赌注；我并不怕失掉它，我的动机是为求你的安全。

李 滚开我的眼前！

坎 李尔，你要看仔细了；让我永久在你眼前做个鹄的。[4]

卞之琳的译文:

里 肯特，要活命就住口！

肯 我的命从来就准备当一个赌注，向你的仇敌抛掷；为你的安全，我不怕丢了它。

里 滚！别让我看见！

肯 看清楚一些。里亚；让我来经常充当你眼前可靠的准星！[5]

许渊冲的译文:

李尔：肯特，你若要保命，就不要说了。

肯特：我的生命早为你的安全送到敌人手里当抵押了。我还用得着怕什么，只要你的安全不出问题就行了。

李尔：不要让我看到你。

肯特：我可要让你看清楚，我要做你的眼珠子。[6]

怎么说呢，出乎预料，译得有点信马由缰，令我感叹。我不敢随意臧否，怕惹恼了大家的粉丝，招来文攻武卫，只是容我就几个单词的理解置一置喙。

肯特说的第一句话尽管是两行，其实是一句话，应该是这样的：

My life I never held but as a pawn to wage against thine enemies.

这里的 pawn 应该没有"赌注"的意思，更不是"和你的敌人的打赌赌注"；与财物接近的意思是"抵押物"，但是，"我的生命早为你的安全送到敌人手里当抵押了"就比较费解，因为肯特没有那么重要，可以充当人质，而且他也不是质子。pawn 既是抵押物或交易的筹码，也是国际象棋中的随时可以牺牲的小卒子，即 both stake and the least valuable chess piece.[7]但我更倾向于理解为"小卒子"。

wage against enemies 并非"向敌人抛掷"，或因将 pawn 理解为"赌注"，从而相应地译为"跟敌人打赌"。wage against 是"与……斗争或战斗"之意，比如，The government must wage a more resolute combat against corruption and nepotism. 意为：政府必须更加坚决地打击腐败和裙带关系。

再说 blank，其实就是靶子中心的白点，既然是空白，那就是指白点，当然现在体育比赛射箭时，靶心有时是红色的，但是红心能立在一个人的眼前吗？是靶子才立得住。况且，李尔王和肯特刚谈过射箭之事：

Lear The bow is bent and drawn, make from the shaft.

Kent Let it fall rather, though the fork invade the region of my heart: be Kent unmannerly when Lear is mad.[8]

李尔王借弓已拉弯比喻自己已经生气了，并警告肯特不要往他怒火之箭上撞。这里的 make ... shaft 意思是说不要被他的愤怒之箭射中（avoid the arrow of Lear's anger），而 fork 指带倒刺的箭头（barbed arrowhead）。所以，肯特才会说让他当李尔王的活靶子，比喻说他不怕，要是发火就冲他来吧。因此，除了梁实秋的"鹄的"是准确的外，"眼珠子"和"准星"没有道理。李尔王都怒目而视了，你还要当他的眼珠子，这不是火上浇油吗！看你就心烦，还要拿你当准星，瞄准谁呢？而"留存你的眼前"并没有说留下干什么。"鹄的"就是靶子，鹄读 gu，但是除了古文特别好的人，或者如梁实秋时期的文人可能看得懂，现在的人恐怕连读音都读不准吧？

毕竟，翻译不是翻写，也不是改译。是不是他们那时候只凭一本旧词典翻译，没有现代多部词典和网络词典可以参考，或者没有网络可以搜索，不利于文字的推敲呢？或因他们也要养家糊口，需款孔急，又或者出版方催得急，只能急就章？

某种程度上，大家的神话破灭了。还是按照我的贴近、贴切翻译吧。至少比较信，还算达，也没有不雅到哪里去。

幸运的是，编辑没有把我的译文改成上述大家的。只是，把"让我依然做你眼前的活靶子吧"删掉了，不知为什么。

2012 年，台湾漫游者文化事业股份有限公司出版了繁体的 *Wilful Blindness*，取名《大难时代》，译者赵慧芬，那这一段戏词她是怎么译的呢？

> 李尔：肯特，你要是想活命就闭嘴。
> 肯特：我的命不是我的，是借来消灭你的敌人的，
>   所以我不怕失去，你的安全是我的使命。
> 李尔：退下，我不想看见你！
> 肯特：看清楚，李尔……[9]

可以说，风格跟我的译文类似，同样删掉了"让我依然做你眼前的活靶子吧"。不过，"闭嘴"比我的"别再说了"口气上更接近王的蛮横；但她把 Out of my sight 译成"退下，我不想看见你"又弱化了王的无礼，因为此时王很可能是说"走开"或"滚蛋"。另外，她没译"卒子"。

一瘸一拐的高龄病人

　　大多数人认为，译小说跟译社科书不一样，译社科书需要准确，译小说不需要完全一致，好读就行。你看，读者已经开始不要求"信"了，等于是说"欢迎骗我"。倘若这样译小说，那就不是译，而是改写；译的好，不是译者的翻译能力强，而是以原文为提纲的改写能力强。译协就应该并入作协。

　　但是，译社科和译小说又确实不一样，译小说的句子需要文学味道更浓。正如 Scott 强调的那样，literary translation is a translation into the literary，[1] 即文学翻译是将原著译成另一种语言的文学作品，但并非可以不信。其实，不管译什么，就一条：译出语（source language）是什么意思，用什么样的译入语（target language）表达最准确。

　　多年来，我一直就按这一条要求自己的，翻译的时候从来没有想过什么"信达雅"；而且我觉得，"信达雅"已经为害译林甚深，因为很多译者只想到了"雅"，或者说，翻译能力不足，理解不了时，就用"雅"来凑，一雅遮百丑。读者只要觉得读起来顺溜，就认为是好的，岂不知译者已经"偷工减料"，外加"假冒伪劣"了。

　　若要与信达雅比对一下的话，我认为我的规则就是："译出语是什么"对应"信"，但在这一点上，我跟严复的着重点有所不同，严复是从译入语的角度强调"译入语要忠于原文"，而我强调的是对译出语的理解，即译出语的确切含义是什么；"译入语是什么"对应"达"，即它是译入语，没有翻译腔；而"雅"包含在"信"和"达"里，当雅则雅，不该雅不雅。英语远没有汉语那么立体和浓缩、复杂和精致，以汉语"雅"的标准译外语，那就是过译了；相反，用外语译唐诗、宋词，始终是不足的，无法简练地表达出唐诗、宋词的意境。

为雅而雅，纯粹是个误区。比如"完成这些工作前，没必要把比利转移到屋里，而比利对谷仓地板亦显得甘之如饴"。[2] 甘之如饴，雅不雅？好像雅了，用上成语了。可是如果你知道它对应的英文是 comfortable 时，你会不会觉得言重了？如果再了解它的语境，说是医生刚给比利包扎完伤腿，他躺在牛棚的地板上，你还觉得他会甘之如饴吗？雅得你不舒服了有没有。其实这句话的意思是：在我给他敷裹之前，没必要把他搬到屋里去，他躺在那儿似乎也很舒服。

何为雅？没有标准，严复抛出"雅"论后，并没有具体解释或者举例说明什么是雅。所以，雅者，千人千解，莫衷一是。边界不确定的东西不可以做标准。但实际情况是，不管是译者，还是非译者，都把它奉为圭臬，言译必信达雅。

除了一心求所谓的"雅"和力所不逮外，译者不认真也是造成翻译质量低劣的主要原因。我举几个例子，都是正式出版的，权当一哂耳。

Example 1

一群人，有瘸腿的，有跛足的，有上了年纪的，有有病的，他们一块行动。其原文是：

Then I saw them coming up the center aisle—the lame and the halt, the ill and the aged.[3]

译者竟然译成了"一瘸一拐的高龄病人"，将四类人合并成了一个人：

然后，我看到他们走上通往舞台的中央通道——一瘸一拐的高龄病人。[4]

我都忍不住为这个译者击节叫好，怎么想到的，合并得这么高明，如果不细加推敲的话，简直就是神译，想必译者是个代数高手，合并同类项的题肯定没少做。

其实，即使译者不认真，编辑读到这里，也是可以发现有错的，即使不知道如何错的，也应该知道前面说的是"他们"，是一群人，不是一个人。

有人说，"一瘸一拐的高龄病人"也可以是一群人，那就是全都是"又瘸又跛、上了年纪的病人"，一个有病的老人，一腿瘸，一脚跛，还能走得了路吗？从上下文看，他们至少不全是残疾。

Example 2

有人在身上涂满相应的颜色模仿雕像，英文用的是 silver statue 和 silver paint。那么，此时的 silver statue 就是"银色雕像"，译"银质雕像"就不对。例如：

一个纤瘦的男子正在摆弄一尊银质等身雕像，那是一个近乎赤裸的持剑女人。[5]

银质雕像是指整个雕像是银质的，银子打造的。用什么涂抹呢？ silver paint，那是"银色油彩"，不是"银漆"，译为"银色颜料"也不对。例如：

总之，她把全身涂上银漆，趁表演结束之际，偷偷潜进帐篷。[6]

他轻轻拍着雕像左肩，"只是石膏做的，外面涂了些银色颜料，这样用卡车后舱运输时比较方便。[7]

漆抹在人体上有害，而且不容易擦掉。颜料也不行，抹在人体上容易变干脱落。一个近乎裸体的女人假扮雕像，而且要长时间站立，必须用油性的油彩。有人问：你为什么能断定是"银色"，为什么雕像就不能是银做的？其实简单，上下文中都有交待。这个故事中，既有真实的雕像，也有人扮的雕像。对于真实的雕像，雕像的主人明确说过：It's just plaster, covered with silver paint，因此，雕像的本体是石膏，涂成了银色。而且雕像有真人般大小（a life-size silver statue），如果这个骗子有这么一大块银子，岂能守着银子要饭吃，他会采用别的模式骗人。因为雕像的主人是个骗子，用他的儿子假扮神童，给人治病，骗人钱财，主要是有病的老年人。类似中国的发功治病，欺骗那些有病的老年人。骗人的方法是相似的，但各国的骗子各有各的不同。

还有一个细节有助于判断是"银色油彩"，而不是"银漆"。假扮雕像的女人保留了她原来用过的 the tube of silver paint，译者译为：

在她的大学毕业纪念品里，还保留着那罐游行时用的银漆。[8]

常识告诉我们，游行时用的肯定是"油彩"。因此，这里的 tube 就不能译成"罐"，而是像将牙膏那样的"管"。

Example 3

还有就是一看到 papers 不是译成"论文"，就是译成"文件"。

可是，正文中的 papers 出现在教授家里，他在家遇袭，为了制造假象，袭击他的人弄得一地凌乱，作者分别用的是 the spilled papers、scattered papers 和 the strewn papers，这里不能译为"文件"。该教授研究的是美国社会的礼仪，通过上下文可知，他正在收集研究用的材料，不会是"文件"，就是"纸"或"稿纸"，"论文"或"笔记"。

什么是文件？一般指公文或函件，在有些国家，领导讲话也算。但我觉得，美国没有那么多文件，就算美国总统讲了话，也不会印单行本，下发全国学习。这从教授介绍自己的研究时，作者对他书房的描写也可以看出那些 papers 是马尼拉文件夹里的纸或信纸什么的：

He cast a hand around the study and I noticed for the first time the stacks of manila folders, the correspondence waiting to be answered, the thick volumes with slips of paper marking important pages of text.

夹在文件夹里并不表示就是文件，只是中文赋予 folder 以"文件夹"的含义，英文中 folder 就是用于夹散页纸的夹子，没有夹"文件"的含义：a piece of plastic or cardboard folded down the middle and used for keeping loose papers in

况且，美国政府是不靠文件行政的国家（有些证书或证明文件还是有的），议员提法案，议会通过之后就是法律，其余人等依法做事就好了；如果有人犯法，那就上法庭打官司。因此，美国教授家里没有那么多"文件"。也就是说，判断一个国家是人治还是法治，就看它是否在法律之外，还要用文件上传下达，指挥一切，教农民种田，教工人做工，教军人练兵，教学生读书，教商人赚钱……

这些都是小说中的表述，猛一读，似乎没有问题，但其实是错的。译者不重视，编辑看不出来。我感觉译者都没有查过词典。软件一译，译个大概，改一改，遇到自己不明白的，就推断一下，只要把句子顺出来就好。如果只是看中文，不对照着外文看，还真看不出来错误连篇，以至于出现很多可笑的译文。

比如看到 but I might have seen him hangin' around town，译者译为"但我也许在镇上见过此人的通缉令"。[9]hanging around 如何成了"通缉令"？我能大致推断一下译者的思路：看到 hangin'，马上想到"悬挂"，进而想到"悬赏"，"悬赏"不太合适，那就"通缉令"。此时，译者满脑子都在忙于处理 hanging，完全忘记了这里是一个词组 hang around。其实，这半句的意思是"我想必见过他在镇子上游荡来着"。这里必须译出虚拟语气，不但它本身是虚拟语气，与前半句也是呼应的，前面说的是 I wouldn't want to swear to it，译者译为"我无法肯定"，若是译为"我不想把话说得那么绝对"会更好些，整句的意思是"我没有把握一定在镇子上见过此人，但觉得眼熟"。出版之后，句子是这样的："我不想说得那么绝对，但我见过他在镇子上游荡来着。"[10]编辑去掉了"想必"，它对应的是 might have seen，如此，就把说话者不太有把握的一句话变成确凿无疑的了。刚说了"不想说得那么绝对"，紧接着就"绝对"了。

读者单看中文"我无法肯定，但我也许在镇上见过此人的通缉令"，有没有毛病？毫无违和感。这就是很多小说翻译能够骗人之处。像这种特例，并不少见，译者不但没查词典，连英文句子都没有看清。

大致看来，这些错误涉及逻辑、英语语法、生活常识或对国外社会的了解，都不是难以解决的问题，就是一个字：不认真。所以，国民性反映到社会生活的方方面面，表现为各个方面不认真，反映在小说翻译上就是鼓捣成能读的中文就行；然后，读者再阅读这样的似乎没有毛病的毛病书。

都是自己人作践自己人，生产这些东西的自己作践另外一伙的自己，生产那些东西的自己作践这一伙的自己，你让我看烂书，我让你喝假酒，你让我喝毒奶粉，我让你吃地沟油……你骗我，我骗他，大家安之若素。

不只是睡前才说 Good night

　　我从小学就开始学英语了，因为莱钢六中是试点学校，大概是从四年级开始教英语。现在看来，小学学过英语有什么好说的，要知道那可是四十多年前，当时农村中学基本没有开英语课的，更别说小学了；城市和工矿的学校也不是全开。从那时起，我的脑海里一直认为 Good night 是在临睡觉前才说的，道晚安，而且从电影、电视剧中也强化了这一认知。

　　最近，译到一段话，我被颠覆了，原来 Good night 还有另外一种用法。爱德华·霍克（Edward Hoch）不可能系列之二是 More Things Impossible，其中有《粉红色的邮局》（The Problem of the Pink Post Office）一案，照例有护士跟医生的交流：

At the end of the day April came in to say good night. It was starting to drizzle outside and I hardly recognized her in her new raincoat.[1]

　　译到此处，我特别注意了一下护士阿普丽尔（April）来"道晚安"的时间。说这话时，是 the end of the day，人物双方是医生和护士，二人是工作关系，护士是开门诊的医生雇用的，据此知道"一天（day）结束时"应该是"一个工作日（work day）结束时"。那 at the end of the day 应译"下班时"，而不必照字面译"一天结束时"。

　　除非冬天，下班时一般都不是黑天，从前文可知，当时是 10 月下旬，算是中秋稍晚些时候。后文更是把当时黑不黑天交待得很清楚。护士走后，作者接着写道：

Already it was growing dark outside, and night would fall within the hour.

意思是说：外面天越来越黑，用不了一个小时，夜幕就要降临了。所以，准确的时间是傍晚。要知道二人不是情侣，更不是夫妻，此时护士前来"道晚安"，肯定不是临睡前的话，而是要下班回家，我就觉得是不是自己理解有误，或者就是护士前来"道别"。

时间是傍晚，不是临睡觉之前；场景是门诊，不是住宅，更不是卧室；人物关系不是家人，而是雇用关系。此时进来是说"晚安"吗？

解疑释惑，词典是很好的老师。剑桥词典解释道：

good night - said when people leave each other in the evening or before going to bed or to sleep

其中的 evening 确切地说是"傍晚"，黄昏之时，这和"用不了一个小时，夜幕就要降临了"是吻合的。剑桥的定义可译为：指傍晚离开或睡觉前说的话。于是，第一句英文译为：

到下班时，阿普丽尔来道别。外面开始下起毛毛雨，她穿上了新雨衣，我几乎认不出她来了。[2]

后来，我又查到了明确的划分。Collins 词典指出，回家之前（before going home）说是"再见"之意，上床睡觉之前（before going to bed）说才是"晚安"。至此，Good night 与睡觉的联系断裂了。说到底，没有语言环境，从小背教材，受教材的影响太深了；教材教的很多词义并非第一词义，比如上述 Good night 的定义，排在前面的反而是"再见"。

傍晚下班时道别，不仅仅是"再见"，还有 May you have a good night 的意思。从傍晚说话时起，到你睡觉前，再到明天早晨，彼此不再相见，自然要说 Good night 了。

可是，在中国的大街上，若是两个熟人分手时互相说 Good night，那是不可能的，顶多说"再见"，很有可能说的是"走了"，对方说"走吧"。

我倒希望未来的国人会在傍晚时分说 Good night。毕竟它不只是一句告别语，而是含有祝愿的成份：睡个好觉，或一夜安眠。

焦虑的时代，一夜安眠，是不是很奢侈？

把母牛赶回谷仓

对考四、六级的大学生来说，单词 barn 不是个陌生词，四级单词表中就有它，列出了两个含义：谷仓，牲口棚。剑桥网络词典的解释是 a large building on a farm in which animals or hay (= dried grass) and grain are kept，但中文释义却只是"谷仓、粮仓"

barn 是农场里的一个大房子，用途不同，称呼就不同，里面养牲畜或既养牲畜又放干草，统称畜棚或牲口棚。需要注意的是，我们说的"牲口棚"可能真的是棚子，可是 barn 是大房子，比棚子洋气多了。如果用它养牛，就是牛棚；养马，就是马厩；养羊，就是羊圈；单放干草，就是干草棚（a hay barn）；无墙的干草棚叫 Dutch barn；放烟草，就叫烟草棚，用于晾干烟叶。存放谷物时才是谷仓。建在斜坡上，上下都可进出的叫斜坡谷仓或山坡马房（bank barn）。实际上，除了牲口棚、干草棚和谷仓外，barn 要是用来放车，它就是车库（a building in which buses, trucks, etc. are kept when not being used），如果农夫们在里面举办婚礼，它就是 wedding barn。更有甚者，有人在 barn 里斗鸡，比如：

I knew some cockfights were being held in a barn there, ...There was a crowd at the barn for the cockfight, and I had to park in a field down the road.[1]

译者译为：

我听说在那里一个谷仓中有斗鸡，……在谷仓里有一大群人看斗鸡，我只好把车停在路那头的野地里。[2]

且不说 down the road 不是"路那头的"，a field down the road 就是路边的一块地，在"谷仓"里搞斗鸡这种事有没有可能？一边是粮食，一边是鸡跳和人叫，谁家喜欢在谷仓里这么闹腾？很大可能是在牲口棚当中的空地搞的。

在说英语的人看来，"谷仓"和"牲口棚"没有区别，因为它们都是barn。但在中国人眼里，"谷仓"和"牲口棚"可是截然不同的东西。不知是词典片面释义的误导，还是平时遇到"谷仓"一义的时候多，抑或是背单词时，"谷仓"的记忆深刻，在翻译实践中，看到 barn，首先想到的是"谷仓"，甚至很多人只记得它是"谷仓"，不记得它还是"牲口棚"，以至于出现"把母牛赶回谷仓"的译文。比如：

We had to pause a minute as Walt Rumsey blocked the road with a herd of cows returnin' to the barn.[3]

译者译为：

因为华特·雷姆赛正把一群母牛赶回谷仓而挡住了路，我们不得不暂停一下。[4]

不考虑大陆、台湾对于人名翻译的不同，"把母牛赶回谷仓"既不符合逻辑，也与现实不符。"赶回"表示母牛是一直待在 barn 里的，这里的barn 应该是 a barn for cows。况且，cow 尽管是母牛，一般译为"奶牛"，因为饲养者的目的是挤奶，母牛的功能之一。农场主将一群吃喝拉撒的奶牛养在谷仓里，想想都不可能。如果有人觉得这还说明不了不是"谷仓"，而是"牛棚"，那相距不远的下文有一句话就很有说服力了：

I found Walt Rumsey in the barn with his cows, forkin' hay out of the loft.[5]

译者译为：

我在谷仓里找到了和那群牛在一起的华特·雷姆赛，他正在把干草从草堆里叉出来。[6]

试想，谁家会把粮食跟奶牛和干草放在一个屋里？这个 barn 就是典型的牛棚，既放牛，又放干草，把 loft 译成"草堆"是不对的，因为 barn 高，农夫会在里面架设一个搁层，上面放干草，下面养牲口，当然，未必草和牲口正上正下。

我把我的意见反馈给了委托我翻译的出版社，他们又反馈给了台湾某出版社，因为例句所在的小说集第一册是购买的台湾译文。据说，台湾那家出版社为此搞了外调，请专家核查。但后来没有了下文。因为大陆的编辑没有进行后续"报道"，我也不再追问了。其中的缘由比较复杂，这完全可以从翻译的乱象分析到出版社的管理。

后来，在 Hoch 的其他故事中，我又几次碰到 barn。因为是大陆译者译的，我觉得应该有所不同吧，特意留意了一下，结果不约而同，还是把"牛棚"译成了"谷仓"。比如：

Dr. Sam, there's a telephone call from Mrs. Andrews. Her son Billy fell out of the hayloft and hurt his leg.[7]

译者译为：

山姆医生，安德鲁斯太太来电话了，她儿子比利从干草垛上摔下来，把腿伤了。[8]

Sam 是 Samuel 的昵称，按新华社人名词典是"萨姆"，除了 Uncle Sam 译"山姆大叔"外，我没见过还有译"山姆"的。这种人名乱译很普遍，随心所欲，此处不表。单看 barn。这句中的 hayloft 就是前一例句中的 loft，指牛棚中放干草的搁层，所以才会有 Billy 挑干草跌落受伤一说，尽管这位太太说的是谎话，但 hayloft 译"干草垛"显然是错的。干草垛在屋外，一般来说，从干草垛上跌下来的可能性很小。即使跌落，也是滑下来，受伤的可能性不大。

再用 Billy 亲口说的话就可以佐证 hayloft 是在 barn 里面的，他是在为奶牛往下叉干草时失足跌落的，尽管同样是谎话，但他说的环境是"牛棚"，而不是"谷仓"：

I found Billy lying on the barn floor, a crude tourniquet tightened around his left leg. ... Billy Andrews gritted his teeth. "I was forkin' hay down for the cows when I lost my footing and fell. Damned fork went clear through me."[9]

涉及 barn 的这句译者译为：

比利躺在谷仓的地板上……[10]

前面是将母牛赶回谷仓，现在是有人在谷仓里的干草垛上为奶牛叉干草，跌落之后，躺在谷仓的地板上……

最有意思的是，中国的英语学习者记得最熟的 barn 的义项是"谷仓"，但英语中最常见的似乎是"牲畜棚"，尤其是北美，"谷仓"用义反倒较少。但有一种情况似乎不译成"谷仓"还不行。例如：

During the next few weeks I saw a great deal of Miranda Grey. I took her for rides in my tan Packard Runabout, and even escorted her to a barn dance on the weekend following the Fourth of July. [11]

barn dance 是"谷仓舞"，也是"谷仓舞会"，是在 barn 中开的舞会，当然是空 barn，伴有传统或民间音乐，舞蹈简单，也可以说是几家或者社区的农夫们自娱自乐的社交活动。当然，后来既不限于农夫，也不限于在谷仓里了。但此时的 barn 如果译成"牲畜棚"，或"牛棚""羊圈"，"畜棚舞会"就暗含着跳舞者是牲畜的意思，显然不合适。

翻译并非会两种语言就能做好的，正确理解一种语言已是难事，再转换成另外一种语言则难上加难。但有时又非常简单，简单到只需要常识；但常识的获得却不简单，需要译者平时的积累，以及遇到单词时认真细致的研究。在一个单词、一个知识点真正掌握之前，它就不是常识，或者说，可能它是别人的常识，不是译者的常识。

词者，译之大事，传道之地，优劣之分，不可不察也。

无关于海，更不是撒谎

在文学翻译界有一个奇怪的理念，比如"文学翻译可以对原文的元素有意放大或缩小，效果好就行"，"为了求美，可以放弃信"，或"文学上，美的价值大于信"。这种理念不但在文学翻译界泛滥，很多编辑或普遍读者也持类似的观点，比如"读起来看不出是外国人写的"，或"为了吸引读者，译者可以适当地发挥"。甚至文学作品的译者也有这种想法，翻译法国小说的郑永慧在其《往事》一文中曾经说过："我特别崇拜那些译笔流畅，读起来好像在读中国作品，毫无翻译痕迹的翻译家。"[1]如果说中国的小说写得跟外国人写的一样，那是说不好；为什么外国的书译得跟中国人写的一样就成了好的标准？

这都是让"信达雅"害的。它给人的感觉似乎"雅"才是最高境界。但《英国史》的译者钱端升在《译者序》中说："译书者的两大责任，一为忠实，又一为通顺，至于文章格调之宛如原著已是一种应有而不易有的奢侈品。我的首要的关心在忠实。"[2]

宋德利在其《译心：我的翻译三宗罪》中，列举自己的翻译实例，讲到排句法时举例如下：

The cicada is stilled, the chorus of the cricket and katydid diminished.

寒蝉声噤，蟋蟀低鸣，螽斯微吟。[3]

这句话的英文出自 Hal Borland 的《秋》。其实作者名应译"哈尔·博兰"，而非"H. 勃兰特"，[4]说明宋先生在人名翻译上不规范，至少应该先查阅新华社人名词典；而且外国人的姓名译成中文不能一半英文一半中文；另外，该文的英文标题是 *Sweet September*，"甜美的九月"之意，也就是说，作者抒发的是对于九月的感受，而非写"秋"。因为我在作者的书中只看到了这句英文，以及书后附的宋先生的中文译文，不妨先琢磨一下这一句如何译好。

首先推敲一下"寒蝉"。寒蝉是蝉的一种，较一般的蝉体小，青赤色，分布于台湾和大陆以及日本和韩国，成虫每年于 6 至 11 月出没，8 至 10 月活跃。《礼记·月令》："［孟秋之月］凉风至，白露降，寒蝉鸣。"通常阳历的 8、9、10 月为秋季（不用农历乃是需要对应外国的月份），而孟秋是秋季的第一个月，即 8 月，而根据宋先生的译文，时值 9 月，即到了仲秋，此时蝉就不叫了。想必 Borland 说的这种蝉不是寒蝉，而是普通的蝉。因此，这里译为"寒蝉"值得商榷。

若是取意天冷时不再叫或叫声很低的蝉，9 月也不算很冷，而且"噤"给人的感觉是迫于外界的压力而不敢出声，成语"噤若寒蝉"是也，而《秋天》中的蝉不叫是感受到了秋天的冷意而闭口不叫，还是那会没叫，外国蝉的事说不准。尽管作者写的是散文，但我觉得作者的思维没有那么复杂，不妨就将 cicada is stilled 理解为"普通的蝉不叫了"，译为"蝉声静"，若想带点诗意的话，译为"秋蝉俱寂"也可。

再看后半句。宋先生将 diminish 分别译为"低鸣"和"微吟"。"鸣"和"吟"没有问题，由张载《七哀》诗之二："仰听离鸿鸣，俯闻蜻蜻吟"可知。"吟"指的是动物的啼叫。只是宋先生顾了 diminish，却忽略了 chorus。chorus 指的是蟋蟀和螽斯（纺织娘）同时鸣叫，句子的主谓语为 the chorus diminished，是合鸣变弱了，而不是各自鸣、吟变弱了。分成两句译，感觉跟"寒蝉声噤"形成排列句，似乎句式优美，但它不再忠于原文了，这是典型的为了雅而失信的翻译，不足取也。其实，实实在在地译没有什么不好的："蟋蟀和螽斯的合鸣也变得低微"，或"蟋蟀和螽斯开始小声合奏"。

我试着将"秋蝉俱寂，蟋蟀和螽斯的合鸣声微"代入《秋》的中文译文，毫无违合感。外国作者的描述没有那么复杂，也没有中国诗词作者脑中那般的如诗如画，他们的平常描述未必非要采用四字格或对仗工整才行，文学译者往往受中国诗词的影响，而一味地求美求雅，且不说用中国诗词翻译外国散文恰不恰当，但就美来说，中国诗词美只是美的一种，平铺直叙也可以很美。

总之，外国作者的散文不太可能用中国文人的句式来表达，即使有人译成了诗词风格的句子，而且恰到好处，那也是碰巧而已。

在读宋先生译的 Sweet September 的这一段时，我总感觉别扭，一时又不知道哪里有问题：

九月之夜，凉爽清闲。冷血动物生机盎然，而那些靠太阳施恩才能生存的热血动物，生命之钟却已迟缓下来。寒蝉声噤，蟋蟀低鸣，螽斯微吟。它们若逞强齐声鸣噪，也只能像残弓败弦般胡拨乱奏。[5]

于是找到它的英文原文，一读之下，发现宋先生的错译不止于"寒蝉"一句。

To warm-blooded creatures, the crisp, cool nights of September are invigorating. But cold-blooded insects are at the mercy of the sun and now their clocks run down. The cicada is stilled. The chorus of the cricket and katydid diminishes. When they rash at all it is with the deliberate tempo of a fiddler drawing a worn bow across fraying strings.[6]

首先，他犯了一个常识性的错误，冷血、温血动物正好颠倒了，这属于硬伤。

1. warm-blooded 译成了"热血的"，而描述动物时一般译为"温血的"。

2. warm-blooded creatures 是"温血动物"，却译成了"冷血动物"。

3. cold-blooded insects 是"冷血昆虫"，却译成了"热血动物"。

4. the crisp, cool nights 译成了"凉爽清闲"，crisp 有"清爽、凉爽"之意，而 cool 有"干冷"之意，合起来就是"凉爽"，没有"清闲"的意思。

5. "冷血动物"与"生机盎然"也不搭配，invigorating 表示温血动物在凉爽的夜间精神振奋，十分活跃。

6. at the mercy of the sun 译成"靠太阳施恩才能生存的"也不太合适，其实，这里完全可以照实里说，译为"靠晒太阳调节体温的"。

7. rash 表示"一下子出现令人不快的事"，虽说昆虫"齐声鸣噪"，但看不出有"逞强"之意。

8. 这种令人不快到什么程度呢？作者用了一个比喻 a fiddler drawing a worn bow across fraying strings，那就是一个小提琴手用磨损了的旧弓慢慢地拉过破弦，破了音了，自然刺耳。另外，不好想象"残弓败弦"是什么样的，应是从"残花败柳"处得来。

9. 而这里作者用的 drawing，表示是"拉"，而没有"拨弦"之意；因此，"胡拨乱奏"跟拉小提琴没有关系。四字格对宋先生的影响可见一斑，只不过又是一处败笔。

据我观察，很难说很多人的文学翻译之"不信"是有意为之，更多地似乎是根本没有理解原作的意思，还得翻译，怎么办？只好自己胡猜乱想，应付了之。即便作者健在，译者也懒得问，或想不到可以询问一下作者。我几乎没有读过哪位文学译者写文描述与作者的交流，但读过某译者以没有问作者为荣的文章。我妄自揣测，是不是翻译文学作品的译者认为问作者丢人？

任何不以准确为目的的翻译都是要流氓。文学翻译亦不例外；否则，那就不是翻译，而是改写。要知道，读者想读的是作者的意思，不是译者理解的意思，更不是编辑理解的意思。

近日，译书时我就碰到一段诗：

As Pride and Luxury decrease,

So by degrees they leave the Seas.

Not Merchants now; but Companies

Remove whole Manufactures.

All Arts and Crafts neglected lie.[7]

作者 Callum（以下简称"引用者"）没有采用诗歌的排印方式，而是"改穿散文的服装"（钱端升）。为方便对照，我恢复诗行。其实，这段话引自《蜜蜂的寓言》中的《抱怨的蜂巢》，作者伯纳德·曼德维尔（Bernard Mandeville，1670～1733），旨在利用该诗表达"私人的恶德，公众的利益"这个主题。引用者只引用了这几句，我就谈谈自己对这几句的理解。为此，我要先了解一下其他译者的译文。目前，我只有两位译者的译文，如下所示：

> 骄傲与奢侈已经日益减少，
> 众蜂便不再到大海上飘摇。
> 不单是商号，而且所有公司，
> 现已将工场作坊全部关闭。
> 各行与各业无不弃绝扯谎……[8]

> 骄傲与奢侈已经越来越稀缺，
> 众蜂再也无须到大海上受苦。
> 不仅是商号，而且全部公司，
> 如今已让工场作坊歇业停顿。
> 各行与各业全都厌恶欺诈……[9]

在分析以前，有必要介绍一下引用者引用的前提语境：因为看不惯蜂巢的邪恶，"恶棍"现身，他们发誓要"清除欺诈的喧嚣蜂巢"。结果，蜜蜂的道德水平提升，不再那么自私，但对经济的影响却是毁灭性的。随之引用这五句诗。

第一句 As Pride and Luxury decrease：因为恶棍要提高整个蜂巢的道德水平，不讲道德而致富的富人受到了打压，甚至没收了财产，他们无法继续炫富和骄奢淫逸，因此，pride 不能理解为"骄傲"，尽管富人感觉挺骄傲，但这里最好理解为"自我夸耀"，人前显富吗。"对于大多数富人来说，富有的主要乐趣在于可以炫富"；[10] luxury 不能仅理解为"奢侈"，应该具体些，"奢侈生活"或"奢侈消费"。

第二句 So by degrees they leave the Seas: by degrees 好理解，"渐渐地"；难题是 leave the seas。根据我跟引用者和外国朋友的探讨，这是一个比喻（it is a figure of speech），在这个语境下，它的意思是 The rich stop trying to earn money，即富人们不再想方设法赚钱，而不是"不再到大海上飘摇"，更不是"无须到大海上受苦"。要知道，他们又不是海盗。

第三句 Not Merchants now：这句的意思可以理解成接着第二句的，即富人不想赚钱了，商人也不再逐利，也可以理解成跟第三句关联，即公司关闭了工厂，商人开始停业。但不能理解为 not ... but 结构，那样的话，意思就成了"不是 A，而是 B"。总之，商人也不忙活赚钱了。但我看英文原文，此句后面是分号，想必是接第二句意思的。所以，译为"不单是商号，而且所有公司""不仅是商号，而且全部公司"就不对，两位译者理解成了 not only ... but also 了。而且，可以看出后译文可能参考了前译文。

第四句 but Companies Remove whole Manufactories: remove 在此的意思是 shut down/close down。意思是"公司关闭了所有的工厂"。

第五句 All Arts and Crafts neglected lie：这里的 Arts and Crafts 不是"各行各业"，也不是"手工艺"，而是制造业（"Arts and crafts" means "manufacturing" in this context. IE "the manufacturing industry"）；neglected 是过去分词后置，修饰前面的名词 Arts and Crafts，而 lie 是谓语，表示处于某种状态（to be, remain or be kept in a particular state），因此，neglected lie 表示"这种被忽视的状态一直存在"，不能理解成"弃绝扯谎"或"厌恶欺诈"，it just means "neglect"，也就是说他们不再经营，开始对其他事情更感兴趣，即 The manufacturing industry is neglected。

综观两位译者的翻译，尽管每一句多多少少都有问题，但错得离谱的有二：

leave the seas 跟"海"没有关系；若非要找点关系，我到觉得把 seas 理解成"商海"能讲得通；

neglected lie 跟"撒谎"没有关系。

此诗的古文味道很浓（it's very archaic English），单从字面上理解肯定行不通，从两位译者的译文读不通不难看出这一点。这是没有理解还要译的典型例子，既不美，更不信。

我必须要译，基于上述理解，我试着翻译如下：

随着自我夸耀和奢侈消费的减少，

渐渐地，他们不再为钱奔忙，

商人现在也不再逐利；

公司则关闭了所有的工厂。

制造业被冷落一旁。[11]

说实话，不如英文诗押韵。但正如钱端升说的："我的首要的关心在忠实。"让我高兴的是，编辑没有改成前述两段译文中的一个。只是将我的"为钱而忙"改成了"为钱奔忙"，可以接受。

前述那种全军覆灭的译文并不少见，且不只见于文学翻译。如果说优质的译文是对于原作的无限近似，那低劣的译文就是对于原作的无限远离，形不似，神亦远矣。

美元非元，英镑非镑

先讲一个美国律师的笑话。

一个肉贩冲进律师办公室，生气地斥问律师："如果一条狗从我的店铺偷走一块肉，狗的主人是否应该赔偿？"

"当然，"律师答。

"那么，你的狗刚才从我的店铺里偷走了半块牛排，价值20美元。"

"知道了。现在，请你把另一半牛排扔给我的狗，这样正好抵充我们刚才谈话的律师费40美元。"

这个笑话之所以成立，在于场景的设定，这番话不是在肉摊上说的，而是在律师办公室说的。在肉摊上说，律师不能收费，因为不构成法律咨询服务，但律师很有可能说："你跟狗较什么劲，它又不懂法"；而在律师办公室里，肉贩前来问问题就可以算法律咨询，可按钟点收费。

但笑过之后，你有没有觉得哪里不对劲吗？或许除了我，没有人注意。算了，我还是说吧，尽管绝大多数人知道之后的反应是"这个……"。见怪不怪但需要思考的是：美国人在自己的国家说到 dollar 时会说"美元"吗？有人不以为然，不是到处都在说"美元"吗？怎么就不能说了？听我细细道来。

一般情况下，读者或译者看到 dollar 会读成或译为"美元"，因为美元是世界上最常用的货币之一，中国人更是戏称"美刀"。但 dollar 首先是货币单位的"元"，因为它同时是美国、加拿大、澳大利亚等国的货币单位；其次才是"美元"，即相对其他国家货币时美元的币值（the value of the

US dollar compared with the value of the money of other countries）。严格讲，美元是 U. S. dollar 或 American dollar，dollar 只在币值意义上才是"美元"。比如，In the financial markets today, the dollar rose /fell against the pound（今天的金融市场上，美元对英镑升值或贬值）。否则，译"元"。英镑亦然。实践中，译者需区分货币的取意是单位还是币值，翻译对话时尤其要注意。

首先是单位意义上的译法。以下面的对话为例：

– Well, they cost sixty bucks each and there are supposed to be two hundred of them on the truck. That's twelve thousand dollars.

– Sixty dollars each for empty barrels?[1]

有的译者是这样译的：

——没错，每个价值六十块，那一车预计装了两百个酒桶。也就是一万两千美元。

——一个空酒桶能值六十块？[2]

英文中先后出现 buck、dollar 和 dollar，分别译为"块、美元、块"，既有"块"，又有"美元"，而且出现在同一个人的同一句话里，这在翻译或编辑要求上属于前后不一致；其次，这是两个美国人在说话，不管是 buck 还是 dollar，双方心知肚明指的是美国的元，但不必译"美元"，而是译"元"。这一点就像中国人说到钱时不会带"人民币"一样，除非有人开玩笑，即使宋丹丹演小品也只是说"再聊 10 块钱的"，而不是说"再聊 10 块人民币的"。因为从单位意义上讲，商品的价格是以"人民币"计价的，它是暗含的，却是不言而喻的。

若不译"元"，而是统一译"块"，可不可以？这就涉及翻译的归化和异化。因为"块"的中国味道太浓了，容易让人想到宋丹丹或袁大头。这就好比将 local sawbones 译为"本地郎中"[3]一样，让人想到神医喜来乐。

"块"相当于"圆"，我没有考证，但想必"块"作为衡量货币的数量单位始于银元。1889 年，两广总督张之洞奏请在广东开铸新式银元，即龙洋，这是比较早的，后来有袁大头，再后来还有孙小头。比如鲁迅的月工资是 280 块大洋。因此，翻译 dollar 时，"块"不足取。

同理，美国人之间也不会说"美分"。比如：

"That's sixty cents," Bonnie Pratt told me as she finished counting the words.[4]

有译者译为：

"六美分。"邦妮·普拉蒂数完字数，告诉我价钱，……[5]

而且，原文是 sixty cents，却被当成 six cents，译成了"六美分"，让人徒生美国人在报纸上发个小广告如此便宜之叹。

有人说那要译成"6 毛"不就对了。额度上是对的，但"毛"这个货币单位同样有很浓的中国特色，因为自宋代起，人称小钱为"毛钱"，后来逐渐特指"角"。如果上述译者译为"6 角"，只能说不算错。但最好是译"60 分"，因为英文原文就是如此，译者没有必要改成自己习惯的表述。毛、块都是中国人对货币的俗称。

其次是币值意义上的译法。以"英镑"为例。

"你未来的丈夫汇来一笔钱，支付你到新南威尔士的费用。一千英镑。"

她倒吸一口凉气。"一千英镑？"

"没错儿，我已经说过了。不过，别高兴得过了头。你可以从这笔钱里拿二十英镑买嫁妆，五英镑买结婚用的首饰。"[6]

我是在《呼唤》一书中读到的。查其英文，"英镑"对应的是 pounds。

"Your husband-to-be has sent a bank draft to cover the cost of sending you out to New South Wales. A thousand pounds."

She gaped. "A thousand pounds?"

"You heard me. But don't get your head turned around, girl. You can have twenty pounds to fill your glory box and five for your wedding finery. ..."[7]

有人评价《呼唤》说："全书的译文初读下来基本上找不到什么大的纰漏。翻译质量在现今的中国出版界，绝对可入优秀译文的行列。"[8]但我初读此段，满眼都是错译、不准确或不恰当的译文和可优化之处，跟书评的反差之大令我惊诧。我在此书评后面留言，用上述译文为例质疑其评价。该书评作者回复："原译文中的 gasp 怎么会是错的呢？"可英文中没有 gasp，他指的应是 gape，恰恰它错得最彻底，我回："你说的是 gape 吧，它是'倒吸一口凉气'？"作者回："抱歉，我没看清。猜测原译者也是这样看错了……"因为其意为"惊讶地（张嘴）看着"（to look in great surprise at someone or something, especially with an open mouth）。眼能骗脑，脑也会自骗。在这一点上，人比不过机器。因为翻译质量再差的翻译软件也不会把 gaped 当成 gasped 译。

我举此例本意是为了解释如何译 pound。当父亲说准女婿汇来 1000 英镑时，他是从币值意义上说的，应译"英镑"，标明汇的不是美元、西班牙元或其他币种；不只是币值意义上，当时澳大利亚的货币就是英镑。[9] 但让女儿拿一部分钱置办嫁妆和婚礼服饰时，却是从单位意义上讲的，此时要译"镑"，而非"英镑"。至于其他问题，既然碰到了，那就搂草打兔子，顺带说一下，点到为止。

（a）husband-to-be 是"未来的丈夫"，但父亲已经同意嫁女，即为定婚，译"未婚夫"较好；

（b）sent a bank draft 即"寄来一张银行汇票"，它不同于通过邮局的"汇款"，而是两个国家间的银行承兑，而且因两国都用英镑，不必换汇。结果虽是"汇来一笔钱"，但毕竟是译，那就老老实实地按原文译。

（c）寄钱来是为了"送你去"，要有人护送，不是"你去"；

（d）当女儿惊问"一千英镑"时，表明她听到了，那 You heard me 就应是"你不是听到我说的了吗"，表明刚才说的话是认真的，"没错儿，我已经说过了"只是肯定而已。

（e）don't get your head turned around，应是"别转头啊"。女儿惊问时想必转过头来看着父亲，gape 含有此意；之后，或许认为自己也捞不着花，就又转过头去了，怎会"高兴"？随后听到可以花一点，也不会大喜过望，又何谈"过头"？

（f）girl 没有译，考虑到对话者的关系，父亲自然喊的是"姑娘"。

（g）glory box 是"嫁妆箱"，只有买嫁妆才会装满它，但父亲说的是结果，不是如何达成结果。

（h）wedding finery 指婚礼上的服饰，不只是"首饰"。

翻译是个细活，诚非虚言。

施施然的奔马

读译作，时不时发现一些神译。就忍不住议一议。比如，近来读到这句英文：

Hilda made her grand entrance balanced astride two grey horses that galloped side by side.[1]

发现有人译为：

希尔达跨坐在两匹并排而行的灰马上，施施然入场。[2]

首先让我觉得不可思议的是"跨坐在两匹马上"这个表达，我想不明白这是一种怎样的跨坐法？

我不禁想起莫言的小说《丰乳肥臀》的英文版书名 *Big Breasts & Wide Hips*。想当初，我在美国某大学的书店里订购了一本，结果到了预定的日子，书没有到，第一次询问，店员查询之后说是寄错了，寄到加拿大了，并开玩笑说让我去加拿大取，我听明白了，但我的英语没有那么溜，无法用开玩笑的方式跟她交流，怕开不好，理解错了，就尴尬了，让她觉得我开不起玩笑，或引起其他误会，只好一笑了之。第二次询问，店员让我去问负责订购的人，结果我一进店里的办公室，这不就是标准的丰乳肥臀吗！如果形容中国女子的身材用的是 big 或 wide 的话，那要形容这位美国女子的话，就得用形容词的比较级 bigger 或 wider。该女士问我书名，我怯怯地报了上去，一边观察她的脸色，怕她误认为我在笑话她胖，起来再对我来个狮子吼，或者对我来个熊抱什么的，我咋受得了，怕是要喘不过气来了；更要命的是，我媳妇当时在场。可是，我又有点窃喜交织，如此陌生的环境和人，如此紧张的气氛，我竟然没有忘记那四个英文字母，连那个花式的 & 也都说对了。而且，她竟然听懂我说的了，查看电脑之后回复说再等等，让我等电话。

I find my mind straying. Let me get to the point. 如此看来，这位表演马术的美国女子屁股得多"肥"啊，不，是多"宽"啊，比较级已经形容不了了，要用最高级 widest 才行。以这骨盆尺寸入选吉尼斯世界纪录肯定没有争议。否则，怎么能跨坐在两匹并排的马上。

译者理解的"跨坐"应该出自对 astride 的理解。在"跨"或"骑"的动作上，astride 表示一边一条腿（with a leg on each side of something），比如，骑马是 to sit astride a horse，骑自行车是 to sit astride a bike，那 to sit astride a chair 呢？怎么"跨坐"在椅子上？正面坐在椅子上时，人没有骑跨的感觉，但若是爬在椅子背上呢，是不是就是骑坐在椅子上？

除此之外，astride 还有"人的两腿分开地"之意。比如，他两腿叉开站着，即译为 He stood, legs astride。译者看到"跨坐"就没再深究，也没有考虑马戏的具体情况。没看过马戏，还没看过电视上的马戏节目吗？甚至是网上的图片？具体到马上杂技，这里指表演者两腿分立，站在两匹马的马背上，而两匹马是并行的（side by side）。如果两马不并行，那表演者的步子就太大了。

Balanced 表示即使表演者站在并行的两匹马上，还能保持平衡。这一点译者没有理会。想必译者造完句子之后，发现没有放"平衡"的地方了，随舍弃。

其实，描写马和马术表演者的姿势是为了衬托希尔达出场的。这就需要解析一下此句的主谓宾了，即 Hilda made her grand entrance，"希尔达制作了一个她的大厅入口"？非也，而是她"隆重登场"了。既然开场如此大气，为什么译者要用"施施然入场"？

何谓"施施然"？查《辞海》，其意有二，一乃徐行貌（go slowly），二乃喜悦自得貌（be immensely proud），《辞源》亦然。刚入场，有什么洋洋自得的呢？显然此处要取"徐行"。可是，隆重登场，为何慢慢走？这又不是唱京戏，锣鼓敲半天，才迈着宁可湿衣也不能乱的国企步出场。再说，马的定语中，除了 side by side，还有 gallop 这个词，它的意思是"马飞跑，骑马奔驰"。难道是本来快跑的马，一到入口就慢了下来？还是马奔跑，而骑马的人慢了下来？这也太魔幻了吧！怎么解释都有矛盾，说明不合逻辑，不合逻辑说明英文没有理解对，进而汉语表达有错。因此，"施施然"不足取。

分析到这里，语素分析全了，我炒的菜也该上桌了：

希尔达隆重登场，只见她两腿分立，站在两匹并排快跑的灰马上，身体仍能保持平衡。[3]

既然说到"施施然"，不妨拓展一下，多说几句。

我不知道有多少人读"施施"为 shīshī。聪明人此时肯定想到，既然这样问，那我是不是读错了？实话说，你读 shīshī 也对，也不对。为什么？因为取"徐行"意时，读 shīshī，但取"喜悦自得"意时，读 yíyí。各位看官，你紧接着要问的一定是：为什么？

说来话长。很早很早以前，中国的古人发明了活字印刷，进而发展至雕版印刷。如果出现错字，活字印刷时可以扔掉错的字，换上对的字即可。但到了雕版时，刻错一个字，如果更正，就要毁掉整个版，费时费力，还增加成本，又或者古代出版者印刷时根本没有发现有错字，只是到了后来，有读者发现并指出来；前者是装看不见，后者是被动看见。出现这两种情况怎么办？古人有办法，称之为通假。何谓通假？就是我的字错了，但我就是不承认是错，而给自己找了一个显得很有文化的理由：它跟某某字相通；你知道一个字，我还知道跟它一样的另一个字，是不是我很有文化？"訑訑"成了"施施"，不要紧，此乃通假。

也有人认为"施施然"是"迤迤然"之误，但据《辞源》，"迤迤然"为"斜延貌"，而"訑訑然"才是"自得自满貌"。

再加上避讳的需要，很多古文从读音到词意已经是指鹿为马了，以讹传讹，一代一代流传下来。此即中国传统文化之一的美化错误。很多中国人从小接受这种教育，深信不疑，直到有人拉着真马告诉他"这才是马"时，他的反应是愤怒，呲牙咧嘴瞪眼，外加咆哮，恨不得把你开除国籍，发配到敌对的诸侯国，方才解恨。于是，一个清纯的少年变成了一个呲牙兽。恭喜你，驯化成功了。

让居庙堂之高者很不舒心的是，一国不全都是以鹿为马之民，王朝的官员也不全都是以鹿为马之徒。这就是历朝历代封建官僚体系无法自解的难题：不敢明争，只会暗斗。我主不得留谁和开除谁，也无法决定用谁不用谁，更不知道谁是敌谁是友，表面上白毛浮绿水，暗地里却是红掌拨清波。里里外外，上上下下，全是内耗，乐此不疲。中国人呐，何苦呢？道不同，不相为谋，不好吗？

尽管赵高不是个东西，但他却通过实践，找到了一条快速判断敌友的方法，使暗斗变成了明争，从而斩断了暗斗的死循环。只是不管哪一方，死得都快，下场都很惨。

还好没译成"光棍子"

在译爱德华·霍克的《不可能犯罪诊断书》时发现已有的译文有些误译，随手记录了几个，对自己的翻译也是一个警示。

电梯运行的时候，发出了斯卡克罗斯和乔西听到的噪声，但是从瓷器壁橱上的小洞望过去，只能看到一根光杆子。[1]

其他毛病不说，此处单表"光杆子"。什么是光杆子？我估计译者认为自己反正译出来了，若是不对，还有编辑呢。但编辑可能没有读出来，甚至没有细读，就排版了；或者知道别扭，但不知道如何改，怕改错了，反而自己出丑。所以，经过译者的糊弄，经过出版社的三审三校，还是错误地上市了。读其英文：

When it was running it made the noise that Scarcross and Josie heard, but a hole in the china closet revealed only the empty shaft.[2]

原来是 the empty shaft，即"空洞洞的电梯井"。当然，这里面涉及一个房间的秘密电梯和凶杀案，故事情节此处不细表。

还好没译成"光棍子"。

由此可知，译者若是生活经验不足，词汇量不足，又不愿意翻词典，对翻译没有敬畏之心，又不愿意研究自己所译的文字，只是想挣点钱，编辑也只是想挣点工资，这样的错译就会层出不穷。

对于自己做的事缺少敬畏之心，即使企业干到了几百强，也会垮掉。挣该挣的钱，像曹德旺那样有敬畏之心的企业家多乎哉，不多也。

"Somewhat. I know we're receiving some sort of secret patient today."

"Correct, and that's about all I know, too. He's going to be under close supervision during his stay here, which I understand will be only a matter of a few days. If his health is satisfactory he'll be transferred elsewhere." [3]

单表 If his health is satisfactory。相信绝大多数译者一看到 satisfactory，立马想到的是"满意的"，译者也是这么译的：

如果他的健康状况令人满意的话，他将被转移到别的地方。[4]

细想，一个人来治病，什么叫"满意的"？谁满意？为什么满意了就转到别处？当然，这里还涉及是不是"转院"，因为作者用的是 elsewhere，不是 other hospitals，译者在此处倒是没有任意发挥。

这都是背四六级单词表造成的。专业四八级如何？satisfactory 的词义还是"令人满意的、良好的、圆满的"（不知道后两个意思是如何推导出来的）。其实，如果查《新牛津英汉双解大词典》（2 版），它还有一个词意：（病人）未恶化的、没有生命危险的（即没恶化或死不了）。

同一个单词，在不同语境下会有不同的表达，比如在司法情境下，satisfactory 是"（证据、判决）满足案情需要的"，例如，the verdict is safe and satisfactory（判决公正恰当）。这个靠背单词表解决不了，况且未必全部背过；即使全部背过，也许还做不到英汉、汉英熟练地运用。若是认为自己背过一大堆单词，就能翻译，那太小看翻译了，尤其小看图书翻译了，因为英文书作者不会按照中国的单词表选择词汇，不会因为你没学过某个词意就不用这个词了。如何解决？只有不断积累，或者一旦怀疑，就要查词典，不能怕麻烦。怕不怕麻烦，耐不耐得住寂寞，是好坏译者的分野。

具体如何翻译？句子强调的是 health，不是 his life，即关注的是健康状况，不是生死，"健康状况不恶化"比较合适，"健康状况死不了"就不妥。

小说中这个病人是美国人俘虏的纳粹，相信经过治疗，稳住病情，就会转到他处，看管起来，未必是医院了。

还有一处涉及 satisfied 的，译者译得也有些差池，顺便说一下。

"If Doc says it, I'm satisfied," Sheriff Lens decided. "Far as I'm concerned, the case is closed." [5]

译者译：

"医生的解释可以说得通，"蓝思警长说道，"在我看来，可以结案了。"[6]

我的译文：

"如果医生这么说，我确信靠谱。"伦斯警长决定道，"在我看来，案子结了。"

可是，收到样书之后，我发现此处稍有改动。编辑改成了自己喜欢的表述：

"我觉得医生的说法很靠谱。"伦斯警长决定道，"在我看来，案子结了。"[7]

我没有看出这样修改的意义所在。因为是口语，翻译时我尽可能地保持英文的语序，只要没有译错，编辑就没有必要改。按自己的喜好改稿子是一种病，说到底这不是编辑的译稿。我曾经对另外一个从头改到尾的编辑说她"脑子有病"，费这个心干什么呢？但这话根本没入她的脑，更没入她的心，下次还是照改不误。我就觉得无可救药了，跟她也就没有下次了。

"人间四月芳菲尽，山寺桃花始盛开"。若你说这是不可能的，那是因为你没见过。咱们继续说英语的四六脑和四八脑。

Dr. Pryor was there too, and Judd Francis, the primary physician on the case. [8]

译者译文如下：

普莱尔医生和朱德·法兰西斯医生也在人群中，后者是这次行动的主治大夫。[9]

且不说人名译得对不对，"在人群中"准不准确，假设你认为"这次行动的主治大夫"没有什么不妥，那你就和那位译者半斤八两了。

先不管英语，单纯说"主治大夫"或"主治医生"，是不是指某个人的"主治医生"？有谁会为一次行动安排"主治医生"吗？比如，今晚警察要进行缉毒行动，先安排好一个"主治医生"？但 the primary physician 译"主治医生"是对的，那就说明"这次行动的"不对。

遇到这种情况，十有八九是单词理解不正确。显示译者职业素养的时候到了。但恰恰在这个时候，跟这位译者一样，很多人会开始抹墙，坑深就多抹点灰，坑浅就少抹点灰，找平就好，"这次行动"由此而生。

查四、六级单词表，case 都有"病例"之意。再查四八级单词表，case 是专业四级词汇，有"病例、病症、患者"之意。我觉得，如果译者背单词表背得好，至少要译成"病例"，也比"这次行动的"要好。

当然，在此句中，"病例"并非最恰当，只是比百步近五十步而已。牛津词典说，case 有 a person suffering from a disease or an injury，即"病人"或"伤员"。在本例句中，case 最恰当的意思是"病人"。我是这样译的：

普赖尔医生也在场，还有（该）病人的主治医生贾德·弗朗西斯。[10]

当然，此神秘人物也是"伤员"，从战场上下来的吗，但说一个敌人是伤员，感觉他伤得还挺正能量。反正觉得"伤员"不合适。

还是不改就手痒。编辑将"该病人"的"该"去掉了。尽管当时有人在抬病人，但"该"字表示他是正在抬的那个病人的主治医生，而不是一个泛泛的通称。况且，英文的 the primary physician 就是特指。不用"该"，读者读至此会有一种错乱感，未必就想到特指所抬病人的主治医生，可能需要到其他环境中寻找答案。但受短篇小说的篇幅所限，作者不会用很多笔墨交待人物的关系或背景。此处交待不清，下文就有可能看不明白。

其他情况下，case 理解为"病人"也比"病例"更合适。比如，

I went back to my office and phoned April at home to tell her it was over. "That's good," she said. "With this damp weather we're bound to start getting some flu cases." [11]

这里的 flu cases 就是"流感病人"或"感冒患者"。作为一个诊所来说，为流感"病人"治病才有利，要"病例"没有用，又不是搞研究。

其实，译者译为"这次行动的"是有原因的，因为类似的表达在前文出现过，译者就是把 case 译为"此次行动"。

The hospital administration knows, of course, and I'm telling you because your office is here at Pilgrim Memorial and you're likely to be consulted on the case. ... We're bringing in a secret patient from overseas.[12]

译者将 you're likely to be consulted on the case 译为 "您有可能作为医学顾问参与此次行动"。[13]

同样是 on the case，但此处的 case 是 "病人" 吗？显然不是，因为后文才首次提及运来一位病人（bringing in a secret patient）。那么，在此之前说到 "病人" 就不合逻辑。如果不是 "病人"，也不是 "病例"，那是什么？

感觉 "需特别对待的人" 和 "事情" 相对靠谱，但考虑到后面要提到 "病人"，此处说 "人" 似乎不合逻辑，选择 "事情"。我译：

很可能请你参与此事，提供咨询意见。

编辑又改了。改成了：

很可能你会被邀请参与此事，提供咨询意见。[14]

英语较多被动表达，但汉语不喜欢。不知道编辑怎么想的，为什么要改成读起来别扭的被动式？

其实，译者的抉择过程可能只需数秒钟，但查找确认可能需要十来分钟，我把自己为什么这样译写出来可能需要二十来分钟。

不过，我说的是仔细认真的译者，不认真的译者可能只需两秒钟就决定了，那就 "这次行动的" 吧。我都不知道译者怎么得出来这是个 "行动" 的？我得承认，混事译者也是动过脑子的，估计浪费了 N 个脑细胞，只是出来的产品是次品。

成语云 "接二连三"，那我就来个三来来，接着说一段翻译，刚好译者的译文也是连着的。

其实要写的东西实在太多了，我曾建议教翻译的老师们直接从那套书里找例句，俯拾皆是，不但品种丰富，而且非常典型。重要的是，它们是正式出版的，真实存在的，可以当 "呈堂证供"，没有人再说 "那是我的草稿，还没修改呢"。

译文出北国　越读错越多

愿君多采撷　译误麻袋垛

He nodded. "Let's do it. The faster we give him a clean bill the sooner he'll be out of here, along with his keepers." [15]

译者译:

他点点头:"好的,我们这就开始吧,我们早一天完成治疗,他和这些警卫就能早一天离开医院。" [16]

a clean bill 是什么?译者译为"完成治疗",但"完成治疗"用 the completion of treatment 或 completing the care 不好吗,为什么要用 give him a clean bill?其实,a clean bill 是身体健康证明(a clean bill of health),它主要包括四个基本的生命体征(vital signs):体温(BT)、血压(BP)、心律(HR)和呼吸速率(RR)。因为特工送那位神秘的病人来此是为了稳住他的病情,接着转移至他处。但可不可以转移要听医生的,因此,医生要出具一份健康证明,而不是治愈那人的病。

出版后,我的译文是这样的:

他点了点头。"那开始吧。我们越快给他开身体健康证明,他就能越早离开这里,还有看守他的这些人。" [17]

不知道"一张身体健康证明"中的"一张"碍了编辑的什么眼了,硬是给删掉了,又没有错,删它干什么呢?编辑可能想简洁,但没有"一张",读起来感觉很紧促。

我愿化身石桥

佛陀弟子阿难出家前，在道上见一少女，从此爱慕难舍，佛祖问他：你有多喜欢那少女？于是，阿难说：

我愿化身石桥，

受那五百年风吹，

五百年日晒，

五百年雨淋，

只求她从桥上经过

我尝试着翻译如下：

I am willing to incarnate as a stone footbridge,

To suffer five hundred years in the wind,

Withstand the next five hundred years under the sun,

And endure another five hundred years of rain,

All wish that she would finally walk over the bridge.

佛说：渡人如渡己，渡己亦是渡人。渡己相对容易，渡人是会付出生命的。以上禅语贯穿电影《剑雨》（*Reign of Assassins*）始终，既有渡己，也有渡人，更有渡人而渡己。

佛、禅、情、爱、贪欲、背叛、武功、江湖、争斗、恩怨……很有深度的一部电影。

但最震撼到我的是禅语表达的那种对于认定之人和之事的坚定不移，甘愿牺牲，并且无怨无悔。

有些朋友看到我的译文之后，说出了自己的理解，我觉得有必要解释一下我为什么这样译。译无达诂，各人的理解不同，角度不同，翻译就不同。

因为它本身就是一句话，一问一答，我便采用了直叙的形式，从 I'm willing to 开始，而"化身"一词有佛教的寓意，我选用了 incarnate as。比如牛津词典的例句：

The god Vishnu was incarnated on earth as a king.

毗瑟孥神在地上化身为一位国王。

紧接着，我用三个动词不定式表示化身石桥之后的"我"的承受。此愿不但受苦，对于耐心、爱情的执着也是极大的考验。为表达栉风沐雨和日晒这种苦难，我选用了三个与忍受、遭受、曝晒有关的词：suffer, withstand 和 endure。

有人认为一段译文中重复三次 five hundred years，显得很啰嗦。但这里不能合并同类项，因为三个五百年是接续进行的（consecutive），一苦又一苦地忍受；如果我只用一个 five hundred years，会让读者觉得阿难或者石桥是在同一个五百年里受的三种苦。另外，从强调等待的痛苦、时间的漫长和爱情的真挚，重复三个五百年更有表现力。因此，为避免误解，我在第二个 five hundred years 前面用了 the next，在第三个 five hundred years 前用了 another，以示次第进行。

其实，这里体现了我的翻译理念。我认为翻译是"扒皮"，即原文是凹凸有致的，译完之后也应该是凹凸有致的，不能因为译者觉得不该凹凸，翻译时就不凹凸。

最后一句我用了虚拟语气（wish... would walk over），使得历经 500 年、1000 年、1500 年后的默默等待，再次看到该女子，也只是一种希望，并用 finally 补强这种感觉。即使该女子"终于"从桥上走过，彼此也没有言语交流，她也不知道我的存在，我只能默默地看着她，穿桥而过，渐行渐远……我也心甘情愿。

此女子驻留心中，每次想到她，便是 500 年。放不下时，佛在渡人；放下时，便是渡己。

因为我是石桥，即使看到女子走来，我也无法言语，但如果她是 walk over 或 walk across，必然是用"足"与我亲密接触，足慰我多年的苦等（there is no or very little difference in saying "walk across" or "walk over" the bridge）。如果仅仅强调"过"，用 pass over 或 go through，就无法表达我感受到了她踏足其上且留恋不舍的心情。

尽管这是一句话，分行读起来效果更好。第一句和最后一句的结尾是 bridge，勉强算是抱韵吧。

译完后，我对三个动词不定式的动词不是很有把握：suffer, withstand 和 endure，不确定它们和后面的名词是否是合适的搭配。推敲之间，我想到了几个可以搭配的词，但那需要用被动式：battered by winds, exposed to sunlight 和 beaten by rain。于是，就有了下面这一版：

I am willing to incarnate as a stone footbridge,

Battered for five hundred years by fierce winds,

Exposed for a subsequent five hundred years to scorching sunlight,

And beaten for a further five hundred years by torrential rain,

All in the hope that she will finally walk across the bridge.

对比之下，第一版译文采用动词不定式是从"我"的角度译的，即 I am willing to suffer ... , withstand ... , and endure ...。此时，我没有用形容词强化风是狂风，雨是骤雨，日是烈日，或许是我想到了阿难是情愿忍受煎熬，苦心等待，而心容万难，自然包括了各种程度的风吹、雨淋和日晒，既有和风细雨和阳光和煦，也会有狂风骤雨和烈日炎炎。

第二版译文采用被动式则是从"桥"的角度译的，即 a stone footbridge, which will be battered by ... , exposed to ... , and beaten by ... ，只是为了简洁，我把 which will be 省略了。不知为什么，从人转为物之后，我反而想到要彰显风、雨和日的强度。于是，我用了三个形容词 fierce、scorching 和 torrential 作定语。物是外在的，它要承受的苦难表现为一种较外在的强烈形式会比较直观。

孰优孰好，仁智各见。翻译无止境，不断推敲，不断优化。

恶龙耶，悍妇耶

2019 年 9 月 13 日，中秋节，收到大学同学的祝福：

东西同此月，南北共此时。生命本是一场漂泊的旅途，相识、相遇都是一个美丽的意外。

感恩今生偶遇在生命中的大学同学，祝福大家仲秋佳节开心快乐！

流光容易把人抛，光阴荏苒，红了樱桃，绿了芭蕉。想当年我也是腰挎 BB 机的一族，很快开始用手机发短信，继而 QQ，现在则是微信。自己似乎被通信技术裹挟着一路走来，只见微信笑，哪听 QQ 哭。

感叹之余，我突然觉得"美丽的意外"之美丽非平时所说之美丽；如果换个角度表述，若是说这个意外很美丽，似乎不太讲；又如"美丽的邂逅"，这个邂逅未必美丽，可能是撞车撞到一块的。撞得头破血流，打得不可开交，最后竟然成了情侣，这都是都市言情片的桥段，所谓"美丽的意外"。

我找出儿子的《现代汉语词典》，擦了擦灰尘，翻到 863 页。烦人，背痒，我得先挠挠。"美丽"词条解释说：使人看了发生快感的；好看。但我感觉应该是"愉悦感"，而不是"快感"；快感的内含似乎更宽泛，比如一个变态的杀人狂对于自己作品的感觉也是快感。

可见，此美丽未必真美丽。

我又想到了翻译时碰到的 beauty 一词，语出 *The Art of Decision Marking*，引自雷纳·马丽亚·里尔克（Rainer Maria Rilke）的 *Letters to a Young Poet*，即《给一个青年诗人的信》：

Perhaps all the dragons in our lives are princesses who are only waiting to see us act, just once, with beauty and courage. Perhaps everything that frightens us is, in its deepest essence, something helpless that wants our love.[1]

冯至的译文如下：

也许我们生活中一切的恶龙都是公主们，她们只是等候着，美丽而勇敢地看一看我们。也许一切恐怖的事物在最深处是无助的，向我们要求救助。[2]

可是编辑舍弃我的译文，抄了冯至的译文，只是"公主们"改成了"公主"，最后一句"向我们要求救助"改成了"想向我们求助"：

也许我们生活中一切的恶龙都是公主，她们只是等候着，美丽而勇敢地看一看我们。也许一切恐怖的事物在最深处是无助的，想向我们求助。[3]

这就是我前面说的出版行业的三大迷信之一：迷信已经出版的书。首先，编辑没有好好地琢磨一下英文，单纯地认为冯至的译文就是标准，岂不知冯至的译文很多只是望文生义，错误连篇。其次，编辑从来没有问过我为什么这样译，单纯地认为我的译文是错的。尤其令人不解的是，出版之前我问过编辑：改动多不多？因为我知道凡是改动多的，一定十有八九没有必要或者是错的。编辑回复：改动不多。结果等看到样书，整个一个从头改到尾。这种编辑我多次碰到了，编辑队伍里不乏其人。要命的是，他们不认为这是一种毛病。

卖米时难免带有几粒沙子，偶尔见之还是可以忍受的。但当编辑把译作里掺上三分之一的沙子时，那就不是卖米了，而是卖沙子。出版社就不是出版社了，那是沙贩子；挂大米卖沙子的骗子。

给别人改稿子不可不常怀敬畏之心。不要认为读了大学，考上硕士或博士，又考了个编辑证，就可以手到擒来地改了，还有很长的路要走呢。我并不反对编辑改稿子，毕竟谁都不能保证自己的稿子一个字不用改，问题在于，编辑不懂，中英文不过关，还不研究，不与译者交流；本来是个助产士，却把自己当成别人孩子的父母，自作主张按照自己的意愿为别人的孩子美容；译者若是问一声，便脸不是脸，鼻子不是鼻子，甚至反唇相讥。这是不是一种心理变态？

那我是怎么译的呢？我的译文是：

也许生活中所有的悍妇都是公主，她们只是等着看我们勇敢而不失优雅地采取行动，哪怕只有一次。从本质上讲，也许所有让我们感到恐惧的东西都很无助，需要我们的爱。

从中不难看出，差异主要有三处：

1. dragon 冯至译"恶龙"，我译"悍妇"

2. beauty 冯至译"美丽"，我译"优雅"

3. see us act, ... with beauty and courage 冯译"美丽而勇敢地看一看我们"，我译"等着看我们优雅而勇敢地采取行动"

4. wants our love 冯至译"向我们要求救助"，我译"需要我们的爱"

"美丽而勇敢地看一看我们"显然是不对的，wants our love 我译"需要我们的爱"，没有毛病，没有看出有"求助"之意。因此，它们没有讨论的必要。我主要谈谈 1 和 2。

译前我是研究过冯至的译文的，因此，打开样书我才会马上看出编辑篡改了。至于冯至的译文，我不认同他对 dragon 和 beauty 的理解。

我知道，中国人在翻译 dragon 时，如果没有特殊的指向，一般译为"龙"或"恶龙"，个别也有译为"恐龙"。比如，前脱口秀艺人思文说过一句话："宁当理工校花，不做文科恐龙"，不妨译为 Better be a belle among Science students than a dragon among Arts students。但在西方人的想象中，dragon 的形象有三大特征：有翼，长尾，嘴中喷火（a large, frightening imaginary animal, often represented with wings, a long tail, and fire coming out of its mouth）。因此，与中国龙的形象差距很大，无翼，短尾，而且只有在需要时才喷火。

让我感到别扭的是"恶龙是公主"，这在逻辑上不太讲，我正是从这一点上开始思考的。还是那句话，凡是逻辑上有问题的译文，一定是对英文的理解有偏差，或者有错误。首先，我觉得 dragon 这里未必是恶龙，恶龙与公主反差太大，而且看不出二者有什么必然的联系，dragon 可能是让我感到恐惧的任何东西（something we fear），而且一定与"公主"有关。一开始，我也百思不得其解。可是当我耐着性子翻查词典时，发现 dragon 还有"悍妇，恶婆"之意，比如 She's a real old dragon 就是"她真是个老恶婆"。经过斟酌，我选定"悍妇"，如此一来，就跟"公主"有对应了，因为都是女性。当我就此询问作者约瑟夫·比卡特时，他大吃一惊，因为他也没想到应该是这个意思，他只想到了"令人恐惧的东西"。

好吧，那我就顺便再问他一下如何理解 act with beauty。它的原文是 to see us act with beauty and courage，如果不深究，根据字面翻译，它的意思就是：看我们美丽而勇敢地行动。但在汉语中，"勇敢地行动"讲，"美丽/漂亮地行动"就不讲了。他回复说：这是一个富有诗意的短语，不太容易从字面解释（It's a poetic phrase, so a bit difficult to explain literally），它应该指"和谐而优雅地行动"（But acting with beauty means acting in a way which is harmonious and elegant）。最后，经过与作者的探讨，我决定选用"优雅"（Elegance is a better word）。当然，"潇洒"也可考虑。

其实，冯至的译文问题多多。不妨再举一例，但不展开解释了，主要是对 live 的理解，冯至译"生活"，我译"体验"，至于优良中差，读者自鉴吧。英文原文如下：

Be patient toward all that is unsolved in your heart and try to love the questions themselves, like locked rooms and like books that are now written in a very foreign tongue. Do not now seek the answers, which cannot be given you because you would not be able to live them. And the point is, to live everything. Live the questions now. Perhaps you will then gradually, without noticing it, live along some distant day into the answer.[4]

冯至的译文：

对于你心里一切的疑难要多多忍耐，要去爱这些"问题的本身"，像是爱一间锁闭了的房屋，或是一本用别种文字写成的书。现在你不要去追求那些你还不能得到的答案，因为你还不能在生活里体验到他们。一切都要亲身生活。现在你就在这些问题里"生活"吧。或许，不大注意，渐渐会有那遥远的一天，你生活到了能解答这些问题的境地。[5]

我的译文：

对你心中一切未解的疑惑要有耐心，尽量喜爱这些问题本身，它们就像是锁着的房间，或是现在用异国语言写成的书。现在不要寻求答案，因为你还没有充分体验过，因而不会得到答案。关键是要充分体验所有的事。现在就去感受这些问题吧。也许渐渐地，等你有足够多的生活阅历之后，说不定哪一天不知不觉就得到了答案。

我核对了一下，编辑仍然是把我的译文改成了冯至的。我想借此机会告诉编辑：

·请相信我的翻译，即便有错，也极少。编辑不是改稿子的，所以，编辑的责任是顺，而不是改，是纠错，而不是添错。除非你有完全的把握确认我错了，那也必须经过我的同意，因为译者有最终的决定权，而不是编辑。实践中恰好反过来了。

·已经出版的其他译文并没有你们想象的那么靠谱。本来我还比较靠谱，但经过你们的修改，我只剩下生闷气的份了。

我卖的"米"基本没有沙子，底子好，即便编辑"乐而好之"地加进去一些沙子，仍然不失为好书；而其他人的译作，尽管我不可能全部研读，沙子本就不少，编辑再掺进一些沙子，那可就没法吃了。

这就是我的译作跟他人的区别。敢讲此话，实乃心中有底，因为我从不偷工减料，会想尽一切办法弄懂每一句话，我也有别人做不到的付出和认真、仔细。这是我对自己自始至终的要求。

心中有梦，永不停步（Dream ever, stop never）。

第三部分

梦想之城

City of Dreams

open **的裤子什么样**

翻译《纽约四百年》（*City of Dreams*）时，碰到一句话，说的是移民在埃利斯岛体检，那些被疑身体有病的人绝大多数要按性别隔开，男性进入一个房间，女性进入另一个房间。一队男性移民 with their trousers open 走到第一位体检官面前：

"The line of male immigrants approached the first medical officer with their trousers open," recounted the British ambassador, Aukland Geddes, after a tour of this part of the immigration station in 1922. [1]

裤子是 open 的，怎么讲？读到这里，我首先想到的是"提着"裤子，因为是体检，肯定要脱裤检查，但是提着裤子，还是脱下裤子？我没有把握。因为 open 也可以理解成"四敞大开"。或许是另外一种状态也未可知。

如果此处不问作者，译成"提着裤子"想必也能说得过去，但图书翻译就是这样，如果不问作者，译出来也是似是而非，译者心里明白，这里我是猜的，还有就是对照着英文读译作的读者可能心里也明白，这里是译者猜的。所以，好多图书译者遇到不理解之处不问作者，结果就是译作里面的似是而非比比皆是。当你读完一堆汉字，可是没有明白作者讲的是什么时，大概就是读到了这样的译文。所以，图书译者最好跟作者交流，凡有不明白的就问作者，不要怕作者不愿意搭理你。我跟四十多位作者交流过，没有一个说不想跟我交流的，或没有时间而拒绝通邮的，甚至可以说有的作者喜不自胜，非常乐意跟译者交流，"一个作家总是喜欢听到他的作品在异国翻译出版的"。[2] 记得在我提及要跟作者交流时，有位教翻译的英语教授说：
"如果不是怀疑有什么特别深的用意的话，词典上能查到的，就不该打扰人
家。"问题是，即便查了词典，每个词也知其意，但总体上你还是不知道作
者想说什么，如之奈何？自己瞎编？我不好当面让他下不来台，没有回嘴，
但我心里始终想的是：尽量"打扰"作者。

如果教授有这样的观念，那他教出来的学生也不会跟作者交流，或也不
想跟作者交流。跟作者交流不仅有利于正确理解作者的原意，还会逼着自己
提高文字表达能力或邮件写作能力。当然，你也可以交流一下其他方面的认
识。绝大多数译者不重视跟作者的交流，除了浪费时间和精力外，因为是非
英语母语人士，跟作者的交流还真非易事；如果译者不能不断学习，提升自
我，译书之事可谓是事倍而功半。

是为戒！

我估计裤子 open 这事问中国人也是白问，没有办法，只有问作者了。
因此，译完"埃利斯岛"这一章后，我把问题提交给了作者：

I have just finished translation of Chapter 15, and have several questions to ask
you. Because the last email is a try, questions are not all of them. From now on I'll
email questions once per chapter, but there may be repeated inquire from me after
getting your explanation. Please find attached my questions.

这一章我一共问过六个问题，在最初跟作者联系时我已经问过三个。所
以，译完提交的这次只有三个问题，其中两个问题顺利解决，但涉及裤子这
个问题小有波折。

第一次提问时，我的本意是想问"裤子处于什么状态"，因为是 open
的，那是什么样的 open 呢？说实话，当你不知道问题在哪里时，问的问题
总是大而概之的，无法精准。我的邮件是：

I wonder what kind of state their pants are in?

本来觉得这事就象上级蜻蜓点水一句话，下级就能搞出一台戏来一样，
只要我一提问，作者就应心领神会，告诉我想知道的。看到作者"答非所

问"的回复，我开始觉得没有那么简单：

Their pants should have been in a good state. The immigrants wore their very best clothes for their arrival at Ellis Island. They knew not to arrive in tatters for fear of being turned back. So you should expect that their clothing was of good quality and respectable.

看来我的表述有问题，以至于作者把 state 理解成裤子本身的质量了，所以才会说移民穿的都是自己最好的衣服，料子很好，也很体面，为是给移民官留下一下好印象，不至于因为穿得破衣烂衫而被拒入境。

作者回复邮件时已经是北京时间晚上 10 点 57 分，我看到邮件肯定已经过了 11 点，当时我肯定累了（对我来说，累是 day in and day out 的事），睡意朦胧地躺在床上，心想我肯定没有表述好，作者理解成别的了，于是用手机简短地回了一封：

Sorry, I don't make myself clear. Actually, I don't understand "open" in "with their trousers open".

本意是想说我不理解的是 open，裤子 open 是什么样子，不是裤子的质量。作者回复时已经过了半夜 12 点了：

That meant that they had their pants open so the doctor could inspect them for possible diseases there.

等于又回到原点了。看来我需要好好琢磨一下如何表述清楚了，"意贵透彻，不可隔靴搔痒。"[3] 但夜已深，万事等待明日，一夜无话。

第二天一早，我就考虑了一下，把我的理解和想要知道的情况详细描述了一下，问道：

Sorry. It's too late last night, and I'm sleepy. I haven't still made myself clear because my expression in English is not subtle. Again "with their trousers open". It means that they took off their pants and held them in their hands, or they unfasten their belts and took hold of their trousers but they are still wearing their trousers, or any conditions that I don't know and couldn't say a word. I would like the problem can be solved this time.

过了一个多小时（9：59），作者回复：

It means that they unfastened their belts and took hold of their trousers but they are still wearing their trousers.

作者直接照抄了我的第二个表述，看来这一回方法和表述都对路了。如此，我就可以译成"一队男性移民解开腰带、提着裤子走到第一位体检官面前。"

有人说了，不就是体验吗，干吗解开腰带，提着裤子，到时候临时脱裤检查就是了。想必房间可能很小，检查时间很短，一排人站在那里只能先做好准备。再说了，译者也不是一个判断这样做是否合理的角色，译者的责任是准确理解作者的原意，并尽可能准确地用译入语表达出来；即使表述不合理，那也要由作者决定是否正确及修改，译者不能想当然地自作主张修改（这跟编辑不能想当然地修改译者的稿子是同样道理）。况且这里是引用的一个人的话，而这个人是当时英国大使奥克兰·格迪斯（Aukland Geddes），是在他亲自参观了男人的体检后说的，真人真事，自当不虚。

我的教训就是一开始就要把问题表述清楚。提出问题的表述很关键，表述得不准，作者就会理解偏，问得准确，才能知道确切的含义。要想表述清楚无非扩大定义的外延，因为外延越大，内涵越小，越指向你想要明确的那个点。

是为戒！

又有人说了，想一想也是提着裤子，否则，还能是什么？你别说，还真有人译成了别的。诸位看官，且听我慢慢道来。

我是在网上搜索时偶尔看到了北京某外国语大学某翻译硕士的学位论文，此句她译的是：

"男性拉开裤子拉链排队走向第一个医生……"

open 是"开着的"意思，男人的裤子哪里能开？自然是前门，前门怎么能开，自然是拉开拉链。可是，我奇怪的是，该译者怎么没有想到是解开扣子呢？解开扣子更有把握啊，因为拉链当时有没有还是个问题。

据我所查，拉链最早应用于服装上始于 20 世纪 30 年代。当时，兴起一股给童装安拉链的商业潮流，方便幼童学习自己着装，穿衣时间也缩短。1937 年，拉链开始大量应用于裤装的遮布上，以防止意外又令人尴尬的衣衫不整（the possibility of unintentional and embarrassing disarray），当时的媒体宣称拉链取得了与钮扣同等的地位，在遮布之役（Battle of the Fly）中获胜。

至此，需要明确的问题就是英国大使说这句话时是什么时候？巧的是，作者在引用这句话时，不但指明了说话者，而且告诉了具体的年份，即 1922 年。但据 History of the Zipper，最初，拉链主要用于鞋子和烟斗烟草袋。上世纪 30 年代才开始出现在童装上，之后才用于成人衣服。先是用于男裤的遮布，之后才用于女装。

Initially, zippers were used mainly in shoes and tobacco pouches. ... Zippers remained an institution in footwear for nearly 20 years until, in the 1930s, they were added to children's clothes. ... From there, zippers exploded into adults' fashion, starting in men's pants as the fly and making their way into womenswear.[4]

也就是说，那些移民体检时，拉链还没有用于服装，尤其是男裤。

不得不佩服的是，作者写历史书时很注意细节的记录和严谨。各种材料，在他手里有机地整合，洋洋洒洒近七百页，写得情趣盎然，血肉丰满。

翻译硕士的失误有四：

首先，她没有意识到自己译的不对，即使感觉理解得没有把握也没有想到询问作者，自己想当然地翻译。其实，很多作者的邮箱地址在网上能够搜索到。这是否与教授没有问作者的习惯，因而没有逼着学生养成问作者的习惯有关？

其次，犯了常识性的错误。拉链当时有没有？有的话，裤子上有没有采用拉链？裤子上采用的话，男人的裤子上有没有采用？这些问题是可以搜索相关知识得以解决的。

第三，翻译硕士没有进入当时的历史情境，这是最要命的。说实话，我觉得翻译任何图书都需要进入作者文字描述的情境，即使翻译哲学书也需要与先哲、先哲的对立面或敌人对话。时间、地点、人物、对话……缺一不可。

第四，翻译硕士的知识面狭窄。在图书翻译上，译者需是杂家，各方面的知识都要有所涉猎。

如果译者的知识面狭窄，不深入求知，无法跟随作者的文字经历一遍作者描述的情境，遇到难解之处不问作者，自己想当然地翻译，一本书译下来，汤勺就成了漏勺。

是为戒！

一个 van 字拽出的一连串误译

为了区分英文姓名中的名和姓，中文翻译时需要在它们之间加上圆点，以示间隔。比如 Washington Irving 译为"华盛顿·欧文"。但在有些英国、德国、荷兰等国人的姓名中有一部分是与后续部分连写的，中间不加圆点，其中之一就是 Van，译为"范"。

The arrival of a new director did occasionally bring a spate of "reforms" and "improvements" to the colony. Such was the case when Minuit's successor, Wouter van Twiller, arrived in 1633. ... By 1636 it was again beginning to crumble, and the WIC fired Van Twiller soon thereafter.[1]

此段的大意是：

（荷兰西印度公司的）新理事的到来偶尔会给殖民地带来一连串的"改革"和"改善"。1633 年，米纽伊特的继任者沃特·范特威勒（Wouter van Twiller）来到后即是如此。……1636 年，它再次开始崩塌，在那之后不久，西印度公司解雇了范特威勒。

上述译名的译法是《新华社人名翻译大辞典》规定的，按说没有什么争议。可是有人就是不依规矩，或者不知道有此规矩，偏偏要在"范"后面加圆点。一个特例是 Vincent Willem van Gogh，通常译为"梵高"，而非"范高"，这属于约定俗成。没有约定俗成的就很乱，比如《纽约外史》。

公元 1629 年，沃尔特·范·特威勒先生被任命为新荷兰总督，他受荷兰共和国的议员阁下和享有特权的西印度公司委任与管辖。[2]

其英文原文如下：

It was in the year of our Lord 1629 that Mynheer Wouter Van Twiller was appointed governor of the province of Nieuw-Nederlands, under the commission and control of their High Mightinesses the Lords States General of the United Netherlands, and the privileged West India Company.[3]

除了（1）"范特威勒"加圆点之外，（2）Wouter 译为"沃尔特"也不合适，根据《新华社人名翻译大辞典》，Wouter 译"沃特"。"沃尔特"对应的是 Walter 或 Walt。（3）Nieuw Nederlands 译"新荷兰"对不对？也不完全对。之所以说不完全对，盖因有人在不愿意多解释或不特别强调历史感的情况下会译为"新荷兰"，如：

Petty frequently travelled to the Netherlands, which was in his time the most advanced capitalist nation (in 1700 GDP per person in the Netherlands was roughly twice what it was in Britain, and perhaps three times what it was in Ireland).[4]

因为不是在历史语境下，此时的 Netherlands 可以译为"荷兰"，即：

配第经常去荷兰旅行，在他生活的时代，荷兰是最先进的资本主义国家（1700 年，荷兰的人均 GDP 大约是英国的两倍，可能是爱尔兰的三倍）。[5]

但这是不准确的。荷兰在北美开发殖民地时处于尼德兰联省共和国时期（1581 ~ 1795），所以，它占领的北美殖民地称为 New Netherland，译为"新尼德兰"。之所以不译"新荷兰"，一乃因为英文名称如此，二乃因为荷兰的正式名称是尼德兰王国。荷兰较尼德兰更广泛地被人称呼，乃是因为其南、北荷兰省在经济、人口、文化、艺术等领域都处于领导地位。"历史学家通常认为，没有荷兰就没有尼德兰。"[6]

由此，（4）United Netherlands 译"荷兰共和国"也不对，因为 1629 年处于尼德兰联省共和国时期，应译"尼德兰联省共和国"。

相应地，（5）High Mightinesses the Lords States General 不能译为"议员阁下"，而是"联省议会"。the Lords 即是 the House of Lords。常理推知，殖民地的总督不可能由议员个人任命和控制，只能是上议院，再加上西印度公司。

1787 年 10 月 1 日，约翰·亚当斯（John Adams）致信尼德兰联省共和国议会即是这样开头的：

To their High Mightinesses, the States General, of the United Provinces of the Low Countries[7]

亚当斯信中的 Low Countries 意为"低地国家"，它不是一个国家，而是一个地理名词。Low Countries 指尼德兰，"尼德兰所指涉的地区广义来说，涵盖了今日的荷兰、比利时、卢森堡以及法国北方的一部分。荷兰、比利时、卢森堡也称之为'低地国'。"[8] 因此，此时的 Low Countries 不能译"荷兰"，只能译"尼德兰"（Nederland 的荷兰文是 Nederlandden，音译为"尼德兰"，意思是"低地"[9]），而 the States General of the United Provinces 即是"联省议会"。

若是再细一些，（6）province 旧时指北美的殖民地，the province of Nieuw Nederlands 意在强调新尼德兰的殖民地地位。在读者知道"新尼德兰"是殖民地的情况下，译者不译也不要紧，但译出来更好。因为有了 province 才有 governor（总督）。写到这里，我不禁想起了佐罗。他就是假冒西班牙在南美洲殖民地总督的身份，与韦尔塔上校斗智斗勇的。

《纽约外史》的英文原句属于强调句型，强调的是 in the year of our Lord 1629。"1629"单独成句即是一种强调，虽然 in the year of our Lord 表示的是耶稣纪年，（7）但在翻译时再加上"公元"二字就多余了。因为没有人会误认为"1629 年"不是"公元 1629 年"。

若是再吹毛求疵的话，（8）privileged 译为"享有特权的"也不妥。"享有特权"更多的是一种政治术语，若是商业领域，一般译为"具有特许状的"或"拥有特许经营权的"。比如，张淑勤在《荷兰史》中是这样描述西印度公司的："西印度公司的组成性质类似东印度公司，也是一个具有特许状的公司，由 19 人组成之理事会来管理。"[10] 想必译者没有商业史或企业管理的知识。

短短的一句话，其实背后体现的是一系列历史背景和知识，如果译者不能精推细敲，不研究《荷兰史》（这是最起码的要求），翻译出来的译文就不可能传递给读者完整的信息和历史知识，也就算不上好译文。如此，既对不起作者，又对不起读者，也对不起译者这个神圣的职业。

除了是个细心活外，图书翻译也是个良心活。

名字中间的这些词分两种情况。

一、与后续部分连写，不加圆点

1. van，译"范"

例见上文。"梵高"是特例。

2. de，译"德"

例如，这一句：Colbert did not have a reputation for being a particularly nice man. The Abbé de Choisy, a cross-dresser who published a memoir in 1737, remarked that Colbert had a "naturally scowling face".[11]

Abbé de Choisy 译为"阿贝·德舒瓦西"

3. da，译"达"

知名人物有 Leonardo da Vinci，译为"莱奥纳尔多·达芬奇"

达芬奇是意大利人，按照新华社的人名词典，应该按意大利语译为"莱奥纳尔多"，"莱昂纳多"是西班牙、葡萄牙语的译名。没有英语译名。

4. La，译"拉"

比较有名的人物是 La Fontaine，译"拉封丹"。

5. Le，译"勒"

跟 La 一样，Le 也是姓的一部分。比如法语著名作家 Le Clézio，译"勒克莱奇奥"。

二、与后续部分不连写，加圆点

6. von，译"冯"

名字中间有 von 的名人有 Johann Wolfgang von Goethe，即约翰·沃尔夫冈·冯·歌德。

但是，有些人名约定俗成，加上了圆点，比如莫泊桑的名字 Guy de Maupassant，在大家十分熟悉"莫泊桑"这个人名的情况下，若是改成"德莫泊桑"就会十分别扭。经济学家孔多塞的名字 Nicolas de Condorcet、西斯蒙第的名字 Simond de Sismondi 也是一样，大家都在说"孔多塞""西斯蒙第"时，若是译成"德孔多塞""德西斯蒙第"就不知道是谁了。因此，新华社人名词典很有必要进一步修订，规定哪些人名不加圆点，哪些人名必须加圆点。在我的翻译实践中，我一般不译这个 de。

要我说，de 本身是介词，表示贵族出身或地理出身，好比都姓嬴，但有人出自秦始皇一脉，有人是旁枝一样；我个人觉得人名可以纯粹一些，没有必要再附加上什么身份地位的内容，这些完全可以不译。

但需要统一规定，译者也好有个统一遵守的规矩。

Director 或 Governor，理事还是总督？

在我们的印象中，殖民地都是要设总督的。比如，香港最后一任总督是彭定康，传奇中的佐罗，则是冒充总督的身份与韦尔塔上校斗智斗勇。佐罗的故事情节让我想到了《让子弹飞》，差别在于佐罗是侠客，最后正义战胜了邪恶，而张麻子本身就是土匪，他要灭的是恶霸黄四郎，而他冒充的县长却是妓女花钱捐来的官，整个一个黑吃黑。

那么，是不是从一开始殖民地就有总督呢？在翻译荷兰对北美殖民地的管理时就遇到了这个问题。

It appears that Minuit arrived in New Amsterdam with the colony's provisional director, Willem Verhulst, in the spring of 1625, about nine months after those 30 original Walloons had begun the arduous work of constructing a colony from scratch in the wilderness thousands of miles from home.

...

So, "on account of the bad conduct of Verhulst," wrote one immigrant in 1626, the colony's council voted upon Minuit's return to make him their new director.[1]

书一开始就涉及到了荷兰殖民地负责人如何称呼的问题。上述英文大意是：考虑到威廉·维赫斯特（Willem Verhulst）的种种问题，新尼德兰的移民将这位临时 director 给抓了起来，要知道这些人可不是西印度公司的人，并且同意等米纽伊特（Minuit）回来后，让米纽伊特当他们的 director。

那这个 director 是谁派去的呢？继续读，发现米纽伊特此时正在荷兰述

职，因为新阿姆斯特丹的牧师不断写信告发他能力有限、品德不端，西印度
公司不知道该相信谁，而且认为这种内讧再持续下去无益，只好让两人回国
接受调查：

Minuit denied the charges, insisting that Michaëlius was the liar, but the WIC
directors, not knowing whom to believe and realizing that such a feud could not be
allowed to continue, recalled them both at the end of 1631 for an investigation.[2]

The WIC's directors in Amsterdam observed that "as people here encourage each
other with the prospect of becoming mighty lords" in New Netherland, interest in
settling the colony grew.[3]

The Reverend Stuyvesant probably had some connections with Friesland's
representatives on the WIC's board of directors, because Peter soon landed an entry-
level job as a clerk at company headquarters in Amsterdam.[4]

从 WIC directors 和 WIC's directors 可见，director 是西印度公司的人，
那这个 director 是什么？理事。从 WIC's board of directors 可见总部是"理事
会"。为什么 director 译"理事"而不译"董事"？这源于它与东印度公司
在管理上的差异。"东印度公司是一个股份有限公司"[5]，东印度公司设董
事会，"董事会由 76 人组成，但一般事务由实际掌权力的 17 人组成之理事
会来管理"，[6] 而"西印度公司的组成性质类似东印度公司，也是一个具有
特许状的公司，由 19 人组成之理事会来管理"。[7] 说白了，东、西印度公司
是国家支持的到全世界掠夺财富的机器。director 就是经理人，派到各殖民
地的 director 就是职业经理人。

那么，如何理解 director general 呢？这个词出现在一个理事管理多处殖
民地的情况：

The WIC made him director general of Curaçao, Bonaire, Aruba, and all of New
Netherland, with a base of operations in New Amsterdam.[8]

由原来管理一个库拉索岛的 director，提升为管理多个岛屿的 director

general，管理一个殖民地是"理事"或"经理"，管理多个殖民地的 director general 自然是"总理事"，也就是"总经理"。那么，可不可以译"理事长"呢？不可，一般理事会的一把手才称"理事长"，它的英文名之一就是 director general，如果不细加琢磨，更容易让人迷惑。

因此，上一段的大意是：西印度公司任命斯泰弗森特为库拉索岛、博内尔岛、阿鲁巴岛和整个新尼德兰的总理事，而经营基地就在新阿姆斯特丹。

在殖民地的初级阶段，当地不可能有一个成熟的政府，也就不可能有代表政府的行政首脑：总督。所以，你会看到除了西印度公司的事务外，director 也代表荷兰政府行使殖民地的行政管理权。但是，书中还出现了 governor，如何理解？

John Winthrop, governor of the Massachusetts Bay Colony, founded a few years after New Amsterdam, advised that for the transatlantic journey his wife should pack a "store of fresh provisions, meale, egges put in salt or grounde malt, butter, peas and fruits ... a large frying panne, a small stewinge panne, and a case to boyle pudding." [9]

Stuyvesant and his fellow New Amsterdamers were horrified by the prospect of a significant, permanent population of Jews in the colony. The governor immediately asked the WIC for permission to expel them ... [10]

考虑到 governor 出现在讲述斯泰弗森特的句子中，而斯泰弗森特是驻新阿姆斯特丹的 director general，因此，governor 是"总理事"，不能译为"总督"，尽管它有"总督"之意。

可是，当英国人从荷兰人手中夺走曼哈顿后，那里的 governor 就是"总督"了，因为它是国王任命的，有官方身份。比如：

New Yorkers did not welcome the Irish Catholics with open arms. Commenting on a shipload of Irish soldiers who arrived in New York in 1700 after a twelve-week transatlantic journey, New York's Irish-born Protestant governor Lord Bellomont complained that "the recruits that came from Ireland are a parcel of the vilest fellows that ever wore the King's livery, the very scum of the army in Ireland," including many "papists." [11]

纽约人并没有张开双臂欢迎爱尔兰天主教徒。总督贝洛蒙勋爵是爱尔兰出生的纽约新教徒，1700 年，在得知一船爱尔兰士兵经过 12 周的跨大西洋旅行抵达纽约后，发表了一番评论，不无抱怨地说："来自爱尔兰的新兵是一群最卑鄙的家伙，穿着国王的制服，却是爱尔兰军队的渣滓"，包括很多"教皇党人"。

东河，伊斯特河？

在中国，生人见面往往会问：您贵姓？对方会答：免贵姓 Zang。

问者再问：弓长张，还是立早章？对方再答：我姓 Zang，臧克家的臧。

问者尴尬一笑：不好意思，没听清。

其实，可能是对方口音的问题，没有说清，但名人效应起作用了，问者终于知道对方姓氏了。

对方姓什么，叫什么，应该以对方说的为准。如果对方明明姓"臧"，听者非要声称对方姓"张"，理由是听对方的发音就是"张"或"章"。这就属于脑子有病了。

图书翻译，每本都会遇到或多或少的人名、地名。人名可以参照新华社的人名词典，地名尽管国内也有词典，但我倾向于以谷歌地图的汉译地名为准。因为这是外国人定的，不是中国人定的。也就是说，明明外国有汉译地名，我们就是不依，这也是一种脑子有病。

没有去过纽约或者去过一两次纽约的中国人可能熟知华尔街、时代广场、布鲁克林大桥、自由女神像、中央公园等等，因为汉语中常常提及，对于那些汉语不常提及，但对于纽约却是常见之地名就不能想当然地翻译。

This spot, about where the Museum of the American Indian sits today at the foot of Broadway, did not meet all of the WIC's specifications, but it did command unobstructed views of the harbor and both the Hudson and East rivers. [1]

这里的 Hudson 和 East 两条河名如何译？有人译为"哈德逊"或"哈德孙"以及"东河"。比如：

1. 哈德逊河

这场大火蔓延到了百老汇（Broadway）和布罗德大街（Broad Street）向西扩散到了哈德逊河。[2]

2. 哈德孙河

米纽伊特的新居民特遣队沿着岛的东岸建起了三十来幢房屋，哈德孙河两岸的农场为全镇供应粮食。[3]

之所以译为"哈德孙河"，乃是因为译者将早期来到此地的英国探险家 Henry Hudson 译为"亨利·哈德孙"，以他的名字命名的这条河自然叫"哈德孙河"了：

这条他们本希望会是去中国路线的河流，原来是一个巨型港湾，……于是在做完几笔买卖之后，哈德孙驾船而下，驶离那条后来以他姓氏命名的河流。[4]

3. 赫德逊河

一罐荷兰汉尼根牌的啤酒，加上宜人的景色，和煦的天气，不禁为之醺醺然，我似乎已进入华盛顿·欧文的睡乡小酒店里，面对着赫德逊河畔的卡兹吉尔山，看着历史的长河奔腾而去。[5]

Hudson 既涉及人名，又涉及河名，二者应该统一，既然人名译"哈德孙"，河流也应该叫"哈德孙河"，反之亦然。同样道理，"哈德逊""赫德逊"亦当如此。但查谷歌地图，Hudson River 当是"哈得孙河"，相应地，人名就应该叫"哈得孙"。

4. 东河

·诗人史密斯的公寓房屋濒临东河，不远处就是华盛顿大桥。从高楼上望到河面，晚霞辉映，河水呈绯色，桥上已开了灯，宛如一串明珠，挂在美人颀长的颈上，煞是好看。……东河虽然是条运输繁忙的河流，由于治理污染的工作做得好，清波荡漾，清澈可喜。[6]

·1614 年春季，在代用船"永不宁静号"上，布洛克船长发现了赫勒格特河—东河与长岛海峡的交汇处，随后又发现了胡萨托尼克河及康涅狄格河。[7]

·8 月 29 日晚，在浓雾的遮挡下，华盛顿成功地指挥全部的军队跨越了东河，抵达曼哈顿。[8]

《漫步纽约》《纽约》或《纽约简史》说的"东河"就是 East River，但谷歌地图中的汉名是什么？伊斯特河。"东河"是意译，"伊斯特河"是音译。

有些纽约地名只有意译，如"长岛"，其英文为 Long Island；很多地名既有音译，又有意译，如 Governors Island，直译为"总督岛"，谷歌地名为"加弗纳斯岛"；Battery Garden，直译"炮台公园"，谷歌地名为"巴特里公园"。

即在一个晴朗宁静的夏夜，你可从纽约的炮台公园听见康穆尼波村的荷兰黑人大声欢笑喧闹的声音……[9]

看其英文，"炮台公园"的原文对应的是 the battery：

Nay, it is a well known fact, which I can testify from my own experience, that on a clear still summer evening, you may hear, from the battery of New-York, the obstreperous peals of broad-mouthed laughter of the Dutch negroes at Communipaw, who, like most other negroes, are famous for their risible powers. [10]

但是，the battery 是"炮台"之意，不应该是"炮台公园"。炮台公园现在的位置就是荷兰人在美国的第一个定居点所在，《纽约外史》于 1809 年出版，而 1855 年，此地的花园城堡（后来的克林顿堡）才刚刚当成移民检查站，作者写书时，此地还没有开辟为公园。所以，此处翻译有误。

大概谷歌地图的地名采用的是当地华人的称呼，译者确实不能照着字面意思翻译。比较典型的一个名字是 St. Mark's Church-in-the-Bowery，有人是这样译的：

我经常带着年幼的女儿绕过我们所住的公寓楼的拐角，到包厘街圣马克教堂（St. Mark's-in-the-Bowery）去。[11]

首先，我没有查到该译文的英文原文，不知是否原文如此，网上也没有查到有人用 St. Mark's-in-the-Bowery 这个名称，in 前面有连字符是不合理的，即便没有 Church，也应该是 St. Mark's in-the-Bowery；其次，St. Mark's Church-in-the-Bowery 字面意思确实是"包厘街圣马克教堂"，但谷歌地图叫的是"农场圣马可堂"。若是了解其历史，就能理解为什么与"农场"

有关了。故事有点复杂，读者可以自行查证。其实，即便不用谷歌地图，稍微细心一些也能查到它叫"农场圣马可堂"。

Staten Island 也是各有各的译法，比如史坦顿岛、斯塔滕岛。

·在他的"海鸥号"穿过史坦顿岛（Staten Eylandt）和长岛（Lange Eylandt）之间的峡口，在满口下锚之后没多久，他就要被坏消息淹没了。[12]

·7月2日，他们占据了斯塔滕岛（Staten Island）。[13]

可是，查谷歌地图，Staten Island 为"史泰登岛"。所以，碰到以下英文：

Sick immigrants, or in some cases everyone on board, would be quarantined on Staten Island, five miles south of Manhattan, until they were either no longer contagious or dead. [14]

我译为：

患病的移民会被隔离在曼哈顿以南5英里的史泰登岛（Staten Island），直到确认他们不再有传染性疾病或死亡，在某些情况下，全船乘客都要去那里隔离。

在音译、意译难以把握的情况下，唯一可依据的当推谷歌地图。曾经，有位编辑告诉我出版社不会拿谷歌地图的地名当标准的。为什么谷歌地图的地名不可以当依据？要知道，相比国内好几个汉名莫衷一是，这是唯一没有争议的汉名，等于是在一个世界性的网站上公示了。

当然，也有谷歌地图没有的，如 Broad Street，已知的汉名有"宽街""布罗德街"和"百老街"，既有音译，也有义译，还有比照百老汇大街（Broadway）起的。一时无法确定哪一个是权威的，至少是当地华人常用的。

有人说，你看 East River 都译"东河"，我们是不是可以统一为"东河"？没有必要，理由如本文开始所述。明明有桥，为什么你非要下河摸着走呢？

冯亦代生活的年代还没有谷歌地图，可是当下谷歌地图是存在的。有人说：我无法上谷歌地图，怎么办？铁人王进喜曾经说过一句铿锵有力的话："搞石油不能等啊，有条件要上，没条件创造条件也要上，天大的困难也要上！"[15] 搞翻译也不能等。

长短人名的取舍

译书时，外国人名的翻译是让译者头疼的事情之一，枯燥无趣，因为没有什么逻辑性、故事性，丁是丁，卯是卯，还必须翻译；尤其是当一个萝卜好几个坑，而且查不到它们的读音时最为头疼。个别的确实需要猜，好在他们都不是什么重要人物，而且人名后面还有括号英文，不至于引起混乱。

此外，外国人名有些较长，若把每一个音都拼出来，可能有五、六个汉字，甚至更多。中国人习惯四字成语，人名的字数一般是二字、三字或四字，字一多读起来就觉费劲。相对中国人的习惯而言，六个字的人名不如五个字的人名上口，五个字的人名不如四个字的人名顺嘴。比如，《月亮与六便士》的主人公 Charles Strickland，有人就译为"查尔斯·斯特里克兰德"。

在刚与查尔斯·斯特里克兰德相识的时候，我其实并没发现他有任何过人之处，然而现在，大家却几乎都承认他是伟大的。[1]

《新华社人名翻译大辞典》则将 Strickland 译为"斯特里克兰"，这就比多一个"德"字更易读。依此类推，直至译名剩下三个或两个字，中国人读起来就比较舒服了；一个字的译名就过简。有时人名的字数并非越少越好。在不是特长的情况下，还要考虑读音。

翻译 *City of Dream* 就遇到大量的人名。目前，有两个人名涉及长、短译名的取舍，让我思衬再三，改过来改过去。于是，我抽空理了一理思绪，说明我为什么这样译，而不是那样译。

一是 Stuyvesant。

The man they chose, in 1647, was the company's peg-legged governor of Curaçao, thirty-seven-year-old Peter Stuyvesant.[2]

查人名词典，新华社的译名为"施托伊弗桑特"，《世界中心的岛：曼哈顿传奇》就是这样译的：

诚然，阿姆斯特丹堡摇摇欲坠的状态会一直持续到彼得·施托伊弗桑特站在不牢固的城墙上将其拱手让给英国人为止。[3]

可是，世界地名词典将 Stuyvesant 译为"斯泰弗森特"。没有选择有烦恼，选择多了更麻烦。选择哪一个呢?

山师的徐教授告诉我：人名翻译没有明确的原则，并不需要把每一个发音都照顾到，可以适量地精简，只取发音明显的那一个音译，忽略发音不明显的辅音。依此，"斯泰弗森特"当选；再查其读音，接近"斯泰弗森特"，而不是"施托伊弗桑特"。也就是说，读音明显是 5 个音节，而不是 6 个音节。最后我选择"斯泰弗森特"，译为：

1647 年，他们选择了该公司驻库拉索岛（Curaçao）的总理事彼得·斯泰弗森特（Peter Stuyvesant），当年他 37 岁，安有一条假腿。

二是 Minuit。

But instead, the 43-year-old Minuit was under arrest, in Plymouth, England, of all places, charged with theft of property from England's King Charles. [4]

根据新华社人名词典，译为"米纽伊特"，《世界中心的岛：曼哈顿传奇》译成了四个字，却译成了"米努伊特"：

这个在荷兰边境附近的小镇正是彼得·米努伊特长大的地方。[5]

可是也有人译为"米纽特"，如此更加简洁，岂不更好? 开始我也是这样译的。但一来新华社人名词典有译，二来我查看它的读音，确实是明显的 4 个音节，接近"米纽伊特"，而不是"米纽特"。最后我还是选择了"米纽伊特"。译为：

可 43 岁的米纽伊特偏偏在英格兰王国的普利茅斯被捕了，罪名是盗窃英格兰国王查理的财产。

总之，新华社人名词典是个依据，不能不信，不可全信。不能不信，是需要大家都有一个统一的依据，免得莫衷一是，读者无所适从；不可全信，是因为翻译有其灵活性，而且人名词典有点落伍，满足不了译书的全部需求。

目前，人名翻译乱象丛生。但译有译法，名有名规，安得一本权威的人名词典，再也不需要费很大的心思琢磨外国人叫什么了，译者俱欢颜。

人名、品牌、公司和大学名

　　国外多见以企业创建者的名字命名的公司，品牌也往往是同一个名称，而这方面国内少见，而且是自古少见，因为商业是末业，谁愿意把自己的名字跟受到抑制、轻视的东西联系在一起。受传统文化的影响，商家多以招牌为名，比如狗不理。听到狗不理，你只觉得它有名，但你不知道创建者是谁，除非你查其历史。所谓砸了牌子指的是砸了招牌，当然不是真的砸了，而是假冒伪劣影响了声誉。

　　有招牌，你也不知道它是哪家企业，最早没有注册企业的概念，当然现在有企业了，但最初由个人拥有的招牌经过公私合营，直到现在已经不知道由谁拥有了；当然，它确实有拥有者，只是我不知道而已；我曾经搞过国企改制，一个200多年（创建于乾隆五十七年）的酱菜品牌在资产评估时没有评估作价，改制之后该企业很快就搞不下去了，老板召集职工开会，说现在搞点啥呢？茫然了，这是典型的守着金山要饭吃。另外，还有一个酒厂也给了他，结果是，当地挺有名的两家企业都完蛋了，职工提前内退，一个月领几百块钱回家了。至于为什么落到这个成事不足、败事有余的人手中，我不说你也明白。

　　这与中国社会没有发展起来真正意义上的资本主义社会也有关，再加上城头频换大王旗，企业无法久传，社会风气不鼓励能给创建者带来声誉的个人名号，比如不患贫而患不均；木秀于林，风必摧之；人怕出名猪怕壮；朝廷或政府忙着抑商灭私，更不可能制定政策突出个人的形象。像李宁创建了李宁公司和李宁品牌，这算是很稀有的了。

在翻译实践中，时不时地会遇到企业创建者、企业名称和品牌是同一个名字，但在中国营销的品牌却是另外一个名字的现象。比如，Mary Kay Ash 创建了 Mary Kay Cosmetics，其注册商标是 Mary Kay，而其在中国的品牌名称是"玫琳凯"。于是，各种的混乱便出现了。

首先，Mary Kay Ash 如何译？按照新华社的人名词典，它应该是玛丽·凯·阿什。以我手中的书为例，除有一家正确地译为"玛丽·凯·阿什"外，好多把她的名字译成了"玫琳凯"，而把姓译成了"艾施"

玛丽·凯·阿什，《玛丽·凯谈人的管理》，中国友谊出版公司

玫琳凯·艾施，《我心深处》，浙江人民出版社

玫琳凯·艾施，《玫琳凯，你能拥有一切》，昆仑出版社

玫琳凯·艾施，《玫琳凯谈人的管理》，中信出版社，2006 年 8 月

玫琳凯·艾施，《玫琳凯谈人的管理》，中信出版社，2009 年 3 月

玫琳凯·艾施，《玫琳凯自传》，浙江人民出版社

不管是"阿什"还是"艾施"，就是一个称呼，但大家都应有一个统一的依据，否则，就会乱套。而新华社的人名词典就是这个依据，尽管它的人名现在并非完全可用，但在没有一个其他依据，而且也不存在一个约定俗成的名字的情况下，既然新华社人名词典译为"阿什"，那大家就译为"阿什"好了，何必再费脑筋琢磨如何译呢。

有人会说，按音译，大多数人将 Ash 译为"艾施"，是不是算是约定俗成呢？依我看，还达不到约定俗成的程度。因为若是达到了，就不会有人再译别的，一看到 Ash 想到的就会是"艾施"，而且读到的就全是"艾施"。好比一看到 Shakespeare，想到的是"莎士比亚"，而不是别的名。

其次，公司名 Mary Kay Cosmetics 如何译？比如：

Mary Kay Cosmetics was founded on Friday, September 13, 1963.[1]

有人译为：

玫琳凯化妆品公司成立于 1963 年 9 月 13 日，一个星期五。[2]

译成"玫琳凯公司"的不在少数，错误在于，他们把该公司在中国的品

牌当成了创建者和公司的名字。说实话，这是在免费为该品牌做广告，企业当然喜闻乐见之。有人免费卖掉国企品牌是不懂或装不懂，出版社为品牌做广告，收钱了吗？当然，公开谈论一个品牌也是在为它做广告，可以说都是软文，比如我写这篇文章，只是我很难收费。

第三，品牌名称。在外国人看来，品牌 Mary Kay 就是"玛丽·凯"，绝对没有"玫琳凯"的概念，因为"玫琳凯"是在进入中国后起的品牌名称，大多数中国人看到"玫琳凯"也绝对不会去想这是"玛丽·凯"。因此，创建者和公司都不能译成"玫琳凯"。其中，只有一种可能将公司名译为"玫琳凯"，那就是 Mary Kay Cosmetics 官宣如此翻译。

	国外名称	中文译名
创建者	Mary Kay Ash	玛丽·凯·阿什（或艾施）
公司名	Mary Kay Cosmetics	玛丽·凯化妆品公司或玛丽凯化妆品公司
品牌	Mary Kay	玫琳凯

有三个名称就已经让人纠结了，存在第四种名称就更费琢磨了。先看一下原文：

... the English also began to immigrate to America after 1783, ... One such immigrant was William Colgate. ... In 1803 he moved to New York City and took a job with a New York company in that same trade, but in 1806 he quit and opened his own soap business, William Colgate & Company.

... Colgate slowly but surely built up his business, ... By 1817 Colgate soap dominated the New York market. ... Colgate... also financed the creation of the university that bears his name. [3]

译文大致如下，遇到名称先以英文代替：

……1783 年以后，英国人也开始移民美国，……William Colgate 就是这样一位移民。……1803 年，他搬到纽约，在纽约一家同行业的公司（肥皂制造）找到了一份工作，但在 1806 年，他辞职并开办了自己的肥皂企业

William Colgate & Company。

Colgate 稳扎稳打，逐步建立自己的业务，……1817 年，Colgate 肥皂雄霸纽约市场。……Colgate 肥皂成为第一批全国知名的美国品牌之一。……Colgate……还资助创建了以他的名字命名的大学。

于是，我们得到了四个名字：

公司创建者：William Colgate

公司名称：William Colgate & Company

品牌：Colgate

大学名称：Colgate University

尽管大学名称 Colgate University 没有在正文中出现，但它是客观存在的，因此一并讨论，不能无视它的存在。

译到创建者的名字时，根据新华社人名词典，它译：威廉·科尔盖特。紧接着是公司名称，相应地译为：威廉·科尔盖特公司。再往下，遇到品牌名称，译者就会开始纠结，因为 Colgate 品牌在中国不叫"科尔盖特"，而是"高露洁"。Colgate 的产品于 1992 年进入中国，也就是说，只在 Colgate 进入中国之后才有的"高露洁"，之前没有，而且在外国人的脑子里也没有"高露洁"的概念。那么，如何译？

一译"科尔盖特"，毕竟跟前面的人名一致，二译"高露洁"，毕竟中国人熟悉这个品牌，一说就知道，译者也不用再解释什么。暂且不表。

紧接着，就到了以 Colgate 命名的大学了。如果此时译者不愿意费劲的话，就会译"科尔盖特大学"，毕竟跟前面一致，似乎没毛病。可是，翻译这事怕就怕认真二字。如果用谷歌地图搜索一下，就会发现 Colgate University 的中文名称是"柯盖德大学"，如右图，不存在"科尔盖特大学"，尽管网上有对"科尔盖特大学"的介绍，但不具备官宣的性质。

　　译者发现自己又陷入到二选一的困境之中，是按照新华社人名词典将 Colgate 译为"科尔盖特"，还是按谷歌地图译"柯盖德"？

　　而且，译者还发现前后两个二选一相互关联。若是统一译"科尔盖特"，中国人不熟悉此品牌，需要另外加注说明，而且不存在"科尔盖特大学"。"威廉·科尔盖特创建了以他的名字命名的柯盖德大学"，读起来岂不很尴尬；若是按"柯盖德"倒推，译者只需做一个决定，即放弃新华社的人名。比较之下，几经思考，我决定采用"柯盖德"的译名。新华社人名词典只是在没有其他标准译名的情况下，译者好有个统一的依据，并不是非要跟它完全一致不可，"柯盖德"就是那个其他的标准译名，而且是外国人承认的，且等于是通过谷歌地图进行了全球公示。至于品牌名仍然译"柯盖德"，但另外加注说明在中国的品牌名是"高露洁"；因为《纽约四百年》（*City of Dreams*）是一本历史书，必须给读者一种历史感，不能把 200 多年后才出现的名称放在那时。

　　总结如下表：

	国外名称	中文译名
创建者	William Colgate	威廉·柯盖德
公司名	William Colgate & Company	威廉·柯盖德公司
品牌	Colgate	柯盖德（加注说明是"高露洁"）
大学	Colgate University	柯盖德大学

Angela's Ashes，骨灰，还是灰烬？

最让图书译者头疼的事之一就是外国人名的翻译，人名翻译之乱，乱到无从选择。外国书名亦是如此。这方面的例子太多了。

比如 David，在新华社词典中，英、西、意、荷、葡、瑞等国译"戴维"，俄、法、德等国译"达维德"（印象中没有碰到过俄、德、法系国家的人名译"达维德"的），另有"大卫"，指称古代以色列国第二代国王。因此，从我一开始译书，我就本着先选新华社人名，再看读者的普遍认可，比如 Adam Smith，"亚当·斯密"已经广为人知，你再译"亚当·史密斯"自己都觉得别扭，特别是尽量不跟历史上著名人物或《圣经》中的人物同名，"大卫"就是其中之一。若是圣经中出现的人物，我一般会查相应的《圣经》中文译本，不会乱译。如果不是特指哪个国王或《圣经》中的人物，我译 David 为"戴维"。有些编辑给我改成了

"大卫"，有些没有改，但我不知道他们是否心中如我一般有个原则。

我希望编辑们要有原则，在网络发达的今天，不要到网上一搜，人云亦

云，挖到篮子里就是菜。

在书名方面，知名的书很少有人乱译，除了理解上很少有错外，很多人是不敢改，普通的书就有可能乱成一锅豆沫。不过，有一种情况比较特殊，那就年代相距较远的翻译可能会差异巨大，比如，莎士比亚的戏剧 Hamlet，提起它大家耳熟能详的是《哈姆雷特》，但这是梁实秋的译名，朱生豪译为《哈姆莱特》，许渊冲译为《哈梦莱》，更有甚者，民国十三年三月商务印书馆出版了它的译本，名字却是《罕姆莱脱》。但这不是错，只是译者觉得哪个读音更合适而已。经过读者的筛选，现在胜出的应该是《哈姆雷特》。这和人名类似，小名跟上户口的名字大多不一样。

比较知名且有错的书名翻译就是《杀死一只知更鸟》，其英文名是 *To Kill a Mockingbird*，但 mockingbird 是"嘲鸫"或"反舌鸟"，柯林斯词典的解释: A mockingbird is a grey bird with a long tail that is found in North America. Mockingbirds are able to copy the songs of other birds. 意思是：它是北美的一种长尾灰鸟，能模仿其他鸟的叫声。如上图。而知更鸟的英文有两个，分别是

robin 和 redbreast，其实两个词是一回事，它的模样如右图。可见，差距还是很大的。

在译《深度工作七步法》时，我碰到了这个书名：

As Harper Lee wrote, in the character of Scout's father, Atticus, in To Kill a Mockingbird: "real courage is ... when you know you're licked before you begin but you begin anyway and you see it through no matter what. You rarely win, but sometimes you do." [1]

我译为：

正如哈珀·李在《杀死一只反舌鸟》中借用书中人物斯科特（Scout）的父亲阿提克斯（Atticus）的话说："真正的勇气是……在开始之前，你就知道已经输了，但你无论如何还是要开始，并且不管怎样，都会勇往直前。你很少赢，但有时会赢。"[2]

提交稿件时，我将译为《杀死一只反舌鸟》的理由同时交给了编辑，其他支持"反舌鸟"的解释在网络上可查。出版后，我发现编辑没有改成《杀死一只知更鸟》，说明编辑还是很有勇气的，也是对译者的尊重。如此，至少在正式出版的书中出现了一次"反舌鸟"，希望以后更多的人能逐渐更正过来。

有些不太出名的书就花得很。比如，我最近遇到的一个书名就让我不知如何选择。

Angela and Malachy McCourt were among the many Irish who decided to depart New York for their native land, in their case bringing their four American-born sons with them. The miserable poverty they suffered in Limerick was probably far worse than anything they would have experienced in New York, but the ordeal did at least inspire their eldest son, Frank, to write one of the most moving memoirs ever published by a New Yorker, or any American, *Angela's Ashes*.[3]

此处涉及到的书名是 *Angela's Ashes*，我查到的两个中文版的书名如下：

弗朗克·麦科特（Frank McCourt），安吉拉的骨灰，昆仑出版社，1998年3月

弗兰克·迈考特（Frank McCourt），安琪拉的灰烬，南海出版公司，2016年5月

通常，后来的书名会参照之前中文版的书名，但该书的中文译本不但书名不统一，作者的名字也不统一。相信译者、编辑都是多年背标准答案考出来的大学生，却在需要标准答案时弃而不顾，开始自由发挥。但我要选择，何去何从？

作者名还好说，因为谁都不正确，我只能依照新华社的人名翻译。作者是爱尔兰裔美国人，不能按法国人名把 Frank 译成"弗朗克"。McCourt 没有争议，就是"麦考特"。因此，Frank McCourt 就是"弗兰克·麦考特"。

书名可就难以定夺了。一般说来，我从二者中选一个书名也可以，毕竟有人出版了吗，但这就涉及我的翻译理念之一了，那就是如果译者自己能解决的，或者想方设法能解决的，绝不交给编辑。因此，我要先研究一番。

首先是 Angela。新华社人名词典中，英、罗、意的人名译"安杰拉"，没有单列爱尔兰的人名，但可以归于英国人名。于是出现了三个译名，但"安琪拉"和"安吉拉"没有依据，也达不到"亚当·斯密"那般不可更改的程度，我为什么不能译成有依据的"安杰拉"呢？

当然，并不只有"安杰拉"。同样是 Angela，不同国家的人，译名就不一样。比如，德国总理默克尔的全名是 Angela Dorothea Merkel，她就按德语人名译成"安格尔"。这就是新华社人名词典的译法。

有人将电影 *Angela's Ashes* 译成"天使的孩子"。一般情况下，同一部电影，不同国家会有不同的译名，为的是让观众容易接受，并有利于促销。估计是实在不解其名，就把 Angela 当成了 Angel，译成了"天使"。英语中，只有首字母大写当女人名时才有 Angela 这个词。至于它是否与"天使"有关，我没有研究，非吾力之所逮。

其次是 Ashes。我首先想到的是查看小说中 Angela 与 ashes 有关的内容。搜索 Angela's Ashes 的英文书，我发现有几种情况涉及 ash：壁炉的灰、炉灶的灰、圣灰、煤灰、石灰、香烟灰等等。但与 Angela 有关的有 4 处：

· Mam smiles, too, but it's a very quick smile and when she looks into the ashes ...

· Mam has tears on her eyelashes. She pulls her chair over to the fireplace. We all eat our bread and egg and watch her cry till she says, What are ye gawkin' at? and turns away to look into the ashes.

· He laughs and Mam stares into the dead ashes in the fireplace.

· She turns away from me and looks into the ashes in the range ... [4]

　　凡四者，不外乎壁炉或炉灶的灰，与骨灰没有关系，因为没有看到作者母亲去世。ashes 是灰烬，但是不是骨灰，没有依据。而且在网上也没有看到合理的解释，或许我没有搜索到吧。

　　我在翻看 *Angela's Ashes* 英文书时，发现最后一章（19 章）只有简短的一句话：'Tis. 这正是作者第二本书的书名。看到 'Tis，我第一感觉是要译成"得其所哉"。我知道，如果我这样译，读者未必接受，可能引起同化和异化的论战，因为英译小说里出现了古汉语。但意境是对的，因为历尽艰难，得偿所愿，岂不快哉。这有点像是章回小说那句"且待下回分解"。由此，我就想，第二册里会不会有答案。我就又搜索了 *'Tis* 里的 ash。发现在第二册的最后，有这样一句话：

In August of 1985, the year my father died, we brought my mother's ashes to her last resting place, the graveyard at Mungret Abbey outside Limerick City. [5]

　　说的是：1985 年，弗兰克·麦考特的父亲去世，就在那年 8 月，他把母亲的骨灰（ashes）从美国带回她最后安息之处，即爱尔兰利默里克（Limerick）郊外 Mungret 大教堂的墓地。

　　可是相距遥远的一句话，会是作者把第一本书取名"安杰拉的骨灰"的缘由吗？

　　无奈之下，我只好求助 *City of Dream* 的作者 Tyler Anbinder 了。第一次，我告诉他中文版的书名有两种理解，我也没有找到合理的解释，似乎英文书中也没有找到依据。因为怕干扰他，我只问他：ashes 是什么灰？炭灰、骨灰还是圣灰，抑或是烟灰？ Tyler 回说是"骨灰"，毫不含糊。因为他没有解释原因，我只好第二次问他：你有什么依据，或者能给一些证明材料吗？网站链接也好。并告诉他我在第二册中发现了上述那句话。他回说：恐怕提供不了。这是很显然的，因为没有其他合乎逻辑的解释。那本书中，死亡的阴影时刻笼罩着作者的一家，将书名中的 ashes 理解为"炭灰"或"木灰"毫无意义。续集提到她死后的"骨灰"被移到不同的埋葬地点，即证实了这种理解。

　　我知道还有很多读者对此也心存疑惑，我把 Tyler 的解释全文贴出来，或许对理解有所帮助。如下：

I am afraid I can't give you any evidence for my argument that the term "ashes" in the title refers to "bone ashes." I think it is obvious. There is no other logical explanation. Death is such an omnipresent part of the book. It makes no sense for the "ashes" in the title to refer to ashes made from burning wood or coal. That the sequel refers to her "ashes" after her death being moved to a different burial place confirms this interpretation.

最后，我要译的是：

弗兰克·麦考特（Frank McCourt）

安杰拉的骨灰（*Angela's Ashes*）

希望此次编辑仍旧勇敢，不畏浮云遮望眼，坚持不改。

通过对"骨灰"的求证，我感觉作者的一、二册本来是一本书，后来出版方想要分册出版，于是就把 19 章的惟一一句话 'Tis 当成了第二册的书名。否则的话，第二册到最后才说到安杰拉的骨灰就有点说不通了。

文章写完之后，我在网上又发现了一段文字，证明我原先的推测是对的。

In an interview, Frank McCourt explained that the book was called *Angela's Ashes* because the two books, *Angela's Ashes* and 'Tis, were supposed to be one book. As it worked out, however, they were split into two books, with *Angela's Ashes* ending with the word "'Tis", and *'Tis* ending with *Angela's ashes* being scattered. Frank has said her ashes went to the ancient cemetery in Ireland where all her ancestors were buried and also to Queens, NY, to her baby daughter's grave.[6]

在表明一、二册本来是一本书之后，作者弗兰克·麦考特讲到了他妈妈的骨灰，除了被送回爱尔兰的祖坟安葬外，安杰拉的骨灰还埋到了纽约皇后区她夭折女儿的坟墓。

Angela's Ashes 确定无疑是"安杰拉的骨灰"了。

等到我把考证的证据告诉 Tyler 时，他高兴地回到：

Well, that certainly does explain things. I'm glad my interpretation turned out to be accurate too.

Chaplain：**牧师、神父还是军牧？**

相对而言，国人信外来宗教的人少，比如基督教、天主教、犹太教或伊斯兰教等。尽管来华传教士花了大力气，中国人还是不容易接受，甚至抵触。不过，传教是有效果的，义和团运动前后有不少中国人皈依，至今不绝。佛教比较特殊。一直以来，国人认为佛教起源于印度，随着《西游记》的传播，唐僧西天取经已是深入人心。但近些年，随着四川广汉古蜀国的考古发现，有些中国学者转而支持佛教倒流说，比如张如柏和张玉玉等。他们认为佛教源于中国，后传入印度，经过古印度人（其中有中国古羌族人）加工整理逐渐形成系统的佛教理论，再由印度传至中亚各国，再传到中国汉代西域各国，最后回流到中国内地，所以，才会很容易被中国人接受。[1]一旦这一观点获得认可，影响可谓甚巨，不但会改变中国史，也将改变世界史。佛教史也会改写，比如，释迦牟尼成了黄皮肤的古羌人，而且得到了基因技术的支持。若如此，除始自长安（西安）的北方丝绸之路和始自泉州的海上丝绸之路，中国还有一条更早的丝绸之路，它是一条商道，起点是成都，经云南保山、腾冲进入缅甸的密支那，而后沿依洛瓦底江进入印度。有学者认为三星堆文明是外来的，走的也是这条传播之路。

佛教起源尚需进一步研究。但不可否认的是，佛教加上国产的道教对中国人的影响很大。即使很多人声称自己不信教，但不可避免地受佛教、道教思想的影响，临时抱佛脚的也大有人在。从这个角度说，中国人不信教是个伪命题，只能说不专一于某个宗教，很可能同时受多家宗教思想的影响；比如，一个人可能烧香拜佛，遇事也会找人算卦；这会说"我佛慈悲"，过会就开始练气健身；既相信天堂、地狱，又相信神仙、鬼魅；还认为存在一个老天爷，情急之中脱口而出的是"天啊"，或"我的天啊"，好比老外挂在嘴边的 Oh, my God。这种杂信仰，反映出中国人的实用主义。

由于不熟悉外国宗教，有些称呼很容易分不清。比如，牧师和神父。基督教和天主教传到中国后，对其神职人员是有不同称呼的。主要区别是基督教的神职人员称"牧师"，天主教的神职人员称"神父"。

"神父"对应的英文单词通常是 father，主要是天主教和东正教所用。其次是 priest，但它既是天主教的"神父"或"祭司"，也指其他宗教的神职人员。剑桥词典的解释是：a person, usually a man, who has been trained to perform religious duties in the Christian Church, especially the Roman Catholic Church, or a person with particular duties in some other religions。因此，翻译 priest 时要看对应的宗教是什么，priesthood 也是如此。

priest 多指天主教的"神父"，用于"牧师"较少，偶尔会有，比如

Puritans wanted less money spent on elaborate church decoration and priestly vestments, less interference in local practices by distant bishops, and more direct participation by laypeople in church services. [2]

清教徒（Puritans）属于基督教信徒，因此，priestly 在这里的意思应该是"牧师的"，priestly vestments 就是"牧师的法衣"。

Dongan brought several Jesuit priests with him to New York City, and as soon as they arrived, they celebrated mass in the fort, the first Catholic service ever held in the city. [3]

Jesuit 是耶稣会，属于天主教，因此 Jesuit priests 是天主教的神父。这从此句后面也能看出。

New Yorkers banned Catholic priests from the province altogether; any found there after 1700 faced imprisonment for life. [4]

Catholic 和 priests 在一起，自然是"天主教的神父"，不能译"牧师"。

When we consider that this immense mass of alien citizens are under the control of a vicious priesthood—that they are wedded to the worst forms of superstition and vice—that their feelings are diametrically averse to the Protestant institutions of this country, ... how manifest is it that the papacy is acquiring a dangerous ascendancy in the United States?[5]

　　此句是一无所知党在报纸上炮轰天主教的话，priesthood 当指天主教的 "神父"，因为后文有 the papacy。the papacy 指 "罗马教皇的职位、权力或任期"。

　　有时搞不清楚 priest 是天主教徒还是基督教徒，译者可自行定夺译为 "牧师" 或 "神父"。比如

A Fujianese American priest agreed, telling a reporter, "We do have some villages with practically no men there." By 2000, the Fujianese immigrants in New York far outnumbered those from Guangdong.[6]

　　该句只说一位福建人移民美国后当了 priest，但没有交待其他的背景信息，此时译 "神父" 或 "牧师" 都应该可以。不过，按天主教译 "神父" 对的可能性大。

　　"牧师" 对应的英文单词就多了：pastor、minister、clergy/clergyman、priest/priesthood、cleric、Reverend、chaplain 等，涉及的宗教派别也多。比如下段文字中的 first pastor 就是 "首席牧师"。

The immigrants, seeing that New Amsterdam would be a more important outpost than originally envisioned, soon began, in the words of their first pastor, Jonas Michaëlius, "to build sturdy new houses in place of the huts and hovels in which up until now they have not so much lived as lodged."[7]

　　需要特别指出的是，pastor 也用于天主教，职务是 "主任司铎"。比如

They complained bitterly to the city's small contingent of Italian-born priests, who primarily served as assistants to the Irish American pastors who ran most of the city's parishes. The Italian priests wrote letters to Rome complaining of the ill-treatment their countrymen received at the hands of the Irish and asking the Vatican to intervene.[8]

Italian-born priests 和 Italian priests 都是指意大利神父，因为后面有他们给罗马教庭（Rome）写信的内容，那 pastors 就是天主教里面的"主任司铎"。

据柯林斯词典解释：Reverend is a title used before the name or rank of an officially appointed Christian religious leader. 意思是说 Reverend 用于正式任命的基督教领袖的名字或头衔前，一般译为"牧师大人"，其缩略词是 Rev.。

chaplain 比较特殊，剑桥词典的解释：a Christian official who is responsible for the religious needs of an organization，即他或她是为某机构提供宗教服务的牧师，这些机构可以是学校、监狱、医院或军队。

基于上述分别称呼的原则，那要是英文中同时出现了"牧师"和"神父"应该如何翻译？

The result was one of the most appalling Union defeats in the entire war. Yet again the Irish Brigade was at the center of the ill-fated attacking force, charging six times into Lee's impregnable line. "The place into which Meagher's brigade was sent was simply a slaughter-pen," wrote the brigade's chaplain, Father William Corby. [9]

这里的 chaplain, Father William Corby 就同时出现了 chaplain 和 Father。如果译为"牧师威廉·科比神父"，那就撞车了。因此，必须研究一下 chaplain 这个词。既然 chaplain 为很多机构提供宗教服务，那他或她既可能是牧师，也可能是神父。如果此处的 chaplain 译为"神父"，那就成了"神父威廉·科比神父"。作者不太可能明知重复还用之，而且 Father 不像是对 chaplain 的同义解释。一定有另外一种合理的说法。

继续研究上下文，发现语境是南北战争，才会有 the brigade's chaplain 这种说法，the brigade 指的是"爱尔兰旅"，那这里的 chaplain 就是军中的 chaplain，即 military chaplain，它在汉语中有个专门的称呼"军牧"。军牧只能是牧师吗？不是的。美军中的"军牧"是一个通称，他们的服务对象是不同的宗教信徒，军牧因此有不同的称呼，比如基督教牧师、天主教神父、犹太教拉比、穆斯林阿訇等等。

既然军牧不专门指牧师，那 the brigade's chaplain, Father William Corby 译

成"该旅的军牧威廉·科比神父"就顺理成章了。

美国是宗教自由的国度,多种宗教并存,包括基督教、天主教、犹太教、伊斯兰教、印度教、佛教等,各个宗教又有不同的教派。据美国国防部统计,服役的数千名军牧代表了 200 多个不同的宗教和宗教派别。

美军设立军牧起源于独立战争。军牧是军官,享受与其他军官一样的福利待遇,不同的是,他们是非战斗人员,不参与作战。

第四部分

智慧的阶梯

Ladder of Wisdom

拙荆与谦卑

有的英语单词有几个词义（several meanings），甚至多个词义（multiple meanings），翻译时需要择其最适者用之，这也是翻译的难点之一。近读《亚当·斯密以前的经济思想》，我就发现一篇文章名涉及一词多义的翻译问题：

那个时代的经济学作家，在小册子的结尾，会表明其绝大多数特殊的要求并不是出于个人的利益，而是出于公共福利。所以斯威夫特也是这样结束其《一个谦卑的建议》的：

我以诚挚之心声明，本人努力推进这一必要的事务，绝无半点个人私利，除了通过发展贸易、抚养婴儿、救助穷人、愉悦富人，增进吾国之公共福利，再无其他目的。本人没有能用来赚一分钱的孩子，最小幼子已9岁，而且拙荆已过生育年龄。[1]

想起译 *The Classical School* 时，在威廉·配第（Sir William Petty）一章我碰到过斯威夫特的这篇文章名，知道它的英文是 *Modest Proposal*：

William Letwin, a historian, calls Jonathan Swift's *Modest Proposal* (1729) "the last word on political arithmetic as an instrument of social policy". The Anglo-Irish satirist Swift lambasted Petty's theory by demonstrating the economic "advantages" of selling 100,000 children per annum to be eaten by the starving poor. [2]

但是，modest 有几个词义。根据牛津词典，主要是：不太大（贵、重要）的、适度的、谦虚的、庄重的或不性感的。那么，*Modest Proposal* 是什么建议呢?

搜索可知,它主要译为:小小的建议、谦卑的建议、温和的建议、谦虚的建议、虚怀若谷的建议、适度的建议、微小的建议、适宜的建议、合宜的建议。而《格列佛游记》的《译本记》中,译者按照 *Modest Proposal* 的全名译出:

最著名的一个小册子叫作《一个使爱尔兰的穷孩子不致成为他们父母的负担的平凡的建议》(1729)。[3]

斯威夫特这个小册子的全名是 *A Modest Proposal for Preventing the Children of Poor People from Being a Burthen to their Parents, or the Country, and for Making them Beneficial to the Publick*,可见张健并没有将建议的原因全部译出,而是译了前一半。要译就要全部译出,否则就要简译。名字太长有文章摘要的感觉。但这不是重点,我们看到他把 *Modest Proposal* 译成了"平凡的建议",没有见过用"平凡"形容"建议"的,似乎不讲。

若按 modest 和 proposal 的组合意义划分,这些人译的书名主要有以下五类:

谦卑类—谦卑的建议

谦虚类—谦虚的建议、虚怀若谷的建议、平凡的建议

适宜类—适度的建议、适宜的建议、合宜的建议

温和类—温和的建议

微小类—微小的建议、小小的建议

其核心是建议者(作者)放低自己的心态,放低自己的姿态,放低自己建议的水平。总之,就是体现建议者的"低"和建议的"小"。但是,它们之间的差别其实很大。应该从哪个角度选择呢?译者经常需要面对这样的选择。

长话短说,经过我的斟酌和对文章的分析,再加上跟作者的探讨,最后我确定 modest 在这里的意思就是 small, *Modest Proposal* 译为《一个小建议》。小就是小,而且不用再进一步地强调,其实,"微小""小小"还是从谦卑的角度理解的,重心并非放在"小"上。

至此，斯威夫特小册子的全名可以译为：

为防止爱尔兰穷人的孩子成为父母或国家的负担，并使他们有益大众而提出的一个小建议

除 modest 外，威廉·配第的那段英文还有一个短语需要正确理解，并且作者还出现了一个明显的错误。

这个短语就是 last word（on）。查词典可知，last word 意为：临终遗言、定论、最新（或最优）之事、最先进的等，哪一个放在译文里都感觉不合适。询问作者，作者回复说："the last word on" means "a convincing argument against"，原来是"令人信服地表达了对用作社会政策工具的政治算术的反对"。

但 *The Classical School* 作者最后说每年卖掉 10 万儿童给穷人吃（to be eaten by the starving poor），显然逻辑不通。如斯威夫特文章的全名所示，他的建议是想减少穷人的人口，并让他们为社会做点贡献，而穷人的孩子没有别的办法，只能成为富人碗里的肉食，既减少了人口，又愉悦了富人。斯威夫特的原文如下：

Thirdly, Whereas the maintainance of a hundred thousand children, from two years old, and upwards, cannot be computed at less than ten shillings a piece per annum, the nation's stock will be thereby encreased fifty thousand pounds per annum, besides the profit of a new dish, introduced to the tables of all gentlemen of fortune in the kingdom, who have any refinement in taste. And the money will circulate among ourselves, the goods being entirely of our own growth and manufacture.

上文中的划线部分表明是把穷人的孩子给富裕的地主吃，不是给穷人。其他参考资料也表明了这一点，如下文中的划线部分：

Presented in the guise of an economic treatise, the essay proposes that the country ameliorate poverty in Ireland by butchering the children of the Irish poor and selling them as food to wealthy English landlords. Swift's proposal is a savage comment on England's legal and economic exploitation of Ireland. The essay is a masterpiece of satire, with a blend of rational deliberation and unthinkable conclusion, and its title has come to symbolize any proposition to solve a problem with an effective but outrageous cure.

作者承认我的求证是正确的，并同意由我修改：You are absolutely correct! That is an oversight. Please feel free to correct it. Thanks!

于是，我将本文第一段英文翻译如下：

历史学家威廉·莱特温（William Letwin）称乔纳森·斯威夫特（Jonathan Swift）的《一个小建议》（*Modest Proposal*，1729）"令人信服地表达了对用作社会政策工具的政治算术的反对"。通过证明每年卖掉 10 万儿童，并把他们做熟后端上英格兰富人的餐桌，从而带来经济"利益"，英裔爱尔兰讽刺作家斯威夫特对配第的理论进行了抨击。

可是，编辑不知道我的求证，不知道作者承认写错了，并同意由我修改，也没有问我为什么这样修改，兼之自己不具备这方面的知识，更不研究，而是按照自己的理解，又改回给穷人吃了：

英裔爱尔兰讽刺作家斯威夫特抨击了配第的理论：在他的故事里，每年卖掉 10 万儿童，并把他们做熟，端上饥饿穷人的餐桌，这创造了经济"效益"。[4]

编辑也不想想，穷人能吃得下穷人的孩子吗？这样违反人性、伦理和逻辑的事情，编辑怎能不三思而改呢？至少问一下译者吧。编辑再研究，徒然耗费时间而已。如果不懂，那还不如选择相信译者。

这就是我经常诟病的编辑恶习之一：明明译者还活在世上，她就是不问。对于毕业时间不长的年轻人来说，她们缺乏的不只是做好编辑的理念和技巧，还缺乏做事的经验。这下好了，让我写进书里，永垂史册了。

开始译书时，我还要求编辑凡是改动之处与我的表达不同的，都要问一下我，一来我可以重新思考，说不定有更好的译法，二来防止编辑改错了。可是十几年来，只有个别编辑零星地问过我，我也就掩旗息鼓了。是什么阻止了编辑不跟译者交流呢？

现在正事解决了。但我还要搂草打兔子说个趣译。

在阅读《亚当·斯密以前的经济思想》那段引文时，我发现译者用了"拙荆"一词，心生好奇。因为"拙荆"是中国旧时对人称自己妻子的谦词，比如《水浒传》中林冲说："恰才与拙荆一同来间壁岳庙里还香愿"，[5]现在应该没人用了吧？即便用，从一个老外嘴里蹦出"拙荆"这个词来，也太有喜感了。

主要是这样的翻译会让读者出戏。我就想是不是英文有什么特殊的表述呢？我就找到了本文开始那段引文的英文原文：

I profess in the sincerity of my heart, that I have not the least personal interest in endeavouring to promote this necessary work, having no other motive than the publick good of my country, by advancing our trade, providing for infants, relieving the poor, and giving some pleasure to the rich. I have no children, by which I can propose to get a single penny; the youngest being nine years old, and my wife past child-bearing.[6]

无它，就是普普通通的 my wife。作者并没有用谦词，因此，翻译时就无须用谦词。

再者，我也没有见过老外用谦词称呼自己老婆的。即便外国人用谦词称呼自己的老婆，翻译时最好也不要用中国特色浓厚的"拙荆"。否则，读者就会有时空错乱的感觉。

如果老外可以称自己的妻子为"拙荆"，那"糟糠"也快挂到嘴上了。想象一对老外夫妻参加派对，在给一位生人介绍自己时，双手一抱拳："幸会。幸会。在下 Robert，这是我的糟糠 Elizabeth。"再谦卑一些的话，就说："这是我的贱内 Elizabeth。"天呐，若我在场，我会笑到失态的！

但笑过之后，我不禁想：为什么外国人不会如此卑下地称呼自己的妻子？

今天是三八国际妇女节。

言外之意的增删

　　我曾经写过《语素序乱但不失其义》一文，指出在翻译图书时，我的翻译方法是"将句子分拆成有意义的最小单元或语素，在不缺失语素的基础上，乱其顺序，但不失其义，从而将句子准确地译出来"。对于看得见的字面意义，好办；可是，作者有时候会有一些不见于字面的暗含之义，如果不了解，就不好处理，甚至无法翻译。

　　Ricardo had an enormous impact on many foundational economic questions. ... Though today he is considered by the liberal (in the British sense) economics establishment to be one of their own, in his time people thought of him as a radical. [1]

　　这一段里面出现了 in the British sense，并放在括号里，必是用来解释什么，那它是什么意思呢？意思是说"这是英国的表述"，或"英国用词"。那它指的哪一部分呢？因为紧跟在 liberal 后面，作者指的是英国人表达"自由主义"时用 liberal 这个词。理解到此，你可能还是似明白不明白。难道其它国家会用其他的词吗？为此，有必要简单了解一下自由主义。自由主义分成了社会自由主义和经济自由主义，社会自由主义主张政府应该向富裕阶层征收更多的税赋，以提供更多的社会福利，创造更为平等和公平均富的社会，思想偏左。而经济自由主义相对成为保守主义，偏向右派。

　　至此，作者意在表达：若是美国人，他们可能会用 left-wing 这个词，即左翼。这就是作者暗含的意思了。那翻译时如何处理呢？

　　因为作者特指 liberal 这个词，而译成汉语后，读者已经看不到 liberal

了。在这种情况下，译者再加括号英文，说明这是英国的用词，就成了无的之矢。所以，此处只适用于英语语境，译成汉语就失去了存在的意义，没有必要再译 in the British sense，只能删掉（deleting the bit）。

现在想想，如果在"自由主义"前面加上"右倾的"，或"经济的"，便能更好地替代 in the British sense。

Ricardo would no doubt have enjoyed intellectual battles with Marx as much as he had done with Thomas Malthus. [2]

若是照字面直译，这句话就是：

就像跟托马斯·马尔萨斯辩论一样，李嘉图无疑乐于跟马克思进行思想上的交锋。

似乎这也能说得过去，毕竟作者就是这样写的。但这里有颗地雷。

了解经济思想史特别是熟悉古典经济学家的读者对李嘉图和马尔萨斯的辩论并不陌生。李嘉图和马尔萨斯是相杀相爱的知己。自从 1811 年 6 月相识之后，二人持续通信，交流思想，还经常相互拜访。一方面，彼此理论观点尖锐对立，在谷物贸易（《谷物法》之争）、价值理论、地租理论、经济周期等方面争论不断，一直持续到李嘉图离开人世。另一方面，李嘉图不仅帮助马尔萨斯投资，赚取收益，还遗赠了马尔萨斯一笔钱。

他俩之间的关系有点像庄子和惠子，二人友善，但见面必抬杠。"惠施卒，而庄子深瞑不言，见世莫可与语也。"[3] 即惠施死后，庄子没有了辩论的对手，整天沉默寡言，了无生趣。惠施，名家的开山鼻祖，学富五车之人，问庄子"子非鱼，安知鱼之乐"的就是他。

可是，对于李嘉图跟马克思辩论就有点疑惑了。在马克思主义全覆盖的一片大地上，很多人应该没有听说过李嘉图，肯定更没有听说过李嘉图跟马克思争论的事。那怎么出现了李嘉图乐于跟马克思辩论呢？紧接着，有人会想到李嘉图和马克思是同一个时代的人吗？

要解决这个问题，只能查一下他们三人的生死时间了。按去世时间的早晚排列如下：

李嘉图，1772 ~ 1823

马尔萨斯，1766 ~ 1834

马克思，1818 ~ 1883

可见，李嘉图跟马尔萨斯是同时代人，跟马克思则不是。李嘉图去世时，马克思才 5 岁，等到马克思有思想、有著作、能与人辩论时，李嘉图已经去世几十年了，二人争辩之事也就无从谈起。

既然如此，作者为什么要说李嘉图乐于跟马克思辩论呢？

再次细读此句，发现后半句用的是过去完成时，表示李嘉图跟马尔萨斯辩论是之前做的事，是事实；而前半句用的是虚拟语气。什么是虚拟语气？首先，它是不真实的；其次，若要满足一定条件，它就会变成现实；在李嘉图和马克思这个例子中，条件就是二人在有能力就理论展开辩论时见上面，也就是生活在同一个时代；如此，李嘉图也会乐于跟马克思辩论，这正是作者想要表达的意思。此时就需要将隐形的意思显形；即使采用译者注的形式补充说明，读者也是遇到疑惑之后再寻找脚注，影响阅读体验。不妨在翻译时多说一句，将虚拟语气表达出来，在正文里直接说明白：

毫无疑问，如果李嘉图和马克思生活在同一时代，他就会像跟托马斯·马尔萨斯辩论一样，乐于跟马克思进行思想上的交锋。[4]

若如此，马克思会写出更多关于批判的批判。

《国富论》之绝对优势

学习经济学不可能绕过《国富论》，它是斯密最著名的著作，斯密因此成为历史上最伟大的经济学家之一。即使斯密可能不像有些人认为的那样是个天才，但了解斯密至关重要（Knowing about Smith is essential, even if he may not be as much of a genius as some people believe[1]）。《国富论》分5卷22章，真正的大部头经典，即使学经济学的人也未必通读，更不用说看着英文，琢磨它如何翻译了。译这样的书确实需要下功夫。

可是，它的引用如此之广，即使不是翻译《国富论》的译者也会时不时地碰到，所谓经济学帝国主义，这就为单独拿出几句话来仔细推敲如何翻译提供了机会。比如下面这句话：

If a foreign country can supply us with a commodity cheaper than we ourselves can make it, better buy it of them with some part of the produce of our own industry, employed in a way in which we have some advantage.[2]

这句话的前半句容易理解，比较难理解的是后半句。为比较研究，我选择了六个《国富论》译本。先让我们看看它们的译者是如何译的：

严复译：

夫使外国供之而廉，国中自供之而贵，则物非吾地利民巧之所独擅者，明矣！则与其自供，何若出吾所专产者相与为易之易得乎！[3]

郭大力和王亚南译：

就某种商品说，设本国亲自制造所费多于向外国购买所费，就不如在我们的较有利的方法上，经营我们本国的产业，而输出本国生产物之一部，以向外国购买。[4]

唐日松等译：

如果外国能够提供比我们自己制造还要便宜的商品，我们最好就用我们自己较有优势的产业生产出来的产品的一部分向他们购买。[5]

谢宗林和李华夏译：

如果某个外国能够以比我们自己做还更便宜的价格供应我们某项商品，那么以我们自己部分的勤劳产出，向他们买该项商品，对我们还是比较划算；我们自己的勤劳当然全部该用在我们有些优势的用途上。[6]

杨敬年译：

凡是外国能以比我们自己制造更加低廉的价格供应的商品，最好是用我们自己的按某种优势使用的劳动的一部分产品去购买它。[7]

胡长明译：

如果外国供应的商品能比我们自己制造的还便宜，那么我们最好就用国内的其他产品与他们交换。[8]

前半句的意思是说：有一种商品，我们能制造（we ourselves can make it），但某外国（a foreign country）不但能制造，而且制造成本比我们低，因此可以比较便宜地卖给我们（supply us with a commodity cheaper）。尽管表述各异，但基本上都是这样译的，没有问题。后半句的翻译问题较大。首先看总体架构：

严复译本：出……专产相与为易

郭王译本：输出……生产物……以……购买

唐译本：以……产品……购买

谢李译本：以……产出……买

杨译本：用……产品……购买

胡译本：用……产品……交换

除严复、胡长明明确地译为易货贸易（barter trade）外，译文都是用自己的产品购买外国的产品，"用产品买产品"逻辑不对，其实还是照字面译成了易货贸易。尽管国际贸易也有以货易货的，但毕竟越来越少。尤其是重农学派前后，各国普遍重视金银的积累，认为金银才是财富，易货贸易还要再次销售才能收到金银，风险更大，不如带着国外的金银回国更为直接。

究其原因，他们都犯了直译的毛病，因为英文是：

buy ... with some part of the produce of our own industry

这里涉及对 produce 和 industry 的理解，译不对的问题就出在这里。

首先说一下 produce。

既然是"购买"，那就要用金银或铸币，那么，produce 就不能译为"产品"，而是"销售产品之后所得的收入"。produce 有"成果""结果"之意，而"成果"当然也可以体现为"收入"，即 with some part of the produce 就是 with some proceeds of a good。也就是说，将 produce 理解为"产品"，不但译出来逻辑不通，而且 produce 在这里也不是"产品"的意思。能否这样理解呢？在《国富论》的英文版中，这句话的上一段（immediately preceding paragraph）还有一句话：

All of them find it for their interest to employ their whole industry in a way in which they have some advantage over their neighbours, and to purchase with a part of its produce, or what is the same thing, with the price of a part of it, whatever else they have occasion for. [9]

不难看出，斯密已经肯定 purchase with a part of its produce 与 (purchase) with the price of a part of it 同义，两种表达方式而已。从而证明了 produce 是"销售收入"的意思，而不是"产品"。如此，buy ... with some part of the produce 就要译成"用部分（产品的）销售收入（购买）"。

这一段各个版本是如何译的呢？

严复直接意译，避开了 produce 和 price 两种表述方式的翻译，只是译了个大概意思。这位提倡信达雅的人连信也没有做到，充分说明他说的"求其信，已大难矣！"顺便说一句，严复称信达雅是译事三难，并没有说翻译的标准是信达雅，尽管"信"是必须的，而达雅也基于信，达则信，不达则不信；该雅雅，不该雅不雅。其实信达雅是一回事，理解作者的意思，用译入语准确表达，这就是翻译，没有什么道理可言：

> 此非拙于计利也，知利莫若各勤其所独擅，有所求则宁易而勿自为，以其费时而损利也。[10]

郭王译本译为两种交易方式，用产品交换，或用收入购买：

> 他们全发觉了，专营一种较优于他人的产业，而以生产物之一部或其一部之价格，购买他们所需要的别种物品，实大有利于他们自己。[11]

唐译本还是分产品和收入：

> 他们都觉得，为了自身的利益，应当把全部精力集中到比邻人有优势的方面；而以劳动生产的一部分或等价的东西，即其一部分的价格，来购买他们所需要的其他物品。[12]

谢李译本想要将两种表述等同，出现了"或等于说"，但"拿出……价格中的某一部分"就又不讲了。除了"价格"，price 还有"代价"的意思，代价是什么呢？就是"部分销售收入"，说明谢李还局限于表面文字了，没有放开译：

> 他们全都发现，对他们最有利的做法是：将他们全部的勤劳用在（相对于邻居而言）他们有优势的用途上，然后拿出自己勤劳产出的某一部分，或等于说，拿出自己勤劳产出价格中的某一部分，去购买他们有需要的其他任何东西。[13]

杨译本看到斯密说 produce 和 price 两个表述相同，但在后面的译文中并没有将 produce 译成"收入"：

> 他们全都发现，用一种使自己对邻人居于有利地位的方式来使用自己的全部劳动，用自己劳动的一部分产物或是它的价格（二者是一回事）去购买自己需要的东西，是于自己有利的。[14]

胡长明的译文：

> 他们都知道为了自身利益，应当把全部精力集中到某种对自己更有利的

方面，只需用一部分劳动生产物，购买他们所需要的，又不值得花费精力生产的物品。[15]

在实际翻译时，produce 和 price 两个表述既然相同，完全可以只译一个，因为在英语中是用不同的词，但在汉语中不用再区分，可以只译"用……收入……购买"。

其次，说一下 industry。

那要先从句子后面开始说起。如何翻译 employed in a way in (which ...)？in a way 是插入语，可以理解为"就按后面的方式应用"，可以不译出来；结合后面的内容，意思就是"要选择我们拥有某种优势的……"，是有某种优势的什么呢？这就涉及对 industry 的理解了。industry 不能理解为"工业"或"企业"，而应理解为"行业"，因为当时主要是农业，甚至是狩猎业，比如动物皮毛交易，制造业也主要是手工业。只有"行业"才有包容性，"工业"或"企业"就失准了。

这样一来，industry 就将"要选择我们拥有某种优势的……"和"用部分（产品的）销售收入（购买）"就关联了起来，可以译为：

用（我们拥有某种优势的行业出产的）部分（产品的）销售收入（购买）……

但这是直译，理解是理解了，但一个大长句，不符合中国人的阅读习惯，而且也不"信"，应尽可能地保留作者的表述方式。为了将长句断开，还是要单独翻译 employed (in a way) in which ...，此句可以改写成 but only if we have an advantage in the production of that good，即译成"前提是……"。

buy it of them 好理解，即"向他们购买"，现在一般用 buy it from them，这个稍加琢磨可以解决。

至此，本文第一段英文可以试译如下了：

虽然我们能够生产，但若某国可以给我们供应这种商品，且比我们自己生产还便宜，我们最好用某行业产品的部分销售收入购买他们的产品，前提是我们在该行业拥有一定优势。

这个优势指的是绝对优势。

无法跟亚当·斯密求证他到底何意是翻译《国富论》最大的难点，但我们可以通过细加琢磨而尽量贴近斯密的本意和表达方式，既不能照字面死译，也不能想当然地意译。

等你再读经典，感觉似明白不明白，那就是翻译存在问题；也许是隔三差五，也许是比比皆是。至于哪个译本比较好，读者自鉴。

李嘉图的 more or less

大卫·李嘉图的《政治经济学及赋税原理》于 1817 年首次出版，李嘉图生前共出了三版，二、三版分别于 1819 和 1821 年出版，上世纪 30 年代初中国始有郭大力和王亚南的汉译本。据商务印书馆 1962 版的出版说明：郭王译本"最初由神州国光社出版，其后移归中华书局发行"。我手里即有一本中华书局 1936 年 4 月发行、1949 年 11 月第 3 版的《经济学及赋税之原理》，虽然出版年代较晚，但内容应该是最早的那一版。

从其封面的图章看，它最早是国立广西大学图书馆的藏书，后藏于广西师范学院图书馆。我是在网上淘的旧书，纸张已经自然黄脆，好在从封面到封底没有缺失，细心翻看仍旧没有问题。此书于抗日战争期间翻译、出版，并在广西解放前夕再版，因为在 1949 年 11 月出版后不久，1949 年 12 月 11 日，人民解放军将红旗插上镇南关（今友谊关），标志着广西全境解放。从其版权页上看，此书是在上海澳门路 89 号中华书局自己的永宁印刷厂印制的，也就是说，大概此书运到国立广西大学图书馆并入库前后不久，广西就已经解放了。翻译、出版跨越时空久远，而且经历过战争，保存完好，最后流转到我的手里，而且还不贵，越想越觉得它很有历史感。

但我买它不是为了收藏文物，是要读的，需要考证和求证时它就有用了。在我需要译下面这一段时，它就派上了用场。

"When we compare the state of a nation at two different periods," says Adam Smith, "we may be assured that its capital must have increased during the interval between the two periods." Ricardo is the worst offender. "In different stages of society ... the accumulation of capital ... is more or less rapid." [1]

　　我要讨论的是上段英文的最后一句。显然，它不完整。为准确理解它，下面我将整段引出，因为后面一句可用于佐证前面一句。

　　In different stages of society, the accumulation of capital, or of the means of employing labour, is more or less rapid, and must in all cases depend on the productive powers of labour. The productive powers of labour are generally greatest when there is an abundance of fertile land: at such periods accumulation is often so rapid that labourers cannot be supplied with the same rapidity as capital. [2]

　　郭大力和王亚南是怎么译的呢？翻至 61 页，但见译文如下：

　　社会发达的阶段不同，资本的蓄积或雇劳动基金的蓄积，亦迟速不一。但无论如何，资本蓄积，均须受支配于劳动生产力。沃地甚多的时候，劳动生产力往往最大。资本蓄积较速于人口增加，是常有的现象。[3]

　　英汉对照之下，发现译文有值得商榷之处，主要涉及：

　　第一句中对 more or less rapid、or 和 means 的理解

　　第二句中对 so rapid that ... 的理解

　　more or less rapid 郭王译为"迟速不一"，给人的感觉是有快有慢，但 more or less 修饰的是 rapid，李嘉图在此处强调的是 rapid，那 more or less rapid 的意思就是 sometimes more rapid and sometimes less rapid，more rapid 是快速里面的"较快"，less rapid 是快速里面的"不太快"，但前提都是"快速"，而不是有快有慢，"不太快"不等同于"慢"，这就好比绿有深绿和浅绿，但浅绿可不是蓝，它们有质的区别。可以译为："在不同的社会阶段……资本的积累……都是快速的，只是有时比较快，有时不太快。"当然，资本积累不可能都是快速的，可能在李嘉图看来，当时是快速的。

　　这里的"快速"可以用第二句加以佐证。第二句是 so ... that ... 句型，大意是：积累的速度如此之快，以至于……。从译文看，郭王没有译出此结构，并且只是译了该句的前半部分，that 后面的意思丢失了。

　　建国后，郭大力和王亚南对原译本进行了修订（修订后的内容如下），

两个版本分别是商务印书馆 1962 年的《政治经济学及赋税原理》和 1981 年的《李嘉图著作和通信集·政治经济学及赋税原理》。

在不同的社会阶段中，资本或雇用劳动的手段的积累速度是有大有小的，而且在所有的情形下都必须取决于劳动生产力。当肥沃的土地为量很多时，劳动的生产力一般也最大：在这种时期中，积累往往十分迅速，以致使劳动者的供给增加的速度赶不上资本。[4]

修订后的内容仍旧在 more or less 处坚持有快有慢，但 so ... that ... 句型译出来了，只是"赶不上"前后的对比项不对应。

对比修订前后的译文，不难看出 or ... means 处的翻译也有变化，"资本的蓄积或雇劳动基金的蓄积"变成了"资本或雇用劳动的手段的积累速度"，这里涉及对 or 或 means 的理解。

根据 or 这句插入语后的谓语是 is 来看，此句的主语是 the accumulation of capital，即资本的积累，没有 or of the means of employing labour 这个插入语，这句话也完整，插入语是对主语的具体说明，因此插入语和主语的关系应该是并列关系，而不是两种东西，即"或者说"，比如"手机，或者说移动电话"，其实说的是一回事。

译者对 means 是如何理解的呢？最初的译文是"雇劳动基金"，修订后成了"雇用劳动的手段"。一个是"基金"，一个是"手段"，前者明晰，后者模糊，什么手段？因为 means 跟作为主语的资本（capital）是一回事，于是，"基金"是对应的，至少是钱，"手段"就不对应了。也就是说，修订之后，此处的翻译反而更差了。想必二位译者受到了当时流行的《政治经济学》特别是《资本论》的影响，因为它们经常采用的一个词就是"手段"，但它跟资本（capital）是不对应的。这就涉及对 means 的理解了。

查牛津词典，除了"方法、手段"外，means 还有"金钱、收入"之意，如此，the means of employing labour 就是"雇用劳动力的资金"，也就跟"资本"对应了。

尽管郭大力、王亚南已经修订了自己的译文，但其他出版社的译本或许没有注意甄别，从这一段的译文来看，有些版本采用的仍是郭王的最初版本，也就失去了参考价值。此类版本我手里有三个：

2008 年 8 月，上海三联书店，《经济学及赋税之原理》（p.48）

2013 年 10 月，北京联合出版公司，《政治经济学及赋税原理》（p.44）

2014 年 10 月，译林出版社，《政治经济学及赋税原理》（p.44）

那么，除了郭王译本，其他译者的译本是如何译的这一段文字呢？从我手里的译本看，采用较多的是周洁的，有二个版本，前后有修订，后面的译文出版过两次：

周洁版本一：

在不同的社会阶段中，资本和雇用劳动手段的积累速度有快有慢，并在任何情形下都必须取决于劳动生产力。在有丰富的肥沃土地时，一般来说劳动生产力最大：在这一时期，积累往往非常迅速，以致劳动者的供应速度赶不上资本积累的速度。[5]

周洁版本二：

在不同的社会阶段中，资本和雇用劳动者手段的积累速度有快有慢，并在任何情形下都必须取决于劳动生产力。在肥沃的土地上，一般说来劳动生产力最大而积累也往往非常迅速，以致劳动者的供应速度赶不上资本积累的速度。[6]

从周洁的前后译文看，变化不大。前面的译文有很浓的郭王的味道，几乎相同；后面的译文稍有修改，但仍然能看到郭王的影子。more or less rapid 仍然是有快有慢，means 都是"手段"，so ... that ... 句型都译出来了；不过后面的译文出现了一个大错，本来"有丰富的肥沃土地"改成了"肥沃的土地"，既漏掉了"大量的"，也不是"在肥沃的土地上"之意。

另外还有两个版本：

在社会发展的不同阶段，资本和雇用劳动方式的积累速度有快有慢。不管在什么情况下，其积累速度都取决于劳动生产力。当存在大量肥沃的土地时，劳动的生产力一般是最强大的，此时积累的速度也是最快的，以致于劳动者的供应无法与资本的积累速度保持一致。[7]

尽管有些地方有待推敲，比如"雇用劳动方式"，但在这些译本中，丰俊功的译本还算是中规中矩的。下面是王文新等人的译文：

资本或雇佣劳动方式的蓄积速度因社会发展状况的不同而不同，但都取决于当初的劳动生产力。优等土地非常多的时候，劳动生产力往往也最大。这时，蓄积的速度也往往最快，以至劳动供给的增加被它甩在后面。[8]

"雇佣劳动方式"怎么蓄积？方式罢，手段也罢，这是所有译文的通病；英文中不存在"当初的劳动生产力"这一表述；"甩在后面"就有点太随意了，尽管有些许对比的味道，但谁跟谁对比呢？作为对比一方的"资本积累"不见了。

《赋税原理》的封面说它是"全译典藏图本"。除了彩图是个亮点外，文字并不严谨。那句话怎么说来着，Don't judge a book by its cover，信矣。

凡此种种皆为本人管窥之见，读者请自鉴。

至于我为什么会选择这些句子细加推敲，并写出来，我曾经跟一位读者交流过。就用我的回复结束此文吧：

主要是译文有且只有一个正确或者说准确的译法，就看译者找不找得到。因为我在翻译其他书的时候，会遇到很多引用，这就有机会仔细琢磨一两句，放在聚光灯下进行显微手术。我喜欢自己译，不愿意直接引用现成的译文，因为未必准确。但在自译之前，我会研究其他译者的译文，很容易就会发现他们的错误。至于写出来，因为我喜欢分享，（1）让读者认识到翻译不容易，它是一个高端的智力活动。可是（2）现在的图书翻译门槛很低，存在大量质量问题，译者不认真，编辑不识货。说明中国的英文、中文教育有问题，（3）也让译者认识到，翻译是个良心活，没有金钢钻别揽细瓷活，比如英语专业的老师翻译古典政治经济学。（4）再就是不要认为没有读者看出来，只是有人说出来，有人不说而已。（5）当然，这也是对自己的警示，你说别人，别人也可以说你。所以，要认真仔细地翻译。

住在 pen 里的老头

　　图书翻译这事之所以出现错误，少量是译者没有弄懂，大多数是因为译者不认真，因为大多数英文并不难理解。若是读到明显不符合逻辑的译文，基本上可以肯定是译者没有弄懂；译者不觉得错，或假装不错，编辑没看出来，或压根没有中英对照着核查；读者也没有读出来，或者读出来了也懒得说或无处说，甚至读者告诉了，编辑也懒得管，以至于错译可以保持多年而得不到修订。但追其责任，译者的责任最大，因为这是第一道关，错误的源头；究其原因，一乃译者内心深处缺少对文字翻译的敬畏，得过且过，个人品牌意识淡漠；二乃缺少一个客观的力量迫使他们对文字翻译产生敬畏之心，比如译者的奖惩制度和信誉制度；三乃缺少优、劣译文的对比，两兔相较，就能明辨雌雄，相应地，缺少译者的分级制度，以及相应的翻译价格；四乃绝大多数编辑外语能力差，文字水平低，无法分辨译文的优劣，从而使得三审三校沦为笑话，错译没有减少，反而越来越多；五乃绝大多数读者没有能力分辨翻译图书的优劣，以至于市场的优胜劣汰机制难以发挥作用；发现质量不高，也没有读者退货的，或者堵在出版社门口骂大街的。或许这能触动那些编辑一会儿，至少挨骂的时候。

　　优不胜，劣不汰，这是各行各业的特色病，出版行业尤甚。

　　读者是被动的受众，图书质量的好坏决定了他们是受益者还是受害者，因此不能苛求读者发现不了书中的错误。有些书，比如《马克思恩格斯全集》，读者寥寥，更不可能指望读者发现错误。如果编辑"相信"译者，有些错误就会很难发现。

说实话，若不是要翻译引自《英国工人阶级状况》（*The Condition of the Working Class in England*）中的两句话，我也不会读它。

In one district of Manchester, Engels reports, he "found a man, apparently about sixty years old, living in a cow-stable. He had constructed a sort of chimney for his square pen, which had neither windows, floor, nor ceiling ... the rain dripped through his rotten roof."[1]

它的英文原文全文如下：

In this district I found a man, apparently about sixty years old, living in a cow-stable. He had constructed a sort of chimney for his square pen, which had neither windows, floor, nor ceiling, had obtained a bedstead and lived there, though the rain dripped through his rotten roof. [2]

尽管引用并非全部，但考虑到删减部分并不多，而且我看到删减部分的译文也存在问题，不妨一起说一说。其中文译文如下：

在这个地方，我遇到一个人，看样子已经六十来岁，住在一个牛棚里；在这个没有窗子、没有地板、甚至地上什么也没有铺砌的方匣子里，他装了一个像烟筒似的东西，放了一张床，就住在里面，一下雨，雨水就从破烂的屋顶往下漏个不停。[3]

《英国工人阶级状况》是恩格斯根据对曼彻斯特的亲自观察和可靠材料写成的，上面的例子是他在索尔福的工人聚居区发现的。

apparently about sixty years old，与英文对照之下，我觉得译为"看样子已经六十来岁"这句译得还算出彩，因为其他人可能会译为"大概六十岁"或"显然大约六十岁"，"显然"是从哪里看显然呢？而"看样子"就将恩格斯的观察表达了出来，观察其外貌和身形而得知。其他的句子就各有各的问题了。

In this district，意思是"在这一地区"或"在这一区域"，考虑到恩格斯是在曼彻斯特考察，district 应该是行政区或街区，译者译为"在这个地方"勉强可以。但根据书中这一段的上文，district 应该是街区或工人的住宅区（working-men's dwellings）。

I found a man，译者译为"我遇到一个人"，有必要细加推敲。首先，find 是"发现"或"偶然发现"，符合恩格斯正在做的事情，一般不译为"遇到"。"遇到"一般指在路上碰到，恩格斯显然不是在路上看到的这个 man。man 当然是个男人。结合前后文，不妨译为"我在此地发现了一个老头"。为什么译为"老头"？如果不译为"老头"，那就要译为"我在此地发现了一个男人"；尽管从"人"到"男人"已经更加明确，但他已经 60 来岁，考虑到当时英国人的平均寿命，60 来岁已经是老年人了，再加上后文说 This man was too old and weak for regular work, and supported himself by removing manure with a hand-cart，称他是老头应该是可以的。只是译者将 regular work 译为"经常性的工作"，不如"固定工作"更准确；所谓固定工作就是定期上下班的工作。当中国人说"此人没有工作"时，指的就是没有固定工作。中国建国以后，实行"军事化"管制，农村人口不许随便迁徙，市民则被分配至机关、军队、大学、国有企事业单位、大和小集体企业……，"没有工作"表示你不属于任何单位，只能是社会混子、无业游民、闲杂人等，是一种备受轻蔑的身份。

living in a cow-stable，译为"住在一个牛棚里"稍有不妥。牛棚一般是喂牛的地方，一面开口。我小时见过生产队的牛棚就是敞口的，敞口处放一个食槽，把牛挡在里面。根据上下文，老头住的地方应该是四面有围墙的，类似"牛栏"，即用于让牛免受恶劣天气的影响，比如遮风避雨，给它们提供舒适的环境。但是不是真的当过牛栏？从上文可知，恩格斯一起在说他看到的工人住宅肮脏、破败，拥挤不堪，没有表明此处曾经圈过牛的描写。我觉得译为"牛栏一样的破烂屋子"可能更恰当。

He had constructed a sort of chimney，译者译为"他装了一个像烟筒似的东西"，译者将 construct 译为"装"，显然是想到了铁皮烟筒，鉴于这是在英国，我会首先想到的砖砌的方形烟囱，如此，construct 才能讲得通。a sort of 意思是"有点像是烟囱"，表明恩格斯只是观察，并没有跟老头有所交流，否则，他会问这是干什么用的。从前面恩格斯只是估计老头的年龄，而不知其真实的年龄，也能看出他没有跟老头交流。因此，是不是烟囱以及干什么用的，他也说不准，只能说"像是烟囱"。

square pen，可以肯定地说，凡不合逻辑或讲不通的地方一定是错译。译者将 square pen 译为"方匣子"，显然是错的。前面刚说了是"牛棚"，接着说"在这个……方匣子里"，让人迷惑不解。square 表示"方"没有问题，但 pen 可不是"匣子"。查词典可知，pen 是 a small area surrounded by a fence, especially one in which animals are kept，意思是说它是饲养动物或家畜的圈或栏；比如羊圈或猪圈就是 sheep pen 或 pig pen；另外，供幼儿在内玩耍的游戏围栏是 playpen；从 pen 的英文解释也能进一步证明，cow-stable 最好译为"牛圈"，因为四周有围栏。

which had neither windows, floor, nor ceiling，意思是这个牛圈没有窗户，没有地板，也没有吊顶。ceiling 最好译为"吊顶"，指屋子里漏着房梁和檩条。这还是表明恩格斯的观察视角。作为终生过着上流社会的生活，最大的开支项可能是资助马克思的恩格斯来说，没有窗户、地板和吊顶的地方就不是人住的地方，所以，这三样的缺失才会给他留下深刻的印象。但译者译出了"没有窗户"和"没有地板"，却把"没有吊顶"译成了"地上什么也没有铺砌"，而且是刚说了"没有地板"，这心也真够粗的；想必编辑也没有读过，即使读过，也没有细想。

had obtained a bedstead，译者译为"放了一张床"，也需要推敲。bed 和 bedstead 是有区别的，bedstead 是"床架"，表明这个老头没有什么财产，能看出是个床架，说明它是旧床，而且床上没有什么东西，否则，不可能通过观察能看出只是一个床架子。也就是说，老头穷得只剩下一个床架子了。

though the rain dripped through his rotten roof，不难看出，恩格斯当时去的时候可能是刚下过雨，因此，他会看到雨水从牛圈的顶上漏下来，但可能当时不是正下雨，因此，雨水不会"漏个不停"，况且英文并没有此意，这属于超译了。这是一句话，译者却译为两句："一下雨，雨水就从破烂的屋顶往下漏个不停"，分明想向读者交待这雨水是下雨时的水，这就有点多此一举了。而且，这不是"屋顶"，因为不是"屋"。

另外，译者把 though 放弃了，没有译出来。其实，通读之下，though 这句跟前面的 lived there 在语意上是关联的，意思是"尽管雨水从'牛圈'顶上滴下来，他还是得住在那里"，至少没有住在露天里，表明了穷人的一种无奈。

一番推敲下来，不难看出译者不是没有弄懂，就是不认真。结果就是无法向读者传达出恩格斯当时考察的情境：

衣冠楚楚的恩格斯，戴着高筒帽，想必还拿着把雨伞，踩着泥泞的道路，深入工人的居住区，看到一个牛栏样的房子，于是好奇地进去观察，扫视之下，看到一个老头，家徒四壁，没有说什么，退出，回家之后也没有忘记自己的所见所闻，之后写进了书中。

这其实是一种记录片长短镜头的交替运用。译者必须沉浸到作者想要描写的情境之中，跟随作者的笔锋，重新经历一番，才能译好。这就是很多译者只是在译，却无法译好的重要原因之一：无法像作者那样二次游历。这已经不是单纯词句层面的问题了。

我将此段英文翻译如下：

我在这一片发现一个老头，看样子 60 来岁，住在一个牛栏般肮脏简陋的屋子里。他在自己的"方形围栏"里垒了一个烟囱样的东西，这里既没有窗户，也没有地板，更没有吊顶，只摆着一个床架，尽管雨水从破烂屋顶滴落下来，他还是得住在那里。

上述内容是我边译边写下来的。可惜，恩格斯这一章出版时删掉了，同时删掉的还有马克思一章。不过，这并不影响我们探讨其中一些句子的翻译。因为恩格斯的《英国工人阶级状况》原文是德文，后来我又找到了另外一个英文版本，而且跟本文前述引文差别还挺大。对于我们的理解，它提供了一个很好的佐证。英文如下：

It was here that I found a man, who seemed to be about sixty years of age, living in a cow-shed. He had constructed a sort of chimney for his square-shaped hovel, which had no floor-boards, no plaster on the walls and no windows. He had installed a bedstead and here he lived although the rain came through the decaying roof.[4]

前后对照，有三处的用词可以相互印证。

（1）前者用的是 a cow-stable，后者改用 a cow-shed。如果两个译者都用 cow- 的复合词，说明肯定与牛栏或牛圈有关，但不太可能是临时存放奶牛或挤奶的地方，更象是形容工人的住宅象牛栏般的肮脏简陋。

（2）前者用的是 square pen，后者改用 square-shaped hovel。hovel 意为"破败的小屋，肮脏简陋的住所"，它的出现表明恩格斯并非说老头的住处是牛栏或牛圈，而是以此比喻他的住处肮脏简陋，条件很差。

（3）前者表明屋子没有窗户、地板和吊顶，后者的表述稍有不同，不再提 ceiling，而是改用 no plaster on the walls，即墙上没有粉刷，两次证明老头的住处并非真的牛棚或牛圈。

《国富论》中的 pin

1776 年，《国富论》出版，它是有史以来最著名的经济学著作，斯密最重要的贡献。据说玛格丽特·撒切尔（Margaret Thatcher）常在手提包里带一本《国富论》。

一说起斯密，人们首先会想到"看不见的手"，但是，在斯密已经出版的全部著作中，他只提到过三次"看不见的手"，而且每次使用的语境完全不同，从来也没有表达过大众理解的那个意思。因此，将斯密与看不见的手联系在一起，完全是后人"深入挖掘"并加以彰显的结果，并非他的本意。

其次，应该是劳动分工的思想。斯密在《国富论》中第一次提出了劳动分工的观点，《国富论》开篇第一章谈的即是劳动分工。其基本理念在于：若是让每个工人专注于一项任务，他的生产率就会大大地提高，在给定的劳动时间里创造更多的价值。斯密在《国富论》中探讨 pin 工厂的那一段特别著名，以至于在英国 20 英镑的钞票上，斯密肖像的旁边是一幅工厂的劳动分工图和阐明劳动分工的一句图片说明。

什么是 pin？这正是我将要谈的问题，因此暂不揭开谜底。下面让我们看一下斯密是如何描写这个 pin 工厂的。为了减少篇幅，我只摘抄相关的部分：

But in the way in which this business is now carried on, not only the whole work is a peculiar trade, but it is divided into a number of branches, of which the greater part are likewise peculiar trades. One man draws out the wire, another straights it, a third cuts it, a fourth points it, a fifth grinds it at the top for receiving, the head;

to make the head requires two or three distinct operations; to put it on is a peculiar business, to whiten the pins is another; it is even a trade by itself to put them into the paper; and the important business of making a pin is, in this manner, divided into about eighteen distinct operations, ... [1]

现有出版的书是如何译 pin 的？依据我手中的书，主要有这样几种：

1. 针

—胡长明译，《国富论》，重庆出版社

—郭大力，王亚南译，《国富论》，北京联合出版社

—杨敬年译，《国富论》，陕西人民出版社

—唐日松等译，《国富论》，华夏出版社

2. 别针

—谢宗林，李华夏译，《国富论》，中央编译出版社

—冯勃翰译，《经济大师不死：因为被你搞懂了》，先觉出版社

3. 扣针

—黄延峰译，《经济学大师们》，中信出版社

—杜丽群等译，《已故西方经济学家思想的新解读》，中国社会科学出版社

4. 图钉

—黄延峰译，《天才的回声》，中信出版社

需要特别说明的是，《已故西方经济学家思想的新解读》是 New Ideas from Dead Economists 的第一版（1989），《经济大师不死》是其台湾版，根据它的出版年月（2000），推断它是 New Ideas from Dead Economists 的第二版（1999），中信出的这两本都是我译的，应该是 New Ideas from Dead Economists 的第三版（2007）；两个中文版有变化，相当于《天才的回声》是《经济学大师们》的修订版。在我最初交的译稿中，我将 pin 译成"大头针"。遗憾的是，这两版分别改成了扣针（经济学大师们，p.30）和图钉（天才的回声，p.37）。所以，我就想着有机会修改过来，或者通过旧版书再版，或通过新版书的新版。据了解，旧版书不再版了，虽然这书的英文版

有了新版，但还没有哪家出版社感兴趣。此事在我犹如鱼刺在喉，不改不快。那么，我为什么译"大头针"呢？当初我用的是排除法，因此，下面分别讨论一下别针、扣针和图钉；"针"就不探讨了，太笼统，没有意义。

首先看下"别针"。别针有多种，有时大头针也用来当别针。从拉直铁丝（another straights it）来看，凡是弯曲的东西就不是《国富论》中说的 pin，带帽的别针就被排除了，它在英语中称 safety pin，再加上别针有一个起弹簧作用的圈和一个卡放针尖的帽，就更加肯定了 pin 不是别针了；再从"第四个人制作尖头"（a fourth points it）来看，"回形针"没有尖头，也可以排除。

再看扣针。扣针基本上就是别针，多是没有针尖卡放的帽，大同小异，基本上可以排除。

再看图钉。说实话，图钉和大头针很近似，只是头（head）有大小，杆有长短；图钉的英文单词有三：（1）drawing pin 和（2）thumbtack，它们的定义都是"短而尖的大头针"（a short, sharp pin with a flat, round top, used especially for putting up notices）。（3）pushpin 的定义是小大头针，但加上了不同的定语：a small pin with a small ball-shaped piece of plastic on one end, used especially for putting notices, pictures, etc. on a board or a wall，它的尾端形状如"工"字，因此，学名"彩色工字钉"。估计斯密那时还没有发明出来。

另外，从《国富论》的这一段描述，人们也很容易将 pin 理解成"图钉"。当初我否定"图钉"是基于这句话：it is even a trade by itself to put them into the paper。

trade 尤指需要特殊技术和手艺的职业或行当，此处可译为"需要特殊技艺的手工活"。此句表明 pin 是要用纸包起来的，而图钉无法用纸包，它无法一顺，针头朝向各个方向，用纸包没有必要。而大头针可以用纸包，尽管现在用盒装了，但在几十年前，大头针是用纸包装好再装盒的。在我上面列出的 5 个版本的《国富论》中，只有译"别针"的谢李本译成了用纸包装；郭王本译的是"以针刺于纸"，说明译者既不熟悉大头针的制造，也缺少生活经验。

有读者说，从 put them into the paper 看，"这应当是把大头针一排排整齐地插到硬纸上"。且不说 put 有"放"意思，put it into his pocket 就是"塞进他的口袋"，而不是"插进他的口袋"，若是大头针能一顺地包好，还有什么必要把它们插进纸里呢？这又不是发夹。如果你是资本家，你会舍易求难吗？明明用纸包一下就能卖，为什么还要多此一举插在纸上呢？杨敬年、胡长明和唐日松都是译为"装进纸盒"。若大头针不用纸包装，而是直接用纸盒装，那还真的不好排除"图钉"。

by itself 肯定不是"大头针自己……"，因为 it 和 them 在人称上不匹配，而且若是"自己来做"，前面会有动词，如：A self-sufficient settlement is analogous to a pin worker who must cut, bend, attach, and deliver by himself. 因此，by itself 在这里一定是别的意思，其实，by itself 是"单独地、独立地、孤零零地"之意。

该段英文其他翻译上的细节错误或不准确在此就不赘述了。

有人会说，这都是你瞎猜的，对了也是蒙对的。的确，当初是蒙的，只是真的让我蒙对了，现在我有了确凿的证据。

2018 年 6 月，我译的《深度工作 7 步法》（Art Thinking，北京联合出版社）出版，我说的证据就在此书中。此时，距离《经济学大师们》出版六年，距离《天才的回声》出版二年。其时，2017 年 9 月我就译完了《深度工作 7 步法》（据说仅仅因为该书的中文名就想了半年，尽管如此，我觉得还不如叫《深度创新 7 步法》更好些，或《艺术思维的深度创新》，甚至干脆就叫《深度创新》。因为作者讲的是如何将艺术思维与工商管理相结合，这也正是作者将书取名 Art Thinking 的原因），当时译的时候我就有写 pin 的冲动，一来因为太忙，二来寄希望于旧版书再版时能够更正过来，一直没有动笔，直到今天才耐着性子写它。

在 Art Thinking 的 Introduce 中讲到了《国富论》的大头针工厂的劳动分工，它是这样讲的：

In his 1776 book, The *Wealth of Nations*, Adam Smith, the godfather of economics, visits a pin factory and finds that if a single worker makes an entire pin by himself, he can make twenty in a day, but if ten men divide pin-making up into steps, they can make the equivalent of 4,800 pins per person per day— 240 times as many. The division of labor helps you make pins faster, but it doesn't help you make a better pin or figure out how to make a pin from scratch— whatever the "pin" is. [2]

我的译文如下：

在其 1776 年出版的《国富论》一书中，经济学之父亚当·斯密谈到他曾经参观一家大头针厂，发现如果单个工人自己从头到尾制作大头针，每天可做 20 枚，但如果 10

IO ART THINKING

one about a pencil, the first about efficiency and the second about known value.

In his 1776 book, *The Wealth of Nations*, Adam Smith, the godfather of economics, visits a pin factory and finds that if a single worker makes an entire pin by himself, he can make twenty in a day, but if ten men divide pin-making up into steps, they can make the equivalent of 4,800 pins per person per day— 240 times as many. The division of labor helps you make pins faster, but it doesn't help you make a better pin or figure out how to make a pin from scratch—whatever the "pin" is.

The story of the pencil comes from Leonard Read's 1958 essay, "I, Pencil"—a charming tour of how a pencil is made, from the point of view of the pencil. The upshot is that no one person could ever make a pencil. Only the "magic of the price system"—to quote Milton Friedman's 1980 retelling—lets all the different actors—loggers, graphite miners, kiln operators, lacquer painters, and so on—combine efforts.

个人分别完成不同的工序，他们的生产量相当于每人每天制作 4800 枚大头针，提升达 240 倍之多。劳动分工有助于更快地生产大头针，却无助于制作质量更好的大头针，也无助于理解如何从零开始制作大头针，不管什么样的"针"皆是如此。[3]

对比我的译文与出版的文字，编辑一个字也没有改。谢天谢地，如果改成别的针，我还要继续等待修订。编辑不乱改，这也是我现在还在跟该书的编辑合作的原因之一，即使她已经换了东家。

有读者会说这还是文字，你还是在猜。不，我有图为证，而且是作者亲自画的插图。

有读者还是会提出疑问：你怎么能保证这个插图指的是 pin？为此，我跟作者求证过，得到的答复是：这是作者亲自画的插图，这个图画的是大头针，它就是 pin。

至此结案。

那么，开头那段英文的参考译文可以贴出来了：

但是，按照它的制作方法，不但整个作业已经成为一种专门的技艺，而且还被分成了若干工序，其中大多数工序同样成了专门的技艺。一个人拉抻铁丝，另一个人拉直，第三个人切截，第四个人弄出尖头，第五个人对一端进行打磨以便衔接圆头。制作圆头需要两三种不同的操作，圆头和杆的衔接是一项特殊手艺，将针增白又是一项特殊手艺，甚至单单把大头针用纸包起来就是一种需要特殊技艺的手工活。如此以来，制造一枚大头针的必要作业被分成了大约 18 种不同的操作。

吹毛求疵一段《人口原理》

若一个人定居外地工作和生活，当有人得知他们远离父母时，很可能会对他们说：父母在，不远游。此话出自《论语·里仁》。相信很多在外地工作的人听到这句话会认为很有道理，并产生负疚感。可很多人不知道或忽视的是，这话还有下半句，完整的话是"父母在，不远游，游必有方。"表明孔子强调子女应奉养和孝敬父母，因此不能远游；若要远游，务必告诉父母明确的去向，"欲亲必知己所在而无忧，召己则必至而无失也"。[1] 理雅各就是按这个意思译的：

The Master said, "While his parents are alive, *the son* may not go abroad to a distance. If he does go abroad, he must have a fixed place to which he goes."[2]

南怀瑾则认为"'方'者应是方法，不是方向"。"父母老了，没人照应，子女远游时必须有个安顿的方法，这是孝子之道。"[3] 我也有我的理解。因为自古以来，没有哪个父母非要把孩子拴在家里，不许远游的。父母反对的是闲云野鹤般地漫游。子女远游必须有充分的理由，须有自己的志向。老牛舔犊，父母挂念远方的游子乃人之常情，但也不至于阻碍子女心怀明确的目标到外地奋斗。

凡事须有前提。生活如此，学术研究也有这种例子。比如，人们对马尔萨斯两个级数的增长耳熟能详。在《人口原理》中，他从土地肥力递减规律出发，断言人口增长将按照几何级数增长，而粮食等生活资料增长大致按照算数级数增长。但是，读其英文原著，就会发现人口呈几何级数的增长也是有前提的。

Population, when unchecked, increases in a geometrical ratio. Subsistence increases only in an arithmetical ratio. [4]

这个前提就是 when unchecked，意为"在不受限制的情况下"，或"若不加以限制"。实际情况是，人口不可能无限制地增长，各种人为的（比如计划生育、堕胎、种族屠杀）和自然的（天灾）因素会抑制它的增长。

下面这段文字便很好地说明了什么叫"人祸不够，天灾来凑"。

Famine seems to be the last, the most dreadful <u>resource</u> of nature. The <u>power of population</u> is so superior to the power in the earth to produce <u>subsistence</u> for man, that <u>premature</u> death must in some shape or other visit the human race. The <u>vices</u> of mankind are active and <u>able ministers</u> of depopulation. They are the precursors in the great army of destruction; and often finish the dreadful <u>work</u> themselves. But should <u>they fail in this war of extermination</u>, <u>sickly seasons, epidemics, pestilence, and plague</u>, advance in terrific array, and sweep off their <u>thousands and ten thousands</u>. Should <u>success</u> still incomplete, <u>gigantic inevitable famine stalks in the rear</u>, and with one mighty blow <u>levels</u> the population with the food of the world. [5]

商务印书馆的译文如下：

饥馑似乎是自然的最后、最可怕的手段。人口增加的能力远远大于土地生产人类生活资料的能力，因而人类必然会在这种或那种的情况下过早地死亡。人类的各种罪恶积极而有力地起着减少人口的作用。它们是破坏大军的先锋，往往自行完成这种可怕的行为。如果它们在这消灭人口的战争中失败了，疾病流行季节、时疫、传染病和黑死病就会以吓人的队形进击，杀死无数的人。如果仍不能完全成功，严重而不可避免的饥馑就会从背后潜步走近，以强有力的一击，使世界的人口与食物得到平衡。[6]

此译文译得不够细腻，出现多处硬伤。

resource，办法，对策，"手段"不太准确。

power of population，译为"人口增长的能力"稍有偏差。在此，power 应为"能力、本领"，根据本句后部"地球为人类生产生活必需品的能力"，可将它译为"人口的生产能力"，即人的繁殖力。整句可以理解为：土地的生产能力满足不了人口增长的需求。

subsistence，生活必需品，和"生活资料"不完全相同，相信商务本的译者受马克思政治经济学的影响太大，一说就是生活资料。生活资料可不只是食物。地里能长出"锅"来吗？

premature death，它是"早逝"，不是"过早地死亡"。"过早"的程度有点重，有点像"夭折"。

vices，用"恶行"或"恶习"比较好，用"罪恶"就大了点。感觉译者在政治经济学的影响下，总是有一种"暴力"和"阶级反抗"的情绪，影响到他的用词。

able，不是"有力地"，而是"能干的"。

ministers，"代理人"或"执行者"的意思，商务本没有译出来。

work，结合上下文，这里译成"使命"或"任务"比较好，不是"行为"。

But should they fail in this war 中的 they 应当指代"人类的恶行"，商务本没有译出来。

sickly seasons 译为"疾病流行季节"不妥，可译"人容易生病的季节"。但它和后面的疾病名称不相称，不妨理解成"季节性传染病"。

epidemics, pestilence, and plague，细加区分的话，epidemics 指"区域性的流行病"，而非"时疫"。"时疫"反到是"某一季节流行的传染病"；pestilence 指"大规模的流行病"，传播快，致死率高，类似于 plague，而不仅仅是"传染病"；plague 往往指感染率和致死率很高，传播速度很快的"瘟疫"，在描述中世纪欧洲传染病时出现频率很高。虽然当时的瘟疫又称"黑死病"，但它有自己的名称：Black Death。

advance，只是表达了"前行"，没有表达"进击"，尽管"前行"的结果是"击"。但应首先表达原意。

in terrific array，array 没有"队形"之意，而是"一批、大量"的意思。如此，in terrific array 就是指"数量庞大的"，而非"以吓人的队形"。

thousands and ten thousands 译成"无数"不太准确，"成千上万"较好，毕竟 thousands 是"数千"，ten thousands 是"数万"。比如 the size of their staff amounting to thousands and even tens of thousands 意思是说"数以千计甚至过万的员工数目"，若译"无数"，那得是多么大的公司？

success，译成"成功"不太恰当，和前文"失败"对应最好是"取胜"。

gigantic，表示"巨大"、"广大"，因此它是"大范围的"、"大面积的"，而不是"严重的"。

stalks 译"潜步走近"不如"悄然而至"。in the rear 不是"从背后"，而是指疾病不奏效时，饥饿便"尾随而至"。

level，在此为动词，表示"消除差别"，也是"平衡"的意思，但"平衡"带有褒义。

我尝试着翻译如下：

饥馑似乎是大自然最后也是最可怕的应对之策。土地为人类生产生活必需品的能力远不及人口本身的生产能力，以至于人类必然以这样或那样的方式早早离世。在减少人口方面，人类的恶行成为积极而又能干的杀手，它们是消灭人口的先头部队，往往凭一己之力就能干完这可怕的活。如果它在这场消灭人口的战争中败下阵来，季节性传染病、区域性流行病、大范围流行病和瘟疫就会蜂拥而至，夺走成千上万人的生命。如果它们还不能大获全胜，随后，大面积的饥馑便不可避免地悄然杀到，只需强力一击，便可抹平世界人口和食物之间数量上的差距。

我手中还有三个版本的译文，人大版和华夏版都将 power of population 理解成了"人口的增殖力"，其他的与商务印书馆的版本大同小异。想必晚版译本参考了早版译本。我抄录如下，读者自鉴。

陕西师大版：

饥馑似乎是自然最后、最具破坏性的手段。人口增加的能力大大超过土地生产人类生活资料从而减少人口的作用（这句话从"从而"处开始读不通，应是丢失了一些内容）。它们是破坏大军的先锋，往往独立完成这种可怕的行为。如果它们在这消灭人口的战役中失败了，疾病流行、瘟疫、传染病和黑死病就会以吓人的队形进攻，杀死数以万计的人。如果仍不能完全成功，严重而不可避免的饥馑就会从背后潜步走近，以强有力的一击，使世界的人口数量与食物数量得至平衡。[7]

华夏版：

饥荒似乎是大自然最后的、最可怕的手段。人口的增殖力远大于土地生产人类生活资料的能力，过早死亡必然以这种或那种形式光顾人类。人类的罪恶是使人口减少的积极而能干的执行者。它们是破坏大军的先锋；常常大军未到，它们便能完成这可怕的工作。但假如它们在这场消灭人口的战争中失败了，季节性流行病、时疫、传染病和瘟疫便排着可怕的队形，隆隆前进，清扫掉成千上万的人。若仍未竟全功，严重而必不可免的饥荒就会从后面冲上来，以雷霆万钧的一击，使世界的人口与粮食数量取得平衡。[8]

人大版：

饥荒似乎是大自然最后、最可怕的抑制人口增长的手段。人口的增殖力远远大于土地出产人类所需的生活资料的能力，故人类必然会因种种原因而过早地死亡。人类的各种罪恶积极而有效地对人口增长起到抑制作用；它们是破坏大军的先锋，且常常自行完成这种可怕的行为。假若它们在毁灭人口的战争中失利，流行病、瘟疫、传染病和黑死病等就会接踵而来，以更为恐怖的形式对人类发起攻击，成千上万的人因此丧命。如果瘟疫尚不能完全成功，严重而不可避免的饥荒就会从背后悄悄走近，以最强有力的一击，使世界的人口与食物达到平衡。[9]

一段译文就能找出如此多的细节性毛病，至少说明存在以下四个方面的问题：

1. 中国的外国社科经典著作的翻译水平准确性不高，不出我之所料。专业人士的英文不强，也未必喜欢翻译；英语好的人又不太懂专业。重要的是译者不在文字上下功夫。

为什么需要译作？因为我们想要了解作者的真实想法。如果译者不能正确理解作者的原意，那就是在"强奸"作者，如果让读者不能正确领会作者的意思，那就是在"强奸"读者。为了不当强奸者，译者要尽最大努力无限接近原意；倘若既能贴近作者本意，又能符合中国人的阅读习惯，是谓高手。

2.译者的问题：（a）责任心不强，或者并没有看重这种翻译工作，不指望它吃饭；（b）译者的英文水平、汉语水平或者二者的水平均不强，又不查阅词典，只是凭借自己的表面理解进行翻译，是略读而不是精读；（c）同一个词在不同的上下文会有不同的含义。遇到难懂之处，译者应千方百计地弄明白作者的意思，比如，查网络、查词典、查书、问有可能知道或懂的人和作者。很多译者我想根本就没有查词典，仅凭自己的记忆和感觉翻译；（d）很多问题并不是因为缺乏因特网造成的，而是通过查阅词典就能解决，因此不能把责任推到没法上网。

3.出版社的问题：（a）翻译费太低，让那些不指望它吃饭的人产生蔑视之心，因为不在乎自己的信誉，更不想付出较多的精力用于翻译；（b）译者不分级。一流译者的翻译费可能跟三流译者的一样，说不定还低。说穿了就是不识货；（c）翻译费与出版数量不挂钩，即译者不是拿版税，而是一次性卖掉译稿的版权。在出版社处于强势地位的市场中，译者也谈不成版税，从而丝毫不关心书的销售；（d）编辑的文字水平和业务素养有限，编辑理念问题严重。很多编辑不看英文原文，只是在译者提交的中文稿基础上进行编辑。要命的是，他们随意修改，丝毫没有觉得在改别人的译稿，从而产生敬畏之心。有位编辑跟我说她们改习惯了，因为很多书稿需要从头改到尾才有脸见读者。我说：那是你愿意当改稿机器，为什么找那些三流译者？

4.共性的问题。因为中国人毕竟看英文原文的还是少数，大多是读翻译过来的中文本，即使有些翻译问题，他已经买到了书，或者就是看不出来，或者觉得别扭也不知道为什么别扭；这让译者、编辑、出版社有侥幸心理，反正没有人看原文，只要通顺一点就行了。结果是，读者满眼是汉字，有些句子却不知所云。

北大村伪保长孔庆东曰：有几本汉译英文典籍靠得住？

有时，这家伙也能说句人话。

配第他爹是干什么的?

亚当·斯密为很多人所知,但其思想来源之一的威廉·配第却鲜有人闻,但他是政治经济学的创立者以及统计学和古典经济学的先驱,作为一位重商主义者,他提出了很多新的观点,其代表作是《赋税论》《政治算术》等。

配第的父亲就更少有人知了。在经济思想史等著作中,常会提及他家并非名门望族,而是生于贫困人家,并提及配第父亲的职业。如:

Petty was not from a particularly respectable family. He was born in 1623 in a poor part of Hampshire; his father was a clothier. Yet he was a smart child. [1]

那么,clothier 什么意思?

《朗文当代高级英语辞典》: Someone who makes or sells men's clothes or material for clothes,男装裁缝,男装经销商,布商

《新牛津英汉双解大词典》: A person or company that makes, sells, or deals in clothes or cloth,布商,服装商,裁缝、织工,布坊

不用一一列举,仅查阅这两部词典就能看出译者基本上是无所适从的。实际译文中,配第父亲差不多把与布有关的职业干了一个遍。其中又分为几种情况。

一是中国学者写的书,因为不涉及英文原文,仅当参考译文:

1.1 小手工业者

配第出生于英国汉普郡拉姆赛镇的一个小手工业者家庭,14 岁时外出

谋生，做过水手，到过法国。[2]

1.2 布商

·配第正是这个动荡不定时代的产儿。他 1623 年生于英国汉普郡罗姆塞一个布商之家……[3]

二是虽然是译作，但找不到英文原文。比如《经济魔杖》，以其英文名查找，并没有同名的英文书，我怀疑是国内人编辑的。

2.1 手工业工人

配第是一个不富有的手工业工人的儿子，使用不大光彩的手段发了财并混了个贵族爵位，用新传记作者的话说，他有"相当响亮，但却又值得怀疑的声望"。[4]

2.2 呢绒商

1661 年，这个呢绒商的儿子获得了骑士称号，并被封为威廉·配第爵士。[5]

三是外文原文是俄文，且没有发现英文版。

3.1 呢绒业者

呢绒业者安托尼·配第的家也出了与此相类似的事情：他的儿子威廉·配第不想继承父业，而到南罕米敦当了一名见习水手。[6]

需要注意的是，2002 年 10 月，晏智杰主编的《西方经济学说史教程》出版（第 1 版），等到晏智杰译的《改变历史的经济学家》于 2007 年 9 月出版（第 1 版）时，"布商"改成了"呢绒业者"。

四是英译汉的中文本。虽然有英文原文，但在描述配第父亲职业时是否用的是 clothier 需要核实。

4.1 织布工

配第是一位有才华的思想家，作为织布工的儿子，他从贫困中发迹，十五岁的时候就精通拉丁语、希腊语、法语、算术、几何、航海。[7]

其英文原文如下：

Petty was a brilliant thinker who rose from poverty as a weaver's son and mastered Latin, Greek, French, arithmetic, geometry, and navigation by the time he was fifteen years old. [8]

显然，对应的英文单词是 weaver，译为"织布工"没错，但它与 clothier 应该不是一个工种。且看后文分析。

4.2 裁缝

配第来自汉普郡的农村，其父是一个穷裁缝。[9]

其英文原文如下，此处用的是 cloth-worker：

Petty was the son of a poor rural cloth-worker from the county of Hampshire. [10]

4.3 布商

·威廉·配第出身寒微，是一名布商之子。[11]

其英文原文如下，可见用的是 clothier：

Sir William Petty was of humble origins; the son of a clothier. [12]

·在 16 岁之前，配第就掌握了拉丁语、希腊语、法语、数学、天文学和航海知识。作为一个贫苦的布商的儿子，他后来获得了极大的财富、声望和荣誉。[13]

其英文原文如下，用的也是 clothier：

Before he was sixteen, Petty had mastered Latin, Greek, French, mathematics, astronomy, and navigation. The son of a poor clothier, he achieved great wealth, fame, and honor. [14]

于是，对应的英文单词出现了三个，分别是 weaver、cloth-worker 和 clothier。但我们的重点是 clothier，它对应什么职业呢？尽管词典列出了多重身份，但在一个具体人身上，不可能全行业各个环节的工作他都干，有且仅有一个是适合的。

从其家庭贫困看，"布商""呢绒商"可以否定了，因为若是划家庭成份的话，商人怎么着也不能归入穷人的队伍，"贫苦的布商"岂不是个笑话。穷人自有穷志气，决不允许富人挂靠。"手工业工人"大而化之，不具体，不足取也。"小手工业者"和"呢绒业者"太笼统，不足取也。那么，"织布工"呢？也就是 weaver，这要看 clothier 的基本含义。再次回到朗文的词条：Someone who makes or sells men's clothes or material for clothes，从中读不出"织布工"的概念，"织布工"不足取也。让我纳闷的是，他们为什么不译"裁缝"？反正我看到这个解释第一感觉就是此人是"裁缝"。词典的译者也有误解，他们将 clothes 理解成了"布"，而不是"衣服"，才会有"布商"之译。下面不妨从"裁缝"的角度分解一下这个词条：

首先需要明确一个前提：这个定义是围绕着衣服（clothes）展开的，而不是布（cloth），所以，职业肯定与服装有关；

其次，makes men's clothes，这是做男装，自然是裁缝；当时的工业还没有发展到成衣制造的程度；

第三，sells men's clothes，一般来说，裁缝店里也有裁缝事先做好的衣服，挂在那里，既当样品，又可销售。如果顾客想要现成的衣服，就可以买，不用等待。否则，可以选择在裁缝那里买布做，因为若是在裁缝那里买布并让裁缝做，不论是布或是手工费都会比较便宜。这是商家常用的经销手段。

第四，sells material for clothes，除了顺带卖布外，裁缝还会卖与衣服有关的辅料和饰品，比如衬布、兜布、钮扣、线等。

你看，这不就是一个典型的裁缝吗？在配第他爹身上，"裁缝"是最合适的，他以做衣服为主，顺便当"布商"或"服装商"。好在还有一位译者译为"裁缝"。

若想再确认一下的话，作者是终极决定者。作者回复说：This would be somebody who makes clothes. You can choose the best word! Maybe "tailor". tailor 尤其指为顾客个别定制男装的裁缝，确切地说即是男装裁缝。

作者赞同，证明完毕。

最富英国，最穷中国？

有时会出现这种情况：翻译时觉得没有多大问题，也就没有细究。但当出版之后，再去读，发现经不起推敲。比如这里：

By 1900 Western Europe and America had become far, far richer than anywhere else. In that year the world's richest country, Britain, was over eight times as rich as the poorest, China. [1]

我提交的译文是：

到 1900 年，西欧和美国比其他任何地方都富裕得多。就在那一年，世界上最富英国的富裕程度是最穷中国的 8 倍多。

出版的文字是：

到 1900 年，西欧和美国比其他任何地方都富裕得多。就在那一年，世界上最富裕的国家—英国，其富裕程度是中国的 8 倍多。[2]

在《翻译是个细活》一文中，我曾经拿它当过添加破折号的例子，即"英国"前面不必采用破折号。也就是那时，我想"中国"前面咋没加破折号？这才发现编辑将"最穷"二字删掉了。由此引出第一个问题：1900 年的中国是不是世界上最穷的国家？

我询问责任编辑修改的理由，得到的回复是："最富"好验证；但"最穷"需要验证，我们找到了当时的 GDP 占比低于中国的，比如意大利和日本。但没有告诉我具体的数据，我只好自己寻找依据。

有一个资料显示英国是 18.5%，中国是 6.2%，意大利是 2.5%，日本是

2.4%。但因其是一个回答问题的帖子，缺少权威出处。

接下来，我发现戴逸在《清代中叶以来中国国力的变化》中写道："1900年（清光绪二十六年）……中国 GDP 只占世界 6%，印度只占 1.7%，……两国的 GDP 甚小而人口最多，因此是当时世界上最穷最弱的国家。"[3]

另有一个资料显示，除了意大利、日本和印度外，比中国的 GDP 少的还有奥匈帝国。不难看出，GDP 低于中国的至少有四个国家，因而删掉"中国"前面的"最穷"二字是站得住脚的。也就是说，编辑在"最穷中国"处的修改是正确的。

在表明意大利、日本的 GDP 低于中国的那个资料中，还显示美国 GDP 的世界占比为 23.6%，高于英国 18.5%。按下葫芦起来瓢，现在最富也存疑了。如此一来，引出第二个问题：当时最富的是英国还是美国？

那就继续寻找依据。*The Race Between Education and Technology* 的引言第一句指出：

At the dawn of the twentieth century the United States became the richest nation in the world. Its people had a higher average standard of living than those in Britain, the previous leader. America was poised to ascend further. [4]

可见当时是美国最富。

The Race Between Education and Technology 的中文版《教育和技术的竞赛》有两个版本，译文如下：

当 20 世纪迎来第一缕晨光时，美国也成为了这个世界上最富有的国家。她的子民的平均生活水平已超过了前任世界领袖英国，而这还仅仅是美国腾飞的开始。[5]

20 世纪初，美国成为全世界最富裕的国家，美国民众的平均生活水平也超过了英国——上一个全世界最富裕的国家。然而，这只是美国进一步崛起的序幕而已。[6]

当然，若按占世界 GDP 的比重判断，以常理论，当时肯定有很多小国比中国还穷。那我为什么还要译"中国是当时最穷的国家"？主要是因为英文原文如此，当时急着赶进度，没有细加琢磨；还因为我首先必须原汁原味地将译文呈现在编辑面前，毕竟我是译者，不是改写者。但作为负责任的译者，在忠于作者原意的同时，可以加一个译者注，指出当时英国非最富国、中国非最穷国的依据。若如此，编辑就要面临二选一：保留"最富"和"最穷"，同时保留译者注，或直接删掉"最富"和"最穷"。何去何从，需要编辑下功夫。这也正是编辑和译者的分野。

　　写至此处，我觉得得跟作者交流一下。不妨问下作者其出处，或许中国只是在某个可研究的范围内是最穷的，比如可准确获得 GDP 总额数据的国家。最后，我向作者发去了邮件，很快得到了他的回复：Yes, you are correct, that is an error. It should read:

By 1900 Western Europe and America had become far, far richer than anywhere else. In that year one of the world's richest countries, Britain, was over eight times as rich as one of the poorest, China.

　　改成最富、最穷"之一"就说得过去了。但作者仍然坚持英国最富，或许他是英国人的缘故。不必再深究，毕竟此处不是研究国富国贫的。

第五部分

营 销 无 小 事

Never Trivial About

Marketing

Rating 和 Share Points 之辩

搭眼一看，share point 这不是"共享点"吗？或者是"分享时刻"？这种貌似正确的理解，在具体句子里未必正确。

不过，从"共享"这层含义上看，或许在 IT 领域能找到一个"同党"，微软制作了一款软件就叫 SharePoint，它的定义是：Microsoft SharePoint Server 2010 is the business collaboration platform for the Enterprise and the Web that enables you to connect and empower people through an integrated set of rich features. 意即它是企业协作平台，也是 Web 应用，其最广泛的用途是文档共享。

在农机领域，SHARE is short for ploughshare（Collins English Dictionary），又或 SHARE is the part of a plow or other agricultural tool that cuts the soil; plowshare。Plowshare 等于 ploughshare，而 ploughshare 是"犁铧"或"铧头"之意，the sharp blade of a plough，或 the horizontal pointed cutting blade of a mouldboard plough。

share point 就是"铧尖"。但是，在下面这段文字中，若是把 share points 译成"共享点"好像讲不通，译成"犁铧头的尖"，则更是离题万里。

On the basis of all these observational data, Nielsen then calculates the rating of each TV program. With 116 million TV households in the United States, a single rating point equals 1 percent, or 1,160,000 TV households. In some situations ratings are reported as share points, or the percentage of television households with a television in use that are tuned to the program. Because TV and cable networks sell over $67 billion annually in advertising and set advertising rates to advertisers on the basis of those data, precision in the Nielsen data is critical. [1]

其实，在营销领域，share point 是"节目视听众占有率"，听众指收听广播的人，而观众指通过电视、其他电子设备或网络观看电视节目或视频的人。具体到广播或者电视，它就应分别表述为"听众占有率"或"观众占有率"。根据上一句的上下文，此处谈论的占有率特指电视观众的占有率，因此，不能笼统地称"收听占有率"，因为不涉及广播节目，也就没有了"听"。

"节目观众占有率"指在某一特定时间"正在看电视的户数"占"当时开机户数"的百分比，其公式如下：

（观看节目的户数/开机户数）×100%

注意，它的基数是"开机户数"，而非"拥有电视机的总户数"。比如，市场调查访问了 200 户拥有电视机的人家，却只有 70 家正在看或节目播放时段正在看电视，其中有 12 家正在观看某个节目，那么，这个节目的 share point 就是 12/70。

基于此知识点或名词的掌握，再翻译上面那句话就容易些了。但如何用中文表述出来还是个问题。这就需要庖丁解牛的功夫了。

既然前面已经指出这是 share points，那么，or the percentage of 自然指的是 share points 是一个百分比，这就需要把上述公式转换成文字，给读者一个明确的百分比。英文可以这样表达：Using the example above, CCTV 5, for example, is being viewed in 12 of the 70 homes using television. That means it has a 17.1 share of audience. 意思是说：以世界杯期间观看央视 5 频道为例，若是 70 家开机户中有 12 家观看世界杯足球赛，则足球赛的观众占有率为 17.1%。

上述公式可以表述为：收看某节目的户数占开机户数的百分比；它强调"开机户数"，而非"拥有电视机的户数"；然后，换个角度，对有可能让读者迷惑的"收看节目的户数"做进一步解释：收看该节目的户数指电视已经开机，并被调至该电视节目的家庭数。

有读者会问，此处没有描述公式或以公式的形式表示，按公式翻译会不会"不信"？其实，这个公式隐含在作者的表述中了。

在界定为 share points 之后，作者接着指出它是一个百分比，但它是谁跟谁的比呢？或者说分子、分母是谁？要搞清楚这一点，就要解剖"百分比"后面的内容：

the percentage of television households with a television in use that are tuned to the program

其实，它暗含着三类比较基数，而且范围越来越窄，在特定时间段的三类户数依次为：

（1）拥有电视机的户数

（2）拥有电视机，且打开观看的户数

（3）拥有电视机，打开观看，且正在观看某个节目的户数

指出 share points 是一个百分比后，接着用了 television households，这就是前面所说的"拥有电视机的户数"，即 200；接着用 with 结构为这些家庭增加一个外延 with a television in use，即"电视机已经打开"，它代表的就是"开机户数"，即 70。注意：这里不能把 with a television in use 拆分开，理解成 with a television 和 in use，即"家里有电视机，并且已经打开"。因为它所界定的名词是前面的 television households，已经表明这是一家有电视机的家庭，因此，应把 with a television in use 当成一个整体看，即"正在看电视（的家庭）"；再接着用一个定语从句 that are tuned to the program，对"拥有电视机且打开了电视机的家庭"再增加一个外延，即"打开了电视机且正在收看某个节目的家庭"，即 12。

解决了这一问题之后，还需要搞清楚 ratings 和 share points 的联系与差异。因为这涉及到对 In some situations ratings are reported as share points 的理解。

显然，首先明确的是"有时上报的电视收视率是'节目观众占有率'"，上报给谁呢？自然是数据收集方，因此，也可译成：收视率会以节目观众占有率的形式报告给数据收集方。尽管正文中没有出现"数据收集

方"，但这是暗含着的，而且不会有其他的可能，在翻译上不算"不信"。

那么，为什么这个 ratings 有时会按 share points 上报？可见 share points 是 ratings 的一种，但与 ratings 有所不同。这个 ratings 就是"收视率"或"收听率"，本段第一句提到了"每个电视节目的收视率"（the rating of each TV program），它指的是"收看某节目的人数或家庭数的百分比"，定义：

· The estimate of the size of television audience relative to the total universe, expressed as a percentage. The estimated percent of all TV households or persons tuned to a specific station. [2]

· Television and radio stations, in contrast, describe their reach using the term rating——the percentage of households in a market that are tuned to a particular TV show or radio station. [3]

意思是说：相反，电视台和广播站则使用收视率／收听率（rating）描述其覆盖面，即市场中观看特定电视节目或收听特定电台的家庭数占比。

现在看来，ratings 和 share points 之间存在一个巨大的差别：二者的比较基数不同，ratings 的比较基数是"拥有电视机的户数或人数"（television households (TH) or Persons Viewing Television (PVT) in these households），即前述第一个比较基数；而 share points 的比较基数是开机户数（Households Using Television, HUT），即前述第二个比较基数；它们共同的分子是"收看某节目的户数"（households which are tuned to a specific program or station at a specific time），即前述第三个比较基数。

从下面两个例句中不难看出这一点：

5.1 household rating means that 5.1% of all households that is to say homes with a TV set watched The Voice.

即 5.1 household rating 意为：全美拥有电视机的家庭总数（homes with a TV set，即至少拥有 1 台电视机的户数）的 5.1% 收看《好声音》节目。

7.9 household share means that 7.9% of all households that happened to be watching TV watched The Voice.

即 7.9 household share 意为：观看电视的家庭（that happened to be watching

TV，正好在看电视的家庭）有 7.9% 曾在《好声音》播放时调到这个节目。

因 此，The share will always be larger than the rating. This is because the number of households watching television at any given time will always be less than those who own a television period。也就是说，share point 总是比 rating 的数值要大。因为在任何一个时间点上，在看电视的家庭数总比拥有电视的家庭数小，观看某个电视节目的家庭数总比在看电视的家庭数小，即看电视的人未必就在看某个特定的节目，假如分子相同，计算 share 的分母一定比计算 rating 的分母小，所以 share point 的数值总是大于 rating 的数值。

但麻烦的是，除非参与调查的家庭每天报告自己家观看某个节目时的观众人数，我们很难得到收视人群每天的收视人数。The number of actual total viewers CANNOT be determined from the household rating/share. Unfortunately, we do not have access to the total viewers' numbers on a daily basis. 而 share points 只统计到 "户" 即可。因此，也就不难理解为什么 ratings 有时会被 share points 取代了。

紧接着再看这一段文字：

A change of one percentage point in a rating can mean gaining or losing millions of dollars in advertising revenues because advertisers pay rates on the basis of the size of the audience for a TV program. So as shown by the green rows in Figure 8–3, we might expect to pay more for a 30-second TV ad on NCIS than one on 60 Minutes. Broadcast and cable networks may change the time slot or even cancel a TV program if its ratings are consistently poor and advertisers are unwilling to pay a rate based on a higher rating. [4]

为什么收视率（rating）或节目视听众占有率（share）很重要？因为电视台或广播电台会用此作为广告片播映费率的判断标准之一，通常节目收视率或视听众占有率愈高，则广告的卖价也愈高。

从电视台或广播电台角度看，区分收视率的高低自然与自身的钱包紧密相关，因为收视的人多了，看到广告的人就多，那我何乐而不水涨船高，广告主也无话可说。但"如果收视率持续低迷，而且广告主不愿意支付基于较高收视率而确定的费用，广播和有线电视网可能就会改变某个节目的播放时段，甚至取消播放"。

但从广告主的角度看，态度和行为就有冰火两重天的差别了。

首先，既然我要"根据电视节目的观众人数支付费用"，那我就要审慎地比较选择，追求自身效益的最大化。比如从下表可以看出，"广告主可能愿意花更多的钱，随《海军罪案调查处：新奥尔良》投放一个 30 秒的电视广告，而不是随《60 分钟》节目做一个同样时长的电视广告"。

排名	节目名称	电视网	收视率	观众数（000）
1	海军罪案调查处	CBS	9.3	14,939
2	与星共舞	ABC	8.6	13,479
3	海军罪案调查处：新奥尔良	CBS	8.5	13,610
4	与星共舞：结果秀	ABC	6.7	10,159
5	公告牌音乐奖	ABC	6.5	11,181
6	美国之声	NBC	6.2	10,051
7	生活大爆炸	CBS	6.1	9,567
8	好声音	NBC	5.8	9,138
9	60 分钟	CBS	5.7	8,989
10	实习医生格蕾	ABC	5.7	8,332

Source: Roger A. Kerin, Steven W. Hartley, Marketing, 13e, McGraw Hill Education, 2017, p.213.

其次，不自量力，盲目追求标王效应，最后，只能拔苗助长，饮鸩止渴。

野蛮生长又野蛮消失的秦池酒就是一个经典案例。秦池酒原本是山东潍坊市临朐县的一个地方酒厂，市场基本局限于潍坊，在外没什么名气，在秦池一标惊人之前，很多山东人根本不知道还有此酒。1995 年 11 月 8 日，秦池孤注一掷用 6666 万元夺得了央视广告的标王，一个名不见经传的地方小企业夺得了央视标王，此事太过爆炸性，各路媒体纷纷报道，秦池酒一夜成名天下知。作者当年出入酒场也曾经喝过一阵子秦池，说实话，从一开始就没觉得好喝过。如果就此打住，还不失为一段传奇，因为秦池酒厂的销售额和利税的确因此增长了几百倍。

俗话说，谁也架不住一夜暴富，尤其是穷人一夜暴富，或者一夜翻身，那基本上都是要命的，害了别人，反噬自己。

1996 年 11 月 8 日，秦池砸下 3.2 亿，卫冕标王。如果说上次是步子迈得太大有点扯蛋，那这次连肝火肠子也扯了。在产能不足的情况下，秦池收购川酒勾兑出售，不久，《经济参考报》捅穿此事，坐实了对秦池夺得标王后的产能、销售的怀疑，很快，秦池酒滞销，接着资金流断裂，迅速销声匿迹，2000 年，连"秦池"注册商标也被法院裁定拍卖。2009 年 12 月，中国长城资产管理公司济南办事处发布债权营销公告，拟对所持有的秦池酒厂 2000 余万元债权进行转让处理。

俗话说，吃饭穿衣量家当。作为企业来说，这个家当不仅是自己家的资金实力，还应包括产能、营销能力、企业管理水平、企业高管的头脑、眼光和资源整合能力，甚至是企业的公关或紧急应对能力。不管怎么分析秦池"自杀"的原因，它都离不开"不自量力"这一条。有多大的鏊子烙多大的饼，而且饼大不过鏊子，这是一条颠扑不破的真理。有人说了，也有小企业逐步做大的，那是因为老板的资源整合能力强，无形之中增大了鏊子的边界，拥有了比自己企业大的鏊子。说到底，还是鏊子的边界问题。

鏊子的边界就是老板及其企业能力的边界。所有想在小鏊子上烙大饼的企业都会步秦池的后尘。当标王易，当酒王难。

按说秦池这种失败的案例不应该发生在山东。因为大部分山东人是吃煎饼长大的，临朐也不例外（当然，现在吃的少多了），有谁吃过比鏊子大的煎饼？从这个角度讲，我建议企业家要学会摊煎饼，如果真想一试身手，那就到山东的农村（不含鲁西）去，接受女贫下中农的再教育，重点不在于你把煎饼摊得有多好，而是要明确自己及其企业的鏊子边界在哪里，切忌"心有多大，鏊子就有多大"。

心有多大，鏊子就有多大，跟"人有多大胆，地有多大产"（The agricultural yield increases as far as the heart goes）乃是一鱼双吃。1958 年 7 月 14 日至 18

日，刘少奇到山东省寿张县视察，台前社的干部吹牛皮，刘少奇称赞说：你们打倒了科学家，他们想都不敢想的你们做到了。这是一个革命。他的讲话经《人民日报》报导，全国跟着改变了腔调，试验田亩产几千斤换成了几万斤。8 月，刘少奇派他的特派员刘西瑞到寿张进一步调查，并把调查报告推荐给了负责宣传的邓小平，于是《人有多大胆，地有多大产》于 8 月 27 日见报。"人有多大胆，地有多大产"成了新中国最流行的口号。

曾经出过二文圣、二武圣和二智圣……的山东，也会出领潮流之先的"二朝巴"。

人有多大胆，地有多大产，在那疯狂的年代是多么地鼓舞人心。现在回头看，实在是不知鳌子的边界在哪里。

可是，share point 不只是收视率或收听率，它还是"市场占有率"。如：

General Mills, like many firms in the consumer packaged foods industry, does extensive analysis using share points, or percentage points of market share, as the common basis of comparison to allocate marketing resources effectively for different product lines within the same firm. [5]

在 does extensive analysis using share points 之后，紧接着进行了解释 or percentage points of market share，意思就是"通用磨坊采用市场占有率进行全面分析"。这种情况下，跟收视或收听毫无关系，而是跟市场份额有关。

《市场营销》中文 9 版将译成了"市场份额点"[6]。其实，"点"不必译出，只用"市场份额"即可，它也是一个百分比。考虑到这一点，还不如直接译成"市场占有率"。至于，随后的解释 or percentage points of market share，只是对 share points 的解释，不必译出，中文 9 版把此解释也译了出来："市场份额点或说市场份额百分比"，这就没有必要了。

从定制徽章到卖鞋的 Zappos.com

2020 年 12 月 2 日早晨，我得知美国华裔企业家谢家华（Tony Hsieh，Dec 12,1973—Nov 27, 2020）不幸离世。他 9 岁开始创业，23 岁卖网站得 2000 万，25 岁卖公司得 2.65 亿，后创办卖鞋网站"美捷步"，36 岁将网站以 12 亿美元卖给亚马逊（2009 年），乐善好施，去世时 47 岁。其英文自传叫 *Delivering Happiness*，直译"递送幸福"，因为是通过网站卖鞋，每寄出一次快递等于是送给用户一次快乐或幸福。尽管中文版编辑都按照自己的理解改变了书名，但高低立判。台湾中文版译为《想好了就豁出去》，加上副标题"人生不能只做有把握的事，鞋王谢家华这样找出胜算"，很好地传达了作者勇于创业的品质，大陆中文版译为《三双鞋》，猛一看，莫明其妙。在我看来，台湾的书名多是一句话，大陆的书名多是一个词或词组，类似标语或口号。所谓不同的文化造就不同的文风。

几年前，翻译《认识商业》（*Understanding Business*, by Nickles, McHuhh, and McHugh）第 10 版时，英文版第 15 章的章首故事讲的就是谢家华。1998 年，25 岁的谢家华将与他人联合创立的 LinkExchange 公司以 2.65 亿美元卖给微软，1999 年以顾问和投资人的身份加入 Zappos 公司，最终成为其 CEO。因为在外国人写的教材中很少看到华人或华裔的面孔，所以，对他印象很深。

到了中文版《认识商业》，谢家华的故事改成了第 14 章，因为前一章

Dealing with Union and Employee-Management Issues 的内容太过美国化，比如工会，资本主义的味道太浓，中国不学那个，也就不必翻译了。当然，这是我个人的猜度。或许就是为了减少篇幅，删掉了不太"重要"的一章。

其他类似的情况是在教材中删掉有关法律的章节，可能是因为觉得美国的法律不适合中国，因此没有学习的必要。其实，学习美国人如何立法，保护商业环境，鼓励竞争；如何保护又限制社会组织，如工会；如何保护企业的相关利益者的利益，比如员工、经理人；如何避免种族歧视、性别歧视……恰恰是中国人最需要学习的地方。营销方法固然重要，但构建一个什么样的商业环境则最重要，删除等于连取长补短的机会也没有了。（后来了解到，删去某章是国外教材出版社的要求，他们不让出全书影印版，因为中方出的版本便宜，影响国外教材的销售。）

到了翻译《市场营销》13 版（*Marketing*, Kerin and Hartley）时，第 9 章的章首故事讲的又是谢家华。只是这次的角度不同，而且我在翻译上碰到一个一时难以准确表述的词组。

Tony Hsieh showed signs of being an entrepreneur early in life. In middle school he started a mail-order pin-on button-making business, in high school he developed soft-ware for filling out forms on a computer, and in college he sold pizzas out of his dorm room. Now he's running the extraordinarily entrepreneurial online shoe retailer Zappos.com![1]

这个词组就是上文中的 a mail-order pin-on button-making business，其实是一串定语修饰一个名词 business。它可以分拆成几个部分，每个部分搞清楚了，整体的意思就明白了：

mail-order

pin-on (button)

button-making

business

business 好理解，"生意"或"企业"。鉴于当时谢家华上初中，可能大概或许不会成立一家企业，因此译为"生意"。

mail-order 也好理解，就是原先互联网不发达时我们常说的"邮购"，当然不是通过电子邮件，因为作者用的是 mail，而不是 email，是那种传统的写信邮购。现在我们常说"网购"，交流或定货已经不用写信了，全部在网上交流，再通过快递或物流公司寄到家。因此，在翻译时，需区分 mail 和 email。若是单独译 mail 时，尽管译为"邮件"也不算错，但最好还是译为"信件"；但若和 email 同时出现，更要译成"信件"，以示区别，因为在这个电子邮件盛行的时代，"邮件"不再单指"信件"，而是包含了"信件"和"电子邮件"两种含义，而且一说"邮件"，很容易让人想到"电子邮件"。

若 mail 单独出现，指的是"邮寄问卷调查"：

· The instructor says the term project must involve a mail survey of a sample of students, and the written report with the survey results must be submitted by the end of the 11-week quarter. [2]

译文如下：

导师说学期研究课题必须包含一个以信件的形式对学生进行的抽样调查，记录有调查结果的书面报告必须在 11 周的学期末提交。[3]

· Mail surveys are usually biased because those most likely to respond have had especially positive or negative experiences with the product or brand. [4]

译文如下：

邮寄问卷调查通常会有偏差，因为最可能回信的通常是体验过该产品或品牌之后有好感或有偏见的人。[5]

不知道为什么，我译 positive or negative experiences 为"给好评或给差评的"，编辑改成了"有好感或有偏见的"，"好感"可以，但消费体验是负面的跟"偏见"的性质可是大不同。

mail 和 email 同时出现，不难看出 email 归属网络调研法：

· Idea evaluation methods often involve conventional questionnaires using personal, mail, telephone, fax, and online (e-mail or Internet) surveys of a large sample of past, present, or prospective consumers. [6]

译文如下：

创意评价法通常涉及传统的问卷调查，采用个人访谈、信件、电话、传真和在线调查（电子邮件等）的方式，选择一个过去、现在或潜在消费者的大样本展开调查。[7]

编辑仍有修改，将 or Internet 的译文"或互联网"删掉了，改为"等"。推测编辑不懂如何通过互联网搞在线调查，同时认为电子邮件也通过互联网，会不会重复了，但又没有把握，就用"等"概括。单看汉语还真没什么毛病，但这种删除丢失了原作的信息，不仅是无用功，对原作也是不尊重。很简单，在互联网搞在线调查就是在原有网站或新建网页上发布一个问卷，读者填写就是。

那么，什么是 pin-on button-making？

根据我的理解，这个词组可分解成 pin-on button 和 button-making。一般来说，button（钮扣）跟 pin（大头针，别针）组合在一起会是什么东西？若是看照片或实物，估计好多东西好多人都认识，并能叫上名来。但要是对其英文名称不熟悉的话，只看英文还真一时说不准是什么。没有办法，只好求助在外国好使而在中国不好使的那个著名的搜索引擎了。输入 pin-on button，能够说明问题的内容很少，但看其结果中的图片，是一些圆形的物品，和"钮扣"没有关系，似乎能看到别针。

关键是我对 pin-on button 没有概念，并不确信就是这些东西。没有办法，只好问作者了，要求最好给个图片。至少我

要确定是什么物品再说。作者的回复很简单：

Good question! The backs have a pin to hold them on ...

并给我发来了图片，如上图。

这也叫好问题，对于 Hartley 先生来说，这就是一个常识，谢谢鼓励。但翻译的困难和魅力也就在这里。不管怎么说，我确定 pin-on button 是什么东西了。

pin-on 解决了，就是"用别针别住"的意思，button 背面是别针，用来关到物品上。紧接着的问题就是 button 叫什么？

不能不说现代社交媒体确实神速，我把 Hartley 先生发我的图片发到群里，询问谁知道叫什么，不一会就得到了一堆答案，比较靠谱的有：胸章、徽章、纪念章、团体徽……译者的一大难题就是选择最恰当的用词。同样一个词，大陆一个叫法，台湾一个叫法，香港一个叫法，大陆的又因人而异，各有各的叫法，比如北京的学者不同于上海的学者，到了贵州，可能又是另一个说法……

交流中，似乎倾向"胸章"的人比较多。可是，若不是戴在胸前呢？比如衣袖上、背包上、帽子上、围巾上……还是一个悬案。

我想到了一个办法，找那种不必探讨翻译，而是直接说是什么的人，也就是佩戴它却与翻译无关的普通人。那天，我去药店买药，恰好看到售货员戴着一个笑脸，我就问她：你们管它叫什么？她答：胸章。

至于常见其意思为"钮扣"的 button 为何成了"章"，我觉得必须翻词典才能解决，因为若是词典里没有此义，那就只能说明步子迈得太大了。再次说明了中国人学英语被四、六级词汇表分割带来的后遗症，只记得相应词汇表中的常用词义，很难拓展开，也难怪好多人望英文而生中义了。

网络版的 Merriam-Webster Dictionary: a usually circular metal or plastic badge bearing a stamped design or printed slogan

《朗文当代高级英语辞典》第 5 版：a small metal or plastic pin with a message or picture on it（印有文字或图案的）金属［塑料］小徽章

而《新牛津英汉双解大词典》第 2 版解释得相对到位：a badge bearing a design or slogan and pinned to the clothing〈主北美〉钮扣徽章，圆形徽章

现在，button 叫"胸章"还是"徽章"？似乎难以定夺。先按"胸章"

说吧。

暂且按下不表。

既然作者 Hartley 确认了 pin-on button 是什么样的东西，那就剩下了 button-making 如何理解了。肯定是要制作，难点在于是谢家华自己制作胸章，还是由别人制作好了，他只是转手挣差价？若再问 Hartley 先生 business 前面一连串的定语如何理解，势必很麻烦他，总不能让他给我讲故事吧。况且，最大的难题已经解决了，我觉得剩下的只要自己下点功夫，是可以弄明白的。

在搜索资料的过程中，我发现谢家华写过一本书 *Delivery Happiness: A Path to Profits, Passion, and Purpose*，应该是他的自传，想必他会在书的前面讲自己上初中时的事情。既然《市场营销》的作者能引用这件事，说明它就不是杜撰的，肯定有其出处，而最有说服力的当属作者的自传了（后来看书得知谢家华说这不完全是他的自传）。

我开始在旧书网上淘，果然有一本，而且不贵，等书一到手，我便迫不及待地翻开其第一章 In Search of Profits，果然在其 12 至 13 页找到了他在初中时的创业故事。但我又回到那一章的开头，了解一下他的背景故事很有必要。

作为台湾去的美国亚裔，谢家华的父母希望儿女们出类拔萃，不但要在学术上有成就，进入名牌大学，读取博士学位，在职业上有成就，比如成为医生，而且还要学会乐器。谢家华的母亲生于一个音乐世家，因此，谢家华从小就被"逼"学习乐器，但他会上有政策，下有对策，设法出工不出力。尽管他的学习成绩也不错，跟比尔·盖茨读的同一所大学，且是同一科系，乐器虽不如两个弟弟，但悟性很高，其实他更感兴趣的是经营自己的事业，并想出不同的方法赚钱，总幻想着能赚很多钱，因为对他来说，金钱意味着以后可以自由地去做任何想做的事情。最早是养蚯蚓，从他家附近的一家全国最大的蚯蚓经销商买进种苗（就是一块烂泥），并幻想成为这家经销商最大的竞争对手。结局是惨败，不但没有养出新蚯蚓，连老蚯蚓也不翼而飞了。除此之外，小学时他还卖过车库旧货和柠檬水。到了初中，他又想过几种方法赚钱，最短命的一次是推销圣诞卡，第一站邻居说这才 8 月份，还不到考虑圣诞卡的时候。他一想，也是有点蠢，于是，这就成了最后一站。也正是这一次 10 分钟不到的推销之后，谢家华再次仔细阅读杂志上的分类广告，看到了销售制作胸章的成套工具的广告，说是可以将任何的照片或纸张转换成一个可以佩戴的胸章，并且发现还没有其他公司提供这种制作照片胸章的服务。

这个生意的盈利模式是这样的：首先，他假装自己是这个行业的老手，给广告册子出版商写信，希望他们考虑把他的地址印到明年要出的书中，而看到他的联系方式的孩子会寄给他一张照片，一个写好回寄地址并贴好邮票的信封（SASE），以及 1 美元。他则根据照片制作胸章，然后回寄定购者。胸章的材料成本只有 25 美分，即每个订单的利润是 75 美分。只是他事先要购买 50 美元的胸章制作装备，再花 50 美元购买一些零件。尽管没有交待，我想作者刊登广告应该也有费用。我大致算了一下，要等到 140 至 150 个定单时才能回本。当然，100 美元是他借父母的，但在初中时，他的胸章生意每个月能带来 200 美元的稳定收入，甚至为了节省时间，已经可以花 300 美元购买一台半自动胸章机了。这给他的最大启发就是：不需要面对面交谈，通过邮寄订单也能做成很成功的生意。后来，他对此生意兴趣转淡，转给了大弟弟。后来，大弟弟转给了小弟弟，直到他父亲升职去了香港，小弟弟被一起带去，无人再接手，这个家族式的生意才告结束。

在他转手大弟弟时，他知道自己迟早会开创另一个让他更有激情的邮购业务，这或许就是后来投资 Zappos.com 的初心吧。

回想起来，我在初中时也做过生意。当时是 1980 年前后，我小舅舅告诉我有一种草药可以卖钱，至于这药叫什么名现在我忘记了（经向老人打听，可能是远志）。这种草药在我们莱芜山坡上有的是，好像开一种小花。挖出来后，抓着叶茎，用手把根皮撸下来，所谓药就是这个根的中空的皮。皮要晒干，攒够一定量后，然后拿去县城的供销社卖掉。另外，我还卖过 Shao Qian 狗子（莱芜话，只会说，不知道是哪两个字），即蝉蜕，也是一味中药。到现在我还记得，我站上一个石头台阶，从打开的一扇窗户递进我的药材，一会，再接过递出来的钱。忘了多少，但肯定不多。

可惜，我居住的国家是要大公无私的，做生意就是投机倒把。尽管说是从 1978 年开始改革开放，但直到 1984 年南巡讲话之后，才略有好转，企业家群体才如雨后春笋。而在改革开放之初，做生意的人都是些找不到工作的社会闲散人员，或被逼无奈的无业游民。当然，我没有走上经商之路，除了大环境、传统理念影响之外，我个人没有满脑子想做生意也有关系。

等大学毕业与命运抗争了 20 多年以后，我下定决心做专职译者，主攻图书翻译，马上就成了众人眼里的无业游民，各种的不屑。在新中国人的观念里，每天早出晚归给别人打工（employed）叫"有业"，而每天早起晚睡为自己干活（self-employed）叫"无业"。但是，我跟绝大多数人的想法恰好相反，觉得自己现在才是在岸上，脚踏实地，相比在海上漂着混日子，我对社会的贡献会更大。

说到底，翻译也是一种生意，是"按合同定制的销售自己翻译作品的生意"，即 a business selling translated works by contract，其商业模式算不上独特，或者说这就是来料加工。So I'm a businessman.

至此，a mail-order pin-on button-making business 的各个部分都解决了，分别是"邮购""胸章""胸章制作"和"生意"，合起来就是"一个按订单定制胸章而后回寄的生意"。

但是，还没算完。

就在我要合上 *Understand Business* 10 版，准备收工时，我瞥见其 15 章的首页上写着《三双鞋：美捷步总裁谢家华自述》的字样，应该是本书，旁边还写着出版社的名字。或许我查找资料时发现有这么本书，记了下来，但当时不需要参考，就没有买吧。我想英文版有了，中文版不妨也看一下。同样，我在网上买了一本。译者是谢传刚，作者的父亲。一个非常了解作者，而且英、汉双语皆熟练的人是译者，对于我这样的译者来说，那就更值得一读了，这是很稀有的教材。

很快，我在译者的前言中就读到了"徽章"这个词：

家华从小就有一颗慈悲的心。有一次在湖边看别人垂钓，目睹鱼儿上钩的一幕后就问，"那鱼儿疼吗？"妻在医疗界工作时，每年圣诞节前为病人组织一次筹款联欢活动，孩子们也顺理成章地上台献艺。有一年，我们意外地在报纸上看到记者对家华的专访。原来妈妈为病人的奉献引起了他的恻隐之心，于是他到邮局边摆了一个摊子，为路人制作徽章，然后把所得全数捐给医院的基金。至于他是怎么学会制作徽章的，在书里有交待。[8]

我马上想到 pin-on button 不应该译成"胸章"，而是"徽章"。那么，正文是不是也用的"徽章"？接着，我读了作者那个制作徽章生意的故事，发现全部用的是"徽章"。哎，这就是他老爸一个人的手笔啊，当然是一致的，不用担心是编辑修改的了。

最重要的是我在第一章读到了与 a mail-order pin-on button-making business 类似的翻译。

故事是这样的，高中最后一年时，谢家华曾经为一个叫 GDI 的公司做过计算器编程方面的工作，对于一个高中生来说，每小时 15 美元已经是很不错的收入了，但他留恋过去制作徽章生意让他感受到的创业激情。

尽管我在 GDI 公司赚了很多钱，但是我仍然怀恋过去以邮件订单方式制作徽章的生意，尤其是怀恋每次等待邮差出现在我家时的那份激动和期盼的心情。[9]

再看其英文原文：

While the money that I was making at GDI was good, I kept thinking back to the days of my button-making mail-order business and the excitement and anticipation of waiting for the mailman to show up at my house. [10]

button-making mail-order business 与 a mail-order pin-on button-making business 高度雷同，谢传刚的表述为"以邮件订单方式制作徽章的生意"，忙活了半天，原来它在这里等着我呢！不过，可简化为"依邮件订单制作徽章的生意"。

同时，还应注意到：谢传刚将 mail 译成"邮件"，而不是"信件"，也不算错。如果用"信件",不妨这么说:依订单信制作徽章再回寄的生意,或,以邮寄的方式按单定制徽章的生意。它包含了以下信息:这个产品叫"徽章",订购者是寄信下单的,谢家华需要按照订购者的要求自己制作,制作完成后再邮寄给订购者,双方是不见面的。

这就比较全面地概括了他的商业模式。

所以,最初那段英文可翻译如下:

谢家华从小就显露出了企业家的潜质。上初中时,他就做起了邮购定制徽章的生意,到了高中,他开发了一个在计算机上填写表格的软件,读大学时,他在自己的宿舍里卖比萨。现在,他正管理着一家不走寻常路的卖鞋网站美捷步(Zappos.com)![11]

写此文时正值高温,据说是自 2015 年以来,连续 6 年持续 40 天的三伏天。

"更有内容的饮料"么意思

纳塔莉·凯利（Nataly Kelly）说过：Not everyone who knows how to write can be a writer. Not everyone who knows two languages can be a translator. 意思是说：不要认为知道如何写作就会成作家，不要认为会两种语言就能当翻译。我想再加上一句：不要认为译作印出来了，就全译对了。此话与己共勉，因为我就是译者队伍中的普通一员。

不管是单看翻译过来的中文书，还是对照英文看其中文版，很少读过没有错的。所以，不胜感慨。

话说研究显示，成年人判断一种饮品看什么？有两个关键特性：一看营养高低，二看这是儿童饮品，还是成人饮品。因此，若问巧克力牛奶适不适合成人喝？他们一般会认为巧克力牛奶有适量的营养，但主要还是儿童饮料。

如果乳制品公司想要改变巧克力牛奶在成人心目中的定位，该怎么办？这涉及感知定位图（perceptual map）的应用，该图是一种从两个维度描述产品或品牌在消费者心目中地位的方法，它能使管理者看清消费者是如何看待自己的或竞争者的产品或品牌的。其步骤有四：

1. 确定该类产品或品牌的重要特性。

2. 了解目标消费者在这些特性上如何评价跟你竞争的产品或品牌的。

3. 了解自己的产品或品牌的特性在潜在消费者心目中的位置。

4. 重新定位自己的产品或品牌在潜在消费者心目中的位置。

具体落实到巧克力牛奶这个产品上，需要应用这四个步骤：

1. 确定成人饮品的重要特性（或衡量标准）。成年人用来判断各种饮品的两个关键特性如前述。

2. 了解成人如何看待各种竞争性的饮品。

3. 了解成人如何看待巧克力牛奶。成人的观点如前述。

4. 重新定位巧克力牛奶，使其更吸引成人。

简而言之，对症下药。你成人不是认为巧克力牛奶是儿童饮品吗，那我就打广告说它适合成人。为什么适合成人？因为它有营养。这也就堵住了说它没有营养之人的嘴。

当然，不能做虚假广告，不能没有营养硬说它有营养。

问题来了。翻译至此，碰到了下面这一段：

Their arguments are nutritionally powerful. For women, chocolate milk provides calcium, critically important in female diets. And dieters get a more filling, nutritious beverage than with a soft drink for about the same calories. The result: Chocolate milk sales increased dramatically, much of it because of adult consumption. Part of this is due to giving chocolate milk "nutritional respectability" for adults, but another part is due to the innovative packaging that enables many new chocolate milk containers to fit in a car's cup holders. [1]

单词不多，却暗潮汹涌。首先读一下其中文版的译文：

它们认为营养的作用很大，巧克力牛奶给女性提供钙，这在女性饮食中尤为重要。而节食者在摄入的卡路里大致相同的情况下，获得了比软饮料更有营养、更有内容的饮料。结果是 2000 年巧克力牛奶销量激增，大部分原因在于成人的消费（很大程度上正是由于它提供给成人的全面营养保证）。其他一些原因包括创新的包装，以及牛奶盒可以安放在汽车的杯座上。[2]

因为我接受了在 9 版 *Marketing* 的基础上校译和翻译 13 版 *Marketing* 的任务，我就有了校译 9 版译文的机会。尽管 13 版的英文变动特别大，但这一段基本上没有改。当然，这不是重点，因为 13 版的内容是我校译的，我写此文时还没有出版，因此，不是两版译文的对比，而是 9 版译文跟其英文原文的对比。

可能读者读到 9 版的中文译文并没有觉得有什么别扭的。其实，问题不少。我是先看了英文，再看的译文，进而发现问题的。但若纯看中文，细加揣摩，即使不全，亦能发现部分问题。当然，这需要一个人经常鼓捣文字，具备俗称抠字眼的功力。下面就吹毛求疵地逐一摆摆看：

· "它们认为营养的作用很大"。营养的作用肯定很大，这是常识，还用得着说吗？

· "巧克力牛奶给女性提供钙"。"提供钙"，你有没有觉得别扭？

· "更有内容的饮料"。饮料能有什么内容？

· "它提供给成人的全面营养保证"。巧克力牛奶能给人"全面营养保证"？好像还没有哪种食物或补品能提供全面营养吧？这个吹得有点过了。况且目的是吸引成人喝，而且成人还真的喝得挺多，"销量激增"，感觉成人都这么好骗？

· "牛奶盒可以安放在汽车的杯座上"。一般情况下，汽车上的杯座都是圆的，而牛奶盒似乎都是方形的，算我没有那么见多识广，反正我没见过圆形的牛奶盒。把方的东西放进圆的"坑"里去，放进放不进再说，单凭感觉，是不是不匹配或不兼容。况且，译文说的是"安放在……上"，而不是"放进……里"。我们知道，汽车上的杯座一般都是没有盖的，怎么在其"上"放东西呢？

现在，返回到英文，我们再对照着看一看：

1. Their arguments are nutritionally powerful

到了 13 版，此处只是 Their 改成了 The dairies'，大同小异。只所以把它译成"它们认为营养的作用很大"，我推测是因为译者没有完全理解这句话，还得要译出来；或者是自认为理解对了，也就没有深究。其实，这句话很有深意，对中国人来说理解起来非常地别扭。它涉及三个单词的理解：arguments、nutritionally 和 powerful。

arguments 在此指"论点、论据、论证、理由或说理"等，结合上下文，自然指广告中说巧克力牛奶有营养和适合成人饮用的论据，论证得充分，也就言之有理了。也就是说，广告要做得科学、合理且有说服力。nutritionally 起的是标识的作用，说明广告的重点在于"有营养"。那么，nutritionally 是副词，powerful 是形容词，nutritionally 修饰 powerful，想当然就是"营养 的作用很大"了。没错，nutritionally 确实是修饰 powerful 的。但请不要忘 记，整个句子的骨架是 arguments are powerful，主谓宾明确，这是不能变的， powerful 表述的是"论证很有力"，主语是"论证"，如若是"营养很有作 用"，主语就成了"营养"。这在语法和逻辑上是讲不通的。

整句的意思不妨这样理解：由于乳制品公司在广告中关于"巧克力牛奶 有营养"的辩解或理由很充分，因此，很有影响，颇具说服力。

为了防止自己的理解有误，己昏昏，使人昏昏，我特意求证于作者。 Hartley 先生回复说：

"Their arguments are nutritionally powerful" means that the dairies used advertising that emphasized one of the important attributes - nutrition. So it was powerful, or persuasive, because it emphasized nutrition.

大意即是：由于乳制品公司在广告中强调了巧克力牛奶的重要属性之一 "营养"，因此很有说服力。

现在的国人不是被骗就是骗人，不是即将被骗就是准备骗人。要知道， 骗子和被骗者绝大多数是成人，骗子想要成功没有说服力还真不行，况且这 种有科学依据的公开的产品广告呢，没有说服力，或者言过其实，一喝就露 馅了，没几天就没人信了。

所以，骗人钱财的小骗子大都采用单独下手，广撒网，一条鱼一条鱼 地逮，或一小群一小群地下手，使其瞬间发懵，丧失判断力，才好得手。所 以，众人要慎独，戒贪小便宜。小骗子的伎俩见不得光，但要是大骗子，工 作量要大得多，不能来短平快，需要做局，需要有宏大的叙事，需要编出一 套说辞，抓住人的心理，不时抛出直击心灵的"广告语"，再让众人有口说 不出，有耳听不到，有眼看不见，才能在光天化日之下公开行骗。

2. chocolate milk provides calcium

翻译中经常碰到这种情况，英文明明就是这个词义，但中国人平时可不这样说，比如 provide，最常用的词义就是"提供"，provides calcium 自然就是"提供钙"了。而要是说"提供钙"，大家也明白。就像"提供保证"就是"承诺"和"发誓"一样，"提供钙"生活中对应什么词呢？

通常，翻译时若碰到这种情况，我会停下来，抛开英文，想想生活中如何表达，或者问身边的人，看他们怎么说。为解决"提供钙"这个问题，我想到的办法是找营养补充剂的说明书。我家里就有这种瓶子，例如：

保健功能：补充钙和维生素 D

适宜人群：需要补充钙和维生素 D 的 11 岁以上的少年儿童及成人

按中医药来理解，食物就是某种药或营养品，吃含钙的食物就可补钙，这就是俗话所说的"吃么补么"。看来用"补充"比较合适。因为不管是什么途径，后天增加的钙都是"补充"。

3. get a more filling, nutritious beverage

如果说某人写的文章更有内容，说明相比他人或作者本人之前的文章更加言之有物。但若是说饮料"更有内容"，那是什么意思？对照其英文，发现"更有内容"对应的是 filling。想必译者看到 filling 想到的是"充填"或"填充物"，饮料中填充物比较多，自然也就是内容比较多了。但不论从表面上看，还是从逻辑上看，都讲不通。

其实，译者若是细加追究，不怕麻烦，查下词典，会发现 filling 这个词还有一个意思：

Cambridge Dictionary 网络版：

filling: If food is filling, you feel full after you have eaten only a little of it. 意为"容易填饱肚子的"，或"容易止饿的"，或"没有吃太多就会产生饱腹感"。

这仍是针对"有营养"的说辞。

4. giving chocolate milk "nutritional respectability" for adults

巧克力牛奶能给人"全面营养保证"？这个牛吹得大了，似乎如"包治百病"般诱人而不真实。感觉译者是猜测着译的。

这里的重点是 nutritional respectability，它仍旧涉及营养，重中之重是 respectability，对于中国人来说，对它的理解仍旧是一个字：别扭。

查《新牛津英汉双解大词典》第 2 版，respectability 的中文词义是这样说的：

· 可敬，体面

· 被认可的地位，可敬地位

可是，对于成人来说，营养是体面的，或可敬的，这也不讲啊！只好再理解一下其英文解释：

the state or quality of being proper, correct, and socially acceptable

the state or quality of being accepted valid or important within a particular field

可见，词典的中文译义把重心放在了 socially acceptable，但是，它也有"因为适合、正确而致的质量特性而为人接受"的含义。比如 scientific respectability 既是"在科学上被认可（的地位）"，因此，giving chocolate milk "nutritional respectability" for adults 就可以理解成"让'巧克力牛奶有营养'这个特性为成年人所接受"。说实话，这也太绕了。同理于防止"己昏昏，使人昏昏"，我询问了作者，Hartley 先生回复说：

"nutritional respectability" means that the dairies emphasized nutrients such calcium that were important, or respectable, to adults.

作者的回复中用了 respectable 这个词，在此它仍旧不是"体面的、正派的、受人尊敬的"之义，而是另外的意思。根据《朗文当代高级英语词典》第 5 版，respectable 还有 good, satisfactory 之义，意思是"好的，令人满意的"。大致想来，奶制品公司的广告强调了巧克力牛奶营养对于成人的重要性（important），以及巧克力牛奶的营养含量足以让成年人觉得它可以称得上是"真正有营养的饮品"了（respectable）。

不管你信不信，反正我感觉自己把自己绕出来了。

5. enables many new chocolate milk containers to fit in a car's cup holders

这句话的重点是对于 containers 的理解。若不加限制，饮品的 containers 可以是瓶、罐、碗、纸盒、纸杯甚至是塑料袋。可是，在这个具体语境下，它有两个限制条件：

生产厂家不可能什么包装容器都用，肯定会选择其中一二种。

容器大小能放进汽车的杯座中，当然，如前所述，圆形的最好，因为杯座基本上是圆形的。方形的纸盒如果够小，也是可以放进去的。

其实，译者翻译这句时忽视了插图，插图中就有巧克力牛奶的样品，大都是圆形的玻璃瓶，少数是方形纸盒或方形玻璃瓶。如右图。

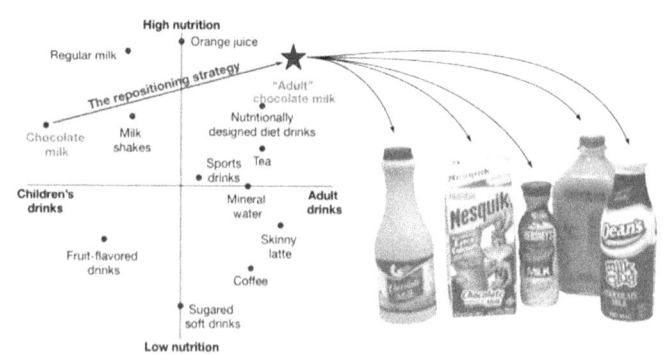

Source: Roger A. Kerin, Steven W. Hartley, Marketing 13e, McGraw Hill Education, 2017, p.257.

之所以探讨包装容器是圆形还是方形，是因为"牛奶盒可以安放在汽车的杯座上"中的"牛奶盒"不能涵盖所有的包装容器，因为"盒"基本上是方形的，采用了"牛奶盒"等于是把所有的圆形包装容器排除在外了。要知道，作者并没有使用 box 或 carton，而是用的 containers，那就更不能译为其中一种的"盒"了，只能用其总称"包装容器"。

另外，创新的包装指的就是容器能装入杯座中，而非"容器放进杯座中"是创新包装之外的另一种改进，美国人开车的多，因为它能放进杯座中，促进了其销售的增长。因此，译者将一个定语从句译成了两个句子也是错的："其他一些原因包括创新的包装，以及牛奶盒可以安放在汽车的杯座上"。

好吧，趁着明白，我赶紧翻译。译文如下：

乳制品公司在广告中对于巧克力牛奶有营养的解说很有说服力。对女性来说，巧克力牛奶可以补充钙，而钙在女性饮食中至关重要。相比相同热量的软饮料，巧克力牛奶对于节食者来说更易止饿，而且能补充更多的营养。这些解说会让巧克力牛奶的销量急剧增加，其中大部分来自于成人消费。部分原因在于乳制品公司彰显了巧克力牛奶对成人是有营养的这一品质，其他原因包括包装创新，使得新的巧克力牛奶包装罐可以放进汽车的杯座里。[3]

但是，上段文字不是我的原译，它经过了编辑的修改。有些修改我是认同的，更明确一些。但有几处修改不忠于原文了。我觉得有必要顺便解释一下，意在说明编辑修改不能想当然。有读者会说这也影响不大，不必较真。问题在于：译者有错，编辑不修改，不对；但译者译好了，而且没有错，编辑改出错来，这就不允许了。

· a soft drink for about the same calories：要知道，same 不同于 about the same，我译"相比差不多相同热量的软饮料"，编辑改为"相比相同热量的软饮料"。相同热量的饮料不容易找吧？即使同一品牌，不同批次的产品热量值也应该不一样。

· get a more filling：研究一番之后，我译"更容易产生饱腹感"，编辑改为"更易止饿"。猛一听似乎差不多，但我觉得二者还是有区别的。"止饿"指吃下一定数量的食物就饱了，是真的饱了，而"产生饱腹感"指没有吃下同样数量的食物就感觉饱了。有人说了，这不相同吗，既然相同，编辑改它干什么呢？

· The result：我译"结果是巧克力牛奶的销量急剧增加"，编辑改为"这些解说会让巧克力牛奶的销量急剧增加"。首先，既然是结果，就应该是"让"；就不是推测的"会让"。其次，前面已经讲过"解说很有说服力"，此处不必再重复讲，相隔不远，不至于造成理解的混乱，直接说结果就好。

· much of it：我译"而且大部分（来自于……）"，编辑改为"其中大部分"。其实，"大部分"就包含"其中"的意思了。

· many (new ...)：我译"很多（新的……）"，编辑把"很多"删掉了。

· chocolate milk containers：前面我分析过了，我译"巧克力牛奶容器"，因为不确定厂家用的是罐还是盒，译者不能想当然地译，编辑不能想当然地改。可是，编辑改成了"巧克力牛奶包装罐"。你以为"罐"就一定是圆的吗？

6. 译者在翻译"销量激增"时，指出这是 2000 年的事，我核对了 9 版的英文，没有发现"2000 年"的字样，这可有点匪夷所思了。

译者不容易做，更不容易做好，偷懒的译者尤其不能。因此，要想译好，有这么几条基本的做法：

1. 脱离开英文，想一想符合中国人生活中的习惯说法吗？

2. 想一想符合逻辑吗？

3. 多查词典。但双解词典的中文译义不能全信，因为它可能偏向于常用词义；还是要读其英文词条，细加琢磨。

4. 问一切可问的人。

5. 查看一切可看的资料。

当然是在有限的时间内。所以，译文没有最好，只有更好。

不费脑筋的，挂羊头卖狗肉

今儿去商店，我说：来瓶果粒橙（chéng），老板娘迷惑的看着我：要什么？……我指指果粒橙，老板娘大悟：嗨！你说的是果粒 dēng 啊！你看你这大学生读书读的连这个字都不认识！

哈哈，这是网友的亲历，不是我的。我刚刚参加完大学毕业 30 周年同学聚会，依现在的年龄，加上稀疏的白头发，不会有人再以"大学生"称之，以老板娘的年龄大小论，估计要喊我"大爷"或"大叔"了。只是心理上的我还没有花白。

我借用"果粒橙"的趣事是想说明汉字的形声和会意。

在汉字当中，形声字占了九成以上。先祖们在造字时会采用形声法合成一个字，比如，之前没有"抆"和"紊"，怎么办？所发音相同的"文"拿过来，加上表示意思部分，就造成了两个新字。

抆，与"文"发音同系，读 wěn，与"手"有关，表示揩拭、擦去，如抆泪（擦眼泪）。《楚辞·九章·悲回风》：孤子吟而抆泪兮，放子出而不还。

紊，与"文"发音同系，读 wěn，旧读 wèn，与"糸"有关，表示细细的丝线搅在一起，带来的是混乱和麻烦。《书·盘庚上》：若网在纲，有条而不紊。

这类字表示意思的部分叫"形旁"，表示声音的部分叫"声旁"，如此创造的字即是形声字。

我读过瑞典人林西莉著的《汉字王国》，她举"抆"和"紊"作为例子，我仿照她也例举这两个汉字，只是她的理解有一处错误，解释“拭”时，她称它的意思是“用手掸掉外衣和裤子上的灰尘”，其实表示这个动作的汉字是“掸”。想当年，范文程劝洪承畴降清，一番谈古论今之后，积在房梁上的灰尘飘落下来，落在了洪承畴的衣服上，洪承畴不由自主地用手轻轻掸去。这个细微的动作被范文程看在眼中，随即告辞，径直向皇太极禀报：“承畴不会死，这种时候他连衣服尚且爱惜，何况生命呢。”不过，一个外国的汉学家偶有偏误也很正常，中国人好多也未必分得那么清。

汉语的形声字如此之多，给识字者带来了很大的方便，但也有不便之处，因为表声的字同形，但整体上未必读音相同。“橙”就是一个形声字，单独的“登”读 dēng，加“足”为“蹬”，读 dēng，但加“木”为“橙”，念 chéng，又读 chén。当然，“橙”也念 dèng，但此时是通假字，通“櫈”，指坐具。在“果粒橙”这个词中只能读 chéng。

此老板娘这一 dēng，至少证明了并非只有秀才识字读半边。哟，若听到了我这样说，老板娘会瞪（dèng）我一眼吗？

我提及汉字的形声，是因为想说英文的组合词“大都”也是形声的，而且全是左右结构，没有上下结构，这一点跟汉字不同，或者说汉字即使是左右结构的也是立体的，而英文单词都是平拉开的。之所以说是“大都”，而非“全都”，乃是因为若是有一个英文单词不是这样，那就一词否决了，而我又无法穷尽所有的英文组合词。尽管这不是不能做到的，比如找一个大部头的英语词典，从头到尾过滤一遍，只是没有时间做，也就必须说话留有余地。

东汉许慎的《说文解字》是我国第一部字典，它定义且解释了“六书”，即汉字的六种构造方式：象形、指事、会意、形声、转注、假借。其中前四种属于造字方法，后两种属于用字方法。会意字和形声字都是由两个或两个以上的字组成，会意指合起来后表示一个新的意义，比如杲、杳等；形声指用其中的一部分表意，用另一部分表音，比如波、柏、炉等。

汉语的形声字和会意字井水不犯河水，不过，形声组合的英文单词却是会意的。之所以说英文组合词是形声的，是因为它们保留了原有单词的形，合成之后读音也差不多是原有读音的相加，既有形，也有声。之所以说是会意的，是因为好多英文单词组合起来之后，并非仅仅是各个单词之义的简单相加，或者不是中国人理解的表面词义的相加。

一是组合之后的新义是原有词义的简单相加，即"背道而马＋也"，但表述上需要稍加变化，不能是词义的叠加，要转换成一个相对应的汉语词，比如 bait-and-switch。

We will not engage in price fixing, predatory pricing, price gouging, or "bait-and-switch" tactics. [1]

bait 即鱼饵，或是某种诱惑。亮出 bait，引诱顾客上钩，再让顾客花高价买下其他商品或不值这个价钱的东西。switch 就是"换"。因为有不同的"换"，这一招式出现了不同的变招。

若是很快地用类似的低值低档物品替代跟 bait 一样的物品，这更接近于欺诈。这种情况经常用于坑外地人和过客或游客，比如，北方人去南方（或相反）旅游时会购买纪念品，等你挑好，等待包装或打卷时，店员会调包，等到回家后才发现尺寸较小、斤数不够或质量不如自己挑选的那个好，后悔不已，但只能自认倒霉。因为打假讨说法的成本远超物品的价值。《市场营销》9 版的译文就取了此意：

我们绝不会参与到价格操纵、掠夺性定价、哄抬物价以及"诱饵调包"策略中。[2]

单从字面上看，"诱饵调包"讲得过去，但 bait-and-switch 想要表达的并不是调包。不妨看一下 Wikipedia 的解释：

Bait-and-switch is a form of fraud used in retail sales but also employed in other contexts. First, customers are "baited" by merchants' advertising products or services at a low price, but when customers visit the store, they discover that the advertised goods are not available, or the customers are pressured by sales people to consider similar, but higher priced items ("switching"). [3]

意思是店家打广告说自己的产品或服务价格低廉，以此为诱饵，吸引消费者前去。而当顾客要买的时候，他们就说那样东西已经卖完，建议顾客买价钱更高的类似产品。这种情况不存在说是偷偷调包的可能或打算，因此就不是"诱饵调包"。那它是什么呢？我觉得这一招更象是"挂羊头卖狗肉"，正如 VOA 在讲解 bait-and-switch 时说过的这种情境：

The ad claimed the shop was selling the videos at a price so low it was hard to believe. So I hurried there but it was a case of bait and switch-the clerk said the cheap ones were all sold out and he tried to sell me other videos at a much higher price. [4]

9 版的那句话在 13 版并没有变化，所以，我的 13 版译文是：

我们绝不采用限价、掠夺性定价、哄抬物价和挂羊头卖狗肉等诱骗招数。[5]

同样是挂羊头卖狗肉，其下还有一个变招，那就是明码标价，愿者上钩。有个段子很好地演示了这种的 bait-and-switch：

男：老板，你这儿洗澡多少钱？

池主：男浴池 10 块，女浴池 100。

男：你抢钱啊……

池主：你想去男浴池，还是女浴池？

此男果断交了 100 元，进女浴池一看，全是男的。

浴池里的兄弟：尼玛，又来一男的！

尽管这种事是一次性欺骗，现实中不会出现，却揭示了一个深刻的道理：营销从来不是靠低价竞争，关键是要引导顾客的需求。

只所以说浴池这事现实中不会出现，是因为浴池是固定不动的，庙在，而和尚也见过，感觉上当受骗者是可以饱揍一顿池主出气的。而若是现实中的虚拟世界，消费者既不知道庙在何方，也看不见和尚什么模样，此招就容易得逞。比如，某网站说可以下载某电子书或视频，但需要交费，价格不高，若你正需要，就会交费登陆，结果发现并没有你需要的东西，你会为 2

元钱找这人打架吗？

尽管中国也有诚信、童叟无欺等商道，但在中国的商业文化中，骗人术历史悠久，国人无师自通，骗人的风险太低了。Wikipedia 在给出 bait-and-switch 的定义之后，紧接着提到了明朝万历年间的张应俞写的《杜骗新书》（The Book of Swindles），说它是中国最早记载各种 bait-and-switch 招术的书。

Bait-and-switch techniques have a long and widespread history as a part of commercial culture. Many variations on the bait-and-switch appear, for example, in China's earliest book of stories about fraud, Zhang Yingyu's The Book of Swindles (c.1617). [6]

估计好多新中国人不知道此书，也好，如果让现代国人学会了老祖宗的九阴真经，岂不如虎添翼，那可真是治不住了。

《杜骗新书》又叫《骗经》，若谁有幸淘到这本书，不妨从长心眼防止受骗的角度去读，杜者防微杜渐之杜，而不要从长心眼骗 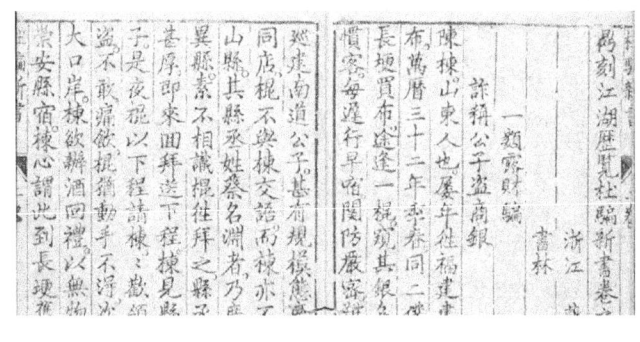 人的角度去读。其实，古人的骗术现代人也在运用，这种糟粕传统融化在血液里，体现在行动上。

二是组合之后不是原有词义的简单相加，而是变化很大，表述上已经看不出原有的词义，比如 no-brainer：

Adding more features to a product to satisfy more consumers seems like a no-brainer strategy for success. [7]

只是 13 版增加了 for success，a no-brainer strategy 没有改变，因此校译 9 版的中文译文没有问题。

让我先分析一下 no-brainer 这个单词：首先，它是形声的。它由两个单词和一个后缀组成，即 no + brain + er，而且读音差不多跟原有单词发音一样，no-brainer 读 [nəu'breinə]，而 no 读 [nəʊ]，brain 读 [brein]，er 读 [ə]，再加上重音。其次，它是会意的。其意思不是两个单词和一个后缀的简单组合。若是直译，由于有后缀 er，它有两个意思：

·没有＋大脑＋（的）人，引申指"没脑子的人"，即笨蛋、傻瓜。

·没有＋大脑＋（的）事，引申指"不经大脑做的事"，即蠢事。

考虑到例句中 no-brainer 修饰的是 strategy，故它倾向于第二个含义。中文 9 版的译文正是取此意：

在产品上增加更多功能以满足更多的消费者，这似乎是一个没有头脑的策略。[8]

单看这一句，"没有头脑的策略"应该没有多大问题，在某种语境下可能是正确的，只是表述上有些别扭。但结合上下文看，就不止是别扭了，尤其是放在 13 版的英文中，就成了"没有头脑的成功策略"，这岂不就成了"站在风口上，猪也可以飞上天"的翻版吗？

其实 no-brainer 是名词，它到底是什么意思？为什么这里译成了形容词？

按照 Cambridge Dictionary 的解释，no-brainer 的意思是 something such as a decision that is very easy or obvious，即不费脑筋之事，容易处理的问题。例如：

The decision was a complete no-brainer. 译：根本不用多想就可以做出这个决定。

现代英语的特色之一，就是以简单的结构表达复杂的内容，以名词修饰名词就是方法之一，称为名词定语（attributive nouns）。简而言之，其语法功能有四：

·代替形容词（或形容词短语）或分词（或分词短语）

·代替名词所有格

·代替介词短语

·代替同位语、形容词分句或不定式动词短语

代替形容词的例子有 country life（名词修饰名词），其含义是 rural life（形容词修饰名词），a no-brainer strategy 与此类似，也是名词修饰名词，

起形容词的作用，因此，no-brainer 应该按形容词来译，要译成：不用费脑筋就可做到的，无需用脑的，容易做到的，明摆着的，等等，而不是"没脑子的"，也不是"不经大脑做的"。

考虑到语境，而且我要按 13 版译文来译，我的译文如下：

通过增加产品的功能来满足更多消费者的需求，这似乎是一个易于成功的策略。

可是编辑又修改了。

增加产品的功能，满足更多消费者的需求，这似乎是一个显而易见的成功策略。[9]

本来"增加产品的功能"目的是为了"满足更多消费者的需求"，编辑一改就将二者并列了。如此，你也可以理解成没有关系，也可以理解成"增加功能"为的是"满足更多需求"，逻辑关系出现了混乱。读者需要判断后面说的"一个"指的是哪一个？再者，"易于成功的策略"不同于"显而易见的成功策略"。我译"易于成功"是经过研究的，"易于成功"并非一定成功，而"成功策略"就确凿无疑了，而且还"显而易见"。如果成功策略显而易见，傻瓜都看明白了，那你还能成功吗？这样修改就完全脱离了英文原文。

汉语中，"没有头脑的"跟"不用费脑的"是"叶徒相似，其实味不同"，"没有头脑的"指人智商不高，很笨；"不用费脑的"指事情容易做，不费劲。

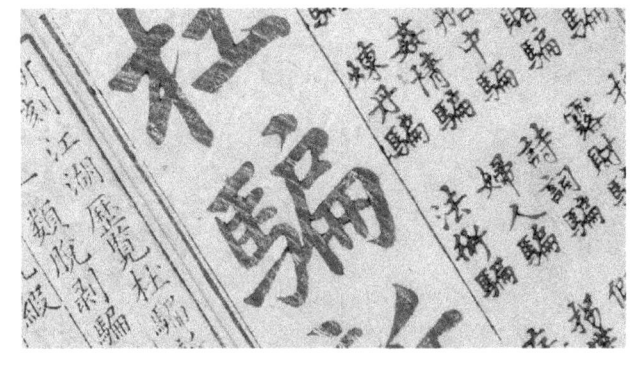

9 版译者看到 no-brainer，只是看到了 no-brain，于是迅速想到这是"没有大脑的"或"没有头脑的"，这就是我前面说的"秀才读半边"。还不错，该译者读了三分之二。

如果我把这句话的语境交待一下，读者就更能理解我的翻译是对的。

这句话是 Marketing Matters 专栏的第一句话。说到这里，我要先说下这个专栏名的翻译，9 版中文译为"营销事件"，一般来说，"事件"都不是什么好事，可这些专栏并不是讲什么坏事的，反倒是一些很有创意的事。于是，我就想"营销事件"肯定是不恰当的，那么，如何译呢？

按"营销事件"来译，那是把 matter 看成了名词，即"事件""事情"等，既然此路不通，那就要改辕易辙。把 matter 当成动词如何？即 to be important or to affect what happens，汉译为：要紧，重要或有关系。Marketing Matters 就成了"营销很重要"，比较契合专栏的意味。意思对了，但作为专栏名似乎有点平，我思索再三，决定采用"营销无小事"。

尽管一上来就说"增加功能是易于成功的策略"，但要注意，作者用的是 seems like，其实想表达的是"未必如此"。为什么？因为功能的增加会导致功能膨胀（feature bloat）。虽然消费者表示想要更多的功能，但在现实中，面对某些新产品令人难以置信的复杂性，消费者毫无招架之力。比如电脑，家庭用户不像企业有技术支持，遇到故障只能找朋友帮忙，找电脑维修店，或者拨打制造商的免费求助热线。如果这个问题不解决，功能的复杂会让一部分消费者望而却步，从而导致销售量的减少。Geek Squad 就是在这种形势下应运而生的。

Geek Squad 既是公司名，它是电脑技术服务商，也是该公司电脑维修团队的名称，中文名称如何译才好？搜索可知，它没有正式的中文名称，译名有：电脑特工、极客团队 / 军团、奇客 / 极客小分队、杂耍特勤队、技客小分队、极客服务平台、奇客电脑特工和极客广场（这是把 Squad 看成了 Square）。

除了"杂耍特勤队""极客广场"和"极客服务平台"不太靠谱外，因为它不是"杂耍"，也不是"服务平台"，更不是"广场"，其他的译名都有某方面的可取之处。说实话，这是最让译者头疼的事，从多个译名中选择一个自己认为最恰当的。实在不行，那就只好自己译了。

我不知道在搜索中得到了什么启发，我决定把它译成"极客帮"，意在强调两个方面：这是极客做的事，而且是帮助用户解决难题，"帮"突出了他们做的事情是技术支持服务这一特性，是"极客来帮"，而不是"极客帮派"。"极客帮派"会让人觉得他们象特工般神秘，是远离的对象，而不是愿意接近的服务人员。《市场营销》9版译为"奇客电脑特工"，尽管服务人员象"特工"那样听到用户的召唤便会呼啸而去，但"特工"形象正是其创立者罗伯特·斯蒂芬斯（Robert Stephens）要极力避免的。因此，凡带"特工"的称呼就要淘汰。（对了，Geek Squad，起名费有吗？）

斯蒂芬斯说过："只要有创新，就会带来各种形式的新混乱。"特别是有关计算机、技术、软件、通信和娱乐方面，消费者一般很难自己安装、操作和使用现有的许多电子产品。斯蒂芬斯是芝加哥人，他从中看到了商机，于是放弃艺术学院奖学金，不再攻读计算机科学硕士学位，手握200美元的启动资金，创立了极客帮。

而跟着他干的这些人是些什么人呢？这涉及到三处文字的翻译。

1. Computer feature bloat has given rise to what TV's 60 Minutes says is "the multibillion-dollar service industry populated by the very people who used to be shunned in the high school cafeteria: Geeks like Robert Stephens!" [10]

为方便分析，我先把9版的译文贴出来：

计算机功能膨胀使得奇客电脑特工迅速发展，正如电视节目《60分钟》说的那样——这个价值数十亿美元的服务行业由一群曾经逃课去咖啡厅消遣的人组成：以罗伯特·斯蒂芬为代表的奇客服务人员。[11]

对照之下，发现 has given rise to what ... 译成了"使得奇客电脑特工迅速发展"，这里 give rise to what 没有"使得……迅速发展"的含义，其实是"导致"的意思，导致什么呢？就是引号里面的内容。我猜测是因为句子太长，译者为了破句而想增加内容过渡一下所致。只是这样一来，就失准了。

其次，对 people who used to be shunned in the high school cafeteria 的理解不准确。译者译成了：由一群曾经逃课去咖啡厅消遣的人组成。这句有四处需要探讨：

这些人是极客，喜欢躲到 high school cafeteria，这是"高中食堂"，不是"咖啡厅"，而且这些人去那里不是"逃课"，也不是为了"消遣"，而是去那里编程、上网或做极客爱好的其他事。最后，从中文的语法看，"这个……服务行业由一群……的人组成"，似乎不讲，看其英文 service industry populated by，不如译成"行业由……人占据"。因此，我把电视节目提前，译成如下：

诚如电视节目《60 分钟》所说，计算机的功能膨胀致使"这个价值数十亿美元的服务行业让一群过去一向躲进高中食堂的人占据了，比如罗伯特·斯蒂芬斯那样的极客。"[12]

还好，这次编辑没有随意改。可是为什么要去高中食堂呢？说明这些人从高中时期就是电脑高手，至于他们为什么喜欢去那里，你不理解实属正常，否则，他们就不是怪才了。为了增进理解，我在网上找到了美国心理学家菲利普·津巴多（Philip Zimbardo）说的一段话：

At North Hollywood High School, I was shunned by everyone. I would sit down in the cafeteria, and students would get up from the table and walk away. They thought I was from the Mafia. [13]

意思是说，在北好莱坞高中时，我会躲开所有人，坐在学校的食堂里，而那里的学生会起身离开，他们认为我是黑手党。

可见，并非只有电脑高手才喜欢去那里。

2. "The biggest complaint about tech support people is rude, egotistical behavior," says Stephens. [14]

这句的难点是 egotistical，9 版译者译为"自私的"。可是，一个给你维修电脑的人会有什么"自私"的行为呢？自私的目的是为了自利，如果维修人员自利，那就不是"抱怨"的问题了。那是什么呢？设想维修人员去你家后是不是不会跟商量技术问题，他们说缺少或需要更换什么硬件或软件就是缺少什么，就要更换什么，换主板，换光驱，换内存，安什么什么软件，容不得你说三道四，是吧？因为你不懂技术，他们懂。如果抛开英文 egotistical 的干扰，我觉得这种行为就是"自以为是"。

9 版译文："对于技术支持人员最大的抱怨是无礼、自私的行为。"斯蒂芬说。[15]

我的译文是：斯蒂芬斯说："抱怨最多的是技术支持人员的无礼和自以为是。"[16]

3. "We're like 'Dragnet'; we show up at people's homes and help. ... We're also like Ghostbusters and there's a pseudo-government feel to it like Men in Black." [17]

　　既然用户如此抱怨，斯蒂芬斯就要求极客帮必须展现友好的态度和谦虚的精神，让团队成员在一展身手的同时，还能（1）表达对消费者真正的关心。不管服务多长时间，收费都是固定不变的。（2）模仿美国宇航局工程师的穿着，统一制服，这些极客们要穿白衬衫和白袜、黑裤和黑鞋，系有标志的卡扣式黑色领带，佩戴徽章，黑夹克上印有极客帮的标志，以显示谦虚的态度，防止吓到用户。（3）拜访消费者的住处或办公室时，驾驶大众牌黑白甲壳虫车，或叫"极客维修车"，车门上印有极客帮的标志。这身行头打扮，难怪美国人称他们是"特工"，于是，斯蒂芬斯说出了上面那句话。

　　这句话看似简单，其实不容易译。

　　首先，需要明确 Dragnet、Ghostbusters 和 Men in Black 是三部影视剧的名字，这一点很关键，因为 9 版的这几个英文单词不是斜体（到了 13 版才出现了斜体，但只有后两个是斜体，Dragnet 不是斜体，因此，一开始我没有把 Dragnet 当成电视剧的名字），译者很难想到，就极有可能按照三个普通的名词译为：法网、驱鬼者和黑衣人。而 9 版的译文正是按照这个思路译的：

　　　　"我们就像'天罗地网'，会及时出现在需要帮助的顾客家里。我们也像'魔鬼克星'，也有人认为我们就像'黑衣人'。" [18]

　　既然得知这是三个影视剧的名字，麻烦也就来了，三处都是（we are）like，我们像三个影视剧的名字？好吧，假设这是对的，我们像驱鬼者或黑衣人，还说得过去，但我们像"天罗地网"也不讲啊！

　　如果是美国人，肯定一提到这三个影视剧就会知道想表达什么，但对于中国人来说，弄明白这是三部影视剧的名字已是一关，更不用说再弄清楚它们的剧情了，即使知道了片名也没有时间观看。为此，要先弄清楚各自的梗概。基于我跟 Hartley 先生的交流，分别总结如下：

Dragnet refers to an American television show about police detectives. The reference is intended to communicate that Geek Squad employees will go to people's homes to help (like a detective would go to a home to help).

　　电视连续剧 Dragnet 译为《天罗地网》，讲的是两名洛杉矶警察的故事，而极客帮的员工就这些侦探一样，用户需要时他们就会现身，出手相助。

Ghostbusters is a movie (comedy) about a ghost-catching business. One of the advertising phrases from the movie was "Who you gonna call?" The reference here is intended to communicate that people with computer problems can call Geek Squad for help.

喜剧电影 Ghostbusters 译为《捉鬼敢死队》，该电影的广告语之一是"你会给谁打电话？"表示电脑有问题的用户可以给极客帮打电话，寻求帮助。

Men in Black is a movie (comedy) about a secret organization that supervises aliens on earth. The Men in Black employees wear black suits and white shirts that make them look like government employees. The reference here is intended to compare the uniforms worn in the movie to the uniforms worn by Geek Squad employees ("black pants or skirts, black shoes, white shirts, black clip-on ties, a badge, and a black jacket with a Geek Squad logo"). "Pseudogovernment" means the black suits worn by the Geek Squad employees make them look like they are government employees, but they are not.

喜剧片《黑衣人》讲的是一个秘密组织监视地球上的外星人的故事。极客帮的员工穿着就跟电影中的角色一样，让人感觉他们是政府雇员，但其实他们不是。

理解至此，就不能只是译出影视剧的名字了，要译出它们的内在含义，第三句可译为：

"我们就像《天罗地网》里的警探，及时出现在用户家里，出手相助。我们也像《捉鬼敢死队》里的捉鬼大师，或貌似《黑衣人》中的政府雇员。"[19]

还好，编辑一字没改。否则，我又得头疼如何对比分析，并写出来了。

你是忘忧湖人吗？

一个简单却又不争的事实是：创新始于我们的头脑，换言之，创新始于一个简单的想法，没有想法便谈不上创新，或者确切地说，没有与众不同的新想法或者说灵感便不可能有创新，这意味着要想出这个世界从未见过或尝试过的东西，然后，想方设法把这个新的想法变成一个实实在在的产品。为此，我们需要拓展自己的思维，或者训练自己的头脑成为创新的机器。任志强曰："如果不允许胡思乱想，你怎么会有科技创新？"说的就是这个理。

X-1 即是这样一个从想法到产品的创新成果。它的创始人是几位水肺潜水员，他们想边潜水边听音乐，于是开始研究如何使用水下电子设备和扬声器，开发出了防水外壳，在 300 英尺的水下照常有效，并获得了美国"音频播放器防水外壳"专利。恰好当时他们正读商学院，要求他们撰写一个商业计划书，他们就根据自己的新技术完成了作业，继而成立公司，并向其他潜水者推销自己的产品。后来，他们开发防水耳机，并把名称从"潜水者娱乐设备"改为"H2O 音频播放器"，继而将产品扩展至所有的水上项目，进而扩展至所有的运动项目，并从第一架突破音障的贝尔 X-1 型飞机得到灵感，将产品和品牌命名为 X-1。

当然，这些故事是在下面这句话之后展开的：

X-1 started as a simple idea for a business school project and has quickly grown to become the foremost leader in water-proof, sweatproof, and weatherproof audio equipment for athletes. Many factors contribute to the success of X-1, "but new product development is the engine that drives it all," explains CEO Carl Thomas. [1]

如果按照英文语序来翻译，大致为：

X-1 始于用来完成商学院研究作业的一个简单的想法，却迅速发展成为运动员用的防水、防汗和防风雨的音频设备的领先者。导致 X-1 成功的因素有很多，"但新产品开发是推动这一切的引擎，"首席执行官卡尔·托马斯解释道。

可以说，如果这样译，不能算错，至少对英文的理解没有问题，可以说达到了翻译的"信"，即正确地理解了英文（source language）；但是否做到了"达"，即用符合汉语习惯的句子（target language）表述出来了吗？

还是有优化的余地。主要有两处：

1. 第一句有些紧，即很多内容挤在一起，既不简洁，又不明了。其语素主要是：

·商学院的作业

·简单的想法

·迅速发展

·运动员用的

·音频设备

·防水、防汗、防风雨

·领先者

如果按照"语素乱而不失其意"的翻译原则，可以拆分为三部分：

（1）X-1 是什么

（2）开始时 X-1 是什么

（3）后来发展成什么

如此，译文修改如下：

X-1 是一种运动员用的音频播放器，防水、防汗且防风雨，而开始时，它只是用来完成商学院作业的一个简单的想法，却很快发展成为此类产品的领先者。

此外，因为此句是整个案例的第一句话，所以，一上来把 X-1 单独提到前面介绍一下还有一个好处，那就是让读者对何为 X-1 有个初步的概念。

2. 汉语的"说者"一般放在前面提及，而不是先写说者说的内容，最后再点出这是谁说的。所以，上述例句的第二句就要译成：

首席执行官卡尔·托马斯（Carl Thomas）解释道：许多因素促成了 X-1 的成功，"但新产品开发是推动这一切的引擎。"

再就是，一般提及说者之后，直接接引语，并用引号引起来，但此句还有一个非直接引语——"许多因素促成了 X-1 的成功"，是不是应该跟英文的语序一样放在最前面？我感觉如果非直接引语不是很长，而且和直接引语存在一定逻辑关系的话，直接引语和非直接引语可以并列，但如果较长的话，将直接引语和说者远远地隔开就不理想了。

当然，有人喜欢冒号之后即是引号，那就译成：

许多因素促成了 X-1 的成功，首席执行官卡尔·托马斯（Carl Thomas）解释道："但新产品开发是推动这一切的引擎。"

若是译出 but 一词，在读者看到"但"后，就要跳过"托马斯"到前面找逻辑关系，感觉还是有些别扭。

最后提及说者或把"说道""解释道"放在直接引语后面的实际译例有没有？尽管不常见，但是有。

例一：

"One of the big differences between marketing today and in the future is that we will be able to reach each person, such as designing your own personal workout program," says Nicholas Skally, Rollerblade's manager of marketing. ...[2]

译文如下：

"如今的营销和未来的营销主要区别在于我们将能够顾及到每一个人，就像设计自己的个人健身计划一样。"罗勒布雷德的营销经理尼古拉斯·斯卡利说道。……[3]

例二：

... "There's usually some frantic customer at the door pointing to some device in the corner that will not obey," Stephens explains. [4]

……"经常有些疯狂的顾客会在门口指着那些不听话的机器。"斯蒂芬解释道。[5]

最后提及说者不是汉语的习惯。但是，语言是发展的，如果大家都对遵从英文的语序不以为然，而且作者、译者和编辑都这样用，先提及说的内容，后提及说者，那就不是个事。相比而言，中间提及说者比较为中国人接受，有的出版社在其著译编辑须知中就规定了插入语后接着直接引语的处理规范，只是要求整篇译文的格式要统一：

（1）插入语前引号内的句子不完整："……，"他说，"……。"

（2）插入语前引号内是一个完整的句子："……。"他说，"……。"

尤其是中间不只是说者，还有其他内容时，采取插入语的形式，中间提及说者，译者就比较好处理。

例三：

"The fast pace of working as a marketing professional isn't getting any easier," agrees David Ford, as he talks with Mark Rehborg, Tony's Pizza brand manager. "The speed of communication, the availability of real-time market in-formation, and the responsibility for a brand's profit make marketing one of the most challenging professional jobs today." [6]

"……，"在与托尼牌比萨的品牌经理马克·雷赫伯谈话时，大卫·福特对此表示同意。"……。" [7]

例四：

"It's naive to treat 'international' as one big market—particularly within OTC," explains Marti Morfitt, president and CEO of CNS, the company that manufactures Breathe Right ® nasal strips. "There are many discrete, unique markets, and local expertise is needed to understand the dynamics within each and address them effectively." [8]

"……。"CNS 的首席执行官马蒂·莫菲特说道，CNS 公司是一个生产鼻舒乐鼻贴（Breathe Right）的企业，墨菲特继续说道："……。" [9]

例三和例四的两处插入语在翻译上都有问题。

Tony's Pizza 是"托尼比萨店",不是"托尼牌比萨";

Rehborg 一般译为"雷伯格",不是"雷赫伯";

David 译为"戴维",而不是"大卫",除非是《圣经》中那个人;

president and CEO 是"总裁兼首席执行官",而不能只译为"首席执行官";当然,president 有不同的称呼,比如,美国副总统迈克·彭斯在 Hudson Institute 发表对华政策时,其 president and CEO 致欢迎辞,此时译作"哈德逊研究所所长和首席执行官"。

例四的插入语可以简化为"生产鼻舒乐鼻贴的 CNS 公司总裁兼首席执行官马蒂·莫菲特解释说,……"。

尽管对读者来说,这些似乎影响不大,反正都不熟悉,却是跌破了译者的底线,那就是不"信"。中国人制造产品,坏就坏在大差不差。不过,这不是本文要谈的重点。

出版之后的译文如下:

X-1 是一种运动员用的音频播放器,防水、防汗且防风雨,一开始,它只是一个简单的商学院项目,却很快发展成为此类产品的领先者。首席执行官卡尔·托马斯(Carl Thomas)解释道:许多因素促成了 X-1 的成功,"但新产品开发是推动这一切的引擎。"[10]

编辑又忍不住想当然地改了,涉及对 a business school project 的理解。我最初译 project 为"课题",后改成"课题作业",最后定为"作业"。编辑看到 project 就想到了"项目",这是典型的背单词表的后遗症。在这里,project 应是作业或专题研究,是商学院案例教学的一种方式,查词典可知,A project is a detailed study of a subject by a student. 较常见的形式是学生分组设计 business plan,再一起讨论和评价。后文提及此事时说的就是他们要写一份商业计划书:

At the same time, they were enrolled in a business school course that required the development of a business plan.[11]

这种 project 很容易变现,走向成功之路,例子不胜枚举。X-1 的开发者就是一个典型的成功案例。他们最初只是有一个简单的想法,借完成商学院作业的机会，写了一个商业计划书，进而开办公司，开发产品。编辑不加深究就改，说明这位编辑对于开发产品、商业计划书、商学院知之甚少。这种思维就是典型的长期背标准答案和单词表习得的。

这种将英语长句的一部分单独提取出来，放在前面的译法特别适合汉语，因为句子一长，即使逻辑交待得再清楚，中国读者读起来还是会很费劲。在英文句子是蛇头虎尾时更是需要如此处理。

我想起了译 Why Smart People Make Big Money Mistakes and How to Correct Them 中的一句话：

Now, you might think you are immune to this "Lake Wobegon effect," so named after radio personality Garrison Keillor's fictional community where "all the women are strong, all the men are good-looking, and all the children are above average." But try this one: What is your usual reaction when you meet a person who someone has said looks "just like you"? If you are like most people, your reaction is typically one of alarm, even horror: "You're kidding! Is that what I look like?" What this means, of course, is that the picture we carry around of ourselves in our heads is a bit more favorable than the image others have of us. [12]

本文重点关注第一句：you might think you are immune to this "Lake Wobegon effect," so named after radio personality Garrison Keillor's fictional community where "all the women are strong, all the men are good-looking, and all the children are above average."

此句在语义上可拆分为三部分：首先是"你可能认为自己不会受'忘忧湖效应'的影响"，其次是"这个效应是以电台主持人加里森·凯勒虚构的社区命名的"，第三介绍这个社区的特点。这是典型的蛇头虎尾的句子。

加里森·凯勒是一个幽默作家，兼写剧本，而最为人所知的，他是美国明尼苏达州公共广播电台的广播节目《牧场之家好做伴》（A Prairie Home Companion）的创始人和主持人，该节目从 1974 年一直持续到 2016 年，他在节目里调侃别人和他自己，其嗓音浑厚，不知迷倒了多少人，长得不咋地，却很讨女人的喜欢，媳妇换了三茬，还与自己的制作人传出了绯闻，不过不是所有的女人都买他的账。2017 年，已经 75 岁的他（born 1942）却被指控性骚扰而遭解雇。据 VOA 报道，他摸了一名女同事裸露的后背，他跟记者说："在她告诉我她不高兴之后，我想拍拍她的后背。她的上衣是敞开的，我落手的位置大约高出了 6 英寸。她有反弹。我道歉了。"姑娘我愿意，那是男欢女爱，老娘要是不高兴，那就是不当行为，管叫你晚节不保。

据 Wikipedia 介绍，40 多年里，加里森·凯勒每周通过节目与听众分享来自他虚构的乡村小镇 Lake Wobegon 的最新消息（News from Lake Wobegon 是《牧场之家好做伴》中一个很受欢迎的单元），他称此小镇是 the little town that time forgot and the decades cannot improve，仿佛陶渊明的乌有乡桃花源。节目开场白他会说：Well, it's been a quiet week in Lake Wobegon, Minnesota, my hometown, out there on the edge of the prairie. 节目结束时他则说：Well, that's the news from Lake Wobegon, where all the women are strong, all the men are good-looking, and all the children are above average. 这 就 是 Lake Wobegon 特点的由来，Lake Wobegon effect 被用来描述人的一种真实的心理倾向：自视甚高，且强过他人（The Lake Wobegon effect is a natural tendency to overestimate one's capabilities and see oneself as better than others. Research psychologists refer to this tendency as self-enhancement bias and have found evidence for its existence in many domains）。

事实上，加里森·凯勒这个美国老男人成了 Lake Wobegon effect 的牺牲品：不要认为自己的魄力可以老少通吃，来者不拒，the coiner of fictitious Lake Wobegon becomes a real Wobegonian。

再看前面说的第一句。如此长的一个补充说明，若是按英文的正常语序译，势必尾大不掉。不妨将 Lake Wobegon effect 单独提出来，放在句前，先把它解释清楚，再从英文的第一句 you might think you are immune to this "Lake Wobegon effect" 往下接着译：

"乌比冈湖效应"（Lake Wobegon effect）是以电台名主持加里森·凯勒

（Garrison Keillor）虚构的社区命名的，在哪个地方，"女人个个强壮，男人个个英俊，孩子们则个个不一般。"现在，如果你认为自己不会受此效应的影响，不妨用此验证一下：如果你遇到一个人，别人说那人"看上去真像你"，通常你会有什么反应？如果跟大多数人一样，你的反应通常是惊慌，甚至是感到恐怖："你在开玩笑吧！我看上去会是那个样子？"当然，这意味着我们对自己的印象比我们在别人眼中的形象要好得多。[13]

我译"忘忧湖效应"，编辑改成了"乌比冈湖效应"（Lake Wobegon effect）。编辑没有不从众的勇气，也没有问过我为什么这样译，不知道我背后是如何研究的，毅然决然地改了。她们认为她们拥有绝对的修改权力，而且是上天所赐。这也是一种有权就任性。

先不说什么湖，前面的词或短语加引号，后加括号英文，这是我最讨厌的一种格式，我称之为"脱裤子放屁"。如果加括号英文，最好将前面的引号去掉，要不就不要加括号英文。双重彰显是多此一举。

为什么 Lake Wobegon 我译"忘忧湖"？这是意译，大多数人音译为"沃比冈湖""乌比冈湖""沃伯根湖""瓦伯格湖"，不一而足，尤以"乌比冈湖"最多。凯勒说 Wobegon 源于印第安人的一个古老的词，意思是"我们在雨中等你一天的地方"（Keillor has said the town's name comes from an old Native American word meaning "the place where we waited all day in the rain [for you]." Keillor explains, "Wobegon sounded Indian to me and Minnesota is full of Indian names.），能在雨中等一天，说明彼此的关系非同一般，相互信任（it sounds like we have a special relationship based on trust），也可以说这是一个好地方。我更愿意认为凯勒是在玩文字游戏（a play on words），因为英文中有个词 woebegone 跟它同音，指愁眉苦脸的，忧愁的，一副寒碜样（affected with woe, or beset with trouble），但若是拆成短语 Woe, be gone 就成了所有烦恼都烟消云散（dismissal of troubles）之意，想必凯勒用 Wobegon 想表达此地人的性格是"乐而忘忧"的，不妨译为"忘忧湖"。当然，也可以译为"莫愁湖"，语义稍有偏差，且南京有个莫愁湖，读者读至此会出戏，相比之下，不如"忘忧"。

说到这一段，正好有另外两个版本的翻译可以比较。

一是 *Why Smart People Make Big Money Mistakes* 第一版的大陆简体中文版《半斤非八两》，不过其英文副标题略有不同：Why Smart People Make Big Money Mistakes and How to Correct Them: Lessons from the new science of behavioral economics。我译的应是第二版。我核对了一下，在此例句上，这两版的英文基本相同，只是第一版少了 radio personality，即"著名广播主持人"，因此具有可比性。

You might think you are immune to this "Lake Wobegon effect," so named after Garrison Keillor's fictional community where "all the women are strong, all the men are good-looking, and all the children are above average." [14]

它的中文版是如何译的呢？很简单，整个去掉，没有译。如下所示：

你或许自以为对这种毛病具有免疫力，那么不妨做个测验：如果有人说你长得跟某个人"一模一样"，而你刚好碰到这个人，你通常会有什么反应？大多数人的反应是："开玩笑！我怎么可能那么难看！"这表示我们对自己的看法，通常比人家对我们的看法要宽容得多。[15]

如果像这样麻烦的就省略，不懂的就删掉，我的翻译用时至少减半，自然获利加倍。可是，当初我就是因为看到有些译者不认真翻译而自己想译书的，怎么能跟那些人一样偷工减料呢？不忘初心，于吾非口号也，切实践行之。

我在其他书中也发现过遇见难句就删掉的翻译。其实，在我看来那些句子没有那么难，沉下心多方求证一下是能够理解的。

二是 *Why Smart People Make Big Money Mistakes* 第二版台湾中文繁体版，书名为《行为经济学：谁说有钱人一定会理财？》译文如下：

也许你认为自己没有"乌比冈湖效应"（Lake Wobegon effect），试着这样想想看：如果有人说你和某人长得很像，一般而言你的反应会是什么？如果你跟大部分的人一样，那么你的反应会是恐慌，甚至是震惊："你开什么玩笑！我真的长得像那样吗？"这就显示，我们在他人眼中和自己眼中是不一样的，我们常会把自己想得比较好。[16]

又是一个脱了裤子放屁。那一套对 Lake Wobegon 的解释哪里去了？变成了顶注：

乌比冈湖为美国广播名嘴凯勒（Garrison Keillor）所虚拟出来的小镇，镇上的"女人都很强壮，男人都很帅气，而每个小孩都表现中上。"[17]

一般都把注释放在书页的下端，所谓脚注；顶注我还是头一回见到。更与众不同的是，把正文的一部分变成注释。

原来还可以这么玩！

H & R Block 如何译

　　阅读译成汉语的营销类书籍会碰到大量的公司名称、品牌名称,有些是中国人耳熟能详的,有的似曾相识,有的则是闻所未闻。而把外国的公司和品牌名称准确地译成中文名更是译者面临的最大挑战之一。前些年有位《营销管理》的译者就被一位普通的营销员找出了不少错误译名,再加上其他的错误,译者被读者辱。

　　好在中国开放之后,很多外国公司进入中国市场,有些起了中文名,其中文名为中国人所知,尤其是那些非常精致的中文名,不但朗朗上口,而且为其产品和服务增色不少。但也有例外,即便有中文名,中国人也习惯称呼其英文名,比如 IBM,因为顺口,这要比说"国际商用机器公司"舒服多了;有些没有起中文名,中国人这些年也习惯英文名了,不但口头说,文字也是直接用英文名;但有些公司或品牌没有进入中国,其名称就不为人知,因为不在中国开展业务,它们就没有兴趣起个中文名了。

　　但作为图书翻译的一个原则,要尽量采用中文名称,有官方正式中文名的采用之,没有正式中文名的则考虑译之。

　　近来译凯林和哈特利的《市场营销》第 13 版,便碰到了一个公司名称:H&R Block。原文如下:

Service-sponsored franchise systems exist when franchisors license individuals or firms to dispense a service under a trade name and according to specific guidelines. Examples include Snelling and Snelling, Inc. employment services and H&R Block tax services.[1]

作为译者，看到 H&R Block 首先会想 H&R 是什么意思？ Block 容易理解，一般应该就是一个名称，也可能是个人名，或什么其他名称，而查阅《新华社人名翻译大辞典》，Block 译为"布洛克"。不管是不是人名，至少发音是"布洛克"。

于是，再到网络搜索，发现几乎全是"H&R 布洛克"。我发现很多文章都是中英文混搭，似乎也很和谐。好比大家都在喊"卡拉 OK"一样，已经浑然忘记了这是一个中日混血的名称，也没有人因为痛恨日本鬼子而拒说。

在一片中文当中看到一个"H&R 布洛克"是不是觉得有些别扭？好吧，即便用中英混搭，也得知道 H&R 代表什么吧？最好的办法就是查维基词典了：

H&R Block, Inc., or H&R Block, is an American tax preparation company operating in North America, Australia, and India. The company was founded in 1955 by brothers Henry W. Bloch and Richard Bloch.[2]

另外一份介绍材料显示：

Founded in 1955 by brothers Henry W. Bloch and Richard Bloch, Block today operates approximately 12,000 retail tax offices worldwide. Block offers its own consumer tax software (formerly TaxCut), as well as online tax preparation and electronic filing from their website.[3]

看来，H&R Block 是亨利·布洛克和理查德·布洛克兄弟二人创建的，将公司名拆开来就是 Henry Bloch and Richard Block。兄弟二人姓 Bloch，应该是兄弟二人把 Bloch 演绎成了 Block，但至少 H&R 代表兄弟二人的名字 Henry 和 Richard 应该是没有错了。查找人名大辞典，因所在国家不同，Bloch 分别译为布洛什、布洛赫或布洛克。

既然如此，为什么不把 H&R Block 叫"布洛克兄弟"呢？我看行。

按照中国的惯例，公司名称由四个部分组成：行政区划＋字号＋行业特点＋组织形式。行业特点就是企业提供什么产品或服务，那么，H&R Block 是"布洛克兄弟"什么公司呢？

搜索网络，基本上是"H&R 布洛克服务公司""H&R 布洛克税务公司""H&R 布洛克公司",或不带 H&R,直接称为"布洛克税务公司"。有的则加上解释,称为"报税服务供应商 H&R Block"或"全美最大的报税服务公司 H&R 布洛克"。个别的叫"布洛克金融服务公司"。而称为"美国布洛克税务公司"则直奔中国的公司名称注册要求,一样也不少。《市场营销》第 9 版就将 H&R Block 译成了"布洛克税务公司"。例如:

Snelling and Snelling 公司的就业服务和布洛克税务公司的税务服务就属于这种情况。[4]

你看,Snelling and Snelling 直接用了英文,夹在中文中间是不是有点别扭?但此文不表,单表 H&R Block。布洛克是"税务公司"吗?这要看其服务内容,网搜可知:

H&R Block is the world's largest tax services provider. H&R Block is a tax preparation company in North America, Australia, Brazil and India. [5]

布洛克是 tax services provider,提供的是 tax preparation,是搞税务筹划的,帮企业处理报税和退税甚至合理避税事宜的,因此,只说它是"税务公司"并不确切,至少应表明是"报税服务"。但该公司还有其他业务,维基和另一份材料显示,其在堪萨斯城的总部还为企业处理工资,提供咨询服务。

维基说其总部提供 payroll, and business consulting services:

As of 2018, H&R Block operates approximately 12,000 retail tax offices staffed by tax professionals worldwide. It also offers consumer tax software as well as online tax preparation and electronic filing from their website. The Kansas City-based company also offers payroll, and business consulting services. [6]

另一份材料更全面一点,说它还提供 banking, payroll, personal finance, and business consulting services:

The Kansas City-based company also offers banking, payroll, personal finance, and business consulting services. The business area of H & R Block includes retailed tax services, Digital tax services and H&R Block Bank. [7]

其意是说:H & R Block 的总部位于密苏里州的堪萨斯城,它主要提供银行业、工资发放、个人金融和商业咨询服务,其业务范围还包括零售报税服务、数字化报税服务和 H&R Block 银行。

如果非要带上行业特点，H&R Block 就成了"布洛克报税服务公司"。单看可以，但考虑到后面的 tax services，就成了"布洛克报税服务公司的报税服务"。啰嗦了，更重要的是，其英文名称后面并没有带"报税服务"的字眼，维基只是说它是 H&R Block, Inc.，简称为 H&R Block。因此，没有必要画蛇添足，不妨把 H&R Block tax services 译成"布洛克兄弟公司的报税服务"就 OK 了。

也有人建议在公司名称前面加上解释，比如"美国报税服务公司"等等，那后面的"公司"就要去掉，否则，又重复，就得译成"美国报税服务公司布洛克兄弟的报税服务"。啰嗦得一塌糊涂。

在译名前面适当添加说明是可以的，比如"知名心理学家""美国最大的军火商"等等。但要适可而止，若内容太多，就要考虑采用译者注了。译者和编辑有时会多操心，总觉得啥都要给读者交待清楚，一来读者没有我们想的那么无知，二来如果读者一时不清楚，自己设法查找就是，这也是一种学习，三来译者或编辑要尽可能地尊重作者的原文，减少自己的痕迹。

总之，英文的产品、商标、企业等名称要尽可能地译为汉语，有中文名的用之，没有中文名的译之。知名的产品、商标和企业名称大都有官方中文名，若是不出名或不大出名的产品、商标、企业名称，可考虑译一个适当的中文名，再用括号标注其英文，或直接用其英文名。

译为中文名时，前面可适当增加外延，以利中文读者的阅读。比如，原文只说某人的名字，但中国人并不熟悉，但此人是位心理学教授，此时可考虑译为"美国或英国心理学家 ×××"，或"某大学心理学教授 ×××"

任何不以准确为前提的编辑都是要流氓。不但译者要信，即尊重作者，尽可能减少自己在译文中的痕迹；编辑也存在一个"信"字。编辑的信有双重含义：既要尊重作者，又要尊重译者，但前提是译者的翻译质量要足够好；需要从头改到尾的译稿至少说明两方面的问题：译者译得水平不高，需要编辑大量修改才能面市，那编辑为什么要选择这样的译者？如果译者的译稿质量没有问题，编辑还大量修改，那就是编辑的理念有问题，不但没有理解编辑不是改稿机器，而且有一种变态的修改癖好。译者各有自己的表述习惯，如果没有硬性的错误，最好保留译者的风格，好坏自然有读者品评。如果编辑都改成自己喜欢的表述，那就成了编辑的译文了，还怎么美其名曰"对读者负责"？不但将出版周期大大延长了，最要命的是，在修改的过程中改出很多错误，这就不只是不尊重作者和译者的问题了，还有失职业道德。

strip–mall **和** power–center **如何译**

说到零售组合的商店选址，Kerin & Hartley 的 13 版 *Marketing* 列出了五种模式：

- central business district
- regional shopping center
- community shopping center
- strip mall
- power center

美国的百货公司开始时大都开在市中心，但追随着消费者也转向了郊区，而且近年来，更多的商店是以大型区域性购物商场的面貌出现。central business district 即所谓的"中央商务区"，简称 CBD，它通常指城市的商业中心，在大城市即是"金融中心"的同义词。既然是"中央"商务区，一般认为是在市中心，我理解的这个市中心就是主城区，比如北京的 CBD 就是在市中心，也是金融中心，北京人戏称之"中国北京大北窑"，也是一乐。回想多年前，我到北京出差，跟北京的朋友吃完饭后在路边公园百步走，当时大裤衩已经搭起架子来了，我们一边鉴赏着大裤衩，一边品味"中国北京大北窑"。这一幕仿佛就在昨天。

美国的市中心并不一定是商业中心，二者重合的叫 downtown（原因是纽约市最早发展的区域为曼哈顿岛的南端，在地图上位于城市的下方，downtown 是市中心兼商业中心的含义由此而来），CBD 可能处于市中心，也可能偏离城市的商业中心、政治中心或文化中心。

维基对于 CBD 的解释：

A central business district (CBD) is the commercial and business center of a city. In larger cities, it is often synonymous with the city's "financial district". Geographically, it often coincides with the "city centre" or "downtown", but the two concepts are separate: many cities have a central business district located away from its commercial or cultural city centre or downtown. [1]

总之，美国的 CBD 是个中心，但不一定位于市中心。

regional shopping center 比较容易理解，译成"地区购物中心"或"区域购物中心"都没有大毛病，9 版《市场营销》即译为"地区购物中心"。但鉴于中国的"地区"多与行政区划联系在一起，译为"区域购物中心"较为可取。比如《零售管理》11 版就译为"区域购物中心"。[2]

莫纳什大学商学院的定义称 regional shopping center 位于城市或州的某个独特的地理区域：

Regional Shopping Centre is "a major retail shopping complex serving a distinct geographic area of a city or state, housing at least one major full-line department store and a number of other retailers and service providers", [3]

根据国际购物中心协会（International Council of Shopping Centers）的定义，regional shopping center 通常是吸引半径为 5-15 英里商圈顾客的大型综合购物中心：

[It] is one with general merchandise including a high percentage of fashion stores, with 400,000 to 800,000 square feet of space sitting on 40 to 100 acres and two or more anchor tenants taking up 50 to 70 percent of the available space. The typical market area is a radius of 5 to 15 miles, or approximately 80 to 700 square miles. [4]

关于 regional shopping center 还有译为"市区购物中心"，开始我也是这样选择的，毕竟中国国家标准《零售业态分类》（Classification of Retail

Formats）就是这样规定的。但当我询问现居美国的同学时，他说美国的购物中心大都在郊区，看来译为"市区购物中心"不妥。再次琢磨它的分类方法，发现 regional shopping centers 是与 super-regional shopping centers 相对而言的，前者建在市区，后者建在郊区，可我在英文文献中又没有查到它们建在市区或郊区的定义，哪里出了岔子？几经查找分析，终于找到了病根，原来 regional shopping centers 译为"市区购物中心"是中国的定义。中美购物中心的分类对照如下：

· 美国分类方式及标准：根据美国市场的实际情况，将购物中心分为邻里型、社区型、区域型、超区域型、主题型时装精品型、大型量贩型、工厂直销型等八种。

· 根据中国市场的实际情况，将购物中心（Shopping Center/ Shopping Mall）分为三类：

—社区购物中心（Community Shopping Center），市、区级商业中心；

—市区购物中心（Regional Shopping Center），市级商业中心；

—城郊购物中心（Super-regional Shopping Center），城乡结合部的交通要道。

这特色特的，连自己人都坑，至少你也要换个英文名吧！

而 community shopping center 是"社区购物中心"。社区的概念这些年逐渐为国人接受，只是我们还跟"街道居委会"联系起来，而不是想到的是"文化中心"和"公众参与"。曾子墨对于将自己不知的"社区服务"弱项转化成助力自己申请美国大学的强项之一就很好地说明了问题。当她看到申请表中：Have you done any community service? If so, please describe them 时，第一次见到 community service 这个词，"'社区服务'又是什么呢？ 90 年代初，社区在中国还是个陌生概念。人们更愿意用单位、大院和街道来划分自己的归属。社区服务，总不会就是街道居委会的小脚老太太们吆喝着组织的义务劳动吧？"[5]

到了 strip mall 和 power center 就译出花来了。

9 版 *Marketing* 为 strip location，跟 strip mall 意思差不多。它译成了"条带区"或"条带购物区"，而 power center 译成了"能量中心"，[6] 难道它是大力水手买菠菜的地方吗？

因为 9 版跟 13 版的英文差不多，而我校译的是 13 版，就取 13 版的英文讨论 strip mall 和 power center 吧。

Not every suburban store is located in a shopping mall. Many neighborhoods have clusters of stores, referred to as a strip mall, to serve people who are within a 5-to 10-minute drive. Gas station, hardware, laundry, grocery, and pharmacy outlets are commonly found in a strip mall. Unlike the larger shopping centers, the composition of these stores is usually unplanned. A variation of the strip mall is called the power center, which is a huge shopping strip with multiple anchor (or national) stores such as Home Depot, Best Buy, or JCPenney. Power centers combine the convenience of location provided by strip malls with the power of national stores. These large strip malls often have two to five anchor stores and contain a supermarket, which brings the shopper to the power center on a weekly basis. [7]

先探讨 strip mall。维基的解释是：A strip mall (also called a shopping plaza, shopping center, or mini-mall) is an open-air shopping mall where the stores are arranged in a row, with a sidewalk in front. Strip malls are typically developed as a unit and have large parking lots in front. They face major traffic arterials and tend to be self-contained with few pedestrian connections to surrounding neighborhoods. [8]

Collions 的解释是：a kind of shopping center along a street or road consisting of a series of adjoining shops in a building or buildings typically with a uniform front design and direct access to each shop from a common parking area in front

Cambridge 的解释是：a shopping area consisting of a row of shops, restaurants, other businesses and a place for cars to park, especially along a busy road

基本特点是：小型购物中心，开放式，平顶房，单排，在路边，店前有停车场，与周围的居民区几乎没有人行道相连。

那么，strip mall 是什么？我首先想到的是"路边店"，但它在中国代表的是又小又土的大路边上的商店，而且另有特殊含义；其次，我开始强调的是"郊区"，比如 suburban strip malls，可是美国的购物中心大都在郊区，强调这一点没有意义。搜索网络，其主要译为"单排商业区"或"沿公路商业区"。个别译为"商业街"，但中国的商业街是在市区，且在街道两侧，不是单排的。它们主要强调的是"路边"或"单排"。

绕来绕去还是离不开"路边店"。既然"路边店"不可取，但不妨碍叫"路边商店"。暂且称之为"路边商店"，再探讨 power center。

单看 power center，一般是"电力中心""权力中心"等，但与教材要说的购物中心不沾边。搜索网络，与购物有关的译名有：大盒子购物中心、主题购物中心、全能购物中心和威力购物广场等，还有就是《市场营销》9版的"能量中心"；台湾有译"主力购物中心""动力中心""强力折扣中心"。

维基的定义如何呢？ Power center (retail), an unenclosed shopping center with 250,000 square feet (23,000 sq. m.) to 750,000 square feet (70,000 sq. m.) of gross leasable area. [9]

似乎除了"大"和"开放"之外，看不出什么特点。

而投资百科网站是这样定义的：

A power center is a large (250,000 to 750,000 square ft.) outdoor shopping mall that usually includes three or more "big box" stores. This type of property might include smaller retailers and restaurants that are either free-standing or located in strip plazas and surrounded by a shared parking lot. Power centers are built for the convenience of motorists. Unlike traditional big box stores, power centers often have distinctive architectural features. [10]

除了得知 power center 方便汽车司机或乘车者之外，其他特点前面已经了解过。

再返回去看 *Marketing* 13 版的定义：A variation of the strip mall is called the power center, which is a huge shopping strip with multiple anchor (or national) stores such as Home Depot, Best Buy, or JCPenney. 可知 power center 是 strip mall 的一个变体，比 strip mall 要大，另外，power center 包含有多个主力店，而 strip mall 则不包含主力店。二者的区别主要是这两个方面。

至此，可以得出 strip mall 和 power center 都是路边商店，只是 power center 较大，而且包含主力店。或者说，因为有主力店，所以，比较大。

但叫什么？比"路边商店"大的购物中心是"路边商城"或"路边商场"？似乎还是没有必然的把握。

没有办法，只能求助于作者之一的 Hartley 教授了，希望能从他的解释中得到一点灵感，因为他不可能直接告诉我中文名称是什么。

Q: I have discussed on the Chinese names of "strip mall" and "power center" with my friends and classmates in American and in China, but the discussion ends in smoke. Will you tell me their synonyms as a group (power center is a variation of strip mall). There are not appropriate Chinese translations in China.

I translated "strip mall" literally in Chinese into "roadside stores", and "power center" into "roadside trade city", emphasizing the characteristics that they are built along the road and that power center is larger than strip mall. But I'm not quite sure of their correctness.

A: "Strip mall" is a common term in the US and refers to a row of stores that are open to the street/road. They typically have a sidewalk in front of them and a parking lot between the sidewalk and the street. So shoppers can park walk from store to store.

"Power center" is used to describe strip malls that include a large store such as a Best Buy. It is still open with a sidewalk and parking.

In some instances, a Power Center has a supermarket (large grocery store, like a Safeway) as its large store.

Q: What's meant by "power" in "power center"?

A: "power center" refers to large versions of strip mall. They are larger because they include a big store such as a Best Buy, Pier 1 Imports, Staples, Michaels, etc. Power is a synonym for large in this case.

此次交流，除了肯定了前面已知的路边商店的几个特点外，最重要的是知道了 power 的含义，即它与电力、权力等没有关系，仅仅表示"大"。

好吧，我暂时也想不出更好的译名了，跳不出"路边"的魔爪了；如果 strip mall 是"路边商店"，那比它大的 power center 就是"路边商城"了。

虽不中，亦不远矣。

最后，该段英文的最后一句还涉及一处对于美国商店的理解。相比 9 版英文，13 版将 strips 改成了 strip malls，often contain 中的 often 去掉了，其它没有变化：These large strip malls often have two to five anchor stores and contain a supermarket, which brings the shopper to the power center on a weekly basis.

对于学习英语的中国人来说，不分析主谓宾定补状很难理解英文的句子，可是我去美国时翻阅过美国高中的英文课本，好像没有见过他们分析句子成份的内容。但此处的问题就从理解语法开始的。我注意到，最后的非限定性定语从句是 which brings ... 意思是：超市吸引购物者每周要来一次路边商城购物，显然它是 supermarket 的定语从句，但前面还提到了 two to five anchor stores，那么，其他商店就不吸引消费者前去吗？也只好问作者了。

第一封邮件：我从语法开始谈起，进而提出问题：从 bring 是单数形式看，它修饰的是 supermarket，但前面还说到过其他商店，为什么不是所有的商店吸引顾客前来呢？若如此，bring 就应是复数形式才是。似乎效果不佳，Hartley 的回复只是解释了这句话的意思：The supermarket (grocery store) reference is intended to suggest that grocery stores attract customers to the power center once each week. 我心中的疑惑仍然没有解决。

第二封邮件：我仔细考虑了一下，认为这不是一个语法问题，which 引导的从句修饰 supermarket 是没错了，于是，问题就成了：为什么你只说超市吸引顾客，而不提其他商店呢？因为其他商店也有顾客光临啊！这次 Hartley 看明白了，回复说：I see now! It is a confusing sentence! "Anchor stores" are the large stores such as Best Buy, Pier 1, Staples. The sentence is trying to say that in some instances one of the "two to five anchor stores" might be a supermarket (grocery store). "Brings" is singular because it is referring only to the supermarket as a store that brings shoppers to the mall frequently (weekly) because they come to buy food each week. 大意是说：2 到 5 家主力店，只有 1 家超市，而吸引消费者每周来一次的原因是他们要到超市购买食品。

第三封邮件：接着，问题又来了：为什么只有超市卖食品，其他主力店就不卖食品吗？因为在我的印象里，好多店都卖食品。Hartley 回复说：supermarkets are anchor stores but other types of anchor stores do not sell food。

看来，如果我在翻译时不增译，读者也会产生跟我同样的疑问：为什么只有超市吸引消费者每周光顾一次，而其他商店却不是呢？出版之后的译文如下：

一些大型路边商店有 2 至 5 家主力店，其中一家是超市，而超市会吸引消费者每周光临一次，目的是购买食品。[11]

我译的原文是"这些大型路边商店……"，因为英文原文是 These large strip malls，没有问题吧，可是编辑把"这些"改成了"一些"。有人认为这也没大差别啊，可我说差别大极了。我们分析的前面那一大段英文结构如下：

· 路边商店（strip mall）……
· 路边商城（power center）……
· 这些大型路边商店（These large strip malls）……

也就是说，当作者讲"这些大型路边商店"时谈的还是"路边商城"，只不过换了一个说法，称"路边商城"为"大型的路边商店"；从而也证明了我前面的分析是对的。如果改成"一些大型路边商店"，不但把"全部"

大型路边商店改成了"部分",而且把这种逻辑结构改没了。仔细阅读的读者可能会在理解上产生混乱:刚讲完了路边商城,怎么又跳回去讲路边商店?这里是不是出现了错别字?如果再次讲路边商店,也应该有个转折词什么的吧?要命的是,提交译文时,我在"这些大型路边商店"后面加了一个括号,提醒编辑这里讲的还是"路边商城",编辑到是把括号及其中的文字删掉了,但完全没有领会我的用意。

这就是典型的不改就难受的编辑。

销售导致促销及其思考

在开始之前，不妨先做一个测验：

Which of the following promotional budget methods wrongly views sales as the cause of promotion rather than as the result?

a. Affordable method

b. Percentage-of-Sales method

c. Competitive-parity method

d. Objective-and-task method

确定促销目标之后，企业必须决定投入多少促销费用。由于无法精确测量促销花费的实际效果，也就难以确定恰当的预算数额。不过，确定促销预算的方法还是有的，主要就是：

a. 量入为出法（affordable method），也有教材称 All-you-can-afford，也就是老百姓常说的"吃饭穿衣量家当"，而不是秦池那样"人有多大胆，地有多大产"，no zuo no die。

b. 销量百分比法（percentage-of-sales method），即按照实际销售额或预期销量的一个百分比分配促销费用，"我们今年的促销预算是去年总销量的3%"，这种表述说的就是销量百分比法。可是，percentage-of-sales 为什么译成"销量百分比"，或"销售额百分比"，而不是"销售百分比"？

这就涉及到对 sales 的理解。单数 sale 即是销售（an act of exchanging something for money），又是销量或销售额（the number of products sold），一

是行为，一是数值，差别显而易见。而根据《新牛津英汉双解大词典》（第2 版）和 Online Cambridge Dictionary，复数 sales 则有三个含义：

· 销量，a quantity or amount sold；

· 销售活动，the activity or business of selling products；

· 企业的销售部门，the department of a company that organizes and does the selling of the company's products or services。

从此例中 sale 是复数来看，也可以反证 sales 要表达的是"销量"，而不是"销售（活动）"。当然，更不可能是"销售部门"。

如果在"销量百分比"和"销售百分比"这两个词语中选择对错，相信小学毕业的人也会大都选择"销量百分比"，因为这是数值的比较，销售行为怎么能分割成一个一个的百分比呢？实际情况呢？还真不缺乏译为"销售百分比"的教材，既有翻译过来的外版书，也有国内作者的书，include but not limited to：

· 市场营销原理（亚洲版，第 3 版）[1]

· 市场营销（插图第 9 版）[2]

· 创业市场营销 [3]

· 促销与整合营销传播 [4]

当然，也有译为"销售额百分比法"的，include but not limited to：

· 整合营销沟通（第 5 版）[5]

请注意，我例举的大都是教授翻译的教材，而且译者是营销学专业的教授或硕导、博导，好多书犯同样的错误，可见不是哪位教授偶尔为之的"无心的疏漏"，而是"粗心大意的错误"。

把 advertising budget 译成"广告预算"与此类似，如：

Current plans call for an increase of $600,000 in the advertising budget.

最近的计划需要增加 60 万美元的广告预算。[6]

细思之下，预算的不是"广告"，而是"广告费"。但大家都这样说，似乎也就见怪不怪了。

其余两个方法是：

c. 竞争对等法或竞争均势法（Competitive-parity method）

d. 目标任务法（Objective-and-task method）

而答案是 b，销量百分比促销预算法。这种方法的优点显而易见，计算简单，而且由于促销预算跟销量挂钩，从而降低了财务风险。说到这里，*Marketing* 13e（Kerin，Hartley）话锋一转，说出了下面这句话：

However, there is a major fallacy in this approach, which implies that sales cause promotion. Using this method, a company may reduce its promotion budget because of a downturn in past sales or an anticipated downturn in future sales—situations in which it may need promotion the most. [7]

其中的重点是 sales cause promotion。如果你从来没有看过我上面写的内容，单从这句看，很有可能译为"销售导致促销"。《市场营销》（插图第9版）就是这么译的：

"但这种方法也容易使人产生销售导致促销的错觉。"[8]

如果译者不再细琢磨，这句话这样译也就过了。但是，读者可能过不去。它比较烧脑，单看这句话，读者很容易就会陷入是"销售导致促销"还是"促销导致销售"的思考，类似"鸡生蛋还是蛋生鸡"这个令人纠结的生物学难题（肯定是先有鸡蛋，因为作为成体，鸡是无法基因突变的，它只能发生在蛋壳之内。也就是说，鸡这个物种始于某个相近物种的硬壳受精卵）。其实，sales cause promotion 是一种简化的说法，好比中国人将故事或话语提炼成一个成语一样，其背景是前面试题已经提及的那句话：

... wrongly views sales as the cause of promotion rather than as the result

特伦斯·辛普（Terence A. Shimp）认为 sales cause promotion 有两方面的错误：[9]

1）颠倒了"销量"和"促销"的因果关系。促销带来了销量（promotion causes sales），或换言之，"销量"是"促销"的函数：

销量＝f（促销）

由于制定促销预算时采用的是将预算与销量挂钩的办法，那么，销售好，促销预算就多，销售不好，促销预算就少。于是，营销者就会产生谬见：销售的好与坏是多开展或少开展促销的原因。其实，销量的多少是促销的"果"，不是促销的"因"。

2）导致错误的促销决策。若是企业视"销量"是"促销"的"因"，而不是"果"，很可能会发生这样的事情：如果过去销售业绩不好，或预期将来销量下滑，企业就应减少促销预算，但此时恰恰是企业最需要促销的时候。这便是所谓的 precisely wrong decision making，岂不背道而马也。

实际经营中，应该很少发生这样的事情。营销者一般把"销量百分比法"用于初步框算（initial pass, or first cut），然后再根据实际情况调整促销预算。但对于教营销学的大学教授或写营销书籍的作者来说，有可能自己把自己忽悠迷糊了。《创业市场营销》在谈到这句话时，是这样表述的：

它错误地把促销视为销售额的结果而不是原因[10]

我当初读到这句话时，大脑一片空白，感觉自己的智商余额严重不足，一时之间，我竟然无法判断它正确与否。为了写此文，我只好耐住性子与…wrongly views sales as the cause of promotion rather than as the result 进行对照。

首先，我把这句英文译为：

错误地把销量视为促销的原因，而不是结果

然后，再把《创业市场营销》中的那句话，按照英文语序颠倒一下：

错误地把促销不视为销售额的原因，而是结果

好大一个迷魂阵，竟然藏着两个错误的颠倒，我差点走不出来：

1）这句话的重心在"销量"，不是"促销"，应是"销量是……原因或结果"，不应是"促销不是……原因，或结果"；

2）"不是的"是"结果"，而不是"原因"。

估计作者自己没想明白，就不想了。不过，"错误地认为"到是说对了。

回到我们的问题 sales cause promotion。

总体上讲，它表示销量（sales）与促销（promotion）存在关系（It is intended to means that there is a relationship between sales and promotion）。至于如何表

述二者的关系，重点在于对 cause 的理解。有三种处理办法：

第一，动词 cause 可译成名词，"是……的原因"（be the cause for），sales is the cause for promotion（销量是促销的原因）

第二，参考前面试题中的表述方式，将 sales cause promotion 改成 people view sales as the cause of promotion，人们将销量看成是促销（预算大小）的原因

第三，如果仍按动词译为"导致"，就要转换一下表述方式，不能硬译为"销量导致促销"，而要译为"销量的变化导致了促销预算的变化"，把 promotion 理解为"促销预算"，而不是"促销活动"：changes in sales lead to changes in promotion budget。比如，the percentage of sales budgeting approach implies that last year's sales "cause" next year's promotion budget。

不管是"销售百分比""销量百分比"，还是"谁是谁的原因或结果"，用词和逻辑都不复杂，但"销售百分比"这种错误发生在所谓以教书育人为己任的教授身上，甚至出现在营销学教授的译作或著作里，不能不让人感叹。

见微知著。我读过一些胡编滥造的书，也读过不少错误百出的译作，还有的编辑不识货，甚至自己改出一大堆错来的。至少可以引发三个方面的思考：

1. 从《创业市场营销》的这一句及其上下文看，显然这书是在翻译的基础上写出来的，而作者为了避免让人发现是在抄袭，只好把有些句子刻意改变，只是这句话的改变步子迈得大了，反而弄颠倒了。想必是为了评职称，着急充数，也就不惜滥竽了。所以，也就不难理解为什么说是"编著"，而不是"著"了。但就算是攒书，也不妨引用一下，然后注明出处。或许，这句话不是什么名句，如果它要采用直接引语，那整本书得多少注释，岂不露馅了。但愿这只是我的猜测。

2. 有人会说，这都是不认真造成的，或者归结为"浮躁"。但这样解释略显浮浅。如果往深里挖，至少可以从翻译理念、编辑理念和中国人的做事

理念三方面加以分析：

第一，涉及翻译理念的问题。简而言之，我认为：凡不以准确为前提的翻译都是耍流氓。何为准确？准确地理解译出语，然后用译入语准确地表述出来。如果英语不理解，也勉强算是个理由，但汉语也不讲究对错，对于母语是汉语的译者来说，还有什么理由可辩白呢？

第二，涉及中国人做事的理念。中国人做事往往讲究大差不差，中国人嫌别人太认真，浪费时间时，往往说"差不多就行"，似乎中国人永远都是火急火燎地急着赶着做什么，说明这种理念已经融化在血液中，体现在行动上了。

管理上有一个案例说的就是中国人已经把偷工减料当成习惯了：德国的作业指导书要求拧螺丝时进三圈回半圈，但中国的组装工人在回半圈时偷懒的比较多，或者直接拧两圈半。这种肉眼看不到的差异，随着时间的推移，其影响就显现出来了，同样的技术，同样的零部件，在国内组装出来质量就差些，比原装进口的故障率和维修率都高。"原装进口"成了高档货的代名词。

第三，涉及人生观。你是揽了活后交给学生，之后不闻不问，糊糊弄弄，轻松地得名得利，还是兢兢业业，一丝不苟地对待交给别人看的作品，甚至是教材？你是混事，还是重视个人品牌？你是心安理得地沽名钓誉，还是认真敬业，不辜负学生喊你一声"老师"？

3.若说中国人不认真仔细，也不是。如果是外国定单，有明确的要求，达不到要求就不能交货，老板会认真，从而逼迫员工也会认真。曾几何时，在中国人眼里，"出口转内销""外贸产品"是高质量产品的代表。在生死攸关的压力之下，中国人是可以做到精益求精的。又或者我们自己的航空航天事业，那也是极其精确的，说明中国人的糊弄源自没有压力，或者偷工减料之后风险极低惯出来的，抑或是一生只为生存奔忙，无暇讲究？于是，中国人走向变态的两极：一方面，可上九天揽月，可下五洋捉鳖，另一方面，粗制滥造，假冒伪劣，掺杂使假，而且专门欺骗自己人，骗富人，更多的是骗穷人。

既然压力起作用，作为译作或著作最后一关的出版社，为什么就不施压？为什么只求速度，不求质量？为什么允许错误百出的书面市呢？有没有认真地选择作者和译者，有没有培训或留住认真负责而不胡改八改的编辑呢？有没有把书当成产品，进行精益生产？有没有把自己当成一个工匠，创立自己的品牌，就像是传奇编辑麦克斯·珀金斯（Maxwell Evarts Perkins）？有没有千方百计把"产品"的错误率降至最低，而不是"外面绣得五色灿烂，里面却包着一包稻草"？（《黑籍冤魂》第六回，清，彭养鸥）

小结：

1. 凡不以准确为前提的翻译都是耍流氓。何为准确？简言之，准确地理解译出语，然后用译入语准确地表述出来。

2. 把 advertising budget 译成"广告预算"跟把 Percentage-of-Sales 译成"销售百分比"是同样的错误。"销量"可分，而"销售"不可分；预算的不是"广告"，而是"广告费"。

3. 不逼到一定程度，就不会有人真正关心质量，就会有人偷工减料。图书翻译也概莫能外，但认真负责的译者会好很多。尤其是专职译者，因为翻译质量影响其个人品牌，自然会慎重对待。

4. 外版图书的质量差，译者、编辑和出版社都有责任。译者把书译好，责无旁贷；出版社若是不注重质量就出书，那就是纵容译者粗制滥造，纵容教授挂羊头卖狗肉，沽名钓誉，纵容学生不求真务实，胡乱应付；这种风气就会一代一代相传，影响的却是这些人自己的后代。读者也有责任。为什么？因为读者不评议，不发声，大概需要忍的东西太多了，没真事太多了，图书质量差已经不足挂齿了。

5. 教授翻译的图书本应最值得信赖的，尤其是教材，是传授知识的，可好多翻译过来的教材和自己写的教材却错误百出。有教授告诉我"评职称译著是百无一用的"，也有教授说他的翻译算科研成果，看来各个学校要求不一。如果算科研成果，估计翻译图书的质量会更差，届时有些教授只会求数量，不重质量，甚至花钱挂名，因为指挥棒就是这样指的。

还有教授看完上述结论后，说"本着文责自负的原则，是谁译的就是谁译的，不宜笼统说成'教授译的'"。我当然知道不是所有的教授都是如此，我针对的也只是一部分翻译图书的教授，那我就听人劝，吃饱饭，给"教授"加外延，是谓"有些翻译图书的教授"，或"有些教授译者"，就是太啰嗦了。

又有教授说："看到那种错误，基本可以判断出是学生译的，你还老是'教授''教授'的。"确实有些书是学生译的，这在译者前言或后序中有说明，学生至少还是有名的，但好多书没有说明是学生译的，但能感觉出来是学生译的。还有个教授告诉我："凡是和学生合译的，这个老师基本没翻译，恕我太绝对。"要我说，不合译的很多也是学生译的。这种情况并不能为那些署名的教授卸责，反而罪加三等：教授没有在学识上教好学生，把学生导到茄子地里了，此乃罪责一；如果教授校译过，没有发现问题，说明教授比学生也高明不到哪里去，如果没有校译，直接署名，不出力而直接获利得名，此乃罪责二；除了没能教学生有用的知识外，还在做人方面为学生树立了一个卓劣的榜样（bad role model），此乃罪责三。

另有教授对我的"教授翻译的图书本应最值得信赖的"这句话不理解，说"没什么'本应'不'本应'的"，"不能一杆子打落一船人"，难道让我降低对教授的要求，跟贩夫走卒一样看待？难道在翻译图书这件事上，视教授为普通的译者？本应者，就是"教授本来应该做到"，或"希望教授做到"，可是，却让人大失所望。比如，普通译者解决不了的词句教授也没译好或译错，甚至普通读者读中文也能找出错译和毛病。

其实，图书翻译是单独一个专业，而且综合性很强，远不只是一个知识面宽窄和翻译技能的问题，并不因为你是教授或副教授、教外语或教翻译的、本专业的硕士或博士、海龟或海不龟就可以策马平川的。术业有专攻，闻道无先后。"万物得其本者生，百事得其道者成。"[11]

最后，我再次确切地说，我吐槽的是某些译者教授，并非所有的教授，省得教授都跟我不拉倒。

猴子、猩猩还是猿？

谈到病毒式营销时，13 版 *Marketing*（Kerin，Hartley）举了一个例子：

Careerbuilder.com, an online career placement company, has produced a great viral marketing success with its Monk-e-mail featuring talking monkeys. People can stylize their monkeys by choosing headgear, clothes, glasses, backgrounds, and other features. They can also record a message using one of four monkey voices, or their own voice. Monk-e-mail can be sent to friends or posted on Twitter.[1]

大 意 是：Careerbuilder. com 这家网上职业介绍所用其 Monk-e-mail 搞了一次病毒式营销，大获成功。Monk-e-mail 是一个网页，用户可以用它发送电子邮件，独特之处是可以让一只动物替你说话，你可以用这种动物的 4 种声音之一录制你的短消息，当然，自己配

Source: Roger A. Kerin, Steven W. Hartley, Marketing 13e, McGraw Hill Education, 2017, p.609.

音也没有什么不可以，然后发给朋友或贴到推特上。

这是只什么动物？按照教材所说，它是会讲话的猴子（talking monkey），可是我看图片，怎么看也不像是猴子，更像是一只猩猩，或是猿。有一句话

怎么说来着，黑猩猩和大猩猩都是类人猿（Chimpanzees and gorillas are both apes）。这就奇了怪了。

我先在网上查了查，发现有人是这样说的：

Monk-e-Mail is a website and piece of software powered by Oddcast, Inc. and created by CareerBuilder. The application allows users to generate messages featuring talking images of apes, which can then be sent via email or Twitter. [2]

维基用的是 ape。但教材中的文字不应有错，因为有图片为证，该网页确实用的是 Monk-e-mail，而不是 Ape-e-mail。莫明其妙。很自然地，我问了作者之一的 Hartley 先生：What I see in the picture is an ape, why do you use "talking monkey"? After all, the monkey is not the same as the ape.

他回复说：You are much better at zoology than most Americans! Looks close enough to a monkey to me. Plus Ape-e-mail doesn't sound good. I think Americans think it is a monkey。意思是说：你比大多数美国人都懂动物学！对我来说，它更接近一只猴子。还有就是 Ape-e-mail 听上去不好听。我认为美国人认为它就是一只猴子。

Hartley 先生真会开玩笑，过奖，过奖。

我就想这里面或许有其他什么想法，或者 monkey 有 "猩猩" 或 "类人猿" 的含义也未可知？我是不是应该查一下词典。本来，我没有抱多大的希望，结果等我搬过来第一本我常用的《新牛津英汉双解大词典》（第 2 版），就在 monkey 词条下找到了依据：

(in general use) any primate   猿（统称）

那么，什么是 primate？查同一词典：

a mammal of an order that includes the lemurs, bushbabies, tarsiers, marmosets, monkeys, apes and humans.

primate 指的是 "灵长目动物"，其中就包括猴和猿，前四种分别是狐猴、非洲的丛林婴猴、眼镜猴和狨猴，最后是人类。因此，《新牛津英汉双解大词典》译为 "猿" 是不准确的，应是：灵长目动物（统称）。

也就是说，monkey 可以泛指任何一种灵长类动物，可以指猴子，也可以指猿。但问题随影而至。Monk-e-mail 我应该译成猴邮，还是猩邮或猿邮？如果是猴邮，可图中明明是一只猩猩。读者会认为我译错了；若译成猩邮或猿邮，可它的文字是 monk-e(y)，总不能译成"灵长邮"吧。

中国人的传统文化讲究五服，从称呼上就要分出人的亲疏远近和辈分的高低，一人一称呼，不可错乱；时间长了，对待动物也是一样，monkey 就是猴子，不是猿，也不是猩猩。在中国人的眼里，典型的猴子是孙悟空，比如 Arthur Waley 就把《西游记》这个书名译成 Monkey。

此时，我又想起 Hartley 先生说 Ape-e-mail 听上去不好听的话，我又问他：Why does Ape-e-mail sound bad? maybe it sounds like "a-pee-mail"？我的理解是会不会与连读之后发音类似 pee（小便）有关，可是 Hartley 先生解释说另有原因：

Well, there are three parts to the word Monk-e-mail. Parts one and two create a word: monk-e (or monkey), and parts two and three create a word: e-mail. The first word needs to end with the same phonetic sound that the second word begins with ... That doesn't work with ape-mail.

意思是说，第一部分和第二部分组成 monk-e，指代 monkey；第二部分和第三部分形成 e-mail，即电子邮件之意；完整的话即是 monkey e-mail。看来，从哪个角度我都不能用汉语充分表达出来字面意义和拼词结构的含义。罢了，我不译了，就用其英文名 Monk-e-mail，爱谁谁。

顺便谈一下 viral marketing 的翻译。它应该译为"病毒营销"，还是"病毒式营销"？

先看一下 Wikipedia 的定义：

Viral marketing is a business strategy that uses existing social networks to promote a product mainly on various social media platforms. Its name refers to how consumers spread information about a product with other people, much in the same way that a virus spreads from one person to another. It can be delivered by word of mouth, or enhanced by the network effects of the Internet and mobile networks. [3]

大意是：viral marketing 指用社交网络促销产品的一种经营策略，就像病毒从一个人传播到另一个人一样，消费者也会通过社交网络将一个产品的信息告诉其他人，这就是口碑或网络效应。

再看 *Principles of Marketing, An Asian Perspective* (4e) 的定义：

Viral marketing, the digital version of word-of-mouth marketing, involves creating videos, ads, and other marketing content that is so infectious that customers will seek them out or pass them along to their friends. [4]

意思是说 viral marketing 就是数字版的口碑营销。

随着社交媒体的发展和普及，当人们遇到独特的好东西时，就会喜欢与朋友和同事分享。比如，某产品或服务的信息便会借助社交媒体快速传播，犹如"病毒"在人群中的扩散一样。因此，viral marketing 译成"病毒式营销"较妥。为什么"病毒营销"不妥？因为它容易产生歧义，让人理解成是在销售病毒。况且，viral 是一个形容词，Cambridge: used to describe something that quickly becomes very popular or well known by being published on the internet or sent from person to person by email, phone, etc.，而不是名词 virus。

译成"病毒营销"者有之，如：

凯洛格论整合营销 [5]

营销管理（第 2 版）[6]

市场营销原理（亚洲第 3 版）[7]

也有译"病毒式营销"的：

市场营销（9 版）[8]

有人可能会辩说：为什么 word-of-mouth marketing 可以叫"口碑营销"，而不译成"口碑式营销"？很简单，因为病毒式营销忙活半天，推销的不是"病毒"，即 marketing 的对象不是 virus；口碑营销推销的却是"口碑"，进而靠口碑带动销售，即 marketing 的对象是 word-of-mouth。

类似地，online consumer 和 online marketer 不好译成"网络消费者"和"网络营销者"。因为它们会让人理解为"使用互联网的人"和"推销互联网的人"。比如：

Online consumers are the subsegment of all Internet users who employ this technology to research products and services and make purchases. [9]

如果把 online consumer 译成"网络消费者"，那上面这句话就要译成"网络消费者是互联网用户的一个亚群"，根据刚才的理解，它就成了"互联网用户是互联网用户的一个亚群"，逻辑不成立。online consumer 不妨译成"网上消费者"或"线上消费者"，相对应的，offline consumer 译成"网下消费者"或"线下消费者"。而 online marketer 可译成"网上营销者"和"线上营销者"。

一个气泡都不能有

有些译者在没有看清或没有完全看懂的情况下就翻译，译完之后也不检查，因此出现了一些意思完全相反的翻译。

If the cheese on the pizza shows a single air bubble or the crust is not golden brown, the offending pizza is not served to the customer. [1]

《市场营销》9 版译为：

在棒约翰店中，如果比萨上的奶酪里只有一个气泡或面包外表不是金黄色的，那么这个比萨将不会提供给消费者。[2]

"只有一个气泡……将不会提供给消费者"暗含的意思是：一个气泡不够多，应该有更多的气泡才适合卖给消费者，是这个意思吗？

"面包外表不是金黄色的……将不会提供给消费者"，但是，这里说的是比萨，因此，不是"面包外表"，而是比萨饼皮。如果是面包，也要译"面包皮"。比萨饼皮是金黄色的才符合质量标准，依此推断，没有气泡才符合质量标准，即使有一个气泡也表明这个比萨不完美，即 an air bubble indicated that the pizza is not perfect；再就是从后面 offending 这个单词看，有气泡和饼皮不是金黄色是令人不快的。由此可知，一个气泡不是太少了，而是太多了，意思正好理解反了。另外，9 版的译文还有几处值得推敲：

1）is not served to the customer 最好译为"不要卖给消费者"，而非"不会提供给消费者"；

2）9 版译文没有译 offending，它的意思是 unwanted, often because

unpleasant and causing problems，因为令人不快或引致麻烦或问题而"不需要"或"令人讨厌"，例如，若是汤里有根头发就会让人生厌：

"There's a hair in my soup!"

"Well, pass it over here and I'll remove the offending article."

"我的汤里有根头发！"

"好的，把汤递过来，我来把这个讨厌的东西弄出来。"

再如，很多小城市的道路年久失修，会出现很多坑洼，市民骑自行车或开车经过会拧麻花或颠簸，老百姓戏称"计划生育路"，因为怀孕的媳妇经过这么一颠，势必流产，省得去医院了，这就是一种让人不满的路段（the offending section of road）。

我的译文出版之后是这样的：

在棒约翰，如果比萨上的奶酪里哪怕有一个气泡或饼皮不是金黄色的，这个比萨就不会卖给消费者。[3]

但凡编辑读起来不顺溜，她们就会随意删掉，完全不理会英文原文是什么。比如，the offending pizza，我译"这个看上去令人不爽的比萨"，编辑就把"看上去令人不爽的"删掉了。或许她看到9版没有，就想当然地认为我超译了；没有看英文原文想必是一定的了。其实，这是该比萨店把控的一个质量标准，删掉它，读者就无法得出该店为什么不能让比萨出现汽泡的原因所在：offending pizza means it is not a perfect pizza。如果觉得不顺溜，编辑完全可以这样改：这个比萨就不会卖给消费者，因为它看上去令人不爽。

中国的饮食文化也讲究色香味形，但基本上取决于厨师的技艺和感觉，对某种饭菜有明确质量要求的很少。虽少却并非没有。比如，天津狗不理包子要求有18个褶，少了多了都算不完美，堪比一个汽泡都不能有的比萨。可是，有哪位食客会在吃狗不理之前数一数多少个褶的？《舌尖上的中国》似乎更多地给观众展示中国美食的色香味形，还有声，我好像没有听过严格把控质量，不达标就不卖的故事。只剩下一个字了，就是吃。

此 Roebuck 不是彼 Reebok

今天是 2019 年 8 月 15 日，利奇马台风过后天气凉爽多了。记忆中台风没有登陆过山东内地，半岛东部沿海被扫过不稀罕。不过，时过立秋，天凉好个秋，此功台风不可独享。

13 版 *Marketing* 已经译完，只是因为编辑忙不过来，没有开始编辑，我就趁此一早一晚抽空再读一遍译稿。今早读的是第 21 章"互动营销和多渠道营销"，眼看接近尾声了。

因为我读的是中英文对照稿，当读到 Reebok uses choiceboard technology to create customized athletic shoes for its customers 时，[1] 我突然想起最近译 *Big is Beautiful* 时也碰到过"锐步"，感觉那个词不是 Reebok。我就翻开 *Big is Beautiful*，找到了它：

The Amazon.com of its day, Sears, Roebuck was the most important. [2]

确实不是一个词，形似但不同。当时我没有读懂这个句子。你看，The Amazon.com of its day 是单独的，似乎跟后文没有什么关系，Sears 是单独的，后面的谓语是 was，但前面的主语似乎是 Sears 和 Roebuck 两个，如果主语是 Roebuck，那 Sears 算哪棵葱？ I'm confused for a short while。但在网上搜索时我的确看到有人把 Roebuck 译成"锐步"，当时我也感觉不太像，但外形和读音接近，或许是另外一种表述吧，就受它影响了。我在译 13 版 *Marketing* 时自己整理了一个公司名录，并写在了那本教材的前面页边空白处。但因为不是一本书，懒得伸胳膊，没查。此句完全读不懂。反正读不明白，就暂时搁置吧，我只是简单地理解几个碎片：亚马逊网站当时，西尔斯，锐步是最重要的。"锐步"的印象就是这么来的。

既然不是锐步，那我就查"Roebuck 公司"吧。找来翻去，我发现了这么一句话：

西尔斯·罗巴克公司是一家以向农民邮购起家的零售公司。[3]

再查 Sears and Roebuck，没有叫这个名字的公司，但我找到了 Sears, Roebuck and Company 的介绍。瞬间我看到了曙光。

Sears, Roebuck and Company, colloquially known as Sears, is an American chain of department stores founded by Richard Warren Sears and Alvah Curtis Roebuck in 1892, reincorporated (a formality for a history-making consumer sector initial public offering) by Richard Sears and new partner Julius Rosenwald in 1906. [4]

原来我们常说的"西尔斯"最早的名字是 Sears, Roebuck and Company 或 Sears, Roebuck and Co。这也就是 *Big is Beautiful* 中的 Sears, Roebuck，was 的主语问题解决了，因为这是一家公司，不是两家，译为"西尔斯—罗巴克公司"。

为什么译名中间加连接线，而不是译为"西尔斯罗巴克公司"或"西尔斯和罗巴克公司"呢？因为"西尔斯"和"罗巴克"连写，似乎读者难以区分这是两个人名，而且从哪里分开不明显，可能有人会读"西尔斯罗—巴克公司"或其他分读。

加连线的译法可参照《外国地名译名手册》（中国地名委员会编）附"外国地名汉字译写通则"第九条中的两个规定：

·连接词可用"—"代替。如美国地名 Wade and Stinson 译"韦德—斯廷森"。

·以人名命名的地名，人名各部分之间加点，如卡尔·马克思城，艾哈迈德·哈桑村等。如果一个地名由两个人名组成时，两个人名之间用短横连接。如 Иваново Алексеевка 译"伊万诺沃—阿列克谢耶夫卡"。

这让我想起读《荣格心理学七讲》绪言落款看到的一个地名的翻译：

1972 年 7 月于旧金山的桑塔·克鲁兹 [5]

桑塔·克鲁兹对应的英文是 Santa Cruz，它是一个人的人名吗？显然不是，Santa 是圣诞老人（Santa Claus）的缩写，用于人名时，根据《新华社人名翻译大辞典》，Santa 译为"圣"，而且要与后续部分连写，中间不加圆点。Santa 显然是个与宗教有关的尊称，因此，按人名、地名翻译规则都不可能译为"桑塔·克鲁兹"。

那么，译为"圣克鲁斯"或"圣克鲁兹"？这在其他国家是这样译，但在美国旧金山不叫这个名。如何确认呢？只能查 Google 地图。经查，旧金山的 Santa Cruz 叫圣塔克鲁兹。

Google 地图是个确认外国地名的最好办法，不是之一。可是很多编辑不知道，还有把译者的正确译名改错的。不知道是她凭直觉，还是用的什么垃圾搜索引擎。比如：

Back in McLean, Virginia, Bobby was in the middle of a working lunch at his Hickory Hill poolside when J. Edgar Hoover-briskly, without a word of sympathy-phoned him the news. [6]

Hickory Hill 是肯尼迪家族在弗吉尼亚州麦可莱恩的住宅，当时罗伯特·肯尼迪住在那里，他是第 35 任美国总统约翰·肯尼迪的弟弟，小名 Bobby。有人意译为"核桃山"（确切

地说是"山核桃山"），按音译则是"希科里山"，Google 地图上能查到的名字就是"希科里山"。

在我译的《即逝的闪耀之光：肯尼迪》中，编辑改成了"希考里山庄"[7]。首先，这里虽然叫 Hill，却不是山，更不太可能叫"山庄"，因为"山庄"的中国味太浓了。在《世界地名翻译大辞典》中，Hickory 译为"希科里"，不知道怎么出来的"希考里"。即使那个垃圾搜索引擎，输入"Hickory Hill 希考里"也查无结果，想必是编辑自己随意编造的吧！耗时费力改这个，有什么意义呢？

Calm down, relax, and take it easy. 我脑子里蹦出一串劝自己的话，让编辑气到换肝的程度，就太不值了。

还是回到公司名的问题。

西尔斯—罗巴克公司是否简化译成"西尔斯"呢？不可以。此处要译全名，有历史感。联系上下文，说的是这家公司初期的事，其上下文如下：

Following the establishment by the US Post Office of rural free delivery (1896) and parcel post service (1913), southern and midwestern farmers found alternatives to local merchants in the form of mail-order houses. The Amazon.com of its day, Sears, Roebuck was the most important. Farmers would wait with excitement for the latest edition of the Sears, Roebuck catalog because it gave them choice. [8]

我的译文如下：

继美国邮政局设立农村免费送货服务（1896 年）和包裹邮政服务（1913 年）之后，南部和中西部的农民找到了以邮购替代当地商人的办法。……农民们会兴奋地等待最新版的 Sears 商品目录，因为这让他们有了更多的选择。[9]

我了解这位编辑，他译过书，也知道不随意改，但还是忍不住改了一处，不过改错了。这就是 mail-order houses，它译"邮购商店（商行或公司）"都可以，编辑改成了"以邮购替代……"。如果我说编辑修改我的译文十有八九是没有必要或改错了，你相信吗？

为防止读者不明白，或认为我译错了，我加了一个译者注，毕竟中国读者很少有人了解它的来龙去脉：

西尔斯公司最初成立时叫 Sears, Roebuck and Company，即西尔斯—罗巴克公司，该公司是由理查德·西尔斯（Richard Warren Sears）和阿尔瓦·罗巴克（Alvah Curtis Roebuck）于 1893 年创立的一家向农民邮购商品的零售公司。[10]

你看，译者注里都说了是一家邮购公司，把"邮购商店"改成"邮购"就更不应该了。想必 130 多年前，邮购业务必须落地，要在当地有临街的商店才能开展业务。

至于公司名，是否如网上那样译成"西尔斯·罗巴克公司"？不可以。参考前面 Santa Cruz 那部分的解释即可理解。至此，Sears, Roebuck was the most important 的意思搞清楚了，就是"西尔斯—罗巴克公司影响最大"。此处的 important 不译"重要的"，因为非谈重要性，而是谈影响力，译为有影响力的（having great effect or influence）。

后半句解决了，前面的 the Amazon.com of its day 就不是什么难事了，应刃而解，意思是说西尔斯—罗巴克公司在当时影响很大，犹如今天的亚马逊网站，因为都是做邮寄销售的，或译"这在当时类似于现在的亚马逊网站（Similar to present amazon.com at the time）"，或整句译为"西尔斯—罗巴克公司影响最大，简直就是当时的亚马逊网站"。

小结：

1. 人名、地名不可自己想当然地译或改。有几种人名、地名翻译辞典，地名最好直接查 Google 地图。现在引进版图书的人名、地名比较混乱，太随意，译者是一方面，更重要的是把最后一关的编辑不认真求证或胡改八改造成的。

2. 英文书也有错字或错句，但是极少。因此，遇到读不懂的句子要慎重，不妨放一放，过一阵子再探究，或者后来读到什么词、句，有了启发也未可知。或者尝试变化多种搜索方法，说不定就能碰到正好讲解这个问题的文章或帖子。不怕不知道，就怕搜不到。

3. 译者只有读懂了，才能翻译得好。比如这句 The Amazon.com of its day, Sears, Roebuck was the most important，如果我想图省事，不管亚马逊，不管 Roebuck，译为：其中西尔斯最重要，似乎也能说得过去，但它所包含的信息量大大减少了。甚至整个句子不译，上下文略加调整，读者也看不出来。那就看良心了。

4.有些词的翻译要基于具体情况。比如 important，译为"重要"再平常不过了，可是这里译成"重要"就会别扭。此时就需要译者不怕麻烦，翻查词典，找到最合适的义项。这里译为"有影响力的"最合适。

从科思科到开市客

最近，Costco 在上海开了第一家店，结果人多到需要暂停纳客。

我特意留心看了一下它的译名，发现它的名字是"开市客"。突然感觉我在译 13 版《市场营销》时有点犹豫不定，现在不确定到底选用的是哪个译名，还好编辑忙得没有时间编辑，我正好可以修改一下。

翻译时，我查到 Costco 的译名有几个，比如佳市得、好市多、开市客，了解到最早译为"科思科"。

为了查译稿的前后一致的问题，我曾把中英文对照译稿整合成了一个文件，WORD 的页数有 1295 页，中文 67.9634 万字。

结果真的发现了问题。经查，涉及 Costco 的有 5 章 12 处，具体翻译时又增加一处译名，共 13 处，我译过 1 处"科思科"，1 处"佳市得"，较多的是"好市多"，看来我倾向于"好市多"，就是没有"开市客"。不过，翻译时我查到过有译"开市客"的。

这就好比给孩子起名字，不管亲戚如何参谋，最后还得父母、爷爷奶奶定，他们愿意叫什么才叫什么，外人如不如意，只好跟着叫。这不 Costco 首次登陆中国叫"开市客"。

好一个开市客，一开市就火了。

不但便宜了上海的消费者，还让我重新审视了 Costco 的译名，挽救了一次错误，不仅错在前后不一致，还不是最后的真名。惭愧！我抓紧修改了。

在查找资料过程中，我顺便读了朝日新闻、CNN 和 Reuters 的报道，学了一些相关的词语和表述。其中有句话是这样的：

Local media said the Costco store in Shanghai, unlike other supermarkets which mainly sell fresh food and daily necessities, also offered products such as handbags from luxury brands Prada and Chanel as well as high-end foreign beauty products. [1]

它的意思是，开市客不像其他主要销售新鲜食品和日用品的超市，它还销售外国的名牌产品和高档美容产品，而 13 版《市场营销》有一句话：

Costco's strategy: Sell a limited selection of branded high-end merchandise at low prices. [2]

即开市客的策略是：以低价销售数量有限的精选高端品牌产品。仅仅高档货并不吸引国人蜂拥而至，关键是高档还低价，这就要了命了。

中国人最擅长的内部竞争的绝命法宝是什么？先下手摘瓜，后下手拔秧。

第六部分

精译求精

Constantly Perfecting Translation

fountain 和 source 以及尼罗河源头

人学说话，始于单音节词，继而多音节词，再是简单的句子，进而有逻辑的复杂句子。学母语如此，学习外语亦如此，中国人学英语也不例外。但凡学过英语的中国人，无不在单词上付出了或多或少的精力和时间，闯过此关，进而攻城拔寨，闯不过此关，虽不至于完全鸣金收兵，那也基本上是偃旗息鼓了。

此外，单词关还存在一个问题，那就是单词的词义不止一条，有的甚至是很多条，即使单词达到一定量的英语学习者，也不可能将某些单词的词义全部记住。况且，背单词的人是按照英语的级别来背的，词义被教材分割，绝大多数人背的是四级、六级单词，少数人要背托福、雅思、GMAT 或 GRE 的单词，单词或词义逐级增加，英语学习者往往记住的是他们最经常看到或用到的词义，而未必是英语词典中的常用词义，英语学得好的会记到次常用词义，至于更不常用的词义则很难进入阅读范围，看不懂，过去也就过去了；考试也难以超纲，即使偶尔遇到，不懂也就不懂了，应试而已。因此，不常用词义也就难以在大脑中留下痕迹，即便遇到，囿于所知，或习惯使然，也就不会想着去查词典。

英文原版书不是改编过的教材，也不是按照单词级别出的试卷，而是没有中国式单词级别概念的外国作者的原创著作。写作时要考虑中国读者大多数是四级、六级的水平，不能超出大纲，或者查查四、六级单词表，没有这个单词的，或有这个单词但不包含此项词义的就不用，这不是他们的责任，而是四、六级考试辅导老师干的事。

但是，英译汉时若遇到非常用单词，或常用单词的非常用词义，这种英语学习的影响或者说缺陷就暴露出来了。

无论如何，我在 "fountain" 这个词上，为那几个屌 B 读者作出了牺牲，那句话我是这样翻译的："欧洲人没有造访过高高的喜马拉雅山、尼罗河的泉水和南北两极。" 我在看这段文字时，就在猜想该书出版后读者的反应，保不准又有读者会说：这他妈的什么烂翻译！欧阳昱你他妈会说中文吗？！尼罗河是 "泉水" 吗？

如果有这种屌人说这种烂话，我也不必为 ta 啰嗦，只将原文摆在下面：

No European had ever visited the high Himalaya, the fountains of the Nile or the poles. [1]

看，原文说的就是 "the fountains of the Nile"（尼罗河的泉水）。不过，为了那几个毒舌生疮的读者、毒者，我把此句改译为："欧洲人没有造访过高高的喜马拉雅山、尼罗河水和南北两极。"

说到底，我还是应该感谢这些毒者的毒舌，让我意识到一个我其实早就意识到的问题，那就是自己也看不懂的译文，一定与原文有出入。[2]

这一大段文字引自欧阳昱的《译心雕虫：一个澳华作家的翻译笔记》。我查了一下，罗伯特·休斯的《致命的海滩：澳大利亚流犯流放史》中文版的确用的是 "尼罗河水"。[3] 那么，什么原因让欧阳昱对某些读者大动肝火，甚至爆粗，并对自己的译文做出如此的修改呢？

首先，据他讲，他的译作出版后，有少数读者给出恶评，甚至其中还有自称朋友的人，不但 "大大出乎……意料之外"，而且 "普遍用语恶劣，并不具体举出事例"，让他无法接受。

其次，欧阳昱承认他的中文功底在退步："我想，我是一个自 1991 年以来，一直坚持在远离中国的澳大利亚，而不愿长期回到中国生活的人。这意味着，我所使用的中文，一定与大陆中国的中文发生了某种程度上的脱节，尽管还没有到别人看不懂的地步。"[4]

既然如此，自己的译文有所不逮，出现恶评，也没有什么大惊小怪的。

　　长期脱离了某种语言的环境，那种语言的语感或遣词造句的能力的确会退步。就我而言，即使我生活的环境没有脱离汉语，但长期看英文，的确会有思维方式的改变，或汉语表述能力的下降，甚至有些常挂在嘴边的字词竟也一时想不起来怎么写，需要查词典确认；而且我更喜欢英语母语者那种"信马由缰"式的写作方式。我的解决办法是：尽最大可能利用空闲时间读汉语书，并用汉语写文章。

　　除此之外，或许欧阳昱本来汉语就不太好，或者说在失去了语言环境之后，本来弱的汉语现在变得有点"风格独特"。欧阳先生大可不必生气，这只是我的猜测，可是，我的推断是有根据的。因为我知道欧阳先生在国内读的大学，英语专业，后来才移民澳大利亚的，而我在跟英语

专业的大学生或硕士生（或者说专八们）接触时，发现了一个现象，那就是他们的汉英翻译质量普遍好于英汉翻译，速度更快，表述更佳，想必他们是因为喜欢英语而选修英语的，而非因为汉语成绩好而选修英语的，且在校期间长时间地学习英语，或练习口语，汉语表达能力没有得到充分的练习。所以，哪里不练，哪里就没有肌肉。汉语文字表述能力不强和知识面狭窄是英语专业学生的软肋，甚至一些翻译从业者也存在这种缺陷。在此，我建议主修英语或翻译的学生要重视汉语能力，而且有可能的话，最好修双学位，以最大可能地扩大知识面（多修一个专业还有一个好处，将来若是不能以翻译和文字为生，还有别的就业选择）。大学在招生时也要提高这两方面的要求或助其选修双学位。甚至，我觉得翻译专业或翻译院系根本不用单列，直接从各个院系招收翻译爱好者来组建即可，平时各自主修自己的专业，反将翻译作为第二学位。如此，将来这些学生如果从事翻译，至少拥有某个专业的知识。至于工作后他们是否不断地增进知识，那是个人的选择了。

　　但是，欧阳昱前面刚说过："看到那些恶评之后，我愤愤不平，从此对读者失去兴趣，不再上网查找他们的评论。由他们骂去，走自己的路。"[5]后面就说怕被读者骂，从而迁就读者，把"尼罗河的泉水"改成"尼罗河的水"。一方面不理会读者说什么，一方面又非常重视读者的议论，这就矛盾得有点让人无法理解了。的确，自己辛辛苦苦地付出，把书译出来，反倒受人指责，确实不好受，敝帚自珍吗？所以，侮辱人的评论当然不能容忍，要坚决怼回去；若是没有具体语句的恶评，那就是骂大街，不理就是了；但要是有理有据地评论，那就有则改之，无则加勉。翻译时，心中要有读者，但不能把读者当成假想敌，否则就成了自己吓唬自己了；更不能让个别读者气昏头，迷失方向。只要我尽最大努力认真地翻译，而且正确地翻译，又何必在乎个别读者的"发泄"呢？

　　不管是表述的风格独特，或是汉语能力下降，或是迁就读者，问题在于译文要正确。可是，欧阳昱对 the fountains of the Nile 的理解是正确吗？

　　fountain 这个词在四级词汇大纲中出现过：

　　fountain n. 泉水，喷泉，源泉，储水容器 vt. & vi. 使像喷泉一样流

　　我粗略地查了一下，六级、考研、雅思、托福、GMAT 和 GRE 中没有再出现 fountain。

　　再查一下 Collins English Dictionary（2014 版），前三个词条是：

　　1. a jet or spray of water or some other liquid

　　2. a structure from which such a jet or a number of such jets spurt, often incorporating figures, basins, etc

　　3. a natural spring of water, esp the source of a stream

　　一般而言，词条的排序就是按常用程度定的，四级词条中 fountain 的常用词义是"泉水"，而次常用词义是"喷泉"；Collins 在 fountain 词义的排序则是：水的"喷泉"，设施的"喷泉"，再次才是"泉水"。剑桥词典将 Fountain 解释为"泉水；（尤指具有装饰效果的）喷泉"时更是明确：a stream of water that is forced up into the air through a small hole, especially for decorative effect, or the structure in a lake or pool from which this flows.

而我这个背过多年英语单词的英语学习者来说，fountain 词义在我脑中的排序首先蹦出来的就是"喷泉"，其次才是"泉水"。在此例中，欧阳昱首先想到的则是"泉水"。所以，不管你背过多少单词表，查过多少词典，最后译者记在脑子里的是自成一体的排序。

那么，the fountains of the Nile 是不是"尼罗河的喷泉"呢？

一条自然形成的河流上有"喷泉"，是不是很奇异？但我还是搜索了一下，均为中国人的游记所说："喷泉从河床喷出，会同维多利亚的湖水，就形成了白尼罗河"；来到金贾（Jinja）我才知道这里是尼罗河的源头，"大部分的水来源于维多利亚湖，还有一部分来自水底的喷泉。"河流的水源无非来自山泉、冰雪融化或地下水冒出地面，尼罗河水的形成一部分就是地下泉水的汇聚。但这些喷泉要么深在湖底，要么淹于河床，不可能跟济南的趵突泉那样醒目而壮观，吸引欧洲人不远万里跑到非洲去观看。显然，"喷泉"不可译。

那么，欧阳昱开始想到的"泉水"成立吗？其实，理解了"喷泉"的不可译，也就理解了"泉水"的不足取，因为不稀罕。因此，没有必要再赘述。

那么，"尼罗河水"成不成立呢？

为了说明这个问题，需要理解该句的上下文，为此，引述 the fountains of the Nile 所在段落的英文如下：

In the 1780s, most of the world was still unknown to Europeans. The outlines of all the continents but two, Australia and Antarctica, had been traced. In profile, it had today's shape, but immense blanks lay behind the coast. North America was a populated eastern fringe tacked onto millions of square miles of wilderness. The interiors of South America, Asia and Africa were scarcely explored. No European had ever visited the high Himalaya, the fountains of the Nile or the poles; while the Pacific basin, to all except the most educated Englishmen in 1780, was the least imaginable of all. [6]

再看一下欧阳昱的译文：

1780 年代，世界的大部分地区几乎不为欧洲人所知。除了澳大利亚和南极之外，所有大陆的轮廓都已描画出来。外形上，它具有今日的形状，但海岸之后横亘着大片空白。所谓北美，是东部一道有人居住的边缘地带，与几百万平方公里的荒野相衔。南美洲、亚洲和非洲的内地几乎无人探索。欧洲人没有造访过高高的喜马拉雅山、尼罗河水和南北两极，而太平洋盆地在1780年，除了受教育程度最高的英国人之外，是所有地区中最不可想象的地方。[7]

单看中文，读者是能够明白作者想表达的意思的。但对照着英文细琢磨，还是有些细节没有译好。比如：

尽管我觉得把1780s译成"1780年代"十分简洁，而且现在不少文化人（尤其英语教育、学习或使用者）也能理解，但毕竟大陆中国人不习惯，没有约定俗成，一般还是译成"18世纪80年代"。但大陆出版社的编辑没有更正，恰好说明了它受到了一部分知识分子的认可，只是没有普及；

square miles译成"平方公里"就不对了，应是"平方英里"，要知道1平方公里＝0.3861平方英里，差距还是不小的。

the Pacific basin不是"太平洋盆地"，而是"太平洋海盆"，陆地上的basin是"盆地"，海洋中的basin则叫"海盆"。因没有人驾船穿越太平洋，太平洋仍然神秘莫测，没有人知道它是什么样子。

确切地说，"无人探索"不准确，因为南美洲、亚洲和非洲的内地是有人类居住的，至少当地人是有探索的，作者想表达的可能是：那时，没有欧洲人前去考察、探险。

"所谓北美，是东部一道有人居住的边缘地带（＋大面积的荒野）"，它的意思就成了"当时的北美只不过是在东部沿海地带有人居住"，若如此，北美中、西部的印第安人不是人吗？结合"无人探索"，岂不成了作者完全站在白人的立场上看待地球，除了白人，其他的不是人吗？1783年英国承认美国独立，而且我手中的这本The Fatal Shore英文版于1986年印刷，那时，白人"目中无人"的种族主义表述想必不可能发表，即使发表也会招致一片声讨。其实，作者想表达的意思可能是"只在东部沿海地带人口比较稠密"，或者是"（欧洲）移民主要聚居在东部沿海的狭长地带"；

从中不难看出，译者汉语文字表述能力的薄弱和知识面的狭窄。除此之外，仅就本段的翻译而言，我觉得欧阳昱的翻译大致还可接受，至少在逻辑关系和句子结构上没有搞错，多的是细节性的毛病和僵硬的翻译。见微知著，这反映了他的英文功底、汉语功底和翻译功底。

纠错是为了更好地理解，这也符合本文讲解翻译的主题，但不是重点所在，现在言归正传。我引用这段话的目的是明确一个时间节点：何时欧洲人还没有踏足 the fountains of the Nile？现在明确了，按照欧阳昱的翻译，1780s 时欧洲人还没有见过"尼罗河水"。

1780s 之所以重要，乃是因为英国已经因 18 世纪 60 年代开始的工业革命而实力大增，开始攻击西班牙或法国的军舰；美国开始反抗英国，并最终独立；而中国正值乾隆统治时期，1780 年 5 月，乾隆将自己最喜爱的皇十女固伦和孝公主许配和珅之子丰绅殷德，君臣成为亲家。当时清朝上下满足于"和谐""盛世"，浑然不知多年之后，欧美列强的坚船利炮打得清兵屁滚尿流，吓得皇帝和西太后急惶惶"西狩"，如丧家之犬。

那么，在 1780s 之前，欧洲人就没有见过"尼罗河水"吗？当然不是。这得从历史上找依据。了解欧洲人从非洲贩卖黑奴到美洲的人比较多，但很少有人知道还存在过白奴。比如，马里国王的侍从中就有从埃及买来的白奴。[8] 那埃及的白奴哪里来的？

In the seventeenth century the African slave trade to America expanded. It was not yet however a trade which made the word synonymous with Negro or black: during these years the Mohammedan rulers of Egypt were buying white slaves by the tens of thousands in Europe and Asia and bringing them to Syria, Palestine, and the Valley of the Nile. [9]

意思是说，17 世纪，非洲向美洲的奴隶贸易进一步扩大，但还没有出现"黑奴"这个词。就在那个时期，埃及统治者从欧洲和亚洲购买了成千上万白人奴隶，转运到叙利亚、巴勒斯坦和尼罗河流域。

当然，也有北非海盗掳掠的欧洲白人。从中世纪开始，北非就是海盗的集中地。《加勒比海盗》里的主角就是一位北非海盗。对于北非海盗而言，公正的贸易远不如抢劫欧洲商船和贩卖白奴实惠。"根据不完全统计，从16至19世纪，每年平均有5000名来自欧洲与北美的白人奴隶被掠到北非，三个世纪里北非地区共有过100万白奴。南欧的西班牙，葡萄牙，意大利是人口流失的重灾区。"[10] 除了南欧人，还有英国、法国、希腊乃至乌克兰、波兰—立陶宛、格鲁吉亚等地的白奴。

欧洲人统治埃及则更能证明1780s之前欧洲人见过尼罗河水。公元前525至前404年，波斯征服埃及。"波斯人甚至比以前更可恨，诉诸特别高压的措施，抢劫了神庙，推翻了城墙。埃及人用叛乱作出反应。"[11] 就在埃及人与波斯帝国展开殊死搏斗的同时，地中海对面的希腊城邦马其顿迎来了自己的新国王，即亚历山大大帝。公元前332年，亚历山大率军大举进攻埃及。埃及人痛恨波斯人的束缚，视亚历山大为救世主，热烈欢迎他。在埃及民众的响应下，波斯帝国迅速终结。"公元前323年，亚历山大病殁巴比伦"，其留守埃及的部下托勒密以埃及总督的名义继续统治埃及，他"于公元前306年成功地令他的战士们宣称他为埃及的国王。两年以后，他举行加冕礼，成为埃及的法老。"[12] 埃及进入为期300余年的托勒密王朝时期，即希腊化时代。

可见，1780s之前，欧洲人肯定见过尼罗河水。因此，18世纪80年代，"欧洲人还没有造访过尼罗河水"是不成立的。

那么，the fountains of the Nile 到底是什么意思？

其实，我在搜索资料时，不断地扫视到"尼罗河源头"的说法，但并没有与fountain联系起来，因为其英文用的是source。2018年2月16日，正月初一，晚饭后，我坐在沙发上看电视，突然想到fountain在此应该就是"源头"的意思。fountain有"源泉"之意，但有"源头"之意吗？我再次打开词典，如前面Collins对fountain的解释，其第三条的后面 especially the source of a stream 就是"河的源头"之意。后来，我查《英语专业四、八级词汇表》（上海外语教育出版社，2004年11月第1版），看到它有"源头"的义项。

除玛雅文明外，人类文明全都起源于河流，人类对河流充满敬畏与崇拜，追根求源乃属自然，而寻找尼罗河的源头足以让欧洲人当成一件与到过喜玛拉雅山和南北两极同样意义重大的事情。而不知尼罗河源头的遗憾在艺术上也有所体现。比如创作于 1647 至 1652 年的罗马四河喷泉，其中代表尼罗河的人像头上罩着一块布，表示当时的欧洲人还不清楚尼罗河的源头。希腊人、罗马人均试图寻找过尼罗河的源头，但没有成功。因此，古希腊和罗马的图像中，尼罗河总是被显示为一位将头和面用枝叶蒙盖起来的男神。

现在，就剩下一件事情需要确认了：尼罗河的源头是何时发现的？如果晚于 1780s，这个说法就成立。

尼罗河源头的发现者是英国探险家约翰·汉宁·斯皮克（John Hanning Speke），他将自己的发现之旅写成了《尼罗河探源》（*Journal of the Discovery of The Source of the Nile*）。斯皮克自己也承认，他写的这本书与发现尼罗河之源没有太大的关系，其探险之旅更像是唐僧去西天取经（斯皮克是从非洲大陆东部的海岛登陆，也是一直向西），自从踏上非洲的土地，斯皮克就不断地与大大小小的酋长、村长、首领交涉，真可谓雁过拔毛，他或主动奉上过路费，或被迫呈上自己准备的布（最受欢迎的东西，而且是变着法子要）、珠子、铜线、毯子、弹药、钱，见啥要啥，什么都稀罕，用于交换"通关文牒"（首领敲鼓表示放行）或粮食，同时，还要与争权夺利、贪婪、怯懦、动辄逃跑的脚夫等斗智斗勇……，而他惟一的依仗就是手中的枪和充足的子弹，绝对是"靠枪壮胆，靠枪开路"，中间还夹杂着黑人部落之间的战争、黑人与阿拉伯人的斗争、商人之间的竞争，好几次命悬一线，那种野蛮、愚昧、残忍、无知、无赖……我读的时候竟然感觉若是黑人被贩为奴也好过生活在那里，简直是人间地狱。

《尼罗河探源》开头便写道：

1858 年 7 月 30 日，我发现了维多利亚湖，当时我就断言，维多利亚湖就是尼罗河的源头。为了向世人证明我的断言正确无误，我决定第三次前往非洲探险……[13]

这里的"尼罗河的源头"英文是 the source of the Nile。后人证实，在流入维多利亚湖的诸河中，卡盖拉河（Kagera）是最长的，通常被认作是尼罗河的上源，由此，尼罗河的源头又延伸出去 400 英里。按下不表。

而在最后一章的结尾，斯皮克写道：

临走时，我们接到了英国寄来的第一封信，是罗德里克·默齐森写来的，他告诉我，英国皇家地里协会已经给我颁发了"奠基人奖章"，以表彰我于 1858 年发现了尼罗河源头维多利亚湖。[14]

咦，"英国皇家地里协会"似乎有个错别字。不过，那不是我抄错了，而是原书如此。

斯皮克写的这部游记以与默齐森交流，并让默齐森相信自己的发现开始，以收到默齐森的信件，得知自己因为发现维多利亚湖而获得奖章结束，前后呼应。只是这最后一段译的有些问题。首先，"奠基人奖章"对应的是 founder's medal，发现维多利亚湖自然不是"奠基人"。其次，表彰作者并非是因为发现了尼罗河源头维多利亚湖，只是发现了维多利亚湖（for the discovery of the Victoria N'yanza），没有"源头"。第三，作者收到的不是"第一封信"，而是第一批信，因为英文是 our first letters，用的是复数，想必他们离开后，所有的信件都寄到了他们的出发地，自然不是一封，而是一堆；他只是从默齐森寄来的那封信中得知自己获得了奖章。第四，作者没有要走的意思，从他刚收到信来看，自然不是"临走时"，而是"刚到时"，因为作者用的是 now，而且从上下文看，也看不出作者暗含此意。

现在看来，斯皮克发现尼罗河的源头（确切地说是尼罗河的主流"白尼罗河"的源头）是在 1858 年，晚于 1780s，因此，fountain 译成"源头"没有毛病。

可是，还有一个问题，我注意到 the fountains of the Nile 中 fountain 是复数。因为尼罗河的上游有白尼罗河和青尼罗河两大支流，二者在喀土穆（Khartoum）汇合，此后的河段才称尼罗河。

我查了一下 Wikipedia，早在 1613 年的 4 月 21 日，西班牙的耶稣会信徒佩德罗·派斯（Pedro Páez）成为最早看到青尼罗河源头的欧洲人（The first European known to have seen the Blue Nile in Ethiopia and the river's source was Pedro Páez, a Spanish Jesuit who reached the river's source on 21 April 1618），[15] 这

个源头就是塔纳湖（Lake Tana）。如此，青尼罗河的源头是在 1780s 之前知道的，只有白尼罗河是在 1780s 之后知道的，罗伯特·休斯用复数 fountains 是不是错了呢？罗伯特·休斯已于 2012 年 8 月 6 日去世，已经无法询问他具体想表达什么意思。

我还发现了一段文字：

Undoubtedly, it is the world's longest river and has two major tributaries which are White Nile and Blue Nile. Blue Nile is the source of much of the water as well as brings a great deal of fertility to the river Nile. Nile empties into a large delta that consequently empties into the Mediterranean Sea. Its length is approximately is 4180 miles.[16]

我注意到，其用词是 two major tributaries，显然，白尼罗河和青尼罗河是尼罗河的两个主要支流，这说明尼罗河还存在其他支流。阅读 *Journal of the Discovery of The Source of the Nile* 的结语，我发现斯皮克提到了尼罗河的几条支流，想必能给这个问题一个答案。

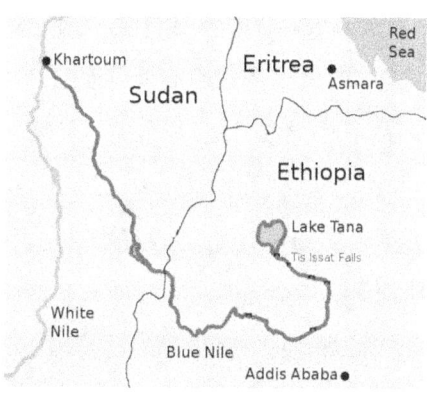

在结语（Conclusion）中，斯皮克提到的尼罗河支流如下：

加扎勒河，the first affluent, the Bahr el Ghazal

索巴特河，the Sobat river, the second affluent

杰拉斐河，索巴特河的支流，the Geraffe branch of the Sobat river

青尼罗河，the famous Blue Nile

阿特巴拉河，the Atbara river, which is the last affluent, was more like the Blue river than any of the other affluences

白尼罗河，White river

另外，尼罗河的主要支流还有阿丘瓦河（Achwa），又叫阿斯瓦河（Aswa River）（before crossing the border from Uganda into South Sudan where it joins the

White Nile），只是斯皮克没有提及。

由此看来，在白尼罗河、青尼罗河之外，尼罗河还有其他支流，以及支流的支流。那么，即使青尼罗河不符合"1780s 时欧洲人还不知道其源头"的条件，那其他支流的源头想必在当时仍有不可知的。所以，不管哪种情况，the fountains of the Nile 用复数没有错。尽管是复数，但译成"尼罗河的源头"是正确的，没有必要译成"尼罗河的各个源头"，啰嗦了。

不过，该啰嗦的还是要啰嗦。我发现《尼罗河探源》的译者在翻译以上支流时译错了两个：

Bahr el Ghazal 译成了"巴尔·埃尔·嘎扎尔"，而不是"加扎勒河"；

Blue Nile 译成了"蓝色尼罗河"，而不是"青尼罗河"。

Blue Nile 尤其不该译错，因为确认它的正式名称实在不困难，随便查下词典，或者找个普通的世界地图，都能发现它是"青尼罗河"，不是"蓝色尼罗河"。想必译者那会脑子里响起了圆舞曲也未可知。

注意，搜索网络，确实看到有的地图标的是"蓝尼罗河"。那该怎么办？以国家的正规地图为准，而国家出版的地图上标的是"青尼罗河"。

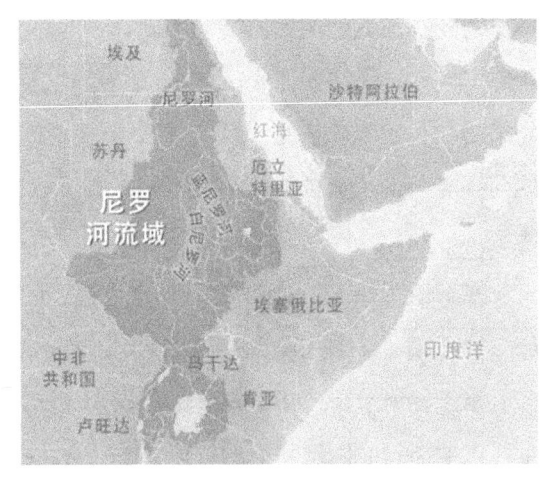

说到底，上述翻译错误都不是不可避免的，破解的办法无非不要想当然，外加利用各种求证的方法。欧阳昱说过："自己也看不懂的译文，一定与原文有出入"，要我说，比它更可怕的是"自己看懂了译文，但与原文有出入"，所以，不要想当然，不要怕麻烦，多方求证一下，很多低级错误就能避免。

对于译者来讲，英语或汉语达到一定程度之后，耐心求证或知道如何求证是至关重要的。根据我的实践，求证是最耗时的，但也最能决定翻译的质量。

　　最后，总结一下 fountains 是"源头"的推导过程：

　　1. 为什么有人看到 fountain 首先想到的是"喷泉"，有的人想到的是"泉水"？

　　2. the fountains of the Nile 是"尼罗河的喷泉"吗？

　　3. 是"尼罗河的泉水"吗？

　　4. 是"尼罗河水"吗？

　　5. 为什么是"尼罗河的源头"？

　　6. 18 世纪 80 年代，欧洲人知不知道尼罗河的源头？

　　7. 为什么作者用复数 fountains？

　　结论：the fountains of the Nile 在此不是"尼罗河的喷泉"，也不是"尼罗河的泉水"或"尼罗河的水"。尽管在 18 世纪 80 年代之前，欧洲人已经知道青尼罗河的源头，但直到 19 世纪欧洲人才知道白尼罗河的源头，况且，尼罗河还有其他支流以及支流的支流，当时的欧洲人也不知晓它们的源头。

　　因此，the fountains of the Nile 是"尼罗河的源头"。

孔子曰 Time is Like a Cleavage

孔子名声在外，外国的外。但对有些地方来说，可能也仅仅是个名，至于他说过什么，又是何方人士，外国人知之并不详。何以见得？

电影 *The World's Fastest Indian*（向极速出发）在 31：15 时开始提到孔夫子。电影的主人公是新西兰人伯特·芒罗（Burt Munro），从年轻时就喜欢上了摩托车，虽穷困潦倒，痴迷不改，妻子因此离他而去。已过耳顺之年的他孤身一人，却跟邻居家的小汤米（Tommy）成了忘年交。年老志高的他在动身去美国犹他州盐湖城的邦纳维尔（Bonneville）盐滩参加极速挑战赛时，嘱咐汤米照顾他的家，此时二人有几句对话：

Burt: You can pee on my lemon tree for me if you like, while I'm away. And there's nothing wrong with peeing on your lemon tree as Confucius used to say, it's the best natural fertilizer in the world.

Tommy: Who's Confucius?

Burt: He's some bloke who lives up in Dunedin.

之前汤米问过伯特为什么对着柠檬树撒尿，伯特说那对柠檬树好啊，这个世界上的任何东西都不能浪费。所以，临走时，伯特允许汤米可以朝他的柠檬树撒尿，并称孔夫子说过：尿到柠檬树上没什么不对的，那可是这个世界上最棒的天然肥料。这让我想到了中国人说的"肥水不流外人田"。汤米问谁是孔夫子？伯特说：住在达尼丁（Dunedin）的家伙。

达尼丁位于新西兰南岛南部，港市。或许伯特在跟汤米开玩笑，他知道孔夫子是中国人，却告诉汤米他是新西兰人，并且住在达尼丁；或许伯特只知道孔夫子这个人名，有可能还知道是个大学问家，否则，名声也传不到新西兰。但孔夫子说过什么并不清楚，只好假托孔夫子编了一句；又或许上世纪 60 年代的新西兰人真的认为孔夫子说过对着柠檬树撒尿没有错的话。离孔子的家乡越远，孔子曰就可能越离奇。

对于译者而言，将外国人说的孔子的话回译成汉语有时不啻一项挑战。我就碰到过作者引用孔子的话。一看到 Confucius，我的第一感觉就是难了，细读之下，岂止不好对应，而是没有对应。尽管我没有全记住《论语》，但也是通读过的，似乎还不是一遍，但检索我的大脑数据库，似乎孔子没有说过这句话：

Two and a half millennia ago, Confucius said: "Wheresoever you go, go with all your heart". [1]

通过各种方法搜索，发现网上的说法不一，一说是"既来之，则安之"。这话的确是孔子说的，但与英文的含义相去甚远。不妨看一下辜鸿铭是如何译的"既来之，则安之"：

When people from outside are attracted and come to his country, the ruler should make them happy and contented. [2]

孔子是在什么情况下说这番话的呢？原来是鲁国最有权势的贵族季康子准备攻打其境内的小诸侯国颛臾。孔子的两个学生冉有和子路在季康子家当差，他俩一起去见孔子，把此事告诉了他。孔子就批评他俩不劝止，并且找借口狡辩自己的不作为。估计孔子认为说他们也白说，没什么鸟用，就开始顾左右而言他，讲起治理之道：面对远方不顺从的人，诸侯大夫应该加强本国的道德教育，把他们吸引过来，等他们来了之后，就要让他们过上幸福而满足的生活。

再探。我就想作者引用时是不是有出处，或许我真的孤陋寡闻也未可知。于是，派出伊妹儿前去打探，回报说是 This is what I found online，并附上切图，竟然是中英对照的版本，汉语下面还注着拼音，意思是"勿论方向，且全心赴之"。我完全没有猜到中文是这样说的，但觉得比"既来之，则安之"更贴切英文原意。看图片中"孔子"和"勿论方向"句的位置关系，尽管挨着，却不像是在告诉读者这是孔子说的话，可能是作者误会了。自从闭关翻译以来，还是头一次觉得如此有趣，忍不住喊道：very funny。

> "正当今夕断肠处，骊歌愁绝不忍听"
> "zhèngdāng jīn xī duàn cháng chù , lí gē chóu jué bù r
> Exactly at tonight's heartbroken place,
> the farewell song is extremely sorrowful and I can't be
>
> For those who are going to graduate, here is a quote f
>
> 孔子
> Kǒngzǐ
>
> 勿论方向，且全心赴之.
> wù lùn fāngxiàng , qiě quán xīn fù zhī.
> Wherever you go, go with all your heart.
>
> The next are two traditional Chinese graduation song

再次派出伊妹儿，告诉作者这不是孔子的话，但放在这里还是适合的，并问他如何处理？作者回复说：Ah that's embarrassing because all the reference to this quote attribute it to Confucius ... Should we say "the quote attributed to Confucius"? 大意是：很尴尬，所有的引用都说是孔子，我就人云亦云了，是否引用一句被认为是孔子说过的话（the quote attributed to Confucius）？

至此还念念不忘孔子，可见中毒之深。我只能告诉他：被认为是孔子说的也不成，中国读者不知道这不是孔子话的人了了无几，没点文化也不读他的书。如果还想用这句话，不妨改成"某位智者说"，并建议他读读 *The Analects of Confucius*。

可是，出版之后又成了孔子的话：

2500 年前，孔子曾经说过："既来之，则安之。"[3]

还好编辑没有把那句英文加括号置后。哎，我是又查证，又跟作者交流，白忙活。真要命啊！赶上这样的编辑只能自认倒霉。

最近，我又碰到一个误认为是孔子话的引用。

The logic of New Passages may be more aligned with the Confucian aphorism: "We have two lives; the second begins when we realize we only have one."[4]

说实话，一读到是孔子或儒家的话，我第一感觉就是估计不对。不出所料，遍查孔子的言论，没有对应的话，类似的也没有。不过，也有学者认为这句话其实是外国人在翻译孔子的名言："未知生，焉知死。"[5] 的时候理解错了，译成了它。但"未知生，焉知死"应译为：

We do not yet know about life, why should we inquire about death?

没有办法，我只能写邮件告诉作者之一的 Christopher，这句话与孔子无关：

I recognize the sentence is not Confucius' or Confucianism's words. You should consider in advance how to modify it.

Christopher 回复说：

You are right. I cannot find evidence that it was stated by Confucius. The aphorism is widely attributed to Confucius, but that may be a mistake, a misattribution, or a liberal reading of his words or the words of one of his followers.

In your translation, please delete the reference to "Confucian" and just say it is an "aphorism."

作者同意去掉 Confucian。后来，我又查到有人认为这句话是法国人说的。

It was a French quote. "On a deux vies, le seconde commence quand on realise qu'il y on a seulement une", which for those of you who (don't) understand that, is, "We all have two lives. The second begins when you realize you only have one." [6]

于是，又写邮件告诉 Christopher，让他决定是否注明是法国人说的。他回复说：

Let's just refer to it as an "aphorism" without identifying the origins of the aphorism.

好吧。毕竟，这句话是不是法国人说的也无确证（All in all, the jury is still out on whether this is a French saying or not）。最后，我采用了网上的一句译文，觉得它很贴切，意境也对，而且古色古香：

你我皆可活两次，顿悟再无来生之时，前尘方逝，今生方始。[7]

其实，各种思想的表达会借孔子之口说出来，别说是外国人，有些话连中国人也真假难辨，网上有人说：His name is used only to lend credence to the sayings of a "wise man". 意思是说一提是孔子说的立马可信度和智慧性便得到提升。

但孔夫子曰："I never said all that shit."

还有一种引用是不提具体的人，只说"中国谚语"或"中国古老的格言"，同样不可捉摸。鉴于我读书少，说不定什么时候中国人真说过这样的话，所以我就保留了。比如我译的《开放式管理平台》就有两句这样的话：

· Wisdom starts by understanding the meaning of words.

—Chinese saying[8]

我译：

智慧始于识文断字。

—中国谚语[9]

智慧确实从识文断字开始，但中国古人是否说过这句话，我不得而知。但说得有道理，不可否定。

· The mind wanders, the elements change, but those with sound principles stand resolute.

—An old Chinese saying quoted by the Bank of China[10]

说实话，看到这句话时，我不知如何译好，既要准确，又要古色古香，像是中国古人的话，确实费琢磨。我问作者在哪里看到的，他说是在中国银行的一个宣传册上见的，但一时找不到了。我不敢乱译，既然是中国银行引用的，我不妨就问中国银行吧。通过大学的同学丛威娜，我联系上了中国银行总行办公室，找到了原来负责翻译的译者，得到的回复是：

万变不离其宗

追根溯源，它应是从荀子和庄子说的话总结出来的，《荀子·儒效》："千举万变，其道一也。"[11]《庄子·天下》："不离于宗，谓之天人。"[12]既然不是他们的原话，我就不能改成是哪个人说的。

跟前面的"某位智者说"一样，不是因为不知道是谁说的，就是不想说出是谁说的，犹如 a little bird told me.

好在这本书的编辑没有改。

如果说作者 Bikart 是英国人，Sussland 是瑞士人，Christopher 是美国人，不太了解汉语可以理解，但有华人背景，且听说读写汉语没有问题的人要是不深究，人云亦云，那就有点说不过去了。比如我译的《从 A 到 Z 轻松实现财务自由》，作者是新加坡人殷生，汉语交流不成问题：

Time is a created thing. To say 'I don't have time,' is like saying, 'I don't want to'. [13]

作者提交的文稿上标明此句出自：Chinese Philosopher, Lao Tzu。没有办法，我又从头读了一次《道德经》，没有找到对应的话。只能按照无主句处理，即只译文字，但不提是谁说的：

时间是创造出来的。若说"没有时间做"，就是表示"不想做"。[14]

现在看来，我的翻译还可以优化，应该译成"时间是挤出来的"。孔子不是说过吗：时间像乳沟，挤挤总会有的（Time is like a cleavage that is always visible by pushing together and raising bubbies）。

哈哈哈，《论语》里没这话，I'm just pulling your leg.

情商、和绅、乔布斯及其翻译

人人都是一个小宇宙。成功者有足够的能力将自己的小宇宙扩展开来，或吞并很多其他人的小宇宙，或联合其他人的小宇宙，成为一个联合体，从而取得较大的成就；失败者则无法让自己的小宇宙成长，逐渐萎缩，或受到其他小宇宙的排斥、挤压，而无法产生成长所需的动量。当然，这些事是他们成败的必要条件，而非充分条件。

我所说的成功不是世俗所谓升至哪一级的官员，而是作为一个个体，在这个世界上做到了其他人做不到的创新之事。

成功靠什么？现在众人似乎更倾向于靠情商。情商是一个伪命题，而且绝大多数中国人将它简单地理解成了擅长察言观色，巧言令色等。我的一位高中同学则直言不讳：情商高就是不要脸。在某种程度上确是如此。试想：有谁是靠情商取得成功的呢？很多人立马想到和绅，但他既不是成功人士，也没有什么创新，他的那点成功只是在皇帝手下当好了奴才，办好了差而已。很多人都受到了电视剧的影响，似乎他的情商很高，靠情商混迹于官场，周旋于皇帝和同僚之间。其实，和绅大都玩的是智商，小部分是情商。如果他情商高，就不会贪心不足蛇吞象，让自己富可敌国，也不会为新主子不容了。这也说明了国人的心里是羡慕和绅的，因为毕竟曾经风光过，享受过，正负相抵的话，已经大大超过悲惨的下场，所以，历朝历代的官僚贪污腐败、贪赃枉法，杀之不绝。因为他是国人心向往之的偶像，按老百姓的说法是"够本了"。好比饥饿之人只求吃饱、多吃，撑死那也值了，再说还有可能撑不死呢。升官发财、光宗耀祖、封妻荫子、人前显贵、权力无限和赌徒心理就是老虎、苍蝇前赴后继的文化粪堆。

扩展自己的小宇宙一定是靠智商，也就是创新能力、自信和毅力。一个做不到高瞻远瞩、聪明而坚毅的人是无法让自己的小宇宙成长的，更不用说整合其他人的小宇宙了。

或者说，情商只是智商的一个小分支而已。之所以世人多看到情商的好处，或许是因为看到的多是"智商不够，情商来凑"的人吧，又或许看到的是"不读书有权，不识字有钱，不晓事倒有人夸荐"吧。世人多没看到背后的交易，比如想法让行的人说你行，等看到某些人成功了，就归因于"此人情商高"。

有没有情商低、智商高而取得成功了的呢？或者说尽管因情商低吃亏，但瑕不掩瑜，智商的光芒遮盖了情商的暗影，最终成功了的人呢？乔布斯。

乔布斯创立了苹果公司，并聘请了职业经理人斯卡利（Sculley）当CEO，却被斯卡利联手董事会把乔布斯赶出了苹果公司。这得是多么颜面扫地的失败啊！不过，后来的故事大家都知道，等到苹果公司把他请回来后，他开启了苹果的乔布斯时代。

在沃尔特·艾萨克森（Walter Isaacson）的《史蒂夫·乔布斯传》中，有一段二人决裂前的对比描写：

而斯卡利觉得问题出在乔布斯身上，当乔布斯不再处于"求爱期"或有所图时，就常常令人讨厌，他粗鲁、自私并且对其他人没有好脾气。斯卡利经历过寄宿学校和大客户销售工作的打磨，他觉得乔布斯的行为粗鲁可鄙，其程度就和乔布斯鄙视他对产品细节缺乏激情一样。斯卡利能和善、亲切、彬彬有礼地对待错误，乔布斯则做不到。有一回，他们计划与施乐公司董事会副主席比尔·格拉文（Bill Galvin）会面，斯卡利恳请乔布斯到时候不要失礼。然而，刚一就座，乔布斯就跟格拉文说："你们这些家伙完全不知道自己在做什么。"会面不欢而散。"对不起，但我控制不住自己。"乔布斯告诉斯卡利。这只是许多类似情况中的一例。正如雅达利公司的阿尔·奥尔康后来评论的，"斯卡利想让别人高兴，并会顾及人际关系。史蒂夫对此则不屑一顾。但他对产品的关注又是斯卡利永远达不到的，而且乔布斯会侮辱任何一个算不上一流队员的人，以避免苹果出现太多的笨蛋。"[1]

出于职业习惯，免不了要再看一下对应的英文，吸收一下别人的经验和教训。

For Sculley, the problem was that Jobs, when he was no longer in courtship or manipulative mode, was frequently obnoxious, rude, selfish and nasty to other people. He found Jobs's boorish behavior as despicable as Jobs found Sculley's lack of passion for product details. Sculley was kind, caring, and polite to a fault. At one point they were planning to meet with Xerox's vice chair Bill Glavin, and Sculley begged Jobs to behave. But as soon as they sat down, Jobs told Glavin, "You guys don't have any clue what you're doing," and the meeting broke up. "I'm sorry, but I couldn't help myself, " Jobs told Sculley. It was one of many such cases. As Atari's Al Alcorn later observed, "Sculley believed in keeping people happy and worrying about relationships. Steve didn't give a shit about that. But he did care about the product in a way that Sculley never could, and he was able to avoid having too many bozos working at Apple by insulting anyone who wasn't an A player." [2]

于是，发现有些地方译得不妥，就想如果我来译，会怎样译呢？当然，我的理解只是一家之言，而且我也无法跟作者确认，仅供参考。

第一句：For Sculley, the problem was that Jobs, when he was no longer in courtship or manipulative mode, was frequently obnoxious, rude, selfish and nasty to other people.

斯卡利觉得问题出在乔布斯身上，话是没错，但英文的句式不是这样表述的，去掉插入语，就会发现 Jobs 只是主语，句子到此并没有断：the problem was that Jobs was frequently obnoxious, rude, selfish and nasty to other people，但译者受英语插入语的影响，随着英语的句逗，在 Jobs 那里也跟着断句了，也就是说，"问题是乔布斯对其他人经常……"，而不是"问题出在乔布斯身上"。

可能是译者想要把句子缩短，于是先指出问题在乔布斯身上，再细说乔布斯的表现。有这个可能。但如果不到万不得已，最好不要改变作者的句式。毕竟这是翻译，不是改写。

如果不改变句式，并考虑到插入语，我试着译一下第一句：

在斯卡利看来，问题是当乔布斯不再……时，经常……对待其他人。

而两处省略号也是难点，一是两种状态：in courtship or manipulative mode，二是四个形容词连用：obnoxious, rude, selfish and nasty

courtship 译者译为"求爱期"，尽管加了引号，表明表达的并非青年男女的那种求爱期，但还是会让人觉得不明就理。我感觉这里要综合考虑，应是两种状态：in courtship mode 或 in manipulative mode。

courtship 确实有"求爱、求爱期、求婚"之意，但此处既然不涉及男欢女爱，就应尽量避免使用"求爱"。求爱从根本上讲就是示好或讨好，因此结合前面的 no longer，可译"不想示好"；其实我理解是有所指的，因为那时，乔布斯已经跟斯卡利出现了很多分歧，因为斯卡利是乔布斯找来的，开始时乔布斯自然对斯卡利很热乎，千般喜欢，万般宠爱，而斯卡利自然对乔布斯感激赏识，彼此示好，可蜜月过后，柴米油盐酱醋茶地过日子，各自的不足便暴露出来了。从前面两句文字不难看出这一点，斯卡利很渴望乔布斯喜欢自己，而乔布斯则想在斯卡利身上找到父亲和导师的感觉，等到双方冷静下来，那种失落感可想而知：

Others were weirdly psychological and stemmed from the torrid and unlikely infatuation they initially had with each other. Sculley had painfully craved Jobs's affection, Jobs had eagerly sought a father figure and mentor, and when the ardor began to cool there was an emotional backwash.[3]

再说 manipulative，它有"巧妙处理的，操纵的"等意，操纵什么呢？我理解是操纵别人的感觉，也就是考虑别人高不高兴。结合前面的 no longer，就是"不考虑别人的感受，不在乎人际关系"等。译为"有所图"那就成了抹灰工，不管底下多不平，表面找平就好。

总之，no longer in courtship or manipulative mode 可译为：不再示好或不想处关系。于是就出现那四个"令人讨厌的"形容词：obnoxious, rude, selfish, nasty。除了 rude 和 selfish 译得较准确外，obnoxious 和 nasty 感觉还应

再推敲。但最好是并列译出，而不是分开表述。

第二句：He found Jobs's boorish behavior as despicable as Jobs found Sculley's lack of passion for product details.

"斯卡利经历过寄宿学校和大客户销售工作的打磨"没有对应的英文，不知道打哪里冒出来的。想来可能是在第一版的基础上修改时没有删除干净，或其他原因。

"他觉得乔布斯的行为粗鲁可鄙"，如果说"粗鲁"是贴切的，但"可鄙"就言重了，说人"鄙"，好比说人是人渣，那是人品问题；而它对应的单词是 boorish，它的名词是 boor，指一个人行为粗鲁，不顾及他人的感受（a person who is rude and does not consider other people's feelings）；

despicable 尽管有"可鄙的、卑鄙的"之意，但此处转译为动词"鄙视"还是言重了。作者要表达的是：乔布斯觉得斯卡利对产品细节没有热情令他讨厌，而斯卡利觉得乔布斯的粗鲁同样令他反感。表明蜜月过后，彼此发现对方不让人满意的地方了。这里要译出是两个人彼此的感受，而不是其他人对他俩的感受。

另外，不必拘泥于"和……一样"（as despicable as）的表述，否则，它会拖着一个长句子。分开两句表述，用"同样令他反感"要比用"其程度就和……一样"好些。

第三句：Sculley was kind, caring, and polite to a fault.

kind 译为"和善"还说得过去，但 caring 译为"亲切"等于是把"和善"重复了一遍，但它指的应是"关爱他人的"。至于彬彬有礼地对待错误（polite to a fault）那就不是一位 CEO 应有的素质了，这不但是老好人，简直是见了员工怕得要死，连员工做错事都彬彬有礼，如何带团队，公司如何发展？既然此处不合理，翻译不通，想必对英语的理解不正确。其实 to a fault 的意思是"过分地、过于"（verging on excess），polite to a fault 是"过于讲礼貌"，只要搬一搬词典就能解决。

这句是在夸赞斯卡利，但也表明他缺少魄力，缺少创新企业所需的那种"偏执"。斯卡利过于有礼貌，暗含着乔布斯过于粗鲁，没有礼貌，或不注重礼貌。至于"乔布斯则做不到"就没有必要再说，而且英文也没有这样的表述。

第四、五、六、七句：At one point they were planning to meet with Xerox's vice chair Bill Glavin, and Sculley begged Jobs to behave. But as soon as they sat down, Jobs told Glavin, "You guys don't have any clue what you're doing," and the meeting broke up. "I'm sorry, but I couldn't help myself, " Jobs told Sculley. It was one of many such cases.

at one point 译为"有一回"不能算错，但多少有点口语化，不如"一天""有一次"好些。

Galvin 译作"格拉文"想必是译者随意起的，因为新华社的英文译名是"高尔文"。比如摩托罗拉公司原名 Galvin Manufacturing Corporation（高尔文制造公司），其创始人之一是保罗·高尔文（Paul V. Galvin）。

behave 有 to be good by acting in a way that has society's approval 之意，也就是说，当社会上普遍说"吃了吗"时，你不能说"今天的天气可真好啊"，当社会上普遍称呼"先生"时，你不能再喊"同志"，反之亦然。社会上兴什么，你就做什么，随大流，别跟神经病一样乖张，大致就是这个意思。我个人感觉"不要失礼"只是 behave 的一部分，鉴于一直在说乔布斯的粗鲁，"不失礼"也算是重点了。相比之下，中国称呼跟大多数人言行不一致的人为"神经病"；在一个抹杀个性的社会，一个"神经病"，淹没了多少可能会有创新之举的人，而安迪·格鲁夫称之为"偏执狂"，却鼓舞了多少有志有个性的企业家和创业者。

you guys 译为"你们这些家伙"不如"你们这帮子家伙"更接近口语，因为此时是对话。但称他们"家伙"并非不礼貌，有时反而有一种关系近的感觉；不礼貌的是说他们"完全不知道自己在做什么"，那不等于说他们是一群白痴吗！那要译成"你们这帮子家伙对于现在干的事一无所知"，是不是好些?

break up 译为 "不欢而散" 是为英语增色了。英语的意思仅仅是 "结束" 了。所以，英语不如汉语细腻，不如汉语有文化。从这里可以看出，乔布斯确实情商不高，跟人家见面，还没有谈正事，一句话就把人噎死了，对方没有谈下去的欲望了。副主席一定认为乔布斯 "太狂了"，但并没有后来寻找机会灭乔布斯的威风，而是不理他就是了；而国人更多可能会想方设法让他知道锅是铁打的，至少在乔布斯倒霉时会各种的冷言冷语。

"对不起，但我控制不住自己。" 乔布斯告诉斯卡利。但最好把 "乔布斯告诉斯卡利" 放在 "对不起" 前面，前面这句话还用了句号的情况下尤其如此，既不符合汉语的语序，读者会琢磨是不是下来有什么话，结果没词了。

第八、九、十句：As Atari's Al Alcorn later observed, "Sculley believed in keeping people happy and worrying about relationships. Steve didn't give a shit about that. But he did care about the product in a way that Sculley never could, and he was able to avoid having too many bozos working at Apple by insulting anyone who wasn't an A player."

believe in 译为 "想让" 有点偏离，"想让" 是一次行为，而不是一种理念，believe in 表示的是 "自认为某事是有效的或正确的"（to be confident that something is effective and right），也就是说这是斯卡利信奉的东西，是他与人交往的原则，不是这一次这样，其他情况下就不这样了。否则，作者就会用 want to，而不是 believe in 了。

在社会交往中，"让别人高兴" 确实不讨人嫌，更容易创造和谐社会。但一个沉迷于自己的思想或创新世界里的人，确实没有精力顾及其他人的感受，或是不是能够接受；若是反过来想，如果一个人不是真的神经有障碍，只是直来直去，容易让人不高兴，是不是表明此人有独立的思考，有独特的眼光，有独特的能力? 因此，一个特立独行的人，一个创新之人，一个想要与众不同的人，一定要有自己的作品呈现在世人的面前，不管是思想的体现，还是技术的产品。否则，可就真成了众人眼里的神经病了。如果乔布斯不是后来回归，创造了苹果神话，后人对他的描述一定会用到 loser 这个词。

not give a shit about 译为"不屑一顾"不准确。不是乔布斯不屑一顾，而是他"不感兴趣"或"不在乎"（to not be interested in or worried about something or someone），不屑一顾是指从内心里排斥，而乔布斯是不注意，否则，他也就不会在看到不欢而散之后向斯卡利道歉了。

an A player 译为"算不上一流队员的人"算是不精准，对于创新企业来说，应该是"技术一流的员工"，尽管企业需要团队，其中的人是队员，但最好不译为"队员"，因为作者此时没有强调"团队"，只是从乔布斯的角度如何看员工；他是想用此侮辱他们，逼他们辞职，从而实现"宁吃好桃一个，不吃烂杏一筐"。

小结：

1. 人需要情商，但情商高未必能干成大事，涉及创新时尤其如此。我译的新版《盲目心理学》在描述高科技企业的那些"文化偶像们"时，称 such caricatures establish the norms by which ambitious, immature young men are measured and measure themselves。[4] 什么叫不成熟？就是所谓的情商低。人们认为他们绝顶聪明，野心勃勃，但"怪癖"得异于常人，却像磁石一样吸引了更多同样思维的人加入他们的团队；他们也以此自我标榜，这恰恰成了他们成功的因素。当然，这些并非成功企业家胜出的全部条件。

事实上，你很难举出一个单凭情商取胜的例子。但是，我并非说不顾及他人的感受是对的，只是创新之人很难兼得，或暂时无法兼顾。很难说和绅这种八面玲珑的人会有什么创新之举，况且他也有不玲珑的时候。

2. 不理解为什么出版社会找一群初级译者来译乔布斯。不难看出，虽不确信译者对企业没有亲身体验，但至少说明没有体会；而且英语的理解不深入，翻译经验初级，而且极不负责任。还是那句话：不要认为学了外语，你就能当翻译了。翻译是个大学问，但译者往往成了做假药的，出版社成了"萝卜快了不洗泥"的，合伙制售假药。

3. 译者要尽最大可能地保留作者原句式，准确翻译其含义，减少自己的影子，因为毕竟这不是译者写的书，你只是转换一种语言。或者说是换了一套衣服而已，不能因为衣服瘦，就把作者的意思补一块；衣服肥，就把作者的意思削一块。量体裁衣，而不是让原文迁就衣服。

4. 和绅适合中国的特色土壤，但未必有好下场；除了"扳倒和坤，嘉庆吃饱"外，他对世界没有任何贡献。乔布斯更适合那种提倡和鼓励个人自由发挥的文化，而非消灭个性的文化，他对世界的贡献无人匹敌。孰优孰劣，世人有目共睹。

异父异母之法定继承和《民法典》

　　近日，有事去某地，顺便看望朋友夫妇，看到她在读《民法典》。我好奇地问她不是退休了吗？还学习。她答是单位组织的，不但学，还要写学习体会，并上交。

　　因为去年译过产权制度有关的汉译英著作，我便翻到"土地承包经营权"一章。大致了解之后，我随手翻到了第二章《法定继承》，看到第一千一百二十七条：

　　"本编所称兄弟姐妹，包括同父母的兄弟姐妹、同父异母或者同母异父的兄弟姐妹、养兄弟姐妹、有扶养关系的继兄弟姐妹。"[1]

　　我立马察觉到有一种兄弟姐妹关系没有包括进去，那就是异父异母的兄弟姐妹。

　　异父异母的兄弟姐妹指父、母各自带着之前的婚生或非婚生子女再婚或结婚而形成的兄弟姐妹。现实生活中，随着离婚率的上升，或非婚生子的增多，这种异父异母的兄弟姐妹关系也随之增加。他们的财产继承关系更加复杂，更易引发纠纷，也就更需要规范。

　　只所以我对异父异母的关系非常敏感，是因为之前我在翻译《社会企业家》（*The Social Capitalist: Passion and Profits: An Entrepreneurial Journey*）时碰到过这种关系。

　　Before setting out on the five-hour drive home, we stopped at the Dana Point home of my stepbrother (and namesake of my workplace), Dylan, where a holiday party was in progress. [2]

由于继兄弟姐妹关系平时接触得少，对这种关系的描述不常听到，一看到作者提到他的继兄或继弟（stepbrother）迪伦（Dylan），我一时不明白如何描述这种关系，就问作者，当时我还认为跟作者是同父异母或同母异父，但作者回复我说：

My stepbrother Dylan, is the son of my stepmother, with a different father. In other words, my father married Lenore, and she already had a son before the marriage. He is of no blood.

意思是说，迪伦是作者的继母嫁给作者父亲时带来的，中国人俗称"拖油瓶"，跟作者没有血缘关系，是异父异母。根据书中其他内容可知，作者的父亲和继母还健在，他们继兄弟不是"有扶养关系的继兄弟"。

这件事给我留下了深刻的印象，所以，在读到《民法典》中相关的条款时，我才会迅速发现其中的缺失。

《社会企业家》那段话中有关 stepbrother 的内容我是这样译的：

我有个继弟叫迪伦，跟我是异父异母……

为了强调这种关系，我在"继弟"之外，追加了一个"异父异母"。可是编辑没有保留"异父异母"，改为：

去看望一下我的弟弟—迪伦……[3]

添加了一个我最讨厌的破折号也就算了，为什么把"异父异母"删掉？如此，连"继弟"这个信息都被消除了，只剩下一个干巴巴的"弟弟"。读者会认为是作者的亲弟弟，这就失信于原作了。"异父异母"不是可有可无的，读者若是了解作者的家庭情况，或许可以从另外一个角度理解作者：作者从小缺乏亲生母亲的关爱，性格、心理受到影响；甚至缺少亲生父亲的关爱和约束；而弟弟又不是亲的，有些心理话可能没法交流，而且在弟弟家也不是太受欢迎，兄弟亲情也缺失等等。

编辑删掉"异父异母"事先没有征求过我的意见，这是对译者的不尊重。出版之后，等我发现已经过了两个半段时间，木已成舟，问也无济于事，我也没有再问。再问也是个不愉快。再版时也没有改。我就奇怪了，

"异父异母"于法不合，有违道德，还是政治上不过关？是编辑不认为有这种关系呢，还是觉得太啰嗦？是不符合编辑的规定，还是会影响作者的形象？作者把自己酗酒成瘾、几乎自杀的事都写出来了，"异父异母"不会更毁形象，没有什么丢人的。

编辑几乎不琢磨外文原文，也不跟译者交流，自己想当然地随意修改。抱着译者的"孩子"，随心所欲地按照自己的喜好"整容"，此乃编辑行业的普遍现象。似乎没有人告诉他们应该尊重作者和译者，敬畏文字和文化。我很想问编辑和出版社：

什么是编辑？

编辑需要干什么？

编辑的权力边界在哪里？

如何对待修改？

你凭什么改，依据何在？

在给别人改稿时，是否怀有敬畏之心？

随意改稿是一种心理疾病，还是不懂装懂？

改得少，显得没干活，还是不认真？

改得多，编辑拿钱多，还是显得自己文字水平高？

总之，你的编辑理念是什么？

三审三校纯粹就是自欺欺人。它非但没有减少译文中的错误，反而又改出很多错误，有的书甚至是错误连篇。审校者也在制造错误，在他们修改之后，明明是错误的，编辑也不敢改回去。最后背骂名的却是译者。

人都说外行领导内行，有好结果的时候不多，劣币驱逐良币；而由所谓没有敬畏之心的内行领导没有敬畏之心的内行，其实更可怕，更有欺骗性。

妍皮不裹痴骨

妍皮不裹痴骨，么意思？中国人说的，还是外国人说的？

好，你先活跃着脑细胞，容我从头讲起。

当然不是 long long ago，而是不久以前，有位既有理论又有实践的英语教授告诉我"翻译要强调异化"，意思是说要让读者觉得这是翻译过来的书，不是中国人写的书。窃深以为然。盖因读过不少中国译者的翻译作品，对照英文之下，已经是改写了，或者虽在此山中，已经云深不知处了。有此能力还翻译干吗，自己写岂不更好？比着英文的葫芦，画自己的瓢，不啻为一条捷径。你可以充分发挥自己的想象力，改头换面，将英文的小说改编为中国的影视剧，不过就是把 Tom 改成狗蛋，把 Juliet 改成二妮子，把 San Francisco 改成魏家湾而已，一众之人想必也能看得不亦乐乎，收入比译书可多多了，就别再为害译林了。

既然是异化，就不能采用中国味的一些表述，让读者跳戏。比如，"主动请缨"出现在译作中尚勉强可以接受，但要是用了"毛遂自荐"那就好比外国人到国外的面包店张口要"一碗豆浆，两根油条"。或许有一天，外国人突然寻思过味来了，发现牛奶之外，豆浆也是一个不错的选择，种大豆省心省力，还省得公仆说养牛污染空气，不让养了，从而导致牛肉价格短时间内疯涨，令宏观经济学教授目瞪口呆。

——我在自己的自留地里养牛、养猪，污染谁的空气了？

——空气是流动的。

Part 6 精译求精
Constantly Perfecting Translation   405

一咦，这土鳖，懂得还不老少。

再说了，你看人家中国人，皮肤细腻，还没有牛脖子，就是喝豆浆喝的。纽约第五大道可以改成小吃一条街，允许出摊，专卖豆浆、油条，再用呼啦汤加以调剂。一群大鼻子、大肚子的老外坐着中国制造的小马扎，围坐在中国制造的小饭桌旁，用着中国制造的一次性筷子，拆开包装之后还不忘两根互相杠一杠，去掉毛刺；当然，碗上还要套个中国制造的塑料袋；最后跟摊主要张中国制造的手纸，擦擦嘴。嘴不是中国制造的，但碗可是中国发明的。到那时能说"毛遂自荐"吗？还是不行。除非无国无界，世界大同，天下一家，赵四改叫尼古拉·四·赵。

未来可以畅想，但现实问题仍然要解，回到最初的问题。

只所以问"妍皮不裹痴骨"是中国人说的，还是外国人说的，一来是因为很多中国人不知道这句话，一时搞不清楚是谁说的，二来怕我的翻译被人认为中国味过浓而不接受。因为我要译的英文是 You can't polish a turd。若是直译，那就是"你无法让一坨狗屎熠熠生辉"。

我是前年译 Sense 一书遇到这句话的：

For packaging, the sensory information and the experience have to match–as the old saying goes, 'you can't polish a turd'. If synthetic, cheap and sugary food is put in a natural-textured pack with images of fresh ingredients on the front, you may purchase it once, but you'll be disappointed and won't buy it again. If, however, the design and texture communicate the genuine properties of the product, then you've got what you paid for and it will taste even better because of what you've been 'primed' to expect. [1]

开始时我想到过"朽木不可雕"，网上也有人如此说过，《论语·公冶长》："朽木不可雕也，粪土之墙不可圬也。"[2] 单看这句话，还真是贴切。但细思之后，觉得除了有否定之意外，与上下文的语境也不太符，因为没有里外的对比。

吃饭时，我把自己的迷惑讲给媳妇听，因为多年以来，每当有生活中常用但不知如何说的词语，我会告诉她一个语境，经常会有意外惊喜，因为旁观者清。这天也不例外，她听完之后脱口而出"金玉其外，败絮其中"。我一拍大腿，对啊，我怎么没有想到，这对比得多好，好的外表，劣的内在。

可是，吃完饭，休息毕，重又坐在电脑前后，想想还是不妥。有内外对比了，却是对内部的否定。尽管英文用的 turd 也不是什么肯定的词，但通观上下文，作者似乎想要表达的是包装内外的不一致，导致顾客对内部食品的失望，好比看到一个用柳条编的篮子里装着鸡蛋，你认为是散养鸡下的土鸡蛋，结果回家后发现是肉食鸡下的；但并非说食品差到是假冒伪劣的"败絮"。再说，这句话的中国味也太浓了。

剩下的就是搜肠刮肚了。终于，我发现了"妍皮不裹痴骨"。单看这六个汉字，并没有特别的中国元素，但它确实是中国人说的话，语出唐朝房玄龄等撰的《晋书·慕容超载记》：

超自以诸父在东，恐为姚氏所录，乃阳狂行乞。秦人贱之，惟姚绍见而异焉，劝兴拘以爵位。召见与语，超深自晦匿，兴大鄙之，谓绍曰："谚云'妍皮不裹痴骨'，妄语耳"。[3]

说的是南燕君主慕容超在国破后恐被姚氏录用而不利于己，装疯卖傻，后秦皇帝姚兴见之，觉得没有说得那般好，于是认为"秀外之人不可能是傻瓜"这句谚语说的不对。

"妍皮不裹痴骨"本意比喻秀外慧中，表里如一，但也可以反过来用，表示秀外而不慧中，表里不一，可理解为"妍皮不能裹痴骨"；它有对比，一个"裹"字体现了表里，而且并没有全然否定外表之下的里。除了"妍"和"痴"为汉字的不常用之意外，似乎没有什么毛病。此处可以借之表示商品包装要表里一致，不能"内马肝，外犀革"（明朝张岱），糊弄顾客。

此外，《晋书》中说它是个谚语，英文中说它是 old saying，这也是另外一点契合之处。那就暂时用它吧。当然这是个例。

上一段的英文可译为：

就包装而言，展示的信息和顾客的实际体验必须相称，古谚云："妍皮不裹痴骨"。如果把便宜且是合成的含糖食品放在一个天然材质的包装里，而且正面印上新鲜原料的图片，你可能会购买一次，但想必会失望，也就不会再买了。然而，如果设计和材质传达了产品的真实特性，你就会觉得物有所值；由于如你所期，吃起来自然味道更美。

可惜，Sense 译完后，正赶上新冠疫情肆虐和封城。等到解封，出版公司已经放弃出版。当然，还有其他原因。不管怎么说，至今没有出版。

是谁最先说的 You cannot polish a turd 这个味道浓烈的短语？1999 年 7 月 4 日，《纽约时报杂志》发表了一篇纪念斯坦利·库布里克的文章：*What They Say About Stanley Kubrick*，杰里·刘易斯（Jerry Lewis）声称是他说的：

I was in my cutting room around 1 in the morning, and he strolls in smoking a cigarette and says, "Can I watch?" I said: "Yeah, you can watch. You wanna see a Jew go down? Stand there." That was the night I coined the expression, "You cannot polish a turd." And then Kubrick looked at me and said, "You can if you freeze it." [4]

杰里正在剪辑室里忙活，斯坦利走进，杰里对他抱怨说：You cannot polish a turd，而斯坦利回道："如果把它冻起来，你就可以"。当然，他们都知道，这是一句双关语，直译就是"你无法让一坨狗屎熠熠生辉"，而其想要表达的是"若是电影拍得烂，就剪不出好片子"。

而牛津词典引用的却是另有其人：

"Listen, you can't polish a turd" - comes from Geoffrey Stokes' 1976 book, Star-Making Machinery: Inside the Business of Rock and Roll. 它的定义是：to (seek to) improve something which is inherently or unalterably unpleasant, of poor quality，意为"设法把天生令人不爽的、难以改变的、或质量差的东西改成令人愉悦的、高质量的东西"。

结合上文的语境，作者想要表达的意思是：如果食品是非天然的，而你用天然的包装，或者用其他表里不一的包装，想使其增值，顾客非但不会买账，反而感觉受到了愚弄，以后也就不会再购买了。

那么，有没有喜欢包装胜过内部物品的人呢？有啊，《韩非子·外储说左上》就讲了一个买椟还珠的故事：

楚人有卖其珠于郑者，为木兰之椟，薰以桂椒，缀以珠玉，饰以玫瑰，辑以翡翠。郑人买其椟而还其珠。此可谓善卖椟矣，未可谓善鬻珠也。[5]

椟是为了售珠而做，包装是为商品的增值而设计，主次应该分明。但在郑人的眼里，对椟的喜爱已经超过了珠，只是椟就已经值所出之价，因此将珠退还。即便在古代社会，这也只是特例。只是此文的侧重点不是笑话购买者傻瓜，而是讽刺商人适得其反的努力：花了大量的资金和精力美化珠的包装，却喧宾夺主，以至于郑人买走了漂亮的盒子，却不稀罕他真正要推销的珍珠。田鸠借此向楚王反喻墨子的学说注重实用价值，没有用华丽动听的言辞包装自己。

而若包装的价值大于内装物，则这样做的人不是太傻，如郑人，就是太精，故意为之，商家可借此提高价格，攫取超额利润，政治家则借此忽悠大众，使之"怀其文忘其直"，注重其华美的言辞，忽视其可行性。

商业如此，政治亦如此。

王子之 question

我译的《深度决策》（*The Art of Decision Making*）即将付梓。

今天早晨，业已退休的刘教授发我一段视频，让我忍俊不住。很快我就意识到这不就是《深度决策》序言一开始描述的那段情节吗？我在翻译时没有想到他们还录了视频，也就没有想要搜索一下。

视频的背景是这样的：2016 年 4 月 23 日，为纪念莎士比亚辞世 400 周年，英国部分最优秀的莎剧演员相会于皇家莎士比亚剧团，在其剧场上演了一部极不寻常的作品。但他们既没演全本戏，也没演折子戏，而是专注于一段戏文，大概可以说是这个世界上最著名的戏词了。朱迪·丹奇（Judi Dench）、本尼迪克特·康伯巴奇（Benedict Cumberbatch）、哈里特·沃特（Harriet Walter）、戴维·田纳特（David Tennant）和伊恩·麦凯伦（Ian McKellen）等人现身，主动指导（unsolicited advice）当时莎士比亚剧团的哈姆雷特扮演者帕帕·厄希杜（Paapa Essiedu）如何最完美地表达哈姆雷特独白的前 10 个字：

To be or not to be, that is the question.

视频不影响我对序言第一、二段文字的理解，但对第三、四段文字的翻译有少许影响：

To this end, each of them recommended that the novice Hamlet should stress only one word-though, of course, they disagreed on *which* word, often with great comic effect (starting with Tim Minchin's "to be *or* not to be?").

The last performer to grace the stage was no thespian, despite being a well-known actor on the world stage: Prince Charles, first in line to the throne. Not entirely dissimilar, in this respect, to Hamlet himself. And when he delivered the famous verse, the word he chose to stress was the very last one: "That is the *question*." [1]

观看了视频之后，我才真正理解了作者加斜体表示的单词是何用意。在没看视频之前，我对个别句子的理解不是很到位。其中，影响最大的是对 starting with Tim Minchin's "to be or not to be?" 的理解，看视频之前我译的是：

从蒂姆·明钦的"to be or not to be"开始？[2]

你看，编辑又把英文加上了引号，多此一举。

观看视频之后，我明白蒂姆的读法是强调 or 这个单词，而且是第一个指导者。如此，我就不必将整句英文写出来，而是译成：

最先出面指导的是蒂姆·明钦（Tim Minchin），他强调要重读 or 这个单词。

接下来，指导者依次认为需要重读的单词是 not、that、is、the 和 to，最后一位则强调应该重读 question。但他是真正的英国王子（当然，现在是国王了）。查尔斯王子强调这个单词再合适不过了，一来他是真的王子，二来有调侃之意，因为对于他来说，强调 question 简直就是现身说法，他本人就是"问题"缠身，比如婚姻问题。所以，不管是 to be，还是 not to be，王子的问题就是他的"问题"。

相应地，"最近一位为舞台增色的表演者并不是演员"中的"最近一位"就应该改为"最后一位"或"压轴出场的"才比较准确。

而"他选择强调的是 that is the question 的最后一个词 question"也可以再优化，question 既是 that is the question 的最后一词，也是全句的最后一词，因此，没有必要强调是哪里的最后一词，即改为"他选择强调的是最后一个词 question"。

至于如何处理 to be or not to be，我发现翻译成什么中文都不合适，而且此句在本书的后面陆续还有出现，不同的场景会有不同的理解。前面译成

A，后面要改成 B，可能再后面要改成 C，很麻烦，需要不断地解释为什么要改变。所以，我在给编辑的说明中建议不译，保留这句著名戏文的英文，但对于读者的理解不造成障碍。有点文化的人大都知道这句话。

保留英文还有一个作用，那就是对"他选择强调的是最后一个词 question"是个说明。如果此处不保留英文，哪里来的"最后一个词 question"？

其他的更改是处理"最先指导的是蒂姆·明钦（Tim Minchin），他强调的是 or 这个单词"这句话。原来是上一段的最后一句，放在括号里。在理解了视频之后，我将其调整为下一段的首句：

最先出面指导的是蒂姆·明钦（Tim Minchin），他强调要重读 or 这个单词，虽压轴出场但为舞台增色的表演者并非演员，而是查尔斯王子……

此时，书籍已经下厂。经过跟编辑的交流，感觉临时替换文件，印厂那边比较容易出错，只能暂时不改，留待加印时再改。但事情往往就是一步赶不上，步步赶不上，直到现在我也没有接到出版社重印的通知，而且编辑已经离职，策划该书的出版公司已经放弃外版书业务，通过他们重印的机会为零。

因为这一表演我事先没有领会，导致上下几段译得有些出入。这不符合我作为译者的理念，但也无能为力。读至此，若读者能自行脑补，自是求之不得。我只能建议你找到那个视频，不妨一观，笑声之余，敬请原谅！

上述两段英文修改后的译文如下：

为此，他们每个人都建议这位将要饰演哈姆雷特的新生代演员只重读其中一个词，如此处理通常会让喜剧效果更加强烈。当然，至于重读哪一个词，他们英雄所见不同，各说各话。

最先出面指导的是蒂姆·明钦（Tim Minchin），他重读的是 *or* 这个单词。虽压轴出场但为舞台增色的表演者是查尔斯王子，尽管他是世界舞台上的一位著名"演员"，却并非演员。他是王位第一继承人，这一点跟哈姆雷特颇为相似。在表达这句著名的独白时，他选择重读最后一个词 *question*。

斯宾诺莎：哲学翻译的昏与昭

哲学深奥难懂，除了常人不太容易理解哲学家与众不同的思维方式及其表述外，译文的晦涩难懂也是原因之一。借用孟子的话说，只有以其昭昭，才能使人昭昭；否则，以其昏昏，使人昭昭，大不易也。在写给杨祖陶的信中，汪子嵩说："对于一个哲学概念或问题，总是自己先弄清楚了，说（写）出来别人才会明白。"[1]

很多人认为翻译小说最难，社科书比较容易，因为只要准确就行。我亲耳听过有人给我这样讲。言下之意，小说可以发挥，不必准确，甚至有人认为可以跟作者不一致，可我认为：不以准确为目的的翻译都是耍流氓。如果以此理念翻译小说，那就不是翻译，而是改写。翻译小说可以跟原文不一致或许是译者读不明白时随意翻译的一个堂而皇之的借口。至于有人说翻译小说是二度创作，我理解：此非说译者随意增减之创作，而是要用准确的译入语转化译出语之创作。

难就难在准确。很多人小看了翻译，也小看了社科图书的翻译，很多译者也小看了社科图书的翻译。其实，社科图书的翻译比小说难上岂止几倍，好比读《西游记》和《道德经》的感觉。因为它是各科知识的编织物，不但有经纬，还有各种刺绣。在翻译过程中，你不知道作者接下来会用哪一科的知识，这对译者是个极大的考验。每至此，徒增读书少之叹。

最近我在译 Joseph Bikart 的《深度决策》（*The Art of Decision Making*），它多次引用斯宾诺莎的论述，其中之一便是这一句：

We neither strive for, wish, seek, nor desire anything because we think it is good, but, on the contrary, we adjudge a thing to be good because we strive for, wish, seek, or desire it. [2]

斯宾诺莎是荷兰哲学家，大多数人还是读其《伦理学》的英文版，因此，同样一句话，会有几种不同的英文译文，不妨以此为例加以探讨。我翻找了一下，手里还有几本可用的参考书。目前我读到的有五种英语译文。

英译一：

(From what has been said it is plain, therefore, that) we neither strive for, wish, seek, nor desire anything because we think it is good, but, on the contrary, we adjudge a thing to be good because we strive for, wish, seek, or desire it. [3]

我译的 *The Art of Decision Making* 引用的正是此版本的英译，译者是 W. H. White。陕西人民出版社的《伦理学》是这样译的：

对于很多事物我们追求它、希望它、渴望它或期望它，因为我们以为它是好的，但是，另一方面，因为我们追求它、希望它、渴望它或期望它，所以，我们认定它是好的。[4]

我读了好几遍，感觉似是而非，没有清晰的概念，只好简化一下，于是就有了如下的结构：

我们追求它，（因为）它是好的；（因为）我们追求它，它是好的。

稍微有点感觉了，但似乎还是隔着一层纱。其实，这个英文句子的结构是：

neither ... nor ... because ... , but ... because ...

再简化即是：

not ... because ... , but ... because...

也就是：不是因为……才……，而是因为……才……，不同之处在于翻译时把"因为"提前。以此结构，我将前面那句译为：

我们不是因为认为它是有利的，才谋求、希望、寻求和渴望它；而是正相反，因为谋求、希望、寻求或渴望它，我们才断定它是有利的。

除了译出这个结构外，我还把 good 译成"有利的"，因为"好"太笼统了，最好给它一个明确的定性。

"贺麟先生是现代中国的重要哲学家、翻译家"，贺麟的译文如下：

（从以上所说就很明白，即）对于任何事物并不是我们追求它、愿望它、寻求它或欲求它，因为我们以为它是好的，而是，正与此相反，我们判定某种东西是好的，因为我们追求它、愿望它、寻求它、欲求它。[5]

跟陕西人民版的译文差不多。或许，后来的译文没有跳出贺麟的窠臼。

但是，陕西人民出版社的英文不同于 Wordsworth Classics of World Literature 的英译（即《深度决策》引用的那段）。

于是，出现了英译二：

(It is thus plain from what has been said, that) in no case do we strive for, wish for, long for, or desire anything, because we deem it to be good, but on the other hand we deem a thing to be good, because we strive for it, wish for it, long for it, or desire it. [6]

此英译摘自 Baruch Spinoza 的 Ethics，由 R.H.M. Elwes 在 1883 年译成英文。它跟 White 译的版本差不多，只是它采用了倒装，即把介词结构 in no case 放在句首，其实还是 not because ... but because 的格式。

斯宾诺莎是葡萄牙裔犹太人（Portuguese-Jewish descent）。我们前面说到 Benedict Spinoza，此处又出现了 Baruch Spinoza，其实都是他。Benedict（贝内迪克特）或 Benedictus（贝内迪克特斯）是他的拉丁语笔名（Latinized pen name），Baruch（巴吕赫）是其希伯莱文原名，"巴吕赫"是新华社《世界人名翻译大辞典》的荷兰译名。

英译三：

电子版英译文，译者是 Jonathan Bennett，如下：

(From all this, then, it is clear that) we don't try for or will or want or desire anything because we judge it to be good; on the contrary, we judge something to be good because we try for it, will it, want it, and desire it. [7]

没有倒装，还是 not because ... but because ...

从 *The Art of Decision Making*（深度决策）后面的文字也能感觉出是这种句式：

Let us remember Spinoza's concept of the conatus as the essence, not the external quality of things: "Something is good because I want it", rather than "I want something because it is good".

Here is the root of the magical power of the Will: we "will" things to be good. We make our own luck, our own life. [8]

意思是：

让我们记住斯宾诺莎"努力"的概念，即它是事物的本质，而不是其外部特性："因为我想要它，有些东西才是有利的"，而不是"因为它是有利的，我才想要它"。

这就是意志的神奇力量之源：我们"想要"万物皆好。我们创造自己的运气，创造自己的生活。

英译四：

From all this therefore it is clear that we do not endeavor anything, we do not will anything, we do not seek or desire anything, because we judge it to be good; on the contrary, we judge a thing to be good because we endeavor it, will it, seek it and desire it. [9]

译文四和译文三大同小异。

另外，在 Spinoza's Ethics: An Edinburgh Philosophical Guide 中，Beth Lord 有这样的解释：

Spinoza then makes an intriguing remark. From all this, he says, it is clear that we do not desire anything because we judge it to be good. On the contrary, we judge something to be good because we desire it. When our desires are determined by our essence, we necessarily strive for that which is good for the preservation of our own being. It can't be the case that we judge something to be good and then strive for it on the basis of that judgement. Rather, from our own nature, we strive for what is good for us, forming the basis for our judgement of what is good. [10]

从中也能看出，我对该句的结构理解是正确的，翻译时要将"因为"提前，才能译出它的真实含义，而不能按照英语的顺序，将"因为"放在后面。

斯宾诺莎之 appetite 和 desire 的翻译

翻译中不时碰到某些领域的词汇，甚至是核心词汇，但若将其他人的翻译代入，人云亦云，就会觉得很别扭。比如下面这一小段。

For Spinoza, the conatus is what we term *will* when associated with the mind alone. This becomes *appetite* when linked with both the mind and the body. Then, when the appetite is consciously experienced, that becomes *desire*.[1]

它涉及 17 世纪哲学家斯宾诺莎的 will — appetite — desire 序列，但三个单词的翻译并不统一，特别是 appetite 和 desire。

will 的争议性不大，一般译为"意志"，will 也有"想要"的意思，按照刘清平的说法：任何基于意志（will）的行为者既想要（will）获得自己认为有益的，又想去除自己认为有害的，没有例外。[2]

对 appetite 和 desire 的解释见于《伦理学》（*Ethics*）的第三部分：On the Origin and Nature of the Emotions。

陕西人民出版社的中英对照版本的英文如下：

Note. This endeavor, when referred solely to the mind, is called will, when referred to the mind and body in conjunction it is called appetite; it is, in fact, nothing else but man's essence, from the nature of which necessarily follow all those results which tend to its preservation; and which man has thus been determined to perform.

Further, between appetite and desire there is no difference, except the term desire is generally applied to men, in so far as they are conscious of their appetite, and may accordingly be thus defined: desire is appetite with consciousness thereof. [3]

怀特（W. H. White）版的译文如下：

Scholium. This effort, when it is related to the mind alone, is called *will*, but when it is related at the same time both to the mind and the body, is called *appetite*, which is therefore nothing but the very ensure of man, from the nature of which necessarily follow those things which promote his preservation, and thus he is determined to do those things. Hence there is no difference between appetite and desire, unless in this particular, that desire is generally related to men in so far as they are conscious of their appetite, and it may therefore be defined as appetite of which we are conscious. ... [4]

简而言之，appetite 和 desire 本来没有区别，appetite 主要指和身体有关的欲望，如食欲、性欲，等等，二者的惟一区别在于：当不仅仅表示身体的欲望，而是同时指身、心的欲望或某种愿望时，appetite 就成了 desire。比如"复仇的愿望"就译成 the desire for revenge。

总之一：appetite 和 desire 非常接近，但 desire 比 appetite 的内涵更广。

总之二：desire 是意识到的 appetite。

翻译之难就在于此。

搜索可见，appetite 主要译为：欲望、欲求和冲动。有人将 appetite 译为"欲望"，相应地将 desire 译成"欲求"，而有人正好相反，将 appetite 译成"欲求"，而把 desire 译为"欲望"。我倾向于将 desire 译为"欲望"，如此译比较普遍，那么，appetite 就不能译为"欲望"了，只能是"欲求""冲动"或其他什么名词。

《斯宾诺莎的实践哲学》第 60 页的译者注对此略有总结：

appetite 的拉丁原文为 *appetitus*，贺麟在其译的《伦理学》前半部（第三部分命题二以前）和洪汉鼎在《斯宾诺莎书信集》中都译作"欲望"。但是，从《伦理学》第三部分命题九开始，因为与 désir 对称，贺麟的译文均改作"冲动"。[5]

我感觉为了与 desire 区分开，将 appetite 译为"冲动"有点偏了。"冲动"更多用于表示情绪（emotion）或性格（character, nature）。"冲动"可以排除。

如果将 desire 译为"欲望"，如果没有更好的表达，appetite 只能是"欲求"了。我理解，appetite 即是"欲"，也是"生理需求"，二者结合一下，反倒彰显了"欲求"的可取性。

谁译 appetite 为"欲求"呢？我在鲁伊吉·博格里奥罗的《形而上学》中见过：

"在"本质上与"欲求"（appetite）相关联，因此有必要具体阐明什么是欲求。[6]

同时，本书的译者还将 desire 译为"欲望"。跟我的推敲完全契合。

对善的"欲求"（appetite）和"欲望"（desire）也就是对善的"爱"。[7]

三惊拍案称奇

下面我要对比一段文字的翻译。英文如下：

For the original Columbian Exchange, the primary motivations for the incredible depth and breadth of participation were its commerce opportunities and the better lives—and greater power—they promised to bring to all involved (although it turns out the Exchange rebalanced economic power from Asia to Europe and the Americas, a crucial tipping point in their subsequent rise). While there are shades of this kind of economic opportunity in a more diversely connected Facebook 2025, they would affect merely a few hundred million people, not billions. [1]

为什么选这一段用于比较？因为它是在翻译 *Becoming Facebook* 这本书的过程中唯一让我一惊再惊的一段。

1. 这段文字并不复杂，没有生词。起初，我在译完之后，开始重读和润色，只是觉得 shades 怎么译都不顺溜，"经济机会的阴影"或"少量商机"？按"阴影""少量"或类似含义来译无论如何都别扭。

这种情况下，只能问作者了：如何理解 shades？作者的答复是 versions of …，parts of …，或 something similar to。其实在思维定势下，我看到这些回复仍然是一头雾水。没有办法，只好扒拉词典，希望能有什么启发，理解为什么 shades 不是"阴影"，而是作者说的这些意思。

《新牛津英汉双解大词典第 2 版》查词条没有发现什么，但看到词组 shade of 开始有点感觉，解释为：used to suggest reminiscence of or comparison with someone or something specified，使人联想起，使人与……相比。例如：

Colleges were conducting campaigns to ban Jewish societies - shades of Nazi Germany.

许多大学正在发起运动，取缔犹太社团——使人联想起纳粹德国。

《朗文当代高级英语词典（英汉双解）第 5 版》也有 shades of sb./sth. 的解释：used to say that someone or something reminds you of another person or thing，某人 / 某物的影子（用于表示某人或某物让你想起另一个人或物）。此条的汉语释义没有跳出"阴影"，似乎自己觉得也不对，于是译者加了一个括号进行解释。但我从它列举的例句猜测，我认为 shades of 应译为"就像是……"：

The food was horrible - shades of school dinners.

食物太糟了——让人想起学校的饭菜。

我想能不能这样译：食物差得像是学校食堂的饭菜。

带着些许的感觉，我再读原文，发现不能单纯地按 shades 来理解，而是应该按 shades of 理解，顿时感觉看到了曙光。从"好像"我想到了"类似"，而作者的回复中就有 something similar to，思路对了头，翻译有奔头。那 there are shades of this kind of economic opportunity 就是"类似……的那种商机"。

最后一句话的意思大致就是：这类似于 2025 年连接更多样化的脸书所蕴含的商机，但它们或他们只影响几亿人，而不是几十亿人。

2. 细一琢磨，问题又来了。they would affect ... 中的这个 they 是"它们"还是"他们"，"它们"的话，是什么？"他们"的话，又是谁呢？从上下文推断，我把 they 理解成是"哥伦布的团队"，译成：

虽然哥伦布大交换类似 2025 年更多样化连接的脸书带来的商机，哥伦布的团队只能影响几亿人，而不是几十亿人。

好像说得通。但心里又没有底，于是我换了个方法来问作者。我按照自己的理解重新改写这句话，再问作者对不对：

If "they" is equal to "Columbus team", on the basis of your previous explanation,

I'll change the sentence as this:

Though Columbian Exchange is similar to the business opportunity brought by more diversely connected FB 2025, the Columbus team would affect merely a few hundred million people, not billions.

作者的答复是否定的：No, "they" actually refers to the economic opportunities. These new elements of Facebook would affect only a few hundred million people that do business over Facebook, not everyone (billions) who exchanges messages and ideas instead of goods.

意思是说：they 指的是"商机"，那么，它们也就只能影响通过脸书网经商的几亿人，而不是只是利用脸书网交流信息和想法，而非交易商品的人。

这又一次惊着我了。

这下好了，不但明确了 they，连"受影响的几亿人"是什么人也明确了。如此就完全可以根据作者的解释对原文加以改写了（这也符合我的翻译理念：信）。回头看，前面那半句也应该调整，就成了：

虽然 2025 年更多样化连接的脸书也拥有类似哥伦布大交换带来的商机，但这些商机只影响通过脸书作为平台开展交易的几亿用户，而不会影响借助脸书交流信息和想法而非交换商品的几十亿用户。

在此段的理解上，这还不是最让我吃惊的。

3. 解决了最后一句，我就想起前面还有一个 they，我也理解成是"哥伦布那伙人"，是不是也有问题呢？我返头重新琢磨。

"对于早先的哥伦布大交换而言，其参与的深度和广度令人难以置信，其初始动机在于追求商机、更好的生活和势力更加强大……"似乎没有问题，接下来 they promised to bring to all involved 译成：哥伦布这伙人承诺要把这些带给所有的参与者，好像也对，挺顺溜的。

结合最后一句的理解，我就觉得是不是也应该倒过来理解呢？因为感觉句式上有相通之处，只是没有把握。也只能问作者了：What does the first "they" refer to? "Columbus team", or "commerce opportunities and the better lives—

and greater power"? If the latter, the meaning of "promise" is "make all involved to hope that they could be richer and stronger".

我问第一个 they 指什么，是"哥伦布团队"还是"商机、更好的生活和势力更大"？如果是后者，那 promise 就不是"承诺"了。其实，虽然这样问，但我心理并没有底。结果作者竟然说是对的：The first "they" refers to "... commerce opportunities and the better lives ...". 哇，哇，Really?

我再次翻开词典，Oxford：give good grounds for expecting (a particular occurrence or situation)，意思是"有……的可能""给……以希望"。例如：

It promised to be a night that all present would long remember.

这会是一个让所有在场的人长久难忘的夜晚。

那么，"promise" in this case is a vision /hope /likelihood for the future，而 they promised to bring to all involved 就成了"这些好处让所有的参与者对未来充满了期待"。

上哪里说理去！完全颠覆常规思维，故曰"三惊拍案称奇"。

我的译文如下：

就早先的哥伦布大交换而言，它的参与深度和广度难以置信，参与者的初始动机在于追求商机、更好的生活和势力更加强大，这些好处让他们对未来充满了期待（事实证明，那次大交换对经济实力进行了重新平衡，经济重心从亚洲转移到了欧洲和美洲，这也成为欧美随后崛起的关键转折点）。虽然 2025 年连接方式更多样化的脸书也拥有类似哥伦布大交换带来的商机，但这些商机只影响通过脸书作为交易平台的几亿用户，而不会影响借助脸书交流信息和想法而非交换商品的几十亿用户。[2]

想必编辑不了解哥伦布大交换什么意思，所以，她把我译的"其涉及范围之深广令人难以置信"改成了"它的参与深度和广度难以置信"。试问，哥伦布大交换参与什么呢？它是被参与方。应该是各种势力相互角逐，共同促成了"哥伦布大交换"这一结果。不明白，还想改，又不问译者，就会想当然。编辑的老毛病。

台版的译文：

以原始的哥伦布大交换而言，能造就大众这么广泛又深刻投入的主要动机在于，他们承诺，所有相关的人会得到商机，以及过着更好的生活，还有更大的权力（但从结果来看，这次大交换的结果是将经济权力重新分配，从亚洲转移到欧洲与美洲，这也是美洲后续崛起的决胜点）。虽然在 2025 年时脸书更多元化连接的经济机会中，一定会有人受到不利影响，但只会影响几百万人，而非几十亿人。[3]

对台版译文略作点评，主要看其对上述三点的翻译：

1. they promised to：显然，"他们承诺，所有相关的人会得到商机"中的"他们"指哥伦布那伙人。其实，细想一想，哥伦布那伙人怎么能够向所有参与者承诺呢？哥伦布顶多给支持他的西班牙王室承诺不会让他们的投资打水漂。因此，这里的 they 不是"他们"，promise 不是"承诺"。

2. a more diversely connected Facebook：译成了"一定会有人受到不利影响"，意思正好相反，译者开始往墙上抹灰，第二个"他们"没有明确，成了"有人"，"带来商机"成了"不利影响"。之所以是"不利影响"，想必是译者为了与下文的"影响"衔接，只好生搬硬套。

3. a few hundred million：它是"几亿"，仍然有人译"几百万"。

非常感谢迈克·霍夫林格（Mike Hoefflinger）逐一耐心的解释，没有他的帮助，我不可能顺利地译完本书，想必会付出极大的精力用于理解和确认，留下很多坑坑洼洼，而且哪个坑里埋着"地雷"还不可知。

接下来我要写其他内容。所以，现在不妨就与作者交流之事小结一下：

1. 首先要尊重作者。要虚心求教。

2. 跟作者交流非易事。问对问题是关键，至少成功了一半。但在不明白时，问到点子上是件难事。

3. 要采用多种方式提出问题，从不同的角度将译者的理解告诉作者，如此才能从作者的回复中判断你的理解对与不对。

4. 作者的解释未必全对。有时作者的解释比正文还难理解。得到作者的解释，如果觉得没有解决问题，仍需求证。

5. 跟作者交流，译者肯定是受益匪浅。

6. 作者也是受益者。比如，在与我交流过程中，迈克·霍夫林格先后表示：

· Sorry for the complex sentence structure and esoteric words in these cases. It's teaching me to write more simply for all readers, not just translators.

· On a related note, though, I really appreciate your effort in getting the translation right. It's an excellent process and I hope that the Chinese version of "Becoming Facebook" (and your course) will be very, very successful.

· The deep appreciation is really for you. Your grasp of English and sentence structure is fantastic, especially because I have a little bit of a complex writing style, which you're teaching me to simplify.

第七部分

译 后 记

Afterword to the Translation

《金钱与好的生活》译后记之一

多少钱才够?

我相信所谓的命运不过是一个人的生理、心理、情感、性格等等因素造成的一个人行动的最终结果。我也始终相信,这些因素都是人为可以改变的。不管怎么说,命运是在自己手里的。

——村上春树,《海边的卡夫卡》

1929 年,大萧条袭来,面对危机,凯恩斯同样吃惊不已,无奈之下被迫卖掉两幅珍爱的印象派油画。可见,凯恩斯是一位艺术投资人,也是一位理性经济人。凯恩斯不仅投资艺术,凭着好运气和技巧的娴熟,他从商品贸易和股票买卖中也赚得盆满钵满,让那些批评经济学家只说不练的人无言以对。

但凯恩斯更是一位经济学家,而且是一位乐观的经济学家。虽历经大萧条和两次世界大战,他的乐观心态却从未改变。本书作者之一的罗伯特·斯基德尔斯基称凯恩斯是一个"无可救药的乐观主义者",尽管他那句富有哲理的名言"从长远看,我们都会死的"不无讽刺之意,但他却是相当认真地在思考未来,思考经济活动的终极目的。从超越低迷的现状看到美好的未来,这是凯恩斯的过人之处。

《我们后代的经济前景》最早成稿于 1928 年,是凯恩斯在几个小规模学会的非正式演讲。1930 年 6 月,凯恩斯在马德里将演讲记录扩展成一篇讲稿,题为"我们后代的经济前景"。后来,虽经历大牛市和大熊市,但他有没有想到重写，我们不得而知。事实是，从1930年10月《我们后代的经济前景》发表，并被收入凯恩斯的《预言与劝说》（*Essays in Persuasion*）一书以来，我们没有看到与时俱进的新预测。

在该文中，凯恩斯指出：进步缓慢或缺乏进步归因于缺乏重大的科技进步和没有有效的资本积累，而经济的显著进步则恰恰是在这两个方面取得了重大突破。接着，基于对历史的分析和当时的判断，凯恩斯开始对子孙后代的经济生活进行大胆的预测：目前只是变革带来的痛楚，是经济周期的调整，是技术性失业，马尔萨斯错了。在此基础上，凯恩斯预测道：在接下来的100年里，人类可以解决经济学之所以存在的理由：稀缺性，先进国家的生活水平将是现在的4~8倍，而且每天工作不超过3个小时。

其实这只能说是一种可能性，算不上严格意义上的预言，经济学家不是预言家。否则，如果凯恩斯能掐会算，大可在大萧条来临之前将油画出手，还能多赚一点儿。尽管人均收入大致如凯恩斯的预期，但工作时数却大相径庭。究其原因，不外乎人们喜欢工作，或是被迫工作，要么就是想要得到更多。最后，经过分析，本书作者提出了美好生活的基本元素：健康、安全、尊重、个性、与大自然和谐相处、友谊和闲暇，认为只要实现了这七元素就是幸福的。作者总结出的美好生活元素中并没有强调金钱的力量，这说明它是脱离了种族、国家、宗教等之外的人类基本诉求。当然，钱不是万能的，但没有钱也是万万不能的。我们爱钱，但更爱美好生活。

大萧条肆虐之际，全世界都在呻吟，"经受着经济悲观主义带来的沉重打击"，凯恩斯个人的财产损失也不小，他却告诉人们不必惊恐，无须绝望，那他的底气从何而来呢？我个人推测有两个方面的原因：一是他对人类经济发展史的分析是科学的，他看到了科技进步的力量；二是他实现了财务自由，家有余粮，衣食无忧，即使有点儿损失，也是瘦死的骆驼比马大，自然预期乐观。

凯恩斯关于美好生活的预言并未成真，但这恰恰就是本书的始发点，这种"脱胎"的研究和思考方法值得借鉴。这让我想到自己在做记者时发现稿源的方法之一，那就是在别人的新闻中寻找线索。当然，这与罗伯特·斯基德尔斯基是研究凯恩斯的专家不无关系。罗伯特著有《凯恩斯传》（*John Maynard Keynes: 1883 ~ 1946*）和《重新发现凯恩斯》（*Keynes: The Return of the Master*），正因为对凯恩斯的了解，才使得他发现了别人所忽视的东西，并著书立说。

本书的作者是一对父子。父亲罗伯特·斯基德尔斯基于 1934 年 7 月 19 日出生于中国的哈尔滨，还是婴儿的时候就同父母被日军拘押在日本一年，战后因拿不回自己在哈尔滨的家产而移居英国。最近，我在网上淘到一本罗伯特的《重新发现凯恩斯》，扉页上竟然有他的签名，尽管是送别人的，但是他的亲笔没错，也算是一种缘分。

除了担任教职、研究和写作外，爱德华·斯基德尔斯基还负责所在学校的一些行政事务。但他在百忙之中认真回答了我在翻译中碰到的疑惑和不解，在此深表谢意。他也延续了跟中国的情缘，成了中国人的乘龙快婿，他告诉我：他赚大发了，因为媳妇会炒中国菜。

若干年之前，尽管偶尔有过一些文字翻译，但我的人生目标不是做翻译，尤其不是图书翻译。工作之后，我当过教师、公务员和财经记者，然后把自己扔进了海里，先后做过行政、营销、生产、研发、融资、人力资源等，还做过管理咨询，也写过书，涉猎的范围较广，但唯一不变的，就是我把业余时间几乎都用在了学习英语上，不过，纯粹出于喜欢，以及不想浪费时间。当然，偶尔也挣点零花钱。直到我与中信出版社签了第一份翻译合同，此时，距离我兴心想要翻译图书已经过去了差不多 5 年。我是在翻译中信出版社的第三本书时才下定决心专职做图书翻译的，因为我发现自己之前的各种经历、积累、阅读和写作都是财富，我因此成为一个杂家，非常支持我做好一位图书译者。我感觉自己掐住了命运的喉咙，享受着那种快感，但殊不知，我又被抛上了命运的快车，它把我载到了本就应该去的地方，得其所哉。截至目前，我已经翻译了 20 多本书，[1] 均全情投入，字斟句酌。

因为触发我想翻译图书的初衷是翻译图书的质量不尽如人意，因此，从一开始我就没有想过要偷工减料、图省事。尽管在众人眼里我成了无业游民，我却把翻译图书当成了事业。非常感谢中信出版社对我的信任，我翻译的前 4 本书皆出自中信出版社，它们是《即将来临的印度制造》《重塑你的大脑》《经济学大师们》和《证券交易新空间》。几年的时间过去了，它们得到了读者的好评。我和中信出版社的编辑合作得非常愉快，得到读者和编辑的肯定是我最开心的事情。

2016 年 5 月
草于颐清园
完稿于丙申年端午节
再改于小暑

《金钱与好的生活》译后记之二

美好生活与政治幸福

经世济民应是美好生活的孵化器，它不是数字游戏，不是元素的排列组合，不是虚幻的梦想，更不是政治的副产品，更非为了统治者以此证明自己很了不起。

1929 年，大萧条袭来，股市崩盘，经纪人跳楼自杀，失业率激增，前后几年间，失业率从 3% 上升到最高的 25%，国民收入被拦腰砍掉一半，住宅建设停工，很多人不但失去了事业，而且无家可归。中产阶级迅速消亡。面对危机，凯恩斯同样吃惊不已，无奈之下被迫卖掉两幅珍爱的印象派油画。这说明凯恩斯是一位艺术投资人，也是一位理性经济人。

凯恩斯不仅投资艺术，凭着好运气和技巧的娴熟，他从商品贸易和股票买卖中也赚得盆满钵满，让那些讽刺经济学家只会耍嘴皮子的人哑口无言。

但凯恩斯更是一位经济学家，而且是一位乐观的经济学家。他曾预言：在接下来的 100 年里，人类可以解决经济学之所以存在的理由：稀缺性，先进国家的生活水平将是现在的 4 至 8 倍，而且每天工作不超过 3 小时。其实他只是在说一种可能性，算不上严格意义上的预言。经济学家没有算卦的那么土气，也不像水晶球大师那般神秘。但这就是斯基德尔斯基父子《金钱与美好生活》（*How much is enough? The Love of Money, and the Case for the Good Life*）论述的始发点。凯恩斯的预言未能成真。尽管人均收入大致如凯恩斯的预期，但工作时数却大相径庭。而究其原因，不外乎人们喜欢工作，或是被迫如此，要不就是想要得到更多。

为什么人会贪得无厌呢？这其实涉及到对幸福的不同理解。

哲学幸福

托尔斯泰在《安娜·卡列尼娜》（*Anna Karenina*）开头即说："幸福的家庭都是相似的，不幸的家庭各有各的不幸"。[1] 为什么是相似的？因为共性较多，而不幸的家庭共性较少。

正因为幸福有共性，所以，它才会成为世界人民的共同议题。关于幸福的探讨最早可以追溯至古希腊时期。而斯基德尔斯基指出：幸福是"本质上存有争议的概念"之一，围绕着它的争论既得不到解决，也不会被搁置。总而言之，它是一个哲学概念。

而哲学家谈论幸福总是给人虚而不实的感觉，探讨半天，还是看不见，摸不着，不像经济学家那样实际，比如，他们会问：多少钱你才会感觉幸福？而哲学家总是说：幸福是一种微妙的、复杂的、飘忽不定的东西，似乎完全是偶然的；无论是快乐的还是不快乐的，幸福不是一种短暂的激情，而是需要从整体上来考量，需要一定的时间跨度；在希腊先哲那里，幸福的概念往往是通过对于快乐的思考来完成的。幸福的生活首先必须是能够带来快乐的生活。快乐是一种令人感到惬意的情感，与需求或者欲望的满足联系在一起（即快乐是幸福的必要条件）；而快乐是转瞬即逝的，与道德无关的；诸如此类。

弗雷德里克·勒诺瓦（Frédéric Lenoir）在其《幸福，一次哲学之旅》总结说，若想给幸福下一个定义，那就是："幸福，就是在建立于真实基础之上的有意义的存在，意识到自己处于总体的、可持续的满意状态。"[2]

其实，不论哲学，还是经济学，所说的"幸福"其实是一种主观感觉，是"幸福感"，而不是"幸福"本身。关于"幸福"的探讨，哲学和经济学在"达到满意"这一点上找到了共同点。

哲学家将人的欲望分为三类：自然的，同时也是必要的欲望（吃饱，穿暖，有片瓦遮头……）；自然的，但并不必要的欲望（精致的饮食，漂亮的衣衫，居住的舒适……）；既非自然也不必要的欲望（权力，荣誉，极端的奢靡……）。

"欲望"有三类，而有能力得到它们时，它们就变成了"需求"。第一类尽管是生存所必需，但也不是天上掉下来的馅饼，也需要付出才能得到。对于大多数人来说，天天挣扎于这一层次的满足。因此，哲学家解释说只要满足第一类欲望就足以幸福；第二类的欲望，我们可以追求，不过最好放弃；至于第三类欲望，那是应该绝对避免的。为什么？伊壁鸠鲁（Epicurus）充满激情地解释道："必要的东西是容易得到的，而不容易得到的东西却是不必要的！"[3]

哲学家的想法往往脱离现实。满足了第一类欲望的人会止步不前吗？满足了第二类欲望的人会止步不前吗？不会。伊壁鸠鲁还说过："如果够了还嫌少，那就没有满足的时候。"[4]可见，哲学家不仅脱离现实，而且还会自相矛盾。既然承认人是永不满足的，再要求人们绝对避免，怎么可能？

从这个角度看，政客、富人其实并不幸福，因为他们"想要的"和"得到的"之间裂隙很宽，而且欲壑难填。是不是挣扎生存于一类欲望水平上的穷人会更幸福呢？所谓知足者常乐。未必，他们之所以更容易满足，乃是因为他们的"欲望"和"需求"之差很小而已。

因此，我们是否可以这样理解：没有人是幸福的，或者说即使有，也是短暂的，瞬间的，或者说人的一生是幸福和不幸福交替出现的，而且往往不幸福的时候比较多。当人生最后是幸福的，那人生就是幸福的；如果人生最后是不幸福的，比如从高位进入高墙，或者从富人变成穷光蛋，那就是不幸福的。因为再也没有翻盘的机会了。

从哲学意义上讲，幸福取决于对幸福的感觉，而感觉取决于"欲望"与"需求"之差。要想幸福，无非是抑制欲望和满足需求，犹如扬汤止沸和釜底抽薪。

经济幸福

经济学家也承认"欲望",也承认欲望的无止境。经济学研究的是"人们如何选择利用有限或稀缺的资源,想方设法满足他们无止境的欲望"。但经济学做了进一步的区分,它区分为(1)需要(need),相当于哲学家的第一类欲望,指没有得到满足的感受状态,人为了生存,需要衣服、住所、安全、归属、受人尊重,这些不是社会和营销者所能创造的,它们存在于人的生理和人的生存条件之中。也就是说,有它们,人就能生存,是基本生存所需。(2)欲望(want),指具体满足物的愿望,人的"需要"不很多,而欲望却很多,各种社会力量和机构(教会、学校、家庭、公司)不断激发人们形成和再形成种种欲望。经济学家的"欲望"可以对应哲学家的二、三类欲望。更重要的是,经济学家还进行了第三个区分,(3)需求(demand),指有能力购买并且愿意购买某个具体产品的欲望。当有能力购买时,"欲望"便转化成了"需求"。

而且,经济学家会提出一个更具体、更形象的数字作为"幸福"的目标,比如,GDP(国内生产总值)达到多少,人均收入达到多少。不可否认,吃穿住行,生老病死,物质生活需要有起码的满足,这才会有幸福感,因此,它与 GDP 有关,但并非绝对相关。因为在 GDP 高的国家和地区,其人民的幸福感并非成正比地排在世界的前列。2016 年 3 月 16 日,联合国相关机构发布《2016 世界幸福报告》,指出丹麦是世界上最幸福的国家。在排行榜上的 157 个国家中,美国排名第 13,巴西排名第 17,墨西哥排名第21,英国排名第 23,法国排名第 32,意大利排名第 50,日本排名第 53,俄罗斯排名第 56,印尼排名第 79,而中国位列第 83 位。

二战以来,尽管世人皆知 GDP 等指标并非衡量生活品质或幸福的好指标,也一直在寻找替代者,但最后还是 GDP 挂帅,继续追求经济增长。但是,越来越多的经济学家开始质疑:一心一意致力于 GDP 增长最大化是否使得各国政府忽略了其他的重要目标?环保人士指出,传统的国民经济核算并未考虑到经济进步在环境污染方面及自然资源消耗等方面付出的沉重代价。心理学家以及心理经济学家则利用收集的数据，表明当国家财富的积累超过一定水平之后，财富的继续增长不会给民众带来更多快乐，此谓伊斯特林悖论（Easterlin paradox）。英国首相戴维·卡梅伦（David Cameron）则直言不讳："现在是我们承认生活不只有金钱，不只看重 GDP，而应关注国民幸福指数（GWB）—总体福祉的时候了。"[5] GDP 只是一种简单的国民收入核算方法，并非衡量整体健康（wellness）的标准。即使 GDP 的缔造者也警告不要用它衡量一国的福祉（库兹涅茨，1934）。但它还是逐渐成为衡量一国成功与否和福祉高低的标准，并成为全球政策制定者的基准。经济大衰退之后，斯蒂格利茨 - 森 - 菲图西委员会（Stiglitz-Sen-Fitoussi Commission）2009 年的报告强调指出，迫切需要改变以增长为中心的政策。该委员会不仅指出了国内生产总值作为福祉衡量标准的缺陷，比如透过 GDP 无法看清一国经济是否能够持续，而且它有可能代表虚假的泡沫，误导政府、企业和个人的决策，而且也反映不出贫富差距；还呼吁决策者和学术界制定更加全面的福祉基准。[6]

正如亚里士多德指出的那样："即使对于幸福本质的描述，我们也是各不相同，智者和普通人对它的解释颇不一样。"[7]普通人可能是顿顿猪肉炖粉条子、睡到自然醒、冬暖夏凉、有新衣服穿、干完活拿到钱、贷款买房结婚、考上理想的大学……他们没有人每天打听 GDP 是多少，或者把自己的决策与 GDP 挂起钩来。

惟一看重 GDP 的是执政者。GDP 会带来一系列消极的产出，比如高房价、高物价、水污染、有毒食品、地沟油、雾霾，它们统统由全民承受。但执政者自认为维持 GDP 是执政者的事，尤其是当把 GDP 与执政能力挂起钩时，那它就不是鸡肋，肉还满多的。况且，GDP 是可控的，而老百姓的感觉是不可控的。因此，千斤重担一人挑的执政者没有兴趣和动力弱化 GDP，转而以真正增进国民福祉的组合指标为施政目标。

政治幸福

斯基德尔斯基父子在《金钱和美好生活》中提出了美好生活的基本元素（basic goods）：健康、安全、尊重、个性、与大自然和谐相处、友谊和闲暇。[8]认为只要实现了这七项元素就是幸福的。只所以是基本元素，就是无论种族、贫富、政体皆是如此。但有一点容易被人忽视，作者身处民主政体国家，因为民主、自由、平等、博爱已经是其政治基础，在作者的模型中，民主政治体制是一个暗含的前提条件，作者在对美好生活的界定自然不会对政治诉求有更多的考量。但是，在非民主政体国家，仅仅这七项元素并不能保证人民过上美好的生活。而是恰恰相反。七项元素好比是七枚卵，他们需要先建一个巢，才能护住这些卵。"岂见覆巢之下，复有完卵乎？"[9]

这个巢可称之为政治幸福。幸福并非只有金钱这一个衡量标准，它还涉及政治幸福的问题，不可能一白遮百丑。经济发展自有其起伏周期规律，一国经济不可能长盛不衰，也不可能长衰不盛，因而是短期的，而政治幸福是长期的，是自统治者出现以来千万年间大众所苦苦追求的东西。

哲学家说：不要想太多。经济学家说：买不起的就不是你的。心理学家会进行精神分析，追问你的原始压抑。社会学家则会分发调查问卷，问你对自己的生活是否满意：你是非常满意、比较满意、不太满意或完全不满意？哲学的幸福太抽象，经济学的幸福太现实，心理学的幸福一般人没有勇气自我剖析，社会学的幸福就是告诉你一堆比例数，那么，什么是政治幸福呢？

政治幸福体现为社会团结和友爱、公平和正义、私有财产和基本权力受到保护、贫富差距不悬殊、富者有仁、穷者有尊等。昂山素季曾说："在一个无视基本人权存在的社会制度中，恐惧会成为一种日常秩序。"[10]那么，政治幸福就是不恐惧。表现为一个公民不惧怕另一个公民，一个阶级不惧怕另一个阶级，一个民族不惧怕另一个民族；不惧怕因文字而获罪入狱，不惧怕因政见不同而遭受迫害，抗议不怕遭受镇压；官员不惧怕被逼下台而丧失生命或自由，不惧怕群众和舆论监督，不惧怕财产公示；富人不惧怕被敲诈勒索，或财产被掠夺、充公；穷人活得有尊严，不惧怕老无所养，不惧怕幼无所爱，不惧怕强拆，不惧怕无钱看病，不惧怕子女无钱上大学，不惧怕打官司时法官吃了原告吃被告，不惧怕有冤无处诉，叫天天不应，叫地地不灵；农民进城卖瓜果蔬菜不惧怕比他们早进城的农村人的欺压和侮辱，农民工不惧怕干完活拿不到钱……

不要认为不谈论政治就会远离政治，惹不起还躲不起吗？其实政治是像空气一样地存在，政治幸福关乎每个人，而且与生活息息相关，它涉及公民的公平、正义、自由和尊严，并不单单是收入的高低。但如果没有与"民为本"思想配套的政治体制、司法制度、社会福利制度作为保障，个人的财富和收入就会像海滩上的沙堡，既无法阻止巨浪的袭来，若巨浪袭来，也不可避免地遭受掠夺和清洗；如果不能做到公平和正义，就无法避免普罗大众怨声载道，更无法避免他们的诅咒。

为什么丹麦人最幸福？据媒体分析，主要有以下三项因素：一是社会福利好。虽然丹麦的税收并不低，但基本做到取之于民，用之于民，每个人都享有免费医疗，绝大部分教育也都免费。二是贫富分化不严重。在所有发达国家中，丹麦的贫富分化程度非常低；三是政府廉洁，男女平等。丹麦人成为世界最幸福的国民是有多项支持条件的。比如，以免费教育和医疗为特色的福利体系，整洁和以人为本的环境等。此外，性别平等、社会多样化、平权、生活和工作平衡等都是它高居榜首的重要原因。

事实上，经济学是作为道德哲学（即伦理学）的一个分支而产生的。亚当·斯密被人尊称为经济学的创始人，其实，他是道德哲学家出身，他最早的一本书是《道德情操论》，《国富论》不过是它的延续，是市场经济道德问题的再探讨。只不过《国富论》一出，《道德情操论》立即暗淡无光，斯密作为道德哲学家的地位日渐式微。

"经济"可以理解成经济活动、国民经济、经世济民或经济学。经济学的问题其实是关乎道德的问题，是道德挂帅的学问，而经世济民也关乎道德，它应是一项幸福工程，不仅求量，更要求质；它不仅是一个哲学概念和心理概念，不仅是体现为数字的经济概念，更是一个政治概念；没有经济发展万万不行，但只有经济发展不可能长久。

若企业、个人的经济活动能够恪守道德，遵纪守法，若国民经济的开展能够真正以国民的美好生活为目标，那就必然需要设定一套体现人民幸福安康的指标，并以此为检验增长的标准。但仅仅制定一套国民幸福指标还不够，这个世界上不乏挂羊头卖狗肉的"肉食者"。因此，需要在信仰、法律和制度约束的前提下，设计一个限制公权力的现代政治体制，将愿意以国民幸福指标为施政纲领的人推到决策者的岗位上。因为如果没有自律和他律，普罗大众人人皆恶棍；如果没有监督和奖惩，掌权者个个皆流氓，就会随心所欲，任性而为。对内，纠集一群文盲、流氓、法盲和瞎忙；对外，结交一帮吃爹喝爹不谢爹的烂仔，狼狈为奸打群架；向落后、野蛮和独裁看齐，与先进、文明和宪政为敌。但狼狈为奸的结果一定是狼狈不堪，最后吞食恶果的还是老百姓。

遗憾的是，普罗大众的思想境界是二律背反的：饭都吃不饱，管那个有什么用；饭吃饱了，还管那个干什么；换谁都一样。如果布衣们愚昧无知，欺软怕硬，自甘下贱，不讲道德，无视法纪，成王败寇……却指望那群统治者给他们带来美好的生活，这是天底下最荒诞不经的事情了。他们就只能落得个"真忙"，[11] 忙于生存，疲于奔命。

我们爱钱，但更爱美好生活。我们希望在平等、民主、碧蓝、碧绿的环境中，过着自由的富足生活。但我们深知，天上不会掉馅饼，从来就没有什么救世主，神仙只管乐逍遥，明君、清官靠不住，皇帝也只考虑自己的幸福指数，老百姓的幸福只是肉食者幸福的副产品。

既然如此，普罗大众要想幸福，要想过上美好生活，除了争取，也就只能亲手创造了。

如何实现政治幸福？

亲手创造意味着要做出很多根本性的改变。

首先，基本理念的根本性改变。比如，资本家不但付出了劳动，而且是更高级的劳动，而非不劳而获；企业家投资办厂为工人提供了就业机会（世有企业家，然后有工人，而不是相反），而不是只有工人创造了价值；纳税人养活了执政者，而不是执政者养活了老百姓；老百姓过上好日子，是他们辛勤劳作、投资和聪明选择的结果，不是统治者的恩赐；他们过不上好日子反倒是统治者胡作非为、草菅人命的结果。如果原有的理论基础、思想基础、阶级基础、群众基础不存在了，执政理念也要因应改变。智者，顺势而为，但革别人的命容易，自我革命难。不过，非此不足以跳出历史周期律。

中国历朝历代统治者的最大敌人不是人为划分的阶级敌人，不是"亡我之心不死"的境内外敌对势力，更不是人民，恰恰是他们自己，不作不死。改朝换代之初，彩旗招展，锣鼓喧天，人山人海，改日换月，开国即巅峰；继而开始镇压、封杀，最后是维稳。大力维稳。同时编造历史，美化自己，严防他人效仿自己的成功之路，再经过几次波折，进而一代不如一代，一路下跌，直至垮台，这就是周期律。

其次，制度变革。在马克思主义的理论框架中，人类社会由两部分构成：经济基础（德语 basis，英语 base）和上层建筑（德语 Überbau，英语 superstructure）。经济基础指的是生产方式，包括生产力和生产关系；上层建筑指社会中与生产没有直接关系的其他关系和观念，包括文化、制度、政治权力结构、社会角色、礼仪、宗教、媒体和国家。马克思主义者从马克思的著作中总结出"经济基础决定上层建筑"的结论，却往往忽视或很少提及"上层建筑反作用于经济基础"。在《政治经济学批判》序言（1859）中，马克思指出，社会的物质生产力发展到一定阶段，便同现存的生产关系发生矛盾，从而变成生产力的桎梏，进而经济基础的变化迟早会导致整个庞大的上层建筑的变革。[12] 但是，他并没论及上层建筑主动或被动的变革对经济基础的促进作用，原因在于他一门心思要通过发动经济基础，利用阶级仇恨，暴力颠覆上层建筑，从而推翻自然衍化的资本主义制度，另起炉灶，建立他心目中的理想社会和制度。可见马克思的理论探讨是有倾向性的，不寄希望于上层建筑主动或被迫地革命、改革或革新，还政于民，进而提升经济基础的福祉这条道路。事实上，上层建筑发挥反作用是有先例的。经过台湾人和台籍人士的抗争，"1987 年 2 月，[蒋经国] 决定解严与开放政治性团体活动，推动民主法治之进程。"[13] 又据蒋介石担任台湾总统时的官邸侍卫长孔令晟透露，解除戒严与民主化的想法可能是源自蒋介石用手谕和口信等方式秘密传达给蒋经国的。[14]

其实，制度至关重要。在《西方世界的兴起》一书中，诺斯明确地指出，"有效率的经济组织是经济增长的关键；……有效的组织需要进行制度安排，明晰产权，以激励人们将个人的经济努力引导至能使私人回报率接近社会回报率的活动中去。"[15] "除非现有的经济组织是有效率的，否则，经济增长根本不会发生。"[16] 因此，诺斯的经济增长理论可以归结为"有效率的产权制度是经济增长的决定因素"。尽管中国并没有实行彻底的产权制度，但一旦对外开放，经济突飞猛进，就是一个很好的例证。

2024 年 10 月 14 日，基于对"制度如何形成并影响繁荣"的研究（for studies of how institutions are formed and affect prosperity），达龙·阿西莫格鲁（Daron Acemoglu）、西蒙·约翰逊（Simon Johnson）和詹姆斯·罗宾逊（James A. Robinson）获得了诺贝尔经济学奖。诺贝尔奖委员会表示，"缩小国家间巨大的收入差距是我们这个时代最大的挑战之一，"经济学奖委员会主席雅各布·斯文松（Jakob Svensson）说，"三位获奖者证明了社会制度对实现这一目标的重要性。"[17]

这就是有效率经济组织的重要性。政府应切实以国民的福祉为宗旨，鼓励商业贸易，而不是抑商灭商，因为无商不富；继而利用一系列制度设计，尤其是能够极大刺激个人积极性的产权制度，提升市场效率，降低交易费用，鼓励各种创新，从而提高经济组织的效率，而经济组织的效率反过来又会降低交易费用，形成良性的互动。

第三，普罗大众的自我争取。自己不争取，神仙也无法。怪诞的是，最需要政治幸福的大众集体无意识，无论族大族小，皆失去了族性，也就没人为"本民族"发声。他们不但认为自己素质达不到，还把为大众政治幸福鼓与呼的人称之为"政治神经病"，跟统治者一起打压他们。要知道，如果没有政治神经病，中国人可能还生活在清朝，脑袋后面还扎着一个猪尾巴呢。普罗大众需要先改变自己，独立人格，独立思考，自我教育，然后推己及人，继而选出自身利益的代言人，创立维护自身利益的法规和制度，进而改变社会，改善生活。

第四，国民幸福指数的确立。既然政治要为经济服务，而不是经济为政治服务，执政者自然要真正以国民的美好生活为目标，设定一套体现人民幸福安康的指标，并以此为检验增长的标准，而非单纯地追求 GDP。

第五，经济学家的良心。如果经济学更多地是探讨普罗大众的幸福指数，而不只是为统治者的利益摇旗呐喊，成为过街老鼠般的"砖家"；如果经济学家认为自己是应该讲道德的人，而不是御用的魑魅魍魉，告诉统治者"不要担心贫富两极分化，财富分配应该以老百姓不造反为底线"，那才真正回归了人性。

第六，由私入公，遵从市场逻辑。从追求私利、维护私权出发，最终实现并非初始目标的"公"的增益，这就是市场逻辑，但这里的"公"不是平均分配的大锅饭，而是造福于众人的共同福祉；而强盗逻辑是让"我个人"或"我阶级"、"我族类"或"亲我者"幸福，而不让非我族类幸福，甚至在肉体上消灭之。历史不止一次地说明：凡消灭市场逻辑或不借助市场逻辑的皆会陷于贫困，凡表面信奉市场逻辑，实质上遵循强盗逻辑的不但会发生经济危机，还会发生政治危机。

自古以来，国人并不讳言私。《诗·小雅·大田》"雨我公田，遂及我私"，《诗·豳风·七月》"言私其豵，献豜于公"。到了清初，顾炎武在《日知录》中提出"合天下之私以成天下之公"，其实是对由私入公之路径的肯定。现实是，从"大公无私"出发，却没有实现天下大公，理想越美好，现实越凄苦。曾几何时，在农村，"队长搂，会计勾，保管偷，社员缝大兜"，因为不偷就会饿死；在工厂，"几多工人几多贼，每天上班偷一回，千偷万偷敌不过，厂长贪污笔一挥"，因为不拿白不拿。最终，挽救"公"之经济的，却是"狠斗私字一闪念"的"私"。但双轨制既利于权力寻租，又利于市场变现，于是，有权有势者先是损公肥私，继而官商勾结，无缝不钻，围观的普通人则唯利是图，礼义廉耻，四维不张，致使整个国家"上下交征利"，"相群相党，上下为蟊贼"。

第七，政治自由。什么是自由呢？正如康德所说："如果一个人不需要服从任何人，只服从法律，那么，他就是自由的。"[18] 经济自由和政治自由是密不可分的。所谓民主就是把"君王私其国"或"党派私其国"转变成"公民私其国"，实现民有、民治和民享。民主是为限制公权力的滥用和私用而设计的政治制度，不是发展经济的经济制度。但政治自由的目的是保障公民的经济自由。经济自由的前提是个人的财务自由，而个人财务自由的前提是社会保护私有财产。这是一个闭循环。

第八，官僚制度。以一国国民的政治参与度划分，政治制度大致分为宪政民主、政治独裁和党国专制。亚洲多独裁，欧美多宪政；即使某些亚洲国家实行民主制度，完善的少，不完善或虚伪的多。但两种极端体制孰优孰劣，立场双方谁也说服不了谁。对于一个恐惧于饿肚子的民族来说，有奶便是娘，有馒就是爹，什么天赋人权都不重要，况且祖祖辈辈匍匐于皇权，从没听说自己还有这么多权力。那些自己享受不到民主，却拿民主的穷国否定民主的人是典型的斯德哥尔摩综合征，他们不知道的是，宪政旨在约束公权力和分权制衡，扼制贪腐，并非专门针对发展经济而设计。限制权力未必让全体国民致富，但不受制约的权力作起恶来，远甚于天灾。即使他们好话说尽，坏事做绝，也不会良心发现地道歉、悔过和纠错，不仅会让国民饥寒交迫，甚至大批地饿死，还会威胁到人类的文明。

虽体制不同，官僚制度却都是选择"精英"为国家、君主或党派服务，只不过标准差距很大。分权制创造的是一种类似股份合作的环境：领导者不必是房间里最聪明的人，人人都有机会发挥最大的潜能，也各有责任与风险，不行就换人。而独裁体制创造的则是万马齐喑的局面：领导者是最靓的仔，不跟自己一条线的不会入围，或靠边站；必然是卧榻之旁岂容他人酣睡，必然是刁民的一言一行都被认为想要害朕，想要夺他的鸟位，从而极力捕杀之。

国家治理难以为少数人的智慧驾驭，必须通过博弈，通过每个人的参与来达到健康的均衡。但正如哈耶克警告的那样，靠少数精英官僚的决策也无法有效地改善大多数人的福祉。精英尚且未必如愿，一群土鳖谈何治理国家？文盲、流氓、法盲和瞎忙们只会耳提面命地听从命令，头疼医头，脚痛医脚，充其量就是一个政权维持会，维持表面和谐而已；或是一个攻山头的突击队。他们不是解决问题，而是解决指出问题的人，因为怕引发蝴蝶效应；问题不会威胁他们的地位和统治，敢于提出问题、诘问甚至抗议的麻烦制造者会。相比之下，公权力约束下的政治精英必然恶不过没有约束的土鳖精英。但不管何种精英，都要防止他们说一套，做一套，一切以保住自己的权位为目的。

在官僚制度的建设上，要"限制政府的权力以保障人民的自由"，当然是必要的而非无限的自由；防止统治者攘外必先压内，要把当权者关进法律的牢笼，使之不敢越雷池半步，而不是把老百姓圈进圈里，使之成为待宰的羔羊。

虽然在一个"普天之下莫非王土"的国度做到"王在法下"难于上青天，但也只有这样才能限制当权者的随心所欲，防止他们以一人冲动之偏好易众人徒然之无奈，以一人俄顷之愉悦易天下无穷之悲惨。

第九，配套体制。政治幸福关乎每个人，但如果没有与之配套的教育制度、司法制度、社会福利制度等作为保障，很难做到公平和正义，也就无法避免普罗大众端起碗来吃肉，放下筷子骂娘，况且还有很多人吃不起肉。要知道，在这个世界上，越是独裁国家，越热衷于高呼"依法治国"，因为他们需要法律治理国民。

大至宇宙，小至微生物（尽管微生物并不一定小，比如奥氏蜜环菌是世界上最大的生命体）都是有法可依的，或者说是有法治的，也是有一套法制体系的。老子称宇宙、自然的法治是道，植物、动物的法治则是生存法则。比如狮群、狼群、猴群都有各自的规矩。谁参与打猎，打猎时谁先上，打到猎物后，谁先进食？谁应该妻妾成群？想要抢夺公章的，胜了，老王何去何从？败了，挑战者何去何从？其实，野兽比人更有道。比如新王胜了，不会赶尽杀绝。而人比较要脸，若是抢了别人的妻妾，保准念念不忘地灭绝前夫。因为若是不灭前夫，自己就名不正且言不顺，寝食难安。植物群落也有其竞争法则，在争夺阳光、水份方面各有其策。具体到人群，即便是原始部落也是有法治的，比如谁打猎，谁采摘，猎物怎么分，谁当家等等。所以，法是无所不在的，成文法是法，家法或不成文法也是法。因此，"依法治国"是个伪概念。

不是没有法律，问题在于由谁制定？用什么方式制定？法施加到什么人身上？为什么刑不上大夫？哈耶克说："法治的意思就是指政府在一切行动中都受到事前规定并宣布的规章的约束。"[19] 我的理解是：法治不是上层给下层民众立规矩，而自己超然于法律之上；依法治国不是依法治理国民，而是依法限制公权力；不是没有法治，而是做不到法律面前人人平等；传统的中国尤其做不到权在法下。比如，王子犯法与庶民同罪。很多人听到这话会感到一种畅快的正义感，感觉到希望，感觉到毕竟邪不压正。但为什么会有王子与庶民的区别？宁有种乎？一旦你认可这句话，便事实上承认了社会不平等的存在，承认了王子基本不会受到法律的严惩。

其根本原因在于家天下，法律成了统治者用于统治被统治者的工具，沦为了统治者的尿泥。何时和、怎么和，用凉尿和，还是用热尿和，用自己的尿和，还是用别人的尿和，均取决于统治者的意志和好恶。

不难看出，政治幸福是一个庞大的系统性社会改造工程，对于一个已被洗脑几千年的民族来说，本就不易，再加上各利益相关者形成不了合力，实难奏效。有时，阻力恰恰来自于最需要政治幸福的大众。

对于非民主国家来说，最难的是民众自己的争取，毕竟天助自助者。但首先要奠定政治幸福的基础，即将社会恢复至自然状态，甚至从狂热的理想的"塑料大棚"状态重返野生状态，一方面实行私有制，保护私有财产，另一方面确保利益各方切实做到平等协商，而非一言既出，众声齐贺；合作博弈而非汉贼不两立，明争而非暗斗，共生共存而非你死我活。

哈耶克明确指出："我们这一代已经忘了的是：私有制是自由的最重要的保障，这不单是对有产者，而且对无产者也是一样。"[20] 既然我们自己都做不到"毫不利己、专门利人"，做不到与人共享财产，怎么可以忽悠别人那样做呢？"主观利己、客观利人"的原则是经济学的道德基础，也是市场和市场经济存在的基础；延伸至政治领域，就是保护私有财产，落实基本人权，维护独立人格，坚守道德底线，既要保证"鸡鸭牛羊鹿"的生活，也要允许"狮狼虎豹熊"的生存，遵从市场逻辑而非强盗逻辑，从而奠定宪政的基础，涅槃重生，让美好生活之路变成坦途。

《三娃儿》译之思

　　因缘际会，编辑托编辑，作者的父母带着其女儿 Cathy Yang 的一部书稿找到了我。Cathy 现居国外，正申请读大学，但他们想把女儿最近写的一本英文小说译成中文出版，算是给女儿的礼物。为什么是先出中文版？因为 Cathy 没出英文版。

　　与其说这是一本自传体小说，不如说是作者写出了对人生和社会的反思。Cathy 想用的书名是《因为你的旅途》（*Because of Your Journey*）。我理解这是感恩父亲之意，因为父亲敢闯市场的独特经历，才有了她们现在的家和生活。但我觉得这是从女儿的角度起的名字，整个书稿译下来，我觉得小说的主角是父亲，而且主体文字是父亲的自述，书名应突出他，而非女儿的感受。在与作者的母亲沟通中，我了解到父亲的小名是"三娃儿"，故在我的心中，这书一直就是《三娃儿》。

　　一本小小说却蕴含着大概念和大道理。随着故事的展开，它不断激起我的反思。

　　不管是自愿，还是被迫，儿女小时候离开亲生父母，或永远离开父母，与其他亲人一起生活，或寄养他人，对幼儿的身心会产生什么样的影响？尤其是三岁左右的孩子。心理学研究表明影响很大，生活也有很多实际案例，此不赘述。

　　父母应该如何管教犯错的儿女？一般都是母慈父严，还是就是老话说的

"不打不成才"，或"棍棒底下出孝子"。也对也不对。打骂管用吗？有的管用，有的不管用。尤其在学习上，成绩不是棍棒打出来的。打骂是不是有个度？但在盛怒之下，如何把握这个度？

父母如何处理孩子的早恋？或者该不该早恋？这个问题讨论的太多了，似乎都是蛮横地一刀切。背后其实是功利主义。

应该有什么样的婚恋观？找对象应该找什么样的？跟父母想的那样，找个有体面的工作，而且工资高的？还是抛开门当户对，抛开城乡差别和歧视，相信爱情？一开始有房有车很重要吗？想不想两个人亲手创造这些财富，创造自己的生活呢？

读大学，找个稳定的好工作，尤其是进入机关或国有企事业单位，就一定有前途吗？就一定是有前途的人生吗？把自己的人生变成一页页档案，然后，交由可能是文盲、流氓、法盲和瞎忙的人决定自己的命运？要么又跑又送，要么听天由命？

我译过富爸爸的《为什么 A 等生为 C 等生工作，而 B 等生为政府工作》。是不是 C 等生在 A 等生、B 等生拼命考好分数时，学到了他们没有学到的知识，积累了他们没有的经验？在美国，B 等生进入了政府。在中国，早先进入官衙的大都是 A 等生，后来越来越亲民，B 等生增加，再后来好大一部分成了 C 等生和文盲。自古游离在权力体系之外的土豪、劣绅、恶霸开始吆三喝六，三教九流、臭鱼烂虾也欣欣然登堂入室，分权分肥；甚至老子不干了，儿子要接班，孙子在等着，俨然事实上的世袭制，王侯将相就是种乎。阶级固化愈加严重。

教育只应让学生学习语数外、史地生，还有一大堆考完就忘的"回收棉"？是不是还应该教孩子如何赚钱和理财？社会是不是要容许学习成绩不好，但一门心思想要挣钱、改善自己及家人生活的学生？

如何看待成绩单？八股文若能强国富民的话，还会有列强欺侮中国吗？即使经过科举，选出了 A 等生，国家的高级职位掌握在饱读诗书和哲学的男性手里，但他们对其他事情所知甚少，这是晚清时中国走向衰败的一个重要因素。[1]

对于有经商头脑或有创新能力的人来说，是不是高中毕业即可？虽然比尔·盖茨、乔布斯头顶名牌大学的光环，但因为是缀学生，不如说他们是高中生更合适。是不是应该强制中国的学生必须读完高中，而不是仅仅九年制义务教育？

罗斯高（Scott Rozelle）毕业于加州大学伯克利分校，康奈尔大学博士，斯坦福大学经济学教授。但每年有三分之一的时间生活在中国农村，足迹几乎踏遍中国大陆的所有农村，他说：中国农村的教育问题可能严重拖累了中国经济和社会的发展。因为他发现：在北欧、加拿大、美国这些高收入国家，劳动力人群中高中毕业生平均占 3/4，中等收入国家是平均 1/3，而中国的高中教育程度是所有中等收入国家里面最低的，甚至比南非还低，4 个劳动力里只有 1 个读过高中。[2]但我感觉比这个比例还要低得多。所以，虽然中国是世界第二大经济体，却一直处于"中等收入陷阱"中，根本问题就出在中国农村受过高中以上教育的人占比太低。

你会支持自己的孩子高中毕业之后创业吗？不能一概而论。如果不是经商的材料，还不如混个大学文凭。

可是三娃儿的哥哥、妻子都是父母眼中考上大学、找到好工作的好孩子，为什么还会辞职，跟三娃儿一起打拼呢？人的才智和精力是很宝贵的资源，本就应该流向效用最大化的地方，而不是限制在某个职业、某个地方而不得发挥。

从中我看到了人们的思想解放。但对于整个社会而言，这不是进步，而是复原，因为社会本来就是这个样子的，或本应就是这个样子的。所谓的繁荣，是商业的繁荣，进而带来文化的繁荣；所谓的国际化，是商业的国际化，进而带来文化的国际化。不管血腥与否，哥伦布发现和开拓美洲、丝绸之路和郑和下西洋都是商人逐利的结果（也有郑和另有企图一说），它们要比战争的国际化对人类有益得多，况且战争的背后一定是财富的掠夺。

什么样的人生是成功的？人生前途以何为衡量标准？万般皆下品，唯有读书高？但读书是为了什么？学而优则仕？学成文武艺，货与帝王家？可能某些人会受益，但清朝的覆灭证明科举制无力救国，只知服从，何谈创新，无知的官员治理国家都不易，更别说强国了；内斗绰有余力，抗夷力有不逮。若不能学以致用，反而抑商愚民，读书就是一种高级休闲，一种高级消遣；孔子推崇的博学而多才多艺（learned dilettantism）的君子就会一无所成。有人说：我读书是为了修心养性。那修心养性为了什么？你又不是神仙，不食人间烟火；你也没有生活在要啥有啥的理想社会，最终还不是归结为 to be or not to be 这个王子之问。

　　上世纪末，我奔波在考研的路上，一心想离开我不想待的地方，离开我兴趣不大的工作，远离我反感的地方文化。但是，因为我是自学英语，成绩一时难以突破分数线，放弃，还是坚持，我的问题就在这里。一次打车，司机听说我是来考试的，脱口而出几个字："这年头，不挣钱，就做学问。"他能有这般见识，让我惊讶不已。之后，我每每想起这句话，一直咀嚼，再加上有位朋友曾经告诉过我"好汉不挣有数的钱"，让我不断思考：为什么这两件事值得做？因为它们的成果有极大的可能归自己所有，除非碰上了流氓、无赖、土匪和劫道的。无形之中，它为我下来的人生指明了方向：崇尚智慧。选择一条人迹罕至之路，无怨无悔。

　　美国著名诗人罗伯特·弗罗斯特（Robert Frost）的《未选之路》（*The Road Not Taken*）写道：

Two roads diverged in a wood, and I—

I took the one less traveled by,

And that has made all the difference.

李敖译：

两径分林，人罕路稀。

吾迈一支，与昨异矣。

毕竟钻研学问是少数人的事，大多数人还是以生存为主。但相对而言，经商、办企业的人还是少数，因此，也是一条人迹罕至之路。

　　从做小买卖开始，从零开始创业，逐步积累财富，不但改善了自己的生活，还创造了就业，致富之后还不忘回报社会。如何评价这种体制外的成功？

人应该有怎样的财富观？何谓财富？物质财富重要，还是精神财富更重要？或者换个角度思考：是思想意识影响人类更多，还是物质财富影响人类更多？

自古以来，中国社会都是贬低商人的，以农为本，以商为末。即使商人出身的吕不韦也认同此理，但这都是囿于当时的实际情况，因为秦国重视兵戈杀伐，当然是士为先，农为本，商为末。重农抑商，是抑，就是限制，而不是禁止，更不是犯法。要知道，秦国的商人免税，不服劳役，而且可以花钱买爵位。

社会越发展，越离不开商人。你仍然认为无商不奸吗？确实有奸商，但不是所有商人都奸。在单纯的商业环境中，奸商会被逐渐淘汰，但若与权力勾结在一起，就难以看到奸商的现世报，除非他们失去了靠山。

如何看待发动穷人消灭富人？富人是不是芸芸众生中最富有创造性和生产力的那一部分人？也是较穷人更有知识、教养和礼貌的一群人？因为自古以来，"仓廪实而知礼节，衣食足而知荣辱"。[3] 你经历过消灭富人之后，禁止私人经商、缺衣少食的苦难岁月吗？你知道穷人一旦发狂，会有多么地变态，会有多么地凶恶吗？穷人会利用一切的杀人手段杀死地主及其家人，再分地分财产，没死的也要扫地出门，从而彻底消灭地主阶级；穷人也会利用一切掺杂使假的方法增加产品的重量，提升卖相，如面粉里掺滑石粉和增白剂（赖建诚：得意与失意时人性最透明：翻身的人有可敬之处，更有可怕之处[4]）。穷凶极恶摧残和破坏了优秀的社会、文化传统，却无法建立现代文明的新社会、文化规范，以及基于人的价值的社会制度（龙应台：文明最核心的意义，就是人的价值[5]），对穷人自己及他人的伤害比为富不仁更严重。合情合理的社会应该是消灭穷人，而不是消灭富人。当然，这里所说的消灭穷人是帮助他们脱贫，而不是从身心上消灭他们。消灭穷人首先要靠商人、企业家、资本家和富人创造就业（工人因为他们的投资才出现）；其次是现代政府实行的福利政策，而福利政策所需的资金恰恰是企业家和商人经商办企业带来的税收。但福利政策是个无底洞，除非是人口有限的小国，高福利国家往往难以为继。当前中国实行的低保即是非常好的政策。鼓励人人争先，但政府在后面兜底；其三是穷人创业、经商，自己寻求一条致富之路。对于一部分有志气、有能力的穷人来说，或许首先是选择靠自己。自助者天助。

三娃儿就是这样的人。他是新中国改革开放前后下海经商的那批人中的一个典型代表，也就是最初的那批万元户，而且是其中经过大浪淘沙后幸存下来，并取得了不俗成绩的少数人之一。他的财富都是白手起家，利用自己的聪明才智和敢闯敢干的冒险精神拼出来的，他原来也是改革开放前众多穷人中的一位。众人都说富人有原罪，确实，那些与官衙勾结的商人有原罪，但你看出三娃儿有原罪吗？你是希望这样的人越来越多，还是仇富，羡慕嫉妒恨，恨不得穷人分光了富人的财产才痛快？

如果私有财产得不到保护，那就说明早晚不是你的；或许你都不是你的。实现财务自由者也未必能保障自身的权益，或没想过如何保护自己的财富，因为自古以来中国人没有受过这样的教育，没有这样的文化基因，予取予夺，不由自主，况衣食有忧者乎。但不实现财务自由何谈争取自己的权益？与虎谋皮可能吗？因此，中国人应该积极、正当、合法地积累自己的财富，并依法保护自己的财富，从自己的大脑中驱逐有违人性的均贫富的念头，牢固树立符合人性的保护私有财产的理念。

你觉得三娃儿能做到的事情，你能不能做到？你想不想学他走一条靠自己的双手勤劳致富之路呢？

你敢创业吗？很多人的成功不是因为自己有多么地聪明，有很多机会，有很多资源，而是敢不敢迈出第一步，接着再向前迈出一步。四川的穷和尚朝拜南海已经回来了，想要乘船去南海的富和尚还没有开始造船。

俗话说，十年学成一个秀才，十年出不了一个商人。但经商致富却又是门槛极低的事情。具体一点说，你好不好意思摆地摊？然后，一点一点地积累资金，最后再借助资本杠杆，把事业做大。所以，下次你再路过地摊，看到有需要的，不妨买下，或许你就是在为将来的一个企业家众筹呢。

低门槛起步，但将来会有成功的可能，译成英文即是 to enter a business at a low level, but with a chance of being more successful in the future，一言以蔽之，Get your foot in the door。

三娃儿是个农村娃，却毅然决然地放弃父亲为自己争取来的政府工作，选择到远离家乡的大城市自谋职业，自求生存，为此，父亲与他断绝父子关系十几年。是不是农民就一辈子是农民？身份的烙印让你痛苦吗？户口限制了你的想像吗？穷人就该永远贫穷，富人就是天生富裕吗？富不过三代，穷为什么会过三代？

是时候换个角度，换个思维方式看待人生、家庭、成功、财富、教育、婚恋和创业了。读完《三娃儿》，希望读者能有自己的思考。

一个高中女生，虽文笔稚嫩，却写出了生于上世纪 60 年代的三娃儿的故事，而且这不只是三娃儿一个人的故事，这是改革开放初期一代人的故事，几代人的故事，甚至是历代中国人脱贫致富的故事。

但作者没有将父亲的前半生写得事无巨细，而是提炼成了一个个主题故事。或许写的是我这一代人经历过的生活吧，在翻译的过程中，我有画面感和时代感，而且读出了更多的故事，更多的人物，更多的思考。

2019 年 3 月 31 日草，4 月 1 日就

颐清园

《*即逝的闪耀之光：肯尼迪*》译后记

白玉无瑕，还是瑕瑜互见

随着希拉里和特朗普的开撕，本来挺严肃的美国总统候选人辩论成了一地鸡毛，竟然还整成了少儿不宜。我购买了希拉里的几本英文传记，如果她能胜出，我至少有四年的时间读它们，当然，前提是不出什么"门"。这年头，女总统不好混啊！遗憾的是，她输给了特朗普。后来，我又开始买特朗普的书，结果金毛狮王败选，而且闹出了很大的动静。不用我买他的书，拜登也干不长了；好象他还没出书。现在，眼看特朗普又要二进宫，拭目以待吧。

美国总统都是些白玉无暇之人，拿着放大镜都找不到毛病，否则，这么多人盯着你，也干不上。多年前，有位朋友跟我说过这样的话。随着国人得以开眼看世界，这种由封闭带来的无知可以休矣。不过，这也反映了国人对不可得者的一种幻想式的期盼，或盲目崇拜，而非理性的判断。有毛病被掩藏，或者曝露出来之后没有惹起众怒，这和没毛病有天壤之别。要知道，美国人选的总统是为了实现美国及其选民利益最大化的人，而非完美之人，即使当过总统的美国建国之父也并非圣贤（正是由于他们看到了自己以及战友们的局限和缺陷、不完美和错误，以及伟大背后的平凡、远见卓识中的短视，才把对人的依赖转为对制度的依赖，创造了分权制度），"没有人是完美的"始终是成立的。但不可否认的是，有些美国总统瑕不掩玉，至今仍受人尊重。

2011 年 1 月 20 日，华盛顿特区肯尼迪中心，纪念约翰·肯尼迪就任总统 50 周年活动，时任美国总统巴拉克·奥巴马在讲话中称他是一个偶像和传奇人物，他那短暂而辉煌的一生为这个世界增添了光彩；并提醒人们记住他是一个爱自己孩子的父亲、生活充实的朋友，想有所作为的高尚公仆。[1]在接见和平队员时，奥巴马认为肯尼迪充满了理想主义，并勇于重塑美国，这在美国历史上是空前绝后的。肯尼迪让一代人从伤痕累累的二战迈进崭新的未来，这种影响是持久的。年轻而充满魅力的他以勇气、二战经历、口才以及所处的时代造就了这一切。他的确以某种方式打动了美国人，让人至今依然有共鸣。

没有比较就没有鉴别。肯尼迪总统的前任艾森豪威尔主张用武力颠覆卡斯特罗政权，并扶植古巴的反对力量。肯尼迪接手后，由于经验不足和轻信，他同意了古巴旅团在猪湾发起攻击，结果惨败，为此追悔莫及。但他守住了底线，那就是美国军队不参战。在越南问题上，他也坚持不派军队，只是根据请求派出军事顾问，而且准备分批全部撤离；但在他去世后，约翰逊总统促使国会通过了《东京湾决议》（东京湾即北部湾），对北越使用武力，越南战争迅速升级。肯尼迪总统的助理西奥多·索伦森（Theodore C. Sorensen）在其 *The Kennedy Legacy*（肯尼迪的遗产）序言中写道："很多严肃的学者暗示，美国的所有问题始于林登·约翰逊于 1963 年继任约翰·肯尼迪。"[2] 后面他又指出：1968 年，总统竞选的所有选票上再也见不到林登·约翰逊的名字，足以说明人心所向。民主制度不能阻止总统被暗杀，也不能阻止一个瞪着憨眼的低能儿入主白宫，也无法保证总统不是一个劈腿男，但暗杀和低能却无法阻挡民主的进程，这就是"明确规则，相互监督，明争而非暗斗"的力量所在。

似乎肯尼迪执政时期，除了民权问题，最大的挑战当属与共产主义阵营的对垒了。尽管双方的剑拔弩张促使美国加强了军备，但肯尼迪的目的是防范，应对核威慑，而非进攻。在都不看好与赫鲁晓夫的会面时，他积极地走出去，与赫鲁晓夫对话，从而增进了双方的了解，并建立了私人的友谊；当听说苏联发生了饥荒，他还力排众议卖给苏联粮食；他用封锁的方式化解了古巴导弹危机；他的一次又一次演讲，他对人类共同的和平、福祉的期盼甚至感动了赫鲁晓夫，从而推进了《禁止核试验条约》的签署，不但影响了苏联的政治走向，而且还影响到中俄关系，这些都不是靠虚情假意能做到的事情，不战而屈人之兵，上之上者也。

对待国内反对民权运动的势力，他则绝不手软，不惜派出军队维护秩序，镇压南方某些州顽固坚持种族歧视立场的官员和民众，确保有关废除种族隔离法律的实施，并将马丁·路德·金迎进白宫，告诉他：我有同一个梦，即使因此影响选票也在所不惜。

如此一个富家公子，吃喝不愁，除了父亲赠与的1000万美元之外，他还有自己写书的版税（他一共写过5本书），在常人眼中，他本应整日花天酒地、纸醉金迷地享受，然而，他却志向高远，决心服务于国家和选民，坚定地站在道义的立场上，维护美国的利益和世界的和平。他博览群书，周游列国，自年轻时就对世界政治有着自己独特的思考和见解；当因为背伤而无法参军时，他走后门，从而投身于太平洋战场；当他的鱼雷艇被日本军舰拦腰撞断时，他的背伤加剧，忍着剧痛，他用牙咬着一位战友的救生衣带，把他和其他幸存的战友全部带到了岛上，并没法回到了基地，因此获得军功章；背部手术之后，因为感染，背部形成一个拳头大的洞，命悬一线，甚至做了临终祷告，但他挺了过来，忍痛坚持看书、写作，撰写《当仁不让》（*Profiles in Courage*），并获得普利策奖；他愈挫愈奋，从众议员、参议员，一直竞争到总统职位，他的进步显然不是拼爹的结果，他爹再有钱，也不可能全凭幕后交易把他的儿子送进白宫。其实，他的父亲对他的竞选并不利，老乔到处招蜂引蝶，声名远播，二战期间，身为驻英大使，却是反战和亲德派，上世纪50年代还是麦卡锡主义的拥护者。当有人指责肯尼迪是外来户，没有资格代表本地人参选时，他反击到："当我哥哥自愿执行任务并献出生命时，没有人想知道他是哪里人。当我在PT-109鱼雷艇上作战时，没有人问过我的地址。"面对反天主教狂热引发的对他个人的偏见，他反诘道："当我参加美国海军时，没有人问过我是不是天主教徒。"难道接受了洗礼就被剥夺了当总统的权力吗？他承诺"会按照我的良知告诉我符合国家利益的方式做出决定，而不在乎外部的宗教压力或要求。"几次选举下来，他与选民握手几百万次，握到手指肿胀，戴不下手套；他把自己的工资全部捐给慈善机构，据说从众议员、参议员到总统的工资有 50 万美元，而且不许对外公开，只在他死后才为人所知；实际上，肯尼迪是想通过让国家致富，从而让富人更富。但当他看到美国最底层民众的穷困和凄惨时，内心深为触动。他在就职演讲时宣称："如果一个自由的社会不能帮助众多穷人，它就无法保护少数富人。"于是，就任总统后，他做的第一件事就是颁布行政命令，将 400 万贫困美国人的食物定额提高一倍。后来他推出医疗保险制度，强化社会保障，并成为自林肯以来第一位全力推动种族平等的总统；在柏林，他发出了那句掷地有声的话："自由之路困难重重，而且民主并不完美，但是，我们从来不曾筑起一堵高墙，把我们的人民封住！"在美国大学毕业典礼的演讲中，他号召"我们要为建设一个和平世界而尽自己那份力，在这样的世界里，弱者是安全的，强者是公正的。"而回到家，他还是一个孝顺儿子，疼爱父母，但不唯唯诺诺。当肯尼迪决定参加西弗吉尼亚州的党内预选，以证明在一个普遍是清教徒的州也能取得胜利时，与他父亲的建议相左，气得老乔愤然离去；他是一位慈爱的父亲，几乎从不跟孩子厉声说话，就像普通的父亲一样溺爱自己的儿女，并因为不能抛举自己的儿子而内疚不已……

倘若肯尼迪不被暗杀，美国的对内、对外政策和世界格局将有所不同。1965 年 5 月 14 日，在指定将兰尼米德（Runnymede）的一块土地用于建立肯尼迪纪念碑的开工仪式上，英国女王伊丽莎白称赞肯尼迪说："在国外，为这个畏缩不前的世界带来和平；在国内，创建一个公正和富有同情心的社会。这就是他在总统任期的主题。"因此，肯尼迪的死不仅是美国的损失，也是世界的损失。

有人努力挖掘肯尼迪的正能量，也有人消费他的风流韵事。甚至他曾经的情人米米·阿尔福德（Mimi Alford）也开始出书，披露当年的情史。在《曾经的秘密》（*Once Upon a Secret: My Affair with President John F. Kennedy and Its Aftermath*）中，她坦承：I wouldn't describe what happened that night as making love. But I wouldn't call it nonconsensual, either.[3]（我不愿把那晚发生的一切称为做爱，但如果说那不是两情相悦，我也不愿意。）直至 66 岁，在

第二任丈夫的陪同下给肯尼迪扫墓时，她内心仍然是矛盾的，五味杂陈。但有一点是确定的，通过将秘密公之与众，她卸下了包袱，内心复归平静。[4]

另据本·布莱德利（Ben Bradlee）在其《最"危险"的总编辑》（A Good Life: Newspapering and Other Adventures）一书中讲述，肯尼迪跟他的前小姨子玛丽·平肖·迈耶（Mary Pinchot Meyer）还有一腿，肯尼迪被谋杀几个月后，她也被人枪杀，布莱德利的前妻找到了她的日记本，才发现竟还有这么一档子事。肯尼迪到处劈腿，却没有被捉，除了男欢女爱之外，他在这方面表现出了很高的情商和智商。威廉·曼彻斯特肯定不会拿肯尼迪的好色当卖点，只在记录肯尼迪评述纳尔逊·洛克菲勒在竞选关头闹出离婚再婚风波时提了一提，但比较隐晦，意思是：杰克是那种最不可能有机会享受性爱之乐却放过的人，但他有个底线，那就是不能因此断送自己的政治前途。但我推测，如果他没有被杀，他的风流债很有可能会影响他的政治前途，人们对梦露之死的怀疑会继续发酵。一旦东窗事发，杰姬未必如希拉里·克林顿（Hillary Clinton）那样大度和拥有政治头脑。

1946 年，约翰·肯尼迪和威廉·曼彻斯特在疗伤期间初识于波士顿。他俩都来自新英格兰地区，美国东北人，同为年轻的老兵，在太平洋激烈的战斗中都受了重伤。尽管之后他们走上了不同的职业道路，但初次见面时油然而生的友谊和尊重却随着岁月的流失而愈发深厚。他们的友谊几近跨越了20 年。

肯尼迪鼓励曼彻斯特将一系列杂志文章扩写成了《一位总统的肖像》（Portrait of a President）。因此，肯尼迪的遗孀和他的弟弟罗伯特·肯尼迪选中曼彻斯特，授权他记述肯尼迪被暗杀的经过，这就是《总统之死》（The Death of a President）。为此，曼彻斯特进行了大量的调查研究，他按照总统最后几天的路线重新走了一遍，沿途采访各种见证人，并对总统的家人、朋友和助理进行了广泛而频繁的访谈，而且是只允许他进行访谈。

在曼彻斯特刚刚把《丘吉尔传：最后的雄狮》（The Last Lion）的第一卷交给出版商利特尔与布朗出版社（Little, Brown）时，每月一书俱乐部

（BOMC）正好说到打算出一本书，用照片反映杰克·肯尼迪的历史，并在肯尼迪遇刺 20 周年时发行。曼彻斯特在利特尔与布朗出版社的编辑罗杰·唐纳德（Roger Donald）就打电话给曼彻斯特的经纪人唐康登（Don Congdon），看看比尔能不能写与照片匹配的说明文字，大约需要 4 万字，从肯尼迪的少年讲起，直至被暗杀而止。唐康登说比尔累坏了，而且他推测他已经把与肯尼迪有关的话都写完了，但还是同意打电话问他一下。比尔说可能不行，但他需要考虑考虑。几天以后，他回话说可以写，他对肯尼迪仍然非常地尊重和钦佩，这让他有机会说出在他写的另外两本肯尼迪总统的书中还没有说的话。不但有话说，而且长度超出了每月一书俱乐部预期的两倍。没有办法，只能删减，以适应格式和照片的需要。因此，记者感觉个别地方会有跳跃感，削足适履或许就是原因所在。但不可否认，《即逝的闪耀之光：肯尼迪》是一本向肯尼迪致敬的书，人物描写非常生动。再加上作者采用了第二人称的叙事手法，使读者有亲眼目睹之感。

由于了解曼彻斯特，深信他的判断力，并确知他不仅不想，而且永远不会从政，肯尼迪总统在与他谈话时是非常坦诚的，曼彻斯特因此了解很多其他人无法获知的肯尼迪的真实感受和想法。曼彻斯特知道肯尼迪打算在 1965 年前从越南全部撤军的计划，知道他的家人玩触身式橄榄球的野蛮规则，还知道为什么媒体会误认为肯尼迪叫他的儿子 John-John；了解肯尼迪对黑人领袖庄严承诺敦促民权立法的政治后果，了解他在职业的倾情投入和对杰姬的爱之间的挣扎，也了解他与父亲和弟弟鲍勃之间特殊关系的细节。在书中，曼彻斯特回顾了海恩尼斯港大家庭的喧闹，让人筋疲力尽的竞选旅行，以及宁静的夜晚独自与总统在白宫的谈心。

但这一切被一只独狼打断了。关于肯尼迪的遇刺有种种猜测，似乎肯尼迪兄弟得罪过的任何人都有可能是杀害他的主谋。但负责肯尼迪遇刺案调查工作的沃伦委员会（Warren Commission）得出结论：李·哈维·奥斯瓦尔德（Lee Harvey Oswald）是唯一的凶手。曼彻斯特在写作《总统之死》时，曾受杰姬和肯尼迪兄弟的委托独立调查此事。在 1992 年 1 月 17 日写给《纽约时报》的一封信中，曼彻斯特坦承沃伦委员会在以下两点上是正确的：奥斯瓦尔德就是杀手，而且是独自行动。在信的结尾，曼彻斯特写道："如果你在天平的一端放上被刺杀的美国总统，另一端放上卑劣而四处流窜的奥斯瓦尔德，那么，它是不会平衡的。你就想要给奥斯瓦尔德加点儿砝码。要赋予总统的死以意义，使其成为殉难者。他应该因某事而死，阴谋论自然是最合适不过的了。遗憾的是，那根本没有证据。"尽管如此，很多人还是难以接受，因为有很多事情说不通。只是验证猜疑的证据没有出现。我想，如果是一场阴谋，那这人得是苦大仇深，不但肯尼迪的死会让他受益最大，而且他还要有足够的权势，在事前周密策划，事后还能消除一切罪证。如此，这人一定就在肯尼迪的身边。难怪有人会怀疑是副总统林登·约翰逊所为，而且说得有鼻子有眼的。

曼彻斯特认为，虽然肯尼迪的死是一个悲剧，他的一生却取得了很大的成功，他的一生充满了活力、竞争和追求卓越的不懈动力，他的一生因优雅、智慧和仁慈而熠熠生辉，而《即逝的闪耀之光：肯尼迪》就是对此的颂歌。

在书中，曼彻斯特将肯尼迪比作亚瑟王，对于他的死倍感惋惜，肯尼迪时代虽然短暂，但它是美国人心中的卡默洛特。在公共服务、科学和创新、民权、国内事务、艺术、对外政策和外交以及环境保护等领域，他留下了许多宝贵的遗产。而西奥多·索伦森在《肯尼迪的遗产》最后总结道："倘若有人爱其弟，那是约翰·肯尼迪；倘若有人爱其哥，那是罗伯特·肯尼迪。倘若有两个人教给我们要像兄弟一样相互关爱，那是约翰·肯尼迪和罗伯特·肯尼迪。这就是肯尼迪遗产的核心所在。"[5]

《即逝的闪耀之光：肯尼迪》的结尾也同样富含深义。曼彻斯特将肯尼迪比作五车二（Capella），旨在以科学的隐喻表明他的重要性。五车二是御夫座（Auriga）中最亮的星，在北半天球，它排在大角星（Arcturus）和织女星（Vega）之后，是第三亮的星，在整个夜空中，它是第六亮的星。五车二是明亮的，但要看到它，人们需要仰视才见。而抬望眼就要举头，举头就要挺胸，喻意肯尼迪不但做出了表率，而且给我们指明了方向，我们应解放思想，拓展胸怀，高瞻远瞩，兼济天下，追求更加美好的未来。

若干年前，我在阅读某知名经济学教授译的一本著名经济学教材时发现了错译。

In baseball, for instance, we can measure a player's batting average, the frequency of home runs, the numbers of stolen bases, and so on. [6]

译者译为"在棒球中，我们可以衡量一个球员的平均投中率、回垒的频率、攻垒的数量等等"。[7]其实，应该是"计算一个球员的安打率（batting average）、本垒打（home run）频率、盗垒（stolen base）数等"。说明译者不具备棒球的相关知识；想必从《经济学原理》第 1 版就是这样译的。当时我写了一篇博文，并且评论说"即使没有棒球知识，但略为查一下书，问一下打棒球的人，或搜索一下网络便不难解决。重要的是要有精译求精的精神。"可是，直到 2015 年北京大学出版社出版其第 7 版《经济学原理》，14 年过去了，我看到其微观分册没有任何改动。[8]又过了 5 年，到 2020 年第 8 版时，这一句的译文有改动，但不彻底：

在棒球队中，我们可以衡量一个运动员的平均击球率、本垒打频率、盗垒的数量等。[9]

除了后面两个改得跟我的一致外，第一个 batting average 只是将"平均投中率"改成了"平均击球率"。而且，将原来的"在棒球中"改成了"在棒球队中"。如此，就成了队内考核了。也就是说，20 多年来，译者一直没有搞明白 batting average 是什么。编辑也没人意识到有错，也就不会上网查证，也就发现不了我的那篇博文。依据 Wikipedia，棒球的 batting average 是这样定义的：

In baseball, the batting average (BA) is defined by the number of hits divided by at bats. [10]

即在有效击球数中，击打者挥出安打的机率。用公式表示是 BA=H/AB，即安打率＝安打 / 击打数。"安打率"是不是比"平均击球率"更准确？况且，考核"平均击球率"有什么意义？比谁击球快吗？

即使你不愿意跟我一样，但还是要跟我一样才是对的。

到了翻译《即逝的闪耀之光：肯尼迪》一书时，我碰到了描写肯尼迪兄弟姐妹一起玩橄榄球的文字，而我不懂橄榄球，除了看过比赛录相和在美国看过一次大学生橄榄球训练外，对橄榄球规则、战术一窍不通，那段文字对我来说就是一堆单词，而且还不是我从字面上理解的意思。手边既没有参考书，网络也不知道搜索什么关键词。因为它是一段文字，而非一、二个词。

You had always thought of one-hand touch football as a safe, graceful sport. ... Kennedy touch rules were simple. There was to be no blocking. The defensive team could not cross the line of scrimmage until the quarterback had the ball in his hands. Then you could rush him. But the offense could pass the ball at anytime, anywhere, either backward or forward. ... You were on Jack's side, and in the huddle he said, "We'll try the perfect Melacreamo." You said, "The what?" He explained: "I'll center the ball to you and fake downfield. Bobby will think I'm going down for a pass. You drop deep, and I'll come back for a lateral. Eunice will be too late rushing, and before Bobby can run in to take you, you'll be down and clear for a pass." It actually worked. He threw you a perfect strike and you scored. ... [11]

本段讲的是作者（you）跟肯尼迪家的兄弟姐妹们玩单手触停式橄榄球（one-hand touch football），杰克要求他配合玩一个战术（杰克即后来的肯尼迪总统）。单手触停式橄榄球被视为安全而优雅的玩法，肯尼迪家的触碰规则却很简单（simple）：进攻球员不能阻挡防守球员（no blocking），防守球员在四分卫拿到球之前不能越过启球线（cross the line of scrimmage），四分卫拿到球之后防守球员就可以越过启球线对他发起冲击（rush）；进攻方可以在任何时间、任何地方向前或向后传球。肯尼迪家打的是无装备橄榄球，而非类似 NFL 的装备橄榄球。

美式橄榄球每次进攻都从开球开始。开球前，进攻方四分卫会召集所有进攻球员围在一起布置战术，即聚商（huddle），开球后会根据布置的战术发起进攻。杰克在聚商时告诉作者，本次进攻要打一个代号叫 Melacreamo（米拉克雷莫）的战术，即中锋杰克开球，将球传给或从胯下将球递给担当四分卫的作者（center the ball to you），再假装向深远区域冲刺（fake downfield），同时要求作者拿球后多后撤几步（drop deep），一来防止在传出球之前被防守队员触停，二来假装为长传寻求更好的传球视野，以迷惑对手。而杰克则从向前跑中途改为折返，回到启球线后的区域，作者把球横传给杰克（come back for a lateral）。此时，杰克已经把防守队员吸引过去，作者就可以趁着空档跑到前方（be down and clear for a pass），杰克再传球给作者，作者接到球后达阵得分（strike and you scored）。

若是略去不译，那不符合我的翻译理念和初心。我可不能只有说别人的本事。只能设法求助。为此我先加入了"中国橄榄球裁判交流群"，觉得裁判应该对规则或战术比较熟悉，并将英文和我的理解发布群中，张海龙二话没说，上来就建议我找美式群问，他们是英式群，王海洋指出了我的两处理解错误，而董方告诉我，除了都叫橄榄球外，美、英橄榄球没有相同点。长学问了，都是橄榄球，差距为什么就那么大呢？既然三人都建议我找美式群，这极大地缩小了我的搜索范围，我就专挑美式橄榄球群加入。尽管有几位群友参与了讨论，七嘴八舌，但都是一招半式，不解渴。最终，"上海夜鹰美式橄榄球队"解决了问题。沈锡正、吴欣跃、张若荻和宋旭华四位朋友参与了讨论。这时我才开始学套路，有些句子能理解了。但真正让我彻底弄明白的人是本群的于骏器（Odyssey），他是青岛人，当时在美国波士顿读研究生，平时爱玩橄榄球，这位山东老乡主动表示可以帮助我，这简直是三伏天送空调啊！他结合书中对单触式橄榄球的描述，详细地讲解它的规则和战术，并且写下来，拍成照片发给我。如果没有于骏器和诸位朋友的帮助，我不可能在短时间里将那段文字翻译明白，在此一并致谢，祝你们腰好腿好，触地得分。这应该不分美式英式了吧。（修改稿子至此，我又重新联系了于骏器，了解到他已经回到上海工作。谨祝他工作顺利。）

即使有现代化的工具可以辅助，翻译仍然是一种传统的手工细活，需要时常结合自己的生活，以获得点滴的进步。在翻译本书的过程中，我会隔三差五地到亲戚家串门，一来可以锻炼身体，二来可以跟可爱的外甥孙女小稳稳开心地玩一会。她才两岁，但已经会说很多话了。一天下午，我去的时候，她爷爷抱着她在门口迎接我，看到我时，睡眼惺忪的她说："今天醒得早。"我就乐哈哈地说："你醒得早啊，不如我来得巧。"我就想抱她，同时说着："举高高，举高高"，她在自己爷爷怀里躲闪扭转，而当我强行把她举起来时，她高兴得不得了，咯咯地眉开眼笑。玩闹之后，我突然想到了肯尼迪因背伤无法托举儿子的事，当时，小约翰转而找别人来做，记得他说的是：Throw me up。单纯从字面上翻译成"把我抛过头顶"没有问题，只是觉得这样直接会不会显得不礼貌，或许小约翰要求的人都是与他亲近的人，不用加"请"也不显得失礼吧。但我觉得小约翰在要求别人举起他时应该说小孩子的话。即使没有礼貌用语，也会让你无法拒绝。我改成了"抛抛我"。那为什么不译"举高高"呢？举高高有举，没有抛，而 throw up 有"抛举"之意，略有不同。

最需要感谢的是克里斯蒂娜·康塞普西翁（Cristina Concepcion）。

当得知要翻译威廉·曼彻斯特的书时，我很兴奋，因为不久前我刚刚从美国背回他的英文版《光荣与梦想》。我以崇拜的心情读他的书，也深知要想译好肯尼迪这本书困难重重，不仅仅是作者精彩的文笔需要揣摩，而且还需要相应的历史、政治和文化知识，而作者已于 2004 年去世。为此，我要求中信出版社联系版权代理，寻找一个能给我答疑解惑的人。她们联系的就是克里斯蒂娜。

克里斯蒂娜是加拿大人，但在纽约的唐康登联合公司（Don Congdon Associates, Inc.）工作，任职外国版权经理，其中就包括曼彻斯特的著作。能够代理曼彻斯特的外国版权让她感到非常荣幸。而她的父亲最喜欢的作家就是威廉·曼彻斯特。1996 年，当她告诉父亲要在这家公司开始上班时，他首先就是在公司的书架上查找证据，看她们是否真的是曼彻斯特的代理人。

克里斯蒂娜非常热情，愿意回答我的任何问题。有这样一位老师，十分难得，我有点咬定青山不放松的感觉。几个月下来，我们通了 224 封电子邮件，解决了 300 多处疑问，大到一句话，小到一个词，还涉及到历史、文化背景知识的介绍。期间，我担心这样会打扰到她的生活，不免心中忐忑，但她每次回信我都能感觉到她的细致耐心，甚至我在一个问题上会三番五次地提问，直至我弄清楚确切的含义，她也不厌其烦地回答；她会把能说明问题的材料发给我，有时会用图片直观地加以解释。她把曼彻斯特给《纽约时报》写的信发给我，涉及对肯尼迪被刺调查结论的看法；唐康登从一开始就做曼彻斯特的代理人，他写过曼彻斯特一个材料，记述了曼彻斯特每本书的出版过程，但唐康登于 2009 年去世，克里斯蒂娜就从其儿子手中要到这些文字，送给我，使我得以了解本书以及曼彻斯特其他书的出版故事。

重要的是，有些内容若没有她的解释，我在短时间内根本不可能得知真正的含义。比如，为什么肯尼迪是 tiger？什么是 Old Blues？肯尼迪父子独特的见面礼 Joe's cupping grip on Jack's clenched fist 什么样？ brushfire eyes 是什么样的眼睛？为什么英格兰是几个王国的 quilt？而 Charlie-Uncle-Nan-Tare 不但让杰姬一头雾水，也把我难住了。这样的例子还有不少。

语言的翻译有时很简单，告诉你它是什么意思即可，但有些并不是像字面那样显而易见。除了有克里斯蒂娜这样母语为英语的人解释外，还需要译者的悟性。

在描写法国的阵地时，作者说是盆地中间有两个小丘：埃莱娜 1（Elaine One）和埃莱娜 4（Elaine Four），它们有一个值得记忆的绰号 the Lollobrigidas，第一次看到这个词，我觉得一个人名，还加复数，这有什么值得记忆的呢？我就发邮件问克里斯蒂娜：它表示洛洛布里吉达姐妹吗？而洛洛布里吉达是哪个著名的女演员吗？我知道她主演过《巴黎圣母院》。克里斯蒂娜回复说：吉娜·洛洛布里吉达（Gina Lollobrigida）胸部丰满，那些山是以她的身体特征起名的。尽管有所理解，但我还是不知道如何翻译 the Lollobrigidas，而且看她这样解释，我也不好再问她什么。直至有一天，我重新认真地阅读了上下文，发现尽管这两座山编号为 1 和 4，但也仅此两座，并没有 2 和 3（或许在别处），因为作者用的是 twin hillocks，而且不是高山，而是小丘，再结合克里斯蒂娜的解释，我茅塞顿开。接下来就是如何翻译了。我摘掉眼镜，用左手的拇指和食指按住眼皮，让眼睛歇一会，大脑则继续运转，筛选了几个答案后，我决定选用"洛洛布里吉达的咪咪"。吻合法式幽默，越在危急时刻越搞笑。接下来，每当我按住眼皮暂歇，想起这个翻译时，都会忍不住地窃喜，直至肚皮随着我的气息颤个不停。

在描写肯尼迪遇刺之后编辑慌乱地寻找影像资料时，曼彻斯特提到了外号"鱼饵"的众议院看门人威廉·米勒（William Miller）。小时候因个子矮，威廉·米勒得绰号"鱼饵"。说是"看门人"，其实类似后勤办公室主任，有自己的独立办公室，管理着 350 多人，包括门卫、电话接线员、服务员和理发师，还有 300 多万美元的预算。关键是他那一句特殊而宏亮的喊声：Mr. Speaker, the President of United States。[12] 按照惯性，我理解成了"发言人先生，美国总统"。可是他为什么要说这句话，在什么情境下说的？难道他有火眼金睛，能看出发言人是未来的美国总统？还是他在拍马屁？我想尽量自己解决吧，不能总是问克里斯蒂娜。于是，我在网上淘了一本米勒的自传 Fishbait: The Memoirs of the Congressional Doorkeeper，虽然查到有个地方提到他说的这句话，但好像他说自己没有说这句话。没有收获，只好问克里斯蒂娜了。她回复说：他不是否定说过这句话，而是不承认自己跟总统搞关系了，因为没有时间。这时我理解了一点：那就是在总统来时，他喊的这句话。我再次问她：Speaker 是个人名，还是"发言人"呢？她回复说：这个 Speaker 是众议院的 Speaker，现在的 Speaker 是 Paul Ryan，好吧，我搜索 Paul Ryan，发现他是现任美国众议院议长。如此，Speaker 总算解决了。我把我的理解告诉她：议长（Speaker）在众议院是选举出来的，在参议院就是副总统或选举的临时议长，各政党推举一名议员担任各自的主要发言人（speaker），而"鱼饵"担任的是礼仪官，那句话的目的是提醒议长，因此，它的意思应是"议长先生，美国总统到！（Mr. Speaker, the President of United Sates is coming.）"问她我的理解是否正确，回答是：Yes, you are correct!

我举的这两个例子很好地体现了与克里斯蒂娜交流的价值。当我不理解时，有时我也提不出明确的问题，只能从回复中寻找理解的突破口，多次的往复无形之中为克里斯蒂娜增添了很多麻烦，而很多事情在她看来都不是问题。

谢谢你，克里斯蒂娜。你是我难得的老师，没有你的帮助我是译不好这本书的，你让我感受到了从大惑不解到恍然大悟的惊喜，这就是翻译带给我的苦中作乐之一。我愿意与读者分享之。

我与克里斯蒂娜约定，若再有曼彻斯特的书需要翻译，我可以继续向她请教。但愿还能有这样的机会。

脸书之所以是脸书

随着翻译接近尾声，我突然想就脸书说点什么，于是在英文书后面的空白处顺手写了起来，零零散散，权且算是自己的几点感想，顺便感叹一下人生。

脸书之所以是脸书自有其道理。脸书的成功有很多东西值得我们深思，相信读者读后能悟到更多东西，不仅对于脸书的理解，而且还能结合自己的人生和事业有所收获。

执行力

这个世界上，有想法的人比比皆是，但真正付诸行动的人寥寥无几。也就是说，说的比做的人多。点子多得是，一毛钱能买一打，多到不值钱，但能把点子变成现实的人就成了无价之宝。这正是玛丽·凯·阿什（Mary Kay Ash）经常被人引用的那句话想要表达的意思：Ideas are a dime a dozen. People who implement them are priceless. [1]

不过，"如果你想要做一个开拓者，给市场带去剧变，未必一定要做出一件全新的东西来。可以选择一件人们已经在做的事情。当你把它做到一定规模之后，把你想带给市场的（新）元素带入进去。" [2]

在继续写之前，有必要先纠正一下翻译上的错误。上述引文的英文原文是：

If you want to go ahead and disrupt a market, don't necessarily go after something brand new. Go after something that people are already doing. Once you've scaled that, incorporate what you want to bring (new) to market. [3]

其中，go ahead and disrupt 是一个短语，通用结构是 go ahead and do sth，表示"开始干什么事情"。如此，go ahead and disrupt a market 是"开始颠覆一个市场"，不能将此短语分拆成两个：go ahead 和 disrupt a market。If you want to go ahead and disrupt a market 即是：如果你"想／有心／打算／开始／着手"颠覆一个市场。最后一句的翻译也有出入，"带给市场"和"新元素"不准确，"带入进去"是带进产品还是市场？实际上，它想表达的是：你可以先将现有产品做大做强，再用你的新想法改造它们，创新一种新产品，再推向市场，领潮流之先。因此，bring (new) to market 是"将新产品推向市场"。

脸书走的就是这一条路。从脸书的起家看，它并非什么新点子，反而是"剽窃"了他人的创意，也不是第一个社交网站，但当扎克伯格有了这个点子之后，便非常认真地去执行，落到实处，专注于品质，以及扩大规模，扩大影响。脸书办公室里贴着 Stay focused & keep shipping.（专注，不断发布产品）和 Done is better than perfect.（动手做好过啥都想好了再做），以及对黑客马拉松所表现出来的狂热，强调的快速和专注都是执行力的表现。

脸书的出现并非偶然。他们忘我地投入，用心使之成为有史以来最好的增长引擎之一。脸书的成功显然不是天命注定，不是"创建之后不愁没人来"。从一开始，它就是有意识地在追求不断的成长。[4]

人生亦如此。只想不做，永远无法实现人生之梦。步行朝拜南海菩萨的四川穷和尚返回时，想造一条船再去南海的富和尚还没有动手造船。

着眼于长远

把眼光放长远，不短视，不为了眼前的利益牺牲长期发展目标和决定。这一点也适用于人生设计，一般讲，25 岁、35 岁和 45 岁都是重要的人生节点，25 岁，大学毕业不久，略为稳定；35 岁，事业略有起色，但 45 岁尤其重要，因为此后由不得自己不定性了。45 岁前，折腾折腾也未尝不可，即使失败了也是在积累经验，或者说是在为成功找妈，但期间必须逐渐确立职业和人生追求，45 岁以后不可轻意变动。当然，也有 45 岁以后甚至 60 岁开始创业的，但那是特例。因此，最好从 20 出头就要想到 45 岁以后干什么，现在干的是不是值得 45 岁之后继续干，或这个城市或圈子值不值得 45 岁以后继续混下去。如此超前的人生设计自是有心之人才会做到的事。

正确选择

重大决策必须是正确的，只有如此才能持续成长，才能活过竞争对手，否则，就会死在前进的路上。

脸书并非没有失败过，一来没有伤筋动骨，二来它敢冒风险，不惧失败，这已经成为它的文化之一。

人生如此，一招不慎，满盘皆输。

市场需求优先

最初若不是受到大学生们的欢迎，即使扎克伯格开发出了 Facebook，恐怕也会从车马稀而至门可罗雀吧。

后期脸书开发过很多产品，但最后保留下来的很少，因为他们的目标是"每月用户能否过亿"，甚至强调"活跃用户"。因为注册用户只会满足自己的虚荣心。想必不少中国大陆人在脸书上注册过，但没有多少是活跃的。

换个角度说，己所欲，人所不欲，勿施于人。

千方百计延长生命

中国人的人生哲学是成王败寇：只要达到目标，可以不择手段。三十六计便是这种没有底线的成功学。

一般而言，说到延长生命时都是消极的、负面的理解。但我说的延长生命是想挖掘其中积极的一面，不单单是为续命而续命。

不是看谁下手早，而是看谁干得好；不只看谁干得好，而是比谁死不早。这就是愈敏洪所说的：尽管我什么干不过你，但我一定要比你活得长。要知道，人的一生有三次死亡，一是生理上的死亡，二是法律上的死亡（死亡证明，取消户籍，火化证明），三是彻底的死亡，看死后记住你的人的多寡和时间，等到没有人再记得你时，便是彻底死亡。"活得比你长"当然首先是推迟生理死亡的时间，这是最低目标，最高追求是青史留名，永远为人记得。

但对于企业来说，若产品或服务有益于人类和世界，创建者或用户自然希望它能长期存在，持续发展。

落实到脸书，那就是自己没有就收购，收购不成，就自己开发，比如自Snapchat上线以来，脸书不是扳倒它，而是努力学习它，不让收购，我在模仿你的基础上创新不可以吗？

不能输在起跑线上，途中跑更不能输，这就是马拉松高手的策略：咬住第一方阵。

但这一切的基础是志向高远的创新。

让世界更开放和更互联，祝愿脸书终随所愿。

《纽约四百年》译后记

精英、暴民与肤色革命

美国是一个移民国家，纽约更是一个移民城市。尽管中间有些年因为战争、新的法律或经济衰退的压力而中断或限制了移民，但不可否认的是，打从原住民印第安人手里买下曼哈顿之后，纽约人都是移民或其后代。从一开始荷兰人给房许地都没大有人愿意去，到现在拼上命偷渡也要去，是什么吸引世界各地的人移民纽约或美国呢？移民的美国梦各有不同，主要动机不外乎以下"四求"：

求财富—发家致富，赚钱养活家人，买房子置地或回国当大款，或让家人被人瞧得起。

求活路—逃避战争或种族屠杀，免于天灾人祸造成的饥饿。

求自由—自由从事任何职业，自由生活在所选之地；逃避宗教迫害，自由地信仰或改变宗教信仰；逃避政治迫害或打压，追求政治自由和政治权力，自由地加入或退出政治组织；向往"思想自由，言论自由，出版自由，三者人群进化之根本"（陈民血）。[1]

求地位—通过自己的努力，普通人也能非富即贵或进入政界，尽管仍然是少数人取得了成功（任何社会都是如此），但相当一部分步入了中产阶级，所谓两头小中间大的纺锤型社会（1971 年，61% 的美国人生活在中产阶级家庭，达到峰值；根据 Pew Research Center 对政府数据的最新分析，到 2023 年，中产阶级降至 51%。2022 年，移民约占美国人口的 14%，但与美国出生的人相比，他们更可能生活在低收入家庭，更非中产阶级[2]）。

　　当然，后期移民出现了个例，比如生了女儿不满足，期望"游击"到美国，保住生儿子的希望，后因偷渡被驱逐，回国即被"骗"。你看，走线"求子"也未必好使。

　　《纽约四百年》的英文名是 *City of Dreams: The 400-year epic history of immigrant New York*。这 400 年的移民史是哪 400 年呢？ 1624 年至 2024 年。纽约市的起源可以追溯至荷兰殖民者于 1624 年 1 月在曼哈顿岛建立新阿姆斯特丹城堡贸易站。[3] 不过，《纽约四百年》的英文版于 2016 年出版时并没到 400 年。由于疫情等原因，其中文版延至 2025 年 2 月出版，400 年只多不少。

　　《纽约四百年》确实写得好看，有人物，有故事，非常精彩。相对而言，初期移民的故事较多，近代和当代移民的故事较少。究其原因，作者解释道：一是篇幅所限，必须痛苦地取舍，书才不至于太长；二是新近移民的材料还没有那么多，很多人的日记、照片、剪贴簿等还堆在个人的储物柜里或阁楼上，没被送到档案馆或历史学会。有些材料多的就写得有滋有味，比如中国人偷渡纽约的故事。其他国家的偷渡是个人的或小规模的，中国人的偷渡则是有组织、大规模且大迂回的作战，因名额限制，正常移民不解渴，一家偷渡不过瘾，南方某地的村民宁可舍弃洋楼，几乎整村整村地偷渡；如同当今中国人走线，跨越美墨边境是偷渡的主要路线之一；不然呢，只能偷越加拿大边境，或从海上登陆美国。让人吃惊的是，最著名的带头大哥竟然是福建籍的萍姐，有本书就是专门写她的：《蛇头：唐人街黑社会和美国梦》（*The Snakehead: An Epic Tale of the Chinatown Underworld and the American Dream*）。

　　译到最后一章这一段时，我联想到之前的星星点点，将它们串联起来后，突然有些许的感想。

　　表面上看，纽约移民的故事千变万化，但其内核并没有变。当代移民似乎完全不同：来源国不同于上一波移民潮，信奉的有些宗教让大多数纽约本地人感到陌生，似乎也没有努力学习英语，其生活似乎与主流美国社会格格不入，而且与前几代移民相反，他们与各自的祖国保持着千丝万缕的联系。因此，他们似乎不像过去的移民那样容易被同化。很多人认为移民削弱了美国的经济活力。更糟糕的是，正如那位著名的纽约人在 2015 年说的那样：
"他们带来了毒品。他们带来了犯罪。他们是强奸犯。"[4] 或许最糟糕的是，
他们告诉美国人他们不认同美国人的价值观，因此，永远不会成为"真正的
美国人"。[5]

近现代特别是第二次世界大战以后的移民来源国不再主要是英国、爱尔
兰或欧洲大陆，来自拉美、阿拉伯和亚洲的移民不远万里，为了非同一个目
标大量涌入美国社会；移民更多的不再是基督教、天主教、新教、犹太教等
教徒，无宗教信仰的人越来越多。当然，伊斯兰教徒比较尴尬，有些移民的
"宗教"让大多数纽约本地人感到陌生，比如中国人非常熟悉的那个所谓的
教；很多移民似乎不必努力学英语，而是各自扎窝子生活在一起，生活风俗
和习惯似乎跟美国主流社会格格不入；聚居区就是小社会，如果贸然过界可
能有性命之忧；华人把唐人街周围的路牌译成汉字，其他族裔就会涂掉。当
有人冒险跨出自己社区的界限，去到另外几个有很浓"异国情调"的街区，
回来之后就会告诉朋友："我今天去美国了。"当然，也有希望自己的子女
融入美国社会的，这些移民会搬离老乡群居的街区。

以史为鉴，可知兴替。从纽约移民史，可以读出 400 年来风云变幻的世
界史；见微知著，更可知优劣。读纽约移民史可知美国移民史，从美国移民
史便不难理解美国为什么会成为世界上第一个民选分权的国家。究其原因，
在下认为主要有三点：

首先，从西班牙人、葡萄牙人发现新大陆，到新阿姆斯特丹开埠做毛皮
生意，再到纽约开疆拓土，将一个天然港湾发展成为世界贸易良港，无不因
逐利而兴，以贸易之名行海盗、掠夺之实，注定了从一开始美国就是纯市场
经济。商人的解决办法是股份制，共同收割，辅之以契约，并且努力保护自
己的财产。遇事协商，协商不成就开打，若是有幸都活着，那就坐下来再谈
利益分配，达到新的平衡。

其次，早期的殖民者或移民大都为了逃离宗教打压或极权统治的迫害，
后因反对国王腐败和滥权而建国，他们绝不允许再出现极权统治和君主制。

第三，美国建国者不是军阀或帮派，而是律师、商人或种植园主，本着新教、股份、契约和保护私有财产的精神，选择了共和。而在军阀和土匪眼里，"共和"就是一个名号而已，因为他们只论成败，不择手段，不计成本，不敬一切，治国模式基本就是攻山头式的军事作战，一哄而上，一哄而下。

同时，也不难理解意识形态指导的专制极权国家（地区）为什么转型民选分权之路难于登天。

宗教限制，尽管国教会让民众形成一个整体，却极力排斥非我族类。美国几乎有世界上的各个宗教，而且实行宗教自由，虽新教是主流，却无法独大，况且宪法规定不设国教。[6]

团伙作业，党派或组织莫不实行思想灌输和行为钳制，想方设法把民众打成无权无产的散沙；养几只牧羊犬就可以随意放牧。美国也有政党，也少不了拉帮结派、黑道白道和利用漏洞选举舞弊，却无法将政党的思想一统天下，全民学而时习之。相对而言，想法不同的一群人是竞争市场，想法相同的一群人是乌合之众。

家族世袭，多为马上得天下的土鳖，必施高压统治，六亲不认，异己者炮之，领头羊烹之，民众提心吊胆，谨言慎行，不敢反，也无力反。美国也有统治，但政体之选择，分权之设立，使得高压统治难以得逞。

美国等资本主义国家是典型的最小化政府，最大化私有，尽管也有人想方设法"私有化"政府，但囿于宪法、分权和民选的民主体系的对抗，不可能轻易得逞。教会、团伙和家族体制则反其道而行之，因为他们实现行政私有化易如反掌，进而立法、执法和司法也随之私有化，而这一切均基于军队私有化。同时，他们将政府最大化（无所不控，触角直至家庭），私有最小化（主要是最小化甚至消灭私有经济和私有财产，并以公心灭私欲），却以公有化的名义将公有财产私有化，交由自家人管理和运营。为一己之长治久安，专制极权无一不是本性难移的土鳖之国。何为土鳖之国？It is a long story.

威廉·莎士比亚于 1616 年 4 月 23 日辞世，先于新阿姆斯特丹建贸易站八年。四百多年前的莎士比亚戏剧可是大众娱乐手段，类似中国新英格兰的二人转，观者多为下里巴人；莎士比亚创作戏剧并非为了成为今天的阳春白雪，而是为了赚钱谋生。为增强竞争力，演其作品的剧场不但票价低廉，还会加演一些粗俗的玩笑等，毕竟观众到剧场来就是图个乐。比如，正式演出前热场时，会有一个男人掐着脖子把一个女人按到桌子上，撅起屁股，男人掀起女人的裙子，扭过脸问观众道：To be or not to be？观众异口同声答道：To be，全场欢腾，唾沫横飞。后来，在有些国家，打下天下之际，带头大哥想要扮高雅，于是，问跟他打天下的众人道：兄弟们，人家说我们历朝历代都是土鳖，那我们是继续土鳖，or not 土鳖？众人异口同声地答道：土鳖，你永远是我们的头，如果非要加上一个期限的话，那就是一万年。但听掌声雷动，无不涕下。土鳖头哈哈大笑道：受命于天，既寿永昌。朕不喜欢跟那些酸腐文人一样拽词，什么来着？纳谏如流，朕更喜欢不耻下流，那就依了你们。

别以为这些土鳖头只会打打杀杀，他们玩的可是机制，你活与不活，活得好坏，全在他们的掌控之中。机制背后是什么？是文化；播什么种，结什么瓜，驯什么民，得什么国。总之，you reap what you sow；不将土鳖的认知囿于土鳖头的水平之内，他们岂能乖乖就范。1755 年至 1799 年，中国移民、清朝第五帝爱新觉罗·弘历（1711.9—1799.2）大兴文字狱，堵塞言路，禁锢思想，闭关锁国，以强化统治，将家奴们牢牢地关进了"家法"这只笼子。而同时代的美国移民、首任总统乔治·华盛顿（1732.2—1799.12）于 1787 年主持立宪会议，领导制定了《美利坚合众国宪法》，赋予国家的权力永远属于人民，将政府的权力牢牢地装进"宪法"的笼子；修订只是为了补强，而不是为了削弱。

古往今来，一方水土养一方人。什么样的土鳖出什么样的土鳖头，什么样的土鳖头治什么样的土鳖，土鳖头擅长玩这一手，土鳖习惯吃这一套，二者相互调适，形成超稳定结构，且持久存在。有人建议引进龟，从此告别烂泥塘，遨游四海，岂不快哉！那怎么行，夷之长技不就是舰炮吗，门口摆几个，吓鬼足够了；换汤又换药，制不了夷不说，怕是自己的命都要革没了。养土鳖乃国之根本，要是土鳖受洋夷那一套蛊惑，心野了，不是土龟，就是海龟，没了泥腿子和汗膀子，吾何以安身立命？生于忧患意识，死于没有底线思维，而底线就是"家天下，官命贵"。土鳖头最喜欢御前会议，绝不容

许哈娜 - 罗希蒂·迈皮 - 克拉克（Hana-Rawhiti Maipi-Clarke）这种人存在，更别提培育议会制度的土壤了。2024 年 11 月 15 日，新西兰众议院就一项削弱原住民权利的法案一读投票。最年轻议员哈娜 - 罗希蒂怒眼圆睁，直接撕碎了法案，带领毛利党议员和其他党派的毛利议员跳起了哈卡战舞，一边高喊 Ka mate，Ka ora！（我死了，我活着），以示抗议。这是另一个版本的"生存还是毁灭"。看到这种得吃几斤黄芪才有的气血冲冠，土鳖头会吓得浑身发抖，恨不得立马失踪之。

若干年后，又换一拨土鳖，再次面临终极一问：土鳖，or not 土鳖？答案照旧。老子曰：鳖头者，独立而不改，周行而不殆，吾不知其名，字之曰盗。天下哪有回报如此巨大的风险投资？！而且遍地是耗材。一旦掌权，土鳖头自然是双手紧捂，严防侧漏；不管是把民众的脑袋变成尿壶，还是分而治之，就是不让民众形成不同的利益群体，从而铺就民选分权的群众基础。美国则是治理，诸神登殿，各司其职；移民国家造就了宗教、种族、文化和思想观念的多元化，彼此争权夺利，形成竞争态势，恰恰筑就了民选分权的基石。但是，若认为这些人凑在一起，民选分权就会水到渠成，瓜熟蒂落，那也未免 too young，too superficial 和 too naive 了。

前期移民到美国后，会努力适应，尽快融入，包括将名字美国化，比如将"海因茨·基辛格"改成"亨利·基辛格"；好比出家当和尚，连名字也要改成法号一样，以示了断尘缘。还有就是努力学习英语，有些人甚至成了美国人的英语老师。但这种融合并非是你情我愿，其乐融融的，初期如此，现在也如此。他们"彼此相厌相爱，用一百种不同的语言、一百种不同的方言、一百种不同的宗教表示同意或反对。但彼此生活在一起，只能无奈地慢慢融合，却从未成为一个亲密无间的整体。"[7]包括宗教自由和民主权力的获得也并非移民去了就有的，都是伴随着排斥、打压、反抗、战争、种族斗争和权力博弈争取来的，甚至不无血腥和恐怖。不管美国的选举如何混乱不堪，有三条是显而易见的：

一是民众始终在为自己及其所在的族群争取权益，而不是看着别人为自己的理想目标而拼搏。成功了，他们跟着沾光；失败了，他们拿馒头沾别人的血。

二是尽管也存在私相授受、投桃报李等以权谋私行为，但没有滋生出一批又一批贩官鬻爵、前腐后继、抓不尽杀不绝的贪官污吏，呈现为一种弱贪腐文化。在我看来，强贪腐文化的养成 80% 归因于社会制度和官僚制度（制度的约束）；10% 归因于国民是否习惯性地拿钱开路（国民的培育），而这种习惯的养成也多源自制度设计的影响；剩下的 10% 则归因于官员的道德自律性和对糖衣炮弹的抗击打能力（官员的自律）。道德自律占比之小，足以说明以德治国之力微势轻，以及儒家政道之为各诸侯国弃。

三是有暴民，没暴君。该不想暴，那得暴得起来才行。从建国起，美国人就对大政府高度警惕。美国宪法之父詹姆斯·麦迪逊（James Madison）强调"如果人人是天使，就没有必要成立政府了。如果由天使管人，就没有必要对政府进行内外控制了"。[8] 因此，才要制定宪法和分权，防止民粹主义民主（populist democracy）导致的多数人暴政，也防止"独夫"掌权后的少数人暴政。你想金口玉言，众人噤若寒蝉，you son of a gun，有的是办法收拾你：先搞臭你的名声，接着让你吃官司，通过法律打垮你，最好送你进监狱；打不垮就搞到你破产；搞不破产就弹劾你；弹劾不了你，做票也要选掉你；实在搞不垮，就往死里整，老子有枪，废了你。

可是，子弹在今天射向了共和党人，谁又能保证下次不会射向民主党人？截止目前，死于暗杀的美国总统有四位，其中共和党三人，分别是亚伯拉罕·林肯、詹姆斯·加菲尔德和威廉·麦金利，民主党一人，即约翰·肯尼迪。惟一挨过上述各种整、经历过暗杀却大难不死的就是特朗普了，但下来还有没有暗杀，或暗杀之后还能否逢凶化吉，只能再次寄望于天使保佑了。

与积极融入美国不同的是，有些移民已经宣誓入籍，或拿着绿卡，就是不入籍。他们身在曹营，心在汉，并不忠于美国，说只有出了国才更爱国，反倒比在国内时还要崇拜，岂止是五体投地，简直是六体或七体投地，斯德哥尔摩综合征（Stockholm syndrome）彰显无疑。这就心理变态了，仇恨美国却移民美国，盖因入籍前，他们的脑骨已被置换成了尿垢。他们只想获得美国人的福利，不想尽美国人的义务；喝着葡萄酒，美化地沟油；享受民主和自由，赞赏专制和独裁。当初背诵入籍誓词时难倒是口是心非吗？大概是养成睁眼说瞎话的习惯了。走就走了吧，干吗还说这些痒痒话呢。要知道，美国的帽子是两边翘，可不是两头翘。

移民构成的国家必将因移民构成的变化而变化，纽约历史上的几次易手和动乱都与移民的构成尤其是种族构成有关。质的不同表现在很多方面，比如种族不同，宗教信仰和价值观不同，才智和能力不同，穷富不同。前期移民是没有限制的，任何能买得起船票的人都可以去美国。后来才有了疾病筛查、美元现金限制、配额限制等，根本没有后来实行的事先申批流程，正如自由女神像底座入口处青铜碑上镌写的埃玛·拉扎勒斯（Emma Lazarus）的《新巨人》所喊：

> 交给我吧，你们那些贫累交加之人，
>
> 渴望自由的芸芸众生，
>
> 还有挤满海岸被弃的可怜灵魂。
>
> 把这些无家可归、颠沛飘摇的人交给我吧，
>
> 我会高举明灯等候在金色大门！[9]

埃玛认为其他国家的穷人并非垃圾或废物，只是缺少机会，他们聚集在海岸边，希望有机会登船离开。于是，呼吁他们移民美国，因为美国有他们成功所需的一切机会。这种敞开大门，几乎来者不拒的态度致使很多想要寻求新出路的贫穷和困窘之人纷纷来到了美国，即使能出示 25 美元现金，并不表示这是他们自己的钱（可以先借后还），或者有能力重新谋生，很多穷人来到美国之后沦落为社会救济对象。美国"建立了世界上较为完善的公共救助制度，政府为符合享受救助标准的贫困家庭提供无限期的福利补贴"，[10] 为此，美国背上了越来越沉重的财政负担。自从林登·约翰逊搞大跃进，向贫穷宣战（War on Poverty）以来，美国共支出了 27 万亿美元。[11] 但仍有 3000 多万贫困人口长期依赖政府救济，[12] 怎么也摆脱不了，拿钱拿得理所当然，没有感恩之心，若不给，他们就抗议（美国国父曾经警告说联邦政府永远不

要办福利；而应减税，交由民间管，比如教会或慈善机构，反而比政府做得还好）。

除了质的不同外，数的变化也不可小觑；质的变化表明越来越多的人拥有不同于美国的价值观，甚至不认同美国的价值观，美国将越来越非美国化。量的变化表明他们的势力越来越大，势必要发声，不但借民主、自由体制维护自己的利益和文化，还会影响州长、总统的选举，进而影响美国政策的走向。

质数并存的主要问题则是规模惊人的非法移民。据统计，2022 年美国有 1100 万左右非法移民，[13] 50 多万住在纽约，[14] 而且还在逐年增加。对此，美国政府莫衷一是，一筹莫展，成了驴象之争（Donkey vs Elephant）的一个主要政治问题。就像中国的长城挡不住胡人南下牧马一样，美墨之间的边境墙也阻止不了非法移民北上的脚步。你所挡不住的，必定把你干趴下。换言之，新教伦理与资本主义精神的红利会被越来越多不同质的移民逐渐侵蚀殆尽。

塞缪尔·亨廷顿（Samuel Huntington）担心"新移民会被美国迄今占主导地位的欧洲文化同化吗？如果不能，如果美国成为真正的多元文化国家，内部充斥着不同文明的冲突，美国这个自由民主国家还能生存下去吗？美国的政治特性植根于其建国文书中阐明的原则。如果美国去西方化，是否也意味着去美国化？"他说："美国在族裔和种族上日益多元化。人口普查局估计，到 2050 年，美国人口将有 23% 拉美裔、16% 黑人和 10% 的亚裔。"[15] 正如李慎之所言，"2050 年是欧裔白人从多数变为少数的临界点。"[16]

这种担心并非杞人忧天。现在的美国已经在分裂，或许不久的将来美国会发生肤色革命（skin-color revolution）（尽管 color 有"人种的肤色"之意，但它容易让人联想到颜色革命什么的，感觉将 color 的外延扩大比较恰当），白人式微，其他有色人种开始反客为主。美国已经有了一半黑人血统的总统，有了非裔和亚裔血统的副总统，并不排除会有拉美裔、墨西哥裔、华裔的总统/副总统、州长/副州长、县长/副县长、市长/副市长。当然，还会有有色人种的女总统。更有甚者，有一天，白人会上街抗议，高呼 White Lives Matter（白命贵）。

肤色革命，未来可期。

关于 skin-color revolution 这个词我跟作者 Tyler 先生交流了一下。我问：

America is a country of immigrants, and New York is even more so. After translating your book, I have a feeling that America's immigration structure has been changing. As the number of colored races increases or even surpasses that of whites in the future, say in 2050, as Samuel Phillips Huntington once estimated, there will be a skin-color revolution in the years to come.

I coin the term "skin-color revolution" and use "skin-color" to differentiate it from the "color revolution," despite the fact that "color" itself inherently refers to the color of the human body. Do you think the term "skin-color revolution" makes any sense? If it does, would you prefer to use "skin-color revolution" or "color-of-skin revolution"?

Tyler 先生答复说：

I think "skin-color revolution" is a good term. I prefer it to the "color-of-skin revolution."

清教徒和制宪者们都是保守主义者，他们相信传统和秩序虽然需要不断修正，却不能全盘推翻。那应该保守什么呢？应该保守美国的文化和价值观。美国文化的核心是盎格鲁 - 新教文化（Anglo-Protestant culture），美国信念（American Creed）就是 17 世纪至 18 世纪早期定居者独特的盎格鲁—新教文化的产物。美国信念的关键因素包括：英语，基督教，宗教信仰，英格兰人的法治、统治者的责任和个人权利观念，以及新教徒的个人主义价值观、职业道德和人类有能力也有义务努力在尘世间创造一个天堂（山巅之城）的信念。从历史上看，吸引大量移民来到美国的正是这一文化及其促成的经济机会。[17] 同时，最重要的是保守美国的信仰和道德，不只是自由市场和保护私产，不只是小政府大社会，不只是三权分立。1798 年 10 月 11 日，约翰·亚当斯在给马萨诸塞州民兵的信中说，美国的"宪法是为有道德和宗教信仰者制定的"，即美国宪法反映的是基督徒和自由民的高级规则，"完全不适合基于其他道德和宗教信仰者的政府"。[18] 在《告别宣言》中，华盛顿指出："在所有引致政治昌盛的意向和习惯中，宗教和道德是不可或缺的支柱。如果竭力腐蚀这些人类幸福的巨大栋梁，毁坏这些人与公民职责的最坚实支撑，还声称自己是爱国者，简直是痴心妄想。"[19] 若二者皆失，司法公正将如梦幻泡影，财产、名誉和生命无法得到保护，因为即使信誓旦旦也不可信。

至于同化问题，存在三种见解。有人称美国是文化熔炉（melting pot），但熔炉不是天生的；番茄汤理念（tomato soup）则将盎格鲁—新教文化喻为一锅番茄汤，移民往里面添加调料和配料，口味更加丰富和多样化，但基本上还是一锅番茄汤；随着移民的增加，文化趋向多样性，部分移民会竭尽所能地保留自己的语言和习俗，致使美国更象是一个沙拉盘（salad bowl）；但不是一整盘，而是有多份独立品种的大杂烩，各种"原料"皆维持原样，只是因沙拉酱的不同而味道有稍许的改变。霍勒斯·卡伦（Horace Kallen）称之为文化多元论（cultural pluralism），其实是种族多元论（ethnic pluralism）。"人们可以改变自己的文化，但改变不了自己的种族特性。"[20]

"美国本是一个由盎格鲁-撒克逊白人新教文化（a white Anglo-Saxon Protestant culture）主导和塑造的社会，现在变成了一个世界各个种族的拼盘。"[21] 而且移民可以说是泥沙俱下。虽然纽约移民中也成长出几位天生奇才，比如从一个孤儿移民迅速成长为美国建国奇才的亚历山大·汉密尔顿，从逃离纳粹魔爪的犹太男孩成长为国务卿的亨利·基辛格，以及众多创造了就业和商业繁荣的企业家和商人，但更多的人是心怀梦想、吃苦耐劳、靠手艺和体力吃饭的普罗大众。当然，无法否认的是，有些移民在移民之前就是罪犯、社会渣滓或无政府主义者，甚至有些国家有意将罪犯送至纽约，而宽松的移民限制让纽约（或美国）成了倾倒罪犯和恶棍的垃圾场。而当各种思想意识、宗教观念、种族矛盾和利益追求无法调和时，暴乱就成了发泄口。

自从殖民者踏上美国海岸，暴民就存在。愚民和刁民自然是暴民的骨干，甚至有些良民也会加入其中。暴民岂止打砸抢偷、烧杀奸掠，还会以群体的力量欺凌弱势群体，攻击甚至杀害其他种族的人，比如黑人和犹太人、妇女和儿童以及无辜的落单者；若赶上对方也带枪，两个种族的人就会互射；更有甚者，武装暴民会跟警察、民兵或军队对射；他们会搞禁言和文字狱，更像某国暴民一样擅长扣帽子和打棍子；对表达不同政治观点和意见的人进行恐吓、威胁、谩骂和人身攻击，胁迫他人屈从，甚至仅仅因为讨厌某人，就会施加私刑。一旦暴乱，暴徒众多，除了镇压时当场击毙的外，总不能全部抓进监狱吧；况且监狱已经人满为患，只好忍受，法不责众，平息拉倒；因为过度拥挤的监狱侵犯了美国宪法第八修正案规定的被监禁者免受残酷和不寻常惩罚的权利。[22] 这也是加州通过 47 号提案将盗窃重罪起诉线从 400 美元提到 950 美元的原因之一，另外一个原因则是为了"适应通货膨胀和生活成本的变化"。[23] 重罪起诉的盗窃金额还要虑及通胀因素，也真是让人醉了（再加上美国特色的扶贫项目"零元购"，等于是变向地纵容犯罪）。美国很多州也不同程度地提高了这一门槛，想必各州誓与各自的通货膨胀率共进退吧。据说这导致美国犯罪率上升，吸毒者和因此而致的无家可归者激增，盗窃增加，公共安全水平下降，破案率下降（因为不再是重罪，也就不再自动收集罪犯的 DNA 样本，警方无法再将其 DNA 跟其他重罪犯的 DNA 证据进行比对）。[24] 当然，也有人认为这些州相应地加强了问责制，并没有弱化对公共安全的维护，犯罪率也没有上升。[25] 是非曲直，莫衷一是。土鳖头最烦这种公说公有理，婆说婆有理，争来争去没个定论，寡人一言九鼎多带劲。

更不用说恐怖分子和持枪射杀无辜平民的暴徒了。此外，还有一类人也应归为暴民，那就是移民到纽约的社会主义者。他们确信社会主义目标无法通过政治手段实现，演讲、宣传册和其他传统的宣传方式不足以唤醒受剥削的劳苦大众，只有针对国家或其保护的土豪劣绅、资本家采取激烈的暴力行为才是反对资本主义秩序的最佳且唯一的途径。于是，他们组织工会，发展无政府主义的追随者，开展罢工，跟老板雇用的保安枪战，刺杀或以死亡威胁不跟工会妥协的实业家，给著名的政府官员和商界领袖邮寄炸弹或在他们家门口、办公室外制造爆炸，甚至在公寓楼里搞爆炸，意图用行动激发他们所寻求的无产阶级起义；暗杀威廉·麦金利（William McKinley）总统的利昂·乔尔戈什（Leon Czolgosz）就是一个无政府主义者，只是他在俄亥俄州，不在纽约。可是，为了维持生计，工人每天辛苦工作 18 个小时，哪里有时间和精力进行革命斗争。随着热衷此道的领头人被判刑入狱，其余人就藏头缩尾，分崩离析了。直至现在，纽约仍能听到社会主义语言（socialist language）、教育系统的左派思想灌输和左媒的宣传（结果就是一系列左倾政策）。比如，追求结果平等，而不是机会平等（建立良好的制度和程序，对待公民一视同仁；确保竞争性的游戏规则，不能用不合理的标准将某些人排除在外）。要知道，人的天赋和起点不平等，结果必然不平等。如果注重结果平等，甚至连起点都要求一致，必然导致大锅饭。均贫富也不是不可，只是实现的手段要科学，还要人性化和制度化。"北欧人一直提倡均贫富，……收入低交税低，收入高交税高。……一下子就把大多数人的收入拉到一个相差不多的水平线上了。"[26] "因为国家要有意平衡大家的收入，不至于出现两极分化，所以虽然各行各业收入略有差别，但总体还是处于平均水平。……唯如此，北欧人的心境才难得地如此平和，当个人收入不再成为奋斗与论输赢的目标之后，人们才会静下心来做一些其他的事。"[27] 而若通过行政手段或财政分配杀富济贫，犹如杀鸡取卵，结局一定是穷不聊生，不少国家的实践已经证明了这一点。社会主义者一度竞选过总统（比如 1900 年的社会主义劳工党），也有人当选议员，虽提出了一些议案，但都没有通过审议；而且还发生过除名风波。

但是，何为社会主义？有没有一个明确而被各界广泛接受的定义呢？None at all. 自从 19 世纪后期出现"社会主义"这个词以来，挂靠在社会主义名下的政治理念越来越多，形成了一锅大杂烩。纽约是蓝州，民主党的老巢和票仓。有些民主党人自称是"社会主义者"。2024 年，临时顶替脚白蹬竞选下一任总统的贺锦丽也是民主党人，也被冠以社会主义者。本周二（11 月 5 日），美国人给出了回答。选民们说，空洞的理想远不如解决现实问题重要，比如支付房租的能力或对边境口岸的担忧。[28] 临时接替肯尼迪当总统的林登·约翰逊是一个民主党人，性格专横粗暴，偏执狂，[29] 增兵越南让其赔上了政治前途；其 5 年任期是美国内政外交演变过程中的一大分水岭。[30] 在美墨边境重修并扩建边境墙，以阻止潮水般涌来的偷渡客问题上，脚白蹬全盘推翻了特朗普任内的所有制度。前美国移民与海关执法局（ICE）代理局长、新任"边境沙皇"汤姆·霍曼（Tom Homan）指责其是"美国历史上第一个上任后刻意破坏边境管控的总统"。[31] 若贺锦丽当选，延续其政策，非法移民问题将愈演愈烈，或许又是美国一大分水岭也未可知。

理想很丰满，现实很骨感，理想继续败给了现实。"不可否认的是，美国工人阶级不接受社会主义的说法基本属实。"[32] 东橘西枳，叶徒相似，其实运不同。所以然者何？水土异也。

窃以为，美国新移民的群体习惯跟美国宪法的规则越来反差越大，虽然民主架构还在，但与之适配的公民越来越萎缩，民主乱象与分裂层出不穷，再加上根深蒂固的种族歧视，贫富差距加大，美国社会的分裂和阶级斗争已经相当严重，这在一定程度上与移民有关。那么，美国国土安全部会审查新移民的宗教信仰或取向和价值观吗？

显然，美国已经越来越没有办法把新旧移民及其后代熔成一体了。如果说不自由、文化单一和主体人口没有族性是灾难，那过于自由、文化过于多元化和主体人口族性众多就是祸害；前者极易专制独裁，后者极易同床异梦。现在看来，美国防住了暴君（将来出不出现，谁也不敢保证，毕竟很多暴君都是假民选之名上台的，美国也并非天然对独裁者免疫），但没防住暴民。或者说防不胜防；不是不防，从建国初就在防，国父们一直很警惕暴民，他们设计的宪法和一系列政治制度与其说是防暴君（防止大权独揽和滥权），不如说是防暴民，但至今没有有效地发挥作用，也没有找到更加有效的遏止之法。

当然，除暴民外，美国社会精英阶层及其观念的变化也是导致美国分裂的一个重要因素。在《美国真正的建国之基：一次对话》（*The Real American Founding: A Conversation*）中，政治学教授戴维·阿泽拉德（David Azerrad）称，那些身居要职的"精英们"已经抛弃了国父们的信念，"认为宗教尤其是基督教是危险的，不应该谈论它，更不应该资助它。"他们还将宗教活动赶出了公立学校。研究美国建国史的著名学者托马斯·韦斯特

（Thomas West）教授则认为，战后的"精英们"不再认为政府的目的是保障公民权利。他们想让人们摆脱"以某种方式尊重和捍卫财产权"的观念，以便政府插手，得以"向政府和政府认定的弱势群体进行财产再分配"。随着 20 世纪 60 年代激进主义以及左翼意识形态的出现，进步主义官僚政府兴起，美国政府似乎已经改头换面。那些人合法地攫取了权力，等于是巧妙地完成了一次政变。至于那张写有根本大法的羊皮纸，虽不至于被他们公开、彻底地丢弃，也只落得个保护在玻璃罩内，成为历史文件。

如果从普罗大众到社会精英越来越不坚守同一个道德和宗教信仰，他们还能生活在同一部宪法之下吗？党派之争愈演愈烈，你秃我瞎，如入泥淖，难以自拔，他们还知道应该保护谁的利益吗？他们还记得自己的职责所系吗？他们还记得建国的初心吗？他们还记得国父们的谆谆教诲吗？每逢华盛顿的诞辰纪念日，国会都要例行诵读《告别宣言》，华盛顿提醒人们要警惕那些竭力腐蚀人类幸福的巨大栋梁之人，警惕用政党的意志取代国家的意志，但他们还听得进去华盛顿的警告吗？看其党争越来越激烈，估计诵读流于形式了。

虽然美国的政治、经济和社会问题繁杂，剪不断，理还乱，仍有一些精英人士努力想要做出自己的贡献，勉力维持美利坚的共和大厦。比如，从 1994 至 2001 年担任纽约市长的意大利移民之子鲁迪·朱利安尼（Rudolph W. Giuliani）。1989 年，他首次角逐市长时，纽约有 1905 起谋杀案，输掉竞选后的 1990 年，谋杀案升至 2245 起。当年 9 月的《时代》杂志撰文指出纽约已经成为全美犯罪之都，甚至旅游手册上建议游人不要跟纽约人对视，好比到了中国的新英格兰不能瞅当地人一样，尤其不能在他们说"你瞅啥"时，回以"瞅你咋的"；加之商业萧条，失业严重，基础设施破败，曾经最繁华的纽约已经前景黯淡。他上任后，无所畏惧，一举起诉了纽约四大黑帮家族的 8 个老大，分别判处他们 100 年监禁，而且通过再次提起公诉，将其中的托尼·萨莱诺（Tony Salerno）的刑期又加了 30 年；整顿吏治，查处贪腐；在打击犯罪上践行破窗理论（Broken Windows theory），推行情报引导警务的 Compstat 模式，从而让纽约脱胎换骨。在朱利安尼施政期间，谋杀案减少了 67%，整体犯罪率下降了 57%，枪击案减少了 75%；主要产业由黑帮家族把持的传统被根除，业者不用再交流氓保护费。2000 年 1 月的《时代》杂志称纽约是全美最安全的都市。[33]

最近，刚刚参加完副总统辩论会的万斯（J. D. Vance）参议员是爱尔兰和苏格兰移民的后裔，他曾经在竞选集会上说过："我们热爱这个国家，永远不会放弃希望，为了让每个人都有一个更加美好的未来，我们会奋斗不止，不管他们是否把票投给我们。"[34]

1787 年，费城会议制定了美国联邦宪法。会议结束后，有位女士问富兰克林：嘿，博士，我们得到了一个什么国家，共和制，君主制？博士答道：如果你们能坚持下去，它就是共和国。[35] 因此，开头不重要，最重要的是能否坚持下去，但坚持共和制代价不菲，维护自由成本高昂。当然，这可不仅是钱的事。

参加制宪会议的马里兰州代表詹姆斯·麦克亨利（James McHenry）将富兰克林的这句话记入了笔记，并发表于 1906 年的《美国历史评论》（*American Historical Review*）[36]（有人认为还要早，比如 1803 年的报纸）。在其最初笔记的脚注中，他指出"这里提到的女士是费城的鲍威尔夫人"，即费城市长塞缪尔·鲍威尔（Samuel Powel）的妻子伊丽莎白·威林·鲍威尔（Elizabeth Willing Powel）。据说 1803 年的版本还有下文，市长鲍威尔立即反问："为什么不能坚持呢？"富兰克林答曰："因为人民在品尝这道菜时，总想多吃多占，较不关心是否对他们有益。"[37] 现代共和制有两个基本特征：政府是依照宪法、由公民选举产生的，国家由民有民治民享；官员有任期。美国仍然体现着这两个基本特征，但其选民随着移民的增加已经改变，分裂势在必然。

落霞与孤鹜齐飞，精华与糟粕共存。这就是移民的纽约，这就是移民的美国。

注释和引用
Notes and Works Cited

序言

穿越孤独，静心独处

［1］这里的"食粮"是一个广义的概念，既指精神食粮，即两种语言所代表的思想、文化的转换和交流，又指物质食粮，即译者获得的收入，尤其是职业译者。

［2］陈颖青，老猫学出版，浙江大学出版社，2018，p.121.

［3］阿琳·克莱默·理查兹，露西尔·斯派拉，亚琵·林奇，穿越孤独：精神分析师眼中的孤独与孤单，曹思聪，蓝薇，童俊译，李小龙审校，世界图书出版公司，2016，p.284.

［4］Ibid., p. 283.

［5］Ibid., p. 17.

［6］Ibid., p. 8.

［7］Ibid., p. 283.

［8］Ibid., p. 19.

［9］Ibid., p. 27.

［10］Ibid., p. 9.

［11］"逝将去女"出自《诗经·魏风·硕鼠》。对我来说，我不仅要离开那群人，还要离开他们生活的地方。

［12］"在坰之野"出自《诗经·鲁颂·駉》。坰，城外牧马之地。

［13］less traveled 出自美国诗人罗伯特·弗罗斯特（Robert Frost）的《未选之路》（*The Road Not Taken*）: Two roads diverged in a wood, and I—I took the one less traveled by, and that has made all the difference.

[14] 穿越孤独，p.12.

[15] Ibid., p. 25.

[16] Ibid., p. 18.

[17] Ibid., p. 24.

[18] Ibid., p. 286.

[19] Ibid., p. 15.

[20] Ibid., p. 286.

[21] Ibid., p. 20.

[22] 周国平，当你学会独处，浙江人民出版社，2019，p.84.

[23] 王国维，人间词话，上海三联书店，2014，p.127.

[24] 唐代白居易的《长恨歌》。

[25] 穿越孤独，p.18.

[26] Ibid., p.30.

[27] 从这个角度讲，中华文化是建在地下的，地上的木构建筑大多毁于天灾人祸。中国人视死如生。没有什么比死了也要有人陪葬和占有财物更残忍、野蛮、自私、贪婪和无耻的了。相反，古希腊和古罗马文化是建在地上的，因为大多是石头建筑。

[28] 史记·郦生陆贾列传

[29] The She King or The Book of Poetry 诗　经，James Legge tr., Hong Kong University Press, 1960, p.360.

[30] "非淡泊无以明志，非宁静无以致远"，世人多以为出自诸葛亮。其实，早在西汉初年，淮南王刘安主持编写的《淮南子·主术训》中就有这句话："是故非澹薄无以明德，非宁静无以致远，非宽大无以兼覆，非慈厚无以怀众，非平正无以制断。"诸葛亮的话是"夫君子之行，静以修身，俭以养德。非澹泊无以明志，非宁静无以致远。"澹，淡。

Part 1　理念先行

翻译是个细活

[1] 陈颖青，老猫学出版，浙江大学出版社，2018，p.103.

［2］Ibid., p.102.

［3］Russell Jones, Sense: Unlock Your Senses and Improve Your Life, Welback, 2020, p.124.

［4］John Kenneth Galbraith, *American Capitalism:* The concept of countervailing power, Hamish Hamilton, 1957, P.94, quoted by Robert D. Atkinson, Michael Lind, Big is Beautiful: Debunking the Myth of Small Business, The MIT Press, 2018, p.102.

［5］约翰·肯尼斯·加尔布雷思，美国资本主义：抗衡力量的概念，王肖竹译，华夏出版社，2008，p.101.

［6］安东尼奥·达马西奥，笛卡尔的错误：情绪、推理与大脑，殷云露译，北京联合出版公司，2020，P.62.

［7］Gary Belsky, Thomas Gilovich, Why Smart People Make Big Money Mistakes: Lessons from the Life-Changing Science of Behavioral Economics, Simon & Schuster, 2009, pp.83-84.

［8］加里·贝尔斯基，托马斯·季洛维奇，增值陷阱：聪明人必须知道的花钱艺术，黄延峰译，北京联合出版公司，2020，p.84.

［9］Callum Williams, The Classical School: The Turbulent Birth of Economics in Twenty Extraordinary Lives, The Economist Books, 2020, p.3.

［10］卡勒姆·威廉斯，大转型之前：从亚当·斯密和阿尔弗雷德·马歇尔，黄延峰译，文汇出版社，2023，p.iv.

［11］罗伯特 D. 阿特金森，迈克尔·林德，规模：企业创新、生产率和国际竞争，黄延峰译，格致出版社，2021，p.151.

［12］Robert D. Atkinson, Michael Lind, Big is Beautiful: Debunking the Myth of Small Business, The MIT Press, 2018, p.3.

［13］William Strunk, Jr., E. B. White, The elements of style, 4th ed. Longman, 2000, p.36.

［14］陈丹青，纽约琐记（修订版），广西师范大学出版社，2010，p.57.

［15］唐纳德·特朗普，梅雷迪思·麦基弗，像赢家一样思考：源于商业和生活的成功之道，中国人民大学出版社，2016，p.10.

［16］Donald J. Trump, Meredith McIver, Think Like a Champion: An Informal Education in Business and Life, Vanguard Press, 2009, p.8.

［17］Ibid.

[18] 唐纳德·特朗普，梅雷迪思·麦基弗，像赢家一样思考：源于商业和生活的成功之道，中国人民大学出版社，2016，p.11.

[19] Cheng Zhenqiu, On Problems of Translation: A Series of Talks Given at the Institute of Journalism, Beijing（论汉译英的几个问题），外语教学与研究出版社，1981，p.3.

[20] Ibid., p.36.

[21] 唐·泰普斯科特，安东尼·D.威廉姆斯，维基经济学：大规模协作如何改变一切，何帆，林季红译，中国青年出版社，2012，p.68.

[22] 崔恩·葛瑞芬（Tren Griffin），穷查理的投资哲学与选股金律，林奕伶译，商周出版社，2016，p.142.

[23] 安东尼奥·达马西奥，笛卡尔的错误：情绪、推理与大脑，殷云露译，北京联合出版公司，2020，p.148.

[24] 阿加莎·克里斯蒂，阿加莎·克里斯蒂自传，王霖译，新星出版社，2017，p.256.

[25] Robert D. Atkinson, Michael Lind, Big is Beautiful: Debunking the Myth of Small Business, The MIT Press, 2018, p.77.

[26] 唐纳德·特朗普，梅雷迪思·麦基弗，像赢家一样思考：源于商业和生活的成功之道，中国人民大学出版社，2016，pp.10–11.

[27] 陈丹青，纽约琐记（修订版），广西师范大学出版社，2010，p.150.

[28] 斯特兹·特克尔，艰难时代：亲历美国大萧条，王小娥译，中信出版集团，2016，p. II.

[29] Studs Terkel, Hard Times: An Oral History of the Great Depression, The New Press, 2005, p. xii.

[30] https://en.wikipedia.org/wiki/Farmers_Home_Administration

[31] 史蒂芬·罗奇，未来的亚洲：新全球化时代的机遇与挑战，束宇，马萌译，中信出版社，2009，p.ix.

[32] 规模，p. ii.

[33] 赖建诚，经济史的趣味，格致出版社，2024，p. 54.

翻译的三层次、三境界与三心二意

[1] 王国维，人间词话，上海三联书店，2014，p.127.

［2］周国平，当你学会独处，浙江人民出版社，2019，p.84.

翻译的前提是真的读懂了

［1］S. R. Nathan, with Timothy Auger, An Unexpected Journey: Path to the President, Editions Didier Millet, 2011, p.454.

［2］纳丹（S. R. Nathan），万想不到的征程：新加坡前总统纳丹回忆录，阮岳湘，王海萍译，湖南人民出版社，2015，p.331.

［3］An Unexpected Journey, pp.454–455.

［4］Ibid., pp.452–453.

［5］纳尔逊·曼德拉，漫漫自由路：曼德拉自传，谭振学译，广西师范大学出版社，2015，p.2.

［6］Nelson Mandela, Long Walk to Freedom, Little, Brown, 2013, p.3.

读懂原文，知悉背景，长句可短

［1］Callum Williams, The Classical School, The Economist, 2020, p.169.

［2］Karl Marx, Capital, Volume II, Foreign Language Publishing House, Moscow, 1957, p.18.

［3］Karl Marx, translated by David Fernbach, Capital, Volume II, Penguin Books, 1978, pp.101–102.

［4］马克思，《资本论》第二卷，郭大力，王亚南译，人民出版社，1964年11月第2版，p.xxv.

［5］马克思，《资本论》第二卷，中共中央马克思、恩格斯、列宁、斯大林著作编译局译，人民出版社，1975年6月第1版，p.25.

图书译者的三个短板

［1］语言迁移（language transfer）指一种语言对学习另一种语言产生的影响，促进第二语言学习的是正迁移（positive transfer），对第二语言习得产生干扰的是负迁移（negative transfer）。

［2］https://www.boone-crockett.org/going-prone

［3］Robert D. Atkinson, Michael Lind, Big is Beautiful: Debunking the Myth of Small Business, The MIT Press, 2018, P.14.

[4] Ibid., p.192.

[5] Ibid., p.228.

[6] Joseph Bikart, The Art of Decision Making: How We Move from Indecision to Smart Choices, Watkins, 2019.

[7] 约瑟夫·比卡特, 深度决策: 重构你的决策思维, 黄延峰译, 世界图书出版公司, 2020.

翻译知识点与临终关怀

[1] Margaret Heffernan, Wilful Blindness, why we ignore the obvious, Simon & Schuster, 2019, p.336.

[2] Palliative Care Service, About HA's Palliative Care Services, https://www.ha.org. hk/visitor/ha_visitor_index.asp?Content_ID=10096&Lang=ENG&Dimension=100&Parent_ID=10085

欲引名言轻借力, 山重水复知何处

[1] 林木西, 黄泰岩, 国民经济学 (翻译用稿), p.86.

[2] 淮南子 II, 翟江月今译, 翟江月, 牟爱鹏英译, 广西师范大学出版社, 2010, p.510.

[3] 黄少安等, 产权理论比较与中国产权制度变革, 经济科学出版社, 2012, p.49.

[4] R. H. Coase, The Problem of Social Cost, The Journal of Law & Economics, Vol. III, October 1960, pp.8–9.

[5] Ibid., p.10.

[6] Huang, Shaoan, Developing Property Rights Theory, Based on China's practice, translated by Yanfeng Huang, Springer, 经济科学出版社, 2023, p. 46.

[7] 国民经济学 (翻译用稿), p.88.

[8] 永续发展目标 (SDGs) 教育手册台湾指南, p.13.

[9] 国民经济学 (翻译用稿), p.89.

[10] Ibid., p.65.

语素序乱但不失其义

[1] Roger A. Kerin, Steven W. Hartley, Marketing, 13e, McGraw-Hill Education, 2017, p.275.

[2] 罗杰·A·凯林，史蒂文·W·哈特利，市场营销 13e，黄延峰，董伊人，史有春，何健译，九州出版社，2022，p.299.

顺畅如叠瀑

[1] Mike Hoefflinger, Becoming Facebook: the 10 challenges that defined the company that's disrupting the world, AMACOM, 2017, p.113.

[2] 麦可·霍伊弗林格，成为脸书，马克·祖克柏如何思考创新与布局，让全世界离不开脸书，黄逸华，刘体中，林丽雪译，三采文化，2017，p.172.

[3] 麦克·霍夫林格，回归商业常识：Facebook 的十大挑战和应对，黄延峰译，中信出版集团，2019，p.154.

[4] Becoming Facebook, p.113.

[5] 成为脸书，p.172.

[6] 回归商业常识，p.154.

[7] Becoming Facebook, p.113.

[8] 成为脸书，p.172.

[9] 回归商业常识，p.154.

[10] Becoming Facebook, p.113.

[11] 成为脸书，p.172.

[12] 回归商业常识，p.154.

[13] Becoming Facebook, p.114.

[14] 成为脸书，pp.172–173.

[15] 回归商业常识，pp.154–155.

[16] Roger A. Kerin, Steven W. Hartley, Marketing, 13e, McGraw-Hill Education, 2017, p.192.

[17] 罗杰·A·凯林，史蒂文·W·哈特利，威廉·鲁迪里尔斯，市场营销 9e，董伊人，史有春，何健等译，世界图书出版公司，2011，p.201.

[18] 罗杰·A·凯林，史蒂文·W·哈特利，市场营销 13e，黄延峰，董伊人，史有春，何健译，九州出版社，2022，p.197.

编辑和译者不能各自为战

［1］陈颖青，老猫学出版：编辑的技艺&二十年出版经验完全汇整，浙江大学出版社，2009，p.106.

［2］Ibid., pp.101–102.

［3］Ibid., p.101.

［4］约翰·雅顿，重塑你的大脑，黄延峰译，中信出版社，2011，p.6.

［5］Václav Havel, Disturbing the Peace: A Conversation with Karel Huizdala, Vintage, 1990, pp.181–182.

不要脸的译者，不识货的编辑

/

教授、卖茶叶蛋的、乔布斯传和4V

［1］Robert D. Atkinson & Michael Lind, Big is Beautiful: Debunking the Myth of Small Business, The MIT Press, 2018, p.96.

［2］罗伯特·阿特金森，迈克尔·林德，规模：企业创新、生产率和国际竞争，黄延峰译，格致出版社，2021，pp.144–145.

［3］沃尔特·艾萨克森，史蒂夫·乔布斯传（修订版），魏群等译，中信出版社，2015，p.83.

［4］Big is Beautiful, pp.96–97.

［5］规模，p.145.

［6］Big is Beautiful, p.97.

［7］规模，p.145.

［8］Walter Isaacson, Steven Jobs, Little, Brown, 2011, p.87.

［9］史蒂夫·乔布斯传（修订版），p.84.

［10］Steven Jobs, p.87.

［11］Steven Jobs, p.88.

［12］https://www.linkedin.com/pulse/nudity-open-kimono-gis-matt-sheehan

［13］Steven Jobs, pp.88–89.

［14］Big is Beautiful, p.97.

［15］Steven Jobs, p.87.

［16］史蒂夫·乔布斯传（修订版），p.83.

［17］Steven Jobs, p.89.

［18］史蒂夫·乔布斯传（修订版），p.85.

［19］Ibid.

隔空摸象离不开作者

/

问作者，方能见微知著

［1］麦可·霍伊弗林格，成为脸书，马克·祖克柏如何思考创新与布局，让全世界离不开脸书，黄逸华，刘体中，林丽雪译，三采文化，2017，p.43.

［2］Mike Hoefflinger, Becoming Facebook: the 10 challenges that defined the company that's disrupting the world, AMACOM, 2017, p.18.

［3］麦克·霍夫林格，回归商业常识：Facebook 的十大挑战和应对，黄延峰译，中信出版集团，2019，p.29.

Part 2　文学之译

文学作品与人性

［1］白先勇，树犹如此，湖南文艺出版社，2022，pp.85–86.

［2］Ibid., pp.116–117.

［3］Jane Austen, Northanger Abbey, An Annotated Edition, Edited by Susan J. Wolfson, The Belknap Press of Harvard University Press, 2014, p.102.

［4］威廉·德雷谢维奇（William Deresiewicz），简·奥斯丁的教导，刘倩译，三联书店，2017，p.122.

［5］简·奥斯丁，诺桑觉寺，麻乔志译，重庆出版社，2008，p27；新文艺出版社，1958，p.25.

［6］UNESCO, Records of the General Conference, 36th session, Paris, 25 October-10 November 2011, p.52.

［7］毛泽东，毛泽东选集，第三卷，人民出版社，1953，p.944.

［8］Mao Tse-Tung, Selected Works of Mao Tse-Tung, Vol. III, Foreign Languages Press, 1967, pp.144–145.

［9］Northanger Abbey, p. 103. 这里的 Cecilia、Camilla 或 Belinda 指弗朗西丝·伯尼（Frances Burney）的小说《塞西莉亚》和《卡米拉》，以及玛丽亚·埃奇沃思（Maria Edgeworth）的小说《贝琳达》。弗朗西丝和玛丽亚是两位女作家。

［10］Northanger Abbey，p.102.

［11］白先勇，树犹如此，湖南文艺出版社，2022，p.132.

［12］苏珊娜·卡森编，为什么要读简·奥斯丁，王丽亚译，译林出版社，2011，p.91.

［13］卡罗尔·希尔兹，简·奥斯丁，袁蔚译，三联书店，2014，p.8.

［14］Ibid., p.98.

［15］简·奥斯丁，诺桑觉寺，插图珍藏版，孙致礼译，人民文学出版社，2018，pp.27–28.

［16］简·奥斯丁，诺桑觉修道院，昆仑鹰译，南海出版公司，1997，p.26.

［17］简·奥斯丁，诺桑觉寺，经典插图本，金绍禹译，上海译文出版社，2015-01，p.34.

［18］简·奥斯丁，诺桑觉寺，柳明译，陕西师范大学出版社，2009, p.25.

海明威：破产之悖论？

［1］Tren Griffin, Charlie Munger: The Complete Investor, Columbia Business University Press, 2015, p.173.

［2］Ernest Hemingway, The Sun Also Rises, Scribner, 2014, p.109.

［3］欧内斯特·海明威，太阳照常升起，冯涛译，译林出版社，2012，p.163.

［4］欧内斯特·米勒·海明威，太阳照常升起，方华文译，译林出版社，2016，p.127.

［5］欧内斯特·海明威，太阳照常升起，吴建国译，上海文艺出版社，2020，P.170.

［6］海明威，太阳照常升起，张宽新译，河南文艺出版社，2012，p.178.

［7］欧内斯特·海明威，太阳照常升起，周舟译，长江文艺出版社，2013，p.121.

［8］欧内斯特·海明威，太阳照常升起，赵静男译，上海译文出版社，

1984，pp.150–151.

[9]欧内斯特·海明威，太阳照常升起，周平译，长江文艺出版社，2012，p.129.

[10]欧内斯特·海明威，太阳照常升起，周莉译，人民文学出版社，2013，p.139.

[11]欧内斯特·海明威，太阳照常升起，刘艳译，华中科技大学出版社，2017，p.135.

[12]海明威，太阳照常升起，严加丰译，安徽师范大学出版社，2016，p.96.

[13]海明威，太阳照常升起，罗宾译，远方出版社，2013，p.129.

[14]欧内斯特·海明威，太阳照常升起，赵谨译，湖南文艺出版社，2012，p.157.

[15]The Sun Also Rises, p.65.

[16]海明威，太阳照常升起，李东东译，西苑出版社，2003，p.118.

[17]海明威，太阳照常升起，刘旭亮译，煤炭工业出版社，2016，p.79.

[18]欧内斯特·海明威，太阳照常升起，苏心一译，江苏凤凰文艺出版社，2018，p.120.

[19]海明威，太阳照常升起，姜蕾，赵广发，郭朝译，辽宁大学出版社，2011，p.151.

[20]海明威，太阳照常升起，王仁才译，中国友谊出版公司，2017，p.139.

[21]海明威，太阳照常升起，吕元译，中国言实出版社，2014，p.144.

[22]海明威，太阳照常升起，舞阳编译，北方妇女儿童出版社，2018，p.115.

[23]海明威，太阳照常升起，马晓娟译，四川大学出版社，2023，p.188.

[24]海明威，太阳照常升起，苏琦译，现代出版社，2019，p.134.

[25]海明威，太阳照常升起，王艳霞译，煤炭工业出版社，2018，p.115.

[26]海明威，太阳照常升起，麦芒译，天津人民出版社，2016，p.116.

[27]海明威，太阳照常升起，陈燕敏译，黄山书社，2012，p.139.

[28]欧内斯特·米勒尔·海明威，太阳照常升起，崔蒙译，江苏凤凰文艺出版社，2022，p.141.

[29]欧内斯特·海明威，太阳照常升起，盛世教育西方名著翻译委员会译，世界图书出版公司，2012，p.178.

[30]厄尼斯特·海明威，太阳照常升起，杨蔚译，天津人民出版社，2017，p.161.

［31］信、达、雅是中国近代启蒙思想家、翻译家严复提出的翻译理论，又称"三难原则"，出自严复译著《天演论》的译例言："译事三难：信、达、雅。求其信已大难矣，顾信矣不达，虽译犹不译也，则达尚焉。"钱钟书在《管锥编》（第三册）中说，三难原则源自三国时期佛教译经大师支谦所译《法句经》序里的雅、严、信、达："仆初嫌其为辞不雅，维祇难曰：'佛言依其义不用饰，取其法不以严。其传经者，令易晓勿失厥义，是则为善。'座中咸曰：老氏称'美言不信，信言不美'；……'今传梵义，实宜径达。'……严复译《天演论》弁例所标：'译事三难，信、达、雅'，三字皆已见此。"伍蠡甫、邹振环等学者指出，苏格兰法学家亚历山大·弗雷泽·泰特勒（Alexander Fraser Tytler）在 1791 年出版的《论翻译的原则》（*Essay on the Principles of Translation*）的三条翻译通律（the three general laws of translation）对严复的影响很大，即

I. 译文应完整地反映原作的思想；

II. 写作风格和方式应与原作保持一致；

III. 译文应与原作一样易读。

Sources: Alexander Fraser Tytler, Essay on the Principles of Translation, 3e, Edinburgh: Neill & Co., 1813, p.16.

［32］钱钟书，管锥编，第三册，中华书局，1979，p.1101.

［33］Amy Whitaker, Art Thinking: How to Carve Out Creative Space in a World of Schedules, Budgets, and Bosses, Harper Business, 2016, pp.30–31.

莎士比亚：我们天生一副做梦的皮囊

［1］Joseph Bikart, The Art of Decision Making: How We Move from Indecision to Smart Choices, Watkins, 2019, p.161.

［2］威廉·莎士比亚，暴风雨，朱生豪译，大众文艺出版社，2010，p.101.

［3］莎士比亚全集 7（增订本），暴风雨，朱生豪译，译林出版社，2016，p.359.

［4］莎士比亚，暴风雨，莎士比亚全集（中英对照），梁实秋译，中国广播电视出版社，远东图书公司，2001，p.139.

［5］莎士比亚，暴风雨，孙大雨译，上海译文出版社，1998，p.82.

［6］莎士比亚，莎士比亚喜剧 5 种，方平译，上海译文出版社，1979，p.621.

[7]暴风雨，莎士比亚全集，彭镜禧译，外语教学与研究出版社，2016，p.87.

[8]卞之琳，卞之琳译文集（中卷），安徽教育出版社，2000，p.33.

[9]朱熹，四书章句集注，中华书局，1986，p.208.

[10]杨伯峻，论语译注（典藏版），中华书局，2017，p.106.

[11]约瑟夫·比卡特，深度决策：重构你的决策思维，黄延峰译，世界图书出版公司，2020，p.211.

李尔王：滚开我的眼前

[1]Margaret Heffernan, Wilful Blindness: Why We Ignore the Obvious at Our Peril, Simon & Schuster, 2011, p.299.

[2]玛格丽特·赫夫曼，盲目心理学：日常生活中荒诞行为的心理学解读，黄延峰译，江苏文艺出版社，2013，p.232.（作者的姓应是"赫夫南"，据说是版权登记过程中出错了，应是把 nan 看成 man 了，等到发现已经来不及更改了。好在新版出版时更正了过来。）

[3]莎士比亚，莎士比亚全集（增订本）第六卷，朱生豪译，译林出版社，2016，p.9.

[4]莎士比亚，李尔王，莎士比亚全集33（中英对照），梁实秋译，中国广播电视出版社，远东图书公司，2001，p.25.

[5]威廉·莎士比亚，里亚王，卞之琳译，上海人民出版社，2021，p.14.

[6]威廉·莎士比亚，李尔王，许渊冲译，海豚出版社，2016，p.12.

[7]William Shakespeare, King Lear, A Conflated Text, Stephen Orgel ed., Penguin Books, 1999, p.9.

[8]William Shakespeare Complete Works, Jonathan Bate and Eric Rasmussen ed., The Modern Library, 2007, p.2012.

[9]玛格丽特·赫夫南，大难时代：是谁造成了全球金融危机、次级房贷风暴、公司组织崩坏？我们对危险视而不见，终于大难临头，赵慧芬译，台湾漫游者文化事业股份有限公司，2012，p.324.

一瘸一拐的高龄病人

[1]Clive Scott, Re-theorizing the literary in literary translation. In: Fawcett A, Garcia KLG, Parker RH (eds.) Translation: Theory and Practice in Dialogue, Continuum

International Publishing Group, London, 2010, p. 109.

［2］爱德华·霍克, 不可能犯罪诊断书 II, 吴非, 姚向辉译, 吉林出版集团, 2107, pp.32-33.

［3］Edward D. Hoch, *More Things Impossible: The Second Casebook of Dr. Sam Hawthorne* (e-copy), Crippen & Landru, 2006, p.14.

［4］不可能犯罪诊断书 II, Ibid., p.10.

［5］Ibid., p.7.

［6］Ibid., p.27.

［7］Ibid., p.8.

［8］Ibid., p.27.

［9］Ibid., p.42.

［10］爱德华·霍克, 不可能犯罪诊断书 II, 黄延峰译, 湖南文艺出版社, 2023, p.36.

不只是睡前才说 Good night

［1］Edward D. Hoch, *More Things Impossible: The Second Casebook of Dr. Sam Hawthorne* (e-copy), Crippen & Landru, 2006, p.155.

［2］爱德华·霍克, 不可能犯罪诊断书 II, 黄延峰译, 湖南文艺出版社, 2023, pp.179-180.

把母牛赶回谷仓

［1］Edward D. Hoch, *Diagnosis: Impossible, The Problems of Dr. Sam Hawthorne*, Crippen & Landru, 1996, p.32.

［2］爱德华·霍克, 不可能犯罪诊断书 I, 景翔译, 吉林出版集团, 2017, p.35-36.

［3］*Diagnosis: Impossible*, p.15.

［4］不可能犯罪诊断书 I, p.8.

［5］*Diagnosis: Impossible*, p.16.

［6］不可能犯罪诊断书 I, p.10.

［7］Edward D. Hoch, *More Things Impossible: The Second Casebook of Dr. Sam Hawthorne* (e-copy), Crippen & Landru, 2006, p.27.

[8]爱德华·霍克，不可能犯罪诊断书 II，吴非，姚向辉译，吉林出版集团，2017，p.31.

[9] More Things Impossible, p.28.

[10]不可能犯罪诊断书 II，p.32.

[11] More Things Impossible, p.117.

无关于海，更不是撒谎

[1]柳鸣九等著，郭凤岭编，译书记，金城出版社，2011，p.16.

[2]屈勒味林，英国史，钱端升译，红旗出版社，2018，pp.2-3.

[3]宋德利，译心：我的翻译三宗罪，金城出版社，2014，p.135.

[4] Ibid., p.159.

[5] Ibid., p.161.

[6]等待微风入眠，常青藤语言教学中心编译，安徽教育出版社，2013，p.190.

[7] Callum Williams, The Classical School: The turbulent birth of economics in twenty extraordinary lives, The Economist, 2020, p.26.

[8]伯纳德·曼德维尔，蜜蜂的寓言：私人的恶德，公众的利益，肖聿译，中国社会科学出版社，2002，p.26; B. 曼德维尔，蜜蜂的寓言（第一卷），肖聿译，商务印书馆，2019，p.26.

[9]伯纳德·曼德维尔，蜜蜂的寓言：私人的恶德，公众的利益，刘霈译，华文出版社，2019，pp.16-17.

[10] Adam Smith, The Wealth of Nations, The Modern Library, 1994, p.198.

[11]卡勒姆·威廉斯，大转型之前：从亚当·斯密到阿尔弗雷德·马歇尔，黄延峰译，文汇出版社，2023，p.23.

美元非元，英镑非镑

[1] Edward D. Hoch, More Things Impossible: The Second Casebook of Dr. Sam Hawthorne, Crippen & Landru, 2006, p.202.

[2]爱德华·霍克，不可能犯罪诊断书 II，吴非、姚向辉译，吉林出版集团，2017，p.280.

[3] Ibid., p.283.

［4］More Things Impossible, p.216.

［5］不可能犯罪诊断书 II，p.300.

［6］考琳·麦卡洛，呼唤，李尧译，作家出版社，2006，p. 5.

［7］Colleen McCullough, The Touch, Century, London, 2004, p. 5.

［8］https://book.douban.com/review/1066811/

［9］17 世纪开始，西班牙人、葡萄牙人、荷兰人和法国人陆续到达澳大利亚，他们带去了自己的货币，包括西班牙元和英镑。1788 年 1 月 26 日，英国流放到澳的第一批犯人抵达悉尼湾，开始在澳大利亚建立第一个殖民地，即新南威尔士。1825 年，英国通过《纯银币法案》（Sterling Silver Currency Act），使得英国硬币（British coins）成为澳大利亚殖民地唯一被认可的货币。根据《呼唤》（The Touch）的目录列出的故事发生时间，父女的对话介于 1872 年至 1885 年。可见，当时澳大利亚的货币就是英镑。1901 年，澳大利亚成立联邦。9 年以后的 1910 年，澳大利亚才发行自己的货币，由澳大利亚镑、先令和便士组成。1966 年 2 月 14 日，澳大利亚发行现行流通的澳元，取代了澳镑。

施施然的奔马

［1］Edward D. Hoch, Nothing is Impossible: Further Problems of Dr. Sam Hawthorne, Crippen & Landru, 2014, p.77.

［2］爱德华·霍克，不可能犯罪诊断书 III，石葱译，吉林出版集团，2017，p.185.

［3］爱德华·霍克，不可能犯罪诊断书 III，黄延峰译，湖南文艺出版社，2023，p.169.

还好没译成"光棍子"

［1］爱德华·霍克，不可能犯罪诊断书 IV，吴非，陶然译，吉林出版集团，2017，p.281.

［2］Edward D. Hoch, All but Impossible: The Impossible Files of Dr. Sam Hawthorne (e-copy), Crippen & Landru, 1999, p.82.

［3］Edward D. Hoch, Challenge the Impossible: The Final Problems of Dr. Sam Hawthorne (e-copy), Crippen & Landru, 2018, p.217.

［4］爱德华·霍克，不可能犯罪诊断书Ⅵ，吴非译，吉林出版集团，2013，p.293.

［5］Challenge the Impossible, p.226.

［6］不可能犯罪诊断书Ⅵ，吴非译，p.310.

［7］爱德华·霍克，不可能犯罪诊断书Ⅵ，黄延峰译，湖南文艺出版社，2023，p.228.

［8］Challenge the Impossible, p.218.

［9］不可能犯罪诊断书Ⅵ，吴非译，p.294.

［10］不可能犯罪诊断书Ⅵ，黄延峰译，p.217.

［11］Challenge the Impossible, p.226.

［12］Ibid., p.215.

［13］不可能犯罪诊断书Ⅵ，吴非译，p.290.

［14］不可能犯罪诊断书Ⅵ，黄延峰译，p.213.

［15］Challenge the Impossible, p.218.

［16］不可能犯罪诊断书Ⅵ，吴非译，p.295.

［17］不可能犯罪诊断书Ⅵ，黄延峰译，p.217.

我愿化身石桥

/

恶龙耶，悍妇耶

［1］Joseph Bikart, The Art of Decision Making: How We Move from Indecision to Smart Choices, Watkins, 2019, p.69.

［2］莱内·马利亚·马尔克，给青年诗人的信，冯至译，天津人民出版社，2018，p.49.

［3］约瑟夫·比卡特，深度决策：重构你的决策思维，黄延峰译，世界图书出版公司，2020，p.81.

［4］The Art of Decision Making, p.2.

［5］给青年诗人的信，p.23.

Part 3　梦想之城

open 的裤子什么样

［1］Tyler Anbinder, City of Dreams: The 400-Year Epic History of Immigrant New York, Mariner Books, 2017, p.339.

［2］冯亦代，漫步纽约，百花文艺出版社，1985，p.176.

［3］张健，沧浪诗话研究，五南图书公司，1992，p.47.

［4］History of the Zipper, https://zippershipper.com/blogs/blog/history-of-the-zipper, Posted Tuesday, November 22, 2022.

一个 van 字搜出的一连串误译

［1］Tyler Anbinder, City of Dreams: The 400-Year Epic History of Immigrant New York, Mariner Books, 2017, p.18.

［2］华盛顿·欧文，纽约外史，刘荣跃译，清华大学出版社，2015，p.95.

［3］Washington Irving, Diedrich Knickerbocker's History of New-York, The Heritage Press, 1968, p.93.

［4］Callum Williams, The Classical School: The Turbulent Birth of Economics in Twenty Extraordinary Lives, The Economist Books, 2020, p.22.

［5］卡勒姆·威廉斯，大转型之前：从亚当·斯密和阿尔弗雷德·马歇尔，黄延峰译，文汇出版社，2023，p.17.

［6］张淑勤，荷兰史：自序，三民书局，2012.

［7］https://founders.archives.gov/documents/Adams/06-11-02-0129

［8］张淑勤，荷兰史，P.3.

［9］莫里斯·布罗尔，荷兰史，商务印书馆，1974，p.3.

［10］张淑勤，荷兰史，p.123.

［11］The Classical School, p.9.

Director 或 Governor，理事还是总督？

［1］Tyler Anbinder, City of Dreams: The 400-Year Epic History of Immigrant New York, Mariner Books, 2017, pp.2-3.

［2］Ibid., p.5.

［3］Ibid., p.10.

［4］Ibid., pp.22–23.

［5］张淑勤，荷兰史，三民书局，2012，p.118.

［6］Ibid., p.117.

［7］Ibid., p.123.

［8］City of Dream, p.23.

［9］Ibid., p.13.

［10］Ibid., p.27.

［11］Ibid., p.51.

东河，伊斯特河?

［1］Tyler Anbinder, City of Dreams: The 400-Year Epic History of Immigrant New York, Mariner Books, 2017, p.14.

［2］莎拉·亨利，纽约：一个伟大城市的故事，王树良，张玉花译，中国友谊出版公司，2018，p.15.

［3］乔治·J.兰克维奇，纽约简史，辛亨复译，上海人民出版社，2005，p.7.

［4］Ibid., p.4.

［5］冯亦代，漫步纽约，百花文艺出版社，1985，p.217.

［6］Ibid., p.176.

［7］纽约简史，p.4.

［8］纽约：一个伟大城市的故事，p.15.

［9］华盛顿·欧文，纽约外史，刘荣跃译，清华大学出版社，2015，p.55.

［10］Washington Irving, Diedrich Knickerbocker's History of New-York, The Heritage Press, 1968, p.54.

［11］萧拉瑟，世界中心的岛：曼哈顿传奇，陈丽丽，吴奕俊译，于舒畅校，社会科学文献出版社，2019，p.8.

［12］Ibid., p.50.

［13］纽约：一个伟大城市的故事，p.13.

［14］City of Dream, p.xiv.

［15］学习铁人王进喜，人民出版社，1972，p. 42.

长短人名的取舍

[1] 毛姆，月亮与六便士，李嘉译，中国华侨出版社，2019，p.1.

[2] Tyler Anbinder, City of Dreams: The 400-Year Epic History of Immigrant New York, Mariner Books, 2017, p.22.

[3] 萧拉瑟，世界中心的岛：曼哈顿传奇，陈丽丽和吴奕俊译，于舒畅校译，社会科学文献出版社，2019，p.65.

[4] City of Dream, p.1.

[5] 世界中心的岛：曼哈顿传奇，p.49.

人名、品牌、公司和大学名

[1] Mary Kay Ash, Miracles Happen: Expect Great Things and Great Things Will Happen, Harper Perennial, 1994, p.xii.

[2] 玫琳凯·艾施，玫琳凯自传，马群译，浙江人民出版社，2013，p.2.

[3] Tyler Anbinder, City of Dreams: The 400-Year Epic History of Immigrant New York, Mariner Books, 2017, pp.110–111.

Angela's Ashes，骨灰，还是灰烬？

[1] Amy Whitaker, Art Thinking: How to Carve Out Creative Space in a World of Schedules, Budgets, and Bosses, Harper Business, 2016, p.71.

[2] 埃米·惠特克，深度工作七步法，北京联合出版公司，2018，pp.40–41.

[3] Tyler Anbinder, City of Dreams: The 400-Year Epic History of Immigrant New York, Mariner Books, 2017, p.486.

[4] Frank Mc Court, Angela's Ashes: A Memoir of a Childhood, Fouth Estate, 1996, pp.63, 219, 285, 341.

[5] Frank Mc Court, 'Tis: A Memoir, Fouth Estate, 1999, p.385.

[6] https://www.imdb.com/title/tt0145653/faq?ref_=tt_faq_2#fq0018174

Chaplain：牧师、神父还是军牧？

[1] 张如柏，张玉玉等，对佛教起源的再思考—佛教：从中国传到印度经中亚、中国汉代西域再回到中国（内地），成都理工大学学报：社会科学版，

2016，24（1）：12.

[2] Tyler Anbinder, City of Dreams: The 400-Year Epic History of Immigrant New York, Mariner Books, 2017, p.20.

[3] Ibid., p.41.

[4] Ibid., p.53.

[5] Ibid., pp.198–199.

[6] Ibid., p.524.

[7] Ibid., p.4.

[8] Ibid., p.406.

[9] Ibid., pp.232–233.

Part 4　智慧的阶梯

拙荆与谦卑

[1] 默瑞·N.罗斯巴德，亚当·斯密以前的经济思想：奥地利学派视角下的经济思想史（第一卷），张凤林等译，商务印书馆，2012，pp.477–478.

[2] Callum Williams, The Classical School: The Turbulent Birth of Economics in Twenty Extraordinary Lives, The Economist, 2020, p.24.

[3] 斯威夫特，格列佛游记，张健译，人民文学出版社，2000，p.7.

[4] 卡勒姆·威廉斯，大转型之前：从亚当·斯密到阿尔弗雷德·马歇尔，黄延峰译，文汇出版社，2023，p.20.

[5] 施耐庵，罗贯中，水浒传，人民文学出版社，1989，p.99.

[6] Rothbard, Murray Newton, Economic Thought Before Adam Smith: An Austrian perspective on the history of economic thought, Vol. 1, Ludwig von Mises Institute, 2006, p.304.

言外之意的增删

[1] Callum Williams, The Classical School: The Turbulent Birth of Economics in Twenty Extraordinary Lives, The Economist, 2020, p.88.

[2] Ibid., p.102.

[3] 刘向，说苑校正，向宗鲁校正，中华书局，1987，p.406.

［4］卡勒姆·威廉斯，大转型之前：从亚当·斯密到阿尔弗雷德·马歇尔，黄延峰译，文汇出版社，2023，p.110.

《国富论》之绝对优势

［1］Callum Williams, The Classical School: The Turbulent Birth of Economics in Twenty Extraordinary Lives, The Economist, 2020, p.78.

［2］Ibid., p.99; Adam Smith, The Wealth of Nations, Modern Library, 1994, p.486.

［3］严复，严复全集（卷二），福建教育出版社，2014，p.323.

［4］亚当·斯密，国富论（下），郭大力，王亚南译，北京联合出版公司，2013，p.25.

［5］亚当·斯密，国富论（珍藏本），唐日松等译，华夏出版社，2014，p.328.

［6］亚当·斯密，国富论，谢宗林和李华夏译，中央编译出版社，2012，p.357.

［7］亚当·斯密，国富论（下），杨敬年译，陕西人民出版社，2020，p.424.

［8］亚当·斯密，国富论，胡长明译，重庆出版社，2018，p.207.

［9］The Wealth of Nations, p.483.

［10］严复全集（卷二），p.323.

［11］国富论（下），郭大力，王亚南译，p.25.

［12］国富论（珍藏本），唐日松等译，p.328.

［13］国富论，谢宗林和李华夏译，p.356.

［14］国富论（下），杨敬年译，p.424.

［15］国富论，胡长明译，p.207.

李嘉图的 more or less

［1］Callum Williams, The Classical School: The Turbulent Birth of Economics in Twenty Extraordinary Lives, The Economist, 2020, p.127.

［2］David Ricardo, On the Principles of Political Economy and Taxation, Everyman's Library, 1911, p.55.

［3］里嘉图，经济学及赋税之原理，郭大力和王亚南译，中华书局，1949，p.61.

［4］大卫·李嘉图，政治经济学及赋税原理，郭大力和王亚南译，商务印书馆，1962，p.81；李嘉图著作和通信集·政治经济学及赋税原理，彼罗·斯拉法主编，郭大力和王亚南译，商务印书馆，1981 年 4 月，p.81.

［5］大卫·李嘉图，政治经济学与赋税原理，周洁译，新世界出版社，2003，p.78.

［6］大卫·李嘉图，政治经济学及赋税原理，周洁译，华夏出版社，2005，p.68；2013，p.66.

［7］大卫·李嘉图，政治经济学及赋税原理，丰俊功译，光明日报出版社，2009，p.75.

［8］大卫·李嘉图，赋税原理，王文新，韩冬梅，华弘波，孙巍峰译，人民日报出版社，2009，p.53.

住在 pen 里的老头

［1］Callum Williams, The Classical School: The Turbulent Birth of Economics in Twenty Extraordinary Lives, The Economist, 2020, p.178.

［2］Karl Marx, Frederick Engels: Marx and Engels Collected Works, Vol. 4, 1844–1845, Intl Pub, 1975, p.363–364.

［3］弗·恩格斯，英国工人阶级状况，马克思恩格斯全集（第二卷），人民出版社，2005，p.345.

［4］Friedrich Engels, The Condition of the Working Class in England, translated by W. O. Henderson and W. H. Chaloner, Stanford University Press, 1958, p.75.

《国富论》中的 pin

［1］Adam Smith, The Wealth of Nations, The Modern Library, 1994, p.4.

［2］Amy Whittaker, Art Thinking: How to Carve Out Creative Space in a World of Schedules, Harper Business, 2016, p.10.

［3］埃米·惠特克，深度工作 7 步法，黄延峰译，北京联合出版社，2018，p.8.

吹毛求疵一段《人口原理》

［1］朱熹，四书章句集注，中华书局，1986，p.73.

［2］James Legge, The Chinese Classics I, Confucian Analects, The Great Learning, The Doctrine of The Mean, Hong Kong University Press, 1960, p.171.

［3］南怀谨，论语别裁，南怀谨选集（第一卷），复旦大学出版社，2013，p.168.

［4］Thomas Robert Malthus, edited by Antony Flew, An Essay on the Principle of Population and A Summary View of the Principle of Population, Penguin Books, 1988, p.71.

［5］Ibid., pp.118–119.

［6］马尔萨斯，人口原理，朱泱，胡企林，朱和中译，商务印书馆，1996，p.55.

［7］托马斯·罗伯特·马尔萨斯，人口原理，王慧慧译，陕西师范大学出版社，2008，p.41.

［8］托马斯·马尔萨斯，人口原理（珍藏本），陈小白译，华夏出版社，2012，pp.73–74.

［9］托马斯·罗伯特·马尔萨斯，人口原理，杨菊花，杜声红译，中国人民大学出版社，2018，pp.50–51.

配第他爹是干什么的？

［1］Callum Williams, The Classical School: The Birth of Economics in 20 Enlightening Lives, The Economist, 2020, p.17.

［2］姚开建主编，经济学说史（第二版），中国人民大学出版社，2015，p.47.

［3］晏智杰主编，西方经济学说史教程，北京大学出版社，2002，p.62.

［4］欧文等，经济魔杖：50位经济学家如何影响和改变世界历史，中国社会出版社，1997，p.25.

［5］Ibid., p.29.

［6］阿尼金，改变历史的经济学家，晏智杰译，华夏出版社，2007，p.36.

［7］哈里·兰德雷斯，大卫·柯南德尔，经济思想史，周文译，人民邮电出版社，2017，p.54.

[8] Harry Landreth, David C. Colander, History of Economic Thought, Houghton Mifflin, 2002, p.52.

[9] 默瑞·N.罗斯巴德，亚当·斯密以前的经济思想：奥地利学派视角下的经济思想史（第一卷），张凤林等译，商务印书馆，2012，p.466.

[10] Murray N. Rothbard, Economic Thought Before Adam Smith: An Austrian Perspective on the History of Economic Thought, Volume I, Edward Elgar Publishing, 2006, p.296.

[11] 贾尼·瓦吉，彼得·格罗尼维根，经济思想简史：从重商主义到货币主义，彭哲译，电子工业出版社，2017，p.33.

[12] Gianni Vaggi, Peter Groenewegen, A Concise History of Economic Thought: From Mercantilism to Monetarism, Palgrave Macmillan, 2003, p.29.

[13] 斯坦利·L.布鲁，兰迪·R.格兰特，经济思想史，邸晓燕等译，北京大学出版社，2014，p.24.

[14] Stanley L. Brue, Randy R. Grant, The Evolution of Economic Thought 8e, South-Western, Cengage Learning, 2013, p.28.

最富英国，最穷中国？

[1] Callum Williams, The Classical School: The Turbulent Birth of Economics in Twenty Extraordinary Lives, The Economist Books, 2020, p.4.

[2] 卡勒姆·威廉斯，大转型之前：从亚当·斯密和阿尔弗雷德·马歇尔，黄延峰译，文汇出版社，2023，p.v.

[3] 国家清史纂修领导小组及国家清史编纂委员会办公室编，清史镜鉴（第一辑），国家图书馆出版社，2008，p.2.

[4] Claudia Goldin & Lawrence F. Katz, The Race between Education and Technology, The Belknap Press of Harvard University Press, 2008, p.1.

[5] 克劳迪娅·戈尔丁，劳伦斯·凯兹，教育和技术的竞赛，陈津竹，徐黎蕾译，商务印书馆，2015，p.1.

[6] 克劳迪娅·戈尔丁，劳伦斯·F.卡茨，教育和技术的赛跑，贾拥民，傅瑞蓉译，格致出版社，2023，p.1.

Part 5　营销无小事

Rating 和 Share Points *之辩*

[1] Roger A. Kerin, Steven W. Hartley, Marketing 13e, McGraw Hill Education, 2017, p.213.

[2] https://www.frankwbaker.com/mlc/math-media-what-is-rating-share/

[3] Marketing, 13e, p.508.

[4] Ibid., p.213.

[5] Ibid., p.624.

[6] 罗杰·A·凯林, 史蒂文·W·哈特利, 威廉·鲁迪里尔斯, 市场营销 9e, 董伊人, 史有春, 何健等译, 世界图书出版公司, 2011, p.637.

从定制徽章到卖鞋的 Zappos.com

[1] Roger A. Kerin, Steven W. Hartley, Marketing 13e, McGraw Hill Education, 2017, p.236.

[2] Ibid., p.44.

[3] 罗杰·A·凯林, 史蒂文·W·哈特利, 市场营销 13e, 黄延峰, 董伊人, 史有春, 何健译, 九州出版社, 2022, p.53.

[4] Marketing 13e, p.216.

[5] 市场营销 13e, p.224.

[6] Marketing 13e, pp.215-216.

[7] 市场营销 13e, p.224.

[8] 谢家华, 三双鞋: 美捷步总裁谢家华自述, 谢传刚译, 中华工商联合出版社, 2016, p.6.

[9] Ibid., p. 17.

[10] Tony Hsieh, Delivery Happiness: A Path to Profits, Passion, and Purpose, Business Plus, 2010, p.21.

[11] 市场营销 13e, p.250.

"更有内容的饮料" 么意思

[1] Kerin, Roger A., Steven W. Hartley, William Rudelius, Marketing 9e, McGraw

Hill Irwin, 2009, p.245.

［2］罗杰·A·凯林，史蒂文·W·哈特利，威廉·鲁迪里尔斯，市场营销9e，董伊人，史有春，何健等译，世界图书出版公司，2011，p.268.

［3］罗杰·A·凯林，史蒂文·W·哈特利，市场营销13e，黄延峰，董伊人，史有春，何健译，九州出版社，2022，p.277.

不费脑筋的，挂羊头卖狗肉

［1］Kerin, Roger A., Steven W. Hartley, William Rudelius, Marketing 9e, McGraw Hill Irwin, 2009, p.103.

［2］罗杰·A·凯林，史蒂文·W·哈特利，威廉·鲁迪里尔斯，市场营销9e，董伊人，史有春，何健等译，世界图书出版公司，2011，p.111.

［3］https://en.wikipedia.org/wiki/Bait-and-switch

［4］https://www.51voa.com/Voa_English_Learning/bait_and_switch_44296.html#google_vignette

［5］罗杰·A·凯林，史蒂文·W·哈特利，市场营销13e，黄延峰，董伊人，史有春，何健译，九州出版社，2022，p.106.

［6］Zhang Yingyu, The Book of Swindles: Selections from a Late Ming Collection, translated by Christopher Rea, Bruce Rusk, Columbia University Press, 2017.

［7］Roger A. Kerin, Steven W. Hartley, Marketing 13e, McGraw Hill Education, 2017, p.269.

［8］市场营销9e，p.284.

［9］市场营销13e，p.290.

［10］Marketing 13e, p.269.

［11］市场营销9e，p.284.

［12］市场营销13e，p.291.

［13］https://www.brainyquote.com/quotes/philip_zimbardo_271900

［14］Marketing 9e, p.260.

［15］市场营销9e，p.284.

［16］市场营销13e，p.291.

［17］Marketing 9e, p.92.

［18］市场营销9e，p.100.

［19］市场营销 13e，p.91.

你是忘忧湖人吗？

［1］Roger A. Kerin, Steven W. Hartley, Marketing 13e, McGraw Hill Education, 2017, p.285.

［2］Kerin, Roger A., Steven W. Hartley, William Rudelius, Marketing 9e, McGraw Hill Irwin, 2009, p.250.

［3］罗杰·A·凯林，史蒂文·W·哈特利，威廉·鲁迪里尔斯，市场营销 9e，董伊人，史有春，何健等译，世界图书出版公司，2011，p.274.

［4］Marketing 9e, p.260.

［5］市场营销 9e，p.284.

［6］Marketing 9e, p.222.

［7］市场营销 9e，p.243.

［8］Marketing 9e, p.194.

［9］市场营销 9e，p.210.

［10］罗杰·A·凯林，史蒂文·W·哈特利，市场营销 13e，黄延峰，董伊人，史有春，何健译，九州出版社，2022，p.308.

［11］Marketing 13e, p.285.

［12］Gary Belsky, Thomas Gilovich, Why Smart People Make Big Money Mistakes and How to Correct Them: Lessons from the life-changing science of behavioral economics, Simon & Schuster, 2010, p.158–159.

［13］加里·贝尔斯基，托马斯·季洛维奇，增值陷阱：聪明人必须知道的花钱艺术，北京联合出版公司，2020，pp.161–162.

［14］Gary Belsky, Thomas Gilovich, Why Smart People Make Big Money Mistakes and How to Correct Them: Lessons from the new science of behavioral economics, Simon & Schuster, 1999, p.154.

［15］盖瑞·贝斯基，托马斯·季洛维奇，半斤非八两：跳出理财的心理陷阱，中国商业出版社，2003，p.181.

［16］盖瑞·贝斯基，汤玛斯·季洛维奇，行为经济学：谁说有钱人一定会理财？日月文化出版股份有限公司，p.148.

［17］Ibid., p.149.

H & R Block 如何译

[1] Kerin, Roger A., Steven W. Hartley, William Rudelius, Marketing 9e, McGraw Hill Irwin, 2009, p.401; Roger A. Kerin, Steven W. Hartley, Marketing 13e, McGraw Hill Education, 2017, p.416.

[2] https://topfranchise.com/products/h-r-block-tax-services-franchise/

[3] https://www.linkedin.com/in/alicia-russell-71018419

[4] 罗杰·A·凯林，史蒂文·W·哈特利，威廉·鲁迪里尔斯，市场营销 9e，董伊人，史有春，何健等译，世界图书出版公司，2011，p.439.

[5] https://investors.hrblock.com/news-releases/news-release-details/hr-block-receives-green-light-offer-banking-products-and

[6] https://topfranchise.com/products/h-r-block-tax-services-franchise/

[7] https://www.nwu.edu.cn/__local/B/E8/A3/C3E2C166C41D874C2A1462 AB0D1_B3F34E53_B4E00.pdf?e=.pdf

strip-mall 和 power-center 如何译

[1] https://en.wikipedia.org/wiki/Central_business_district

[2] 巴里·伯曼，乔尔·R·埃文斯，零售管理 11e，吕一林，宋卓昭译，中国人民大学出版社，2015，p.295.

[3] https://www.monash.edu/business/marketing/marketing-dictionary/r/regional-shopping-centre

[4] Denise L. Evans, O. William Evans, The Complete Real Estate Encyclopedia, From AAA Tenant to Zoning Variance and Everything in between, McGraw-Hill, 2007, p.339.

[5] 曾子墨，墨迹：留在生命和记忆中，长江文艺出版社，2007，pp.24.

[6] 罗杰·A·凯林，史蒂文·W·哈特利，威廉·鲁迪里尔斯，市场营销 9e，董伊人，史有春，何健等译，世界图书出版公司，2011，p.497.

[7] Roger A. Kerin, Steven W. Hartley, Marketing 13e, McGraw Hill Education, 2017, p.451.

[8] https://en.wikipedia.org/wiki/Strip_mall

[9] https://en.wikipedia.org/wiki/Power_center

[10] https://www.investopedia.com/terms/p/power-center.asp

［11］罗杰·A·凯林，史蒂文·W·哈特利，市场营销 13e，黄延峰，董伊人，史有春，何健译，九州出版社，2022，p.491.

销售导致促销及其思考

［1］菲利普·科特勒等，市场营销原理（亚洲版 3e），李季，赵占波译，江明华审校，机械工业出版社，2014，p.296.

［2］罗杰·A·凯林，史蒂文·W·哈特利，威廉·鲁迪里尔斯，市场营销 9e，董伊人，史有春，何健译，世界图书出版公司，2011，p.523.

［3］李蔚、牛永革，创业市场营销，清华大学出版社，2006，p.153.

［4］理查德·J·塞米尼克，促销与整合营销传播，徐惠忠，张洁译，电子工业出版社，2005，p.68.

［5］特伦斯·A·辛普，整合营销沟通（第 5 版），熊英翔译，中信出版社，2003，p.278.

［6］市场营销 9e，p.415.

［7］Roger A. Kerin, Steven W. Hartley, Marketing 13e, McGraw Hill Education, 2017, p.483.

［8］市场营销 9e，p.523.

［9］Terence A. Shimp, Advertising, Promotion, & Supplemental Aspects of Integrated Marketing Communications (6e), South-Western College Publishing, 2002, p.250.

［10］创业市场营销，p.153.

［11］刘向，说苑（下），王天海，杨秀岚译注，中华书局，2019，p. 815.

猴子、猩猩还是猿？

［1］Roger A. Kerin, Steven W. Hartley, Marketing 13e, McGraw Hill Education, 2017, p.609.

［2］https://alchetron.com/Monk-e-Mail

［3］https://en.wikipedia.org/wiki/Viral_marketing

［4］Philip Kotler, Gary Armstrong, et al, Principles of Marketing: An Asian Perspective (4e), Pearson, 2017, p.556.

［5］道恩·亚科布奇，博比·卡尔德，凯洛格论整合营销，邱琼，刘辉锋

译，海南出版社，三环出版社，2007，p.84.

［6］格雷格 W. 马歇尔，马克 W. 约翰斯通，营销管理（第 2 版），董伊人，葛琳编译，机械工业出版社，2017，pp.386-387.

［7］菲利普·科特勒等，市场营销原理（亚洲第 3 版），李季，赵占波译，江明华审校，机械工业出版社，2014，p.362.

［8］罗杰·A·凯林，史蒂文·W·哈特利，威廉·鲁迪里尔斯，市场营销9e，董伊人，史有春，何健译，世界图书出版公司，2011，p.621.

［9］Marketing 13e, p.604.

一个气泡都不能有

［1］Kerin, Roger A., Steven W. Hartley, William Rudelius, Marketing 9e, McGraw Hill Irwin, 2009, p.586; Roger A. Kerin, Steven W. Hartley, Marketing 13e, McGraw Hill Education, 2017, pp.631-632.

［2］罗杰·A·凯林，史蒂文·W·哈特利，威廉·鲁迪里尔斯，市场营销9e，董伊人，史有春，何健等译，世界图书出版公司，2011，p.646.

［3］罗杰·A·凯林，史蒂文·W·哈特利，市场营销 13e，黄延峰，董伊人，史有春，何健译，九州出版社，2022，p.690.

此 Roebuck 不是彼 Reebok

［1］Roger A. Kerin, Steven W. Hartley, Marketing 13e, McGraw Hill Education, 2017, p.601.

［2］Robert D. Atkinson, Michael Lind, Big Is Beautiful: Debunking the Myth of Small Business, The MIT Press, 2018, p.171.

［3］https://wiki.mbalib.com/wiki/%E7%BE%8E%E5%9B%BD%E8%A5%BF%E5%B0%94%E6%96%AF%E5%85%AC%E5%8F%B8

［4］https://www.abbreviations.com/sears

［5］卡尔文·霍尔，弗农·诺德比，荣格心理学七讲，冯川译，北京大学出版社，2017，p.4.

［6］William Manchester, One Brief Shining Moment: Remembering Kennedys, Little, Brown and Company, 1983, p.270.

［7］威廉·曼彻斯特，即逝的闪耀之光：肯尼迪，黄延峰译，中信出版集

团，2017，pp.67, 83, 275.

［8］Big is Beautiful, p.171.

［9］罗伯特·D.阿特金森，迈克尔·林德，规模：企业创新、生产率和国际竞争，黄延峰译，格致出版社，2021，p.245.

［10］Ibid., p.245.

从科思科到开市客

［1］https://www.asahi.com/ajw/articles/13062034

［2］Roger A. Kerin, Steven W. Hartley, Marketing 13e, McGraw Hill Education, 2017, p.622.

Part 6　精译求精

fountain 和 source 以及尼罗河源头

［1］Robert Hughes, The Fatal Shore: The epic of Australia's founding, Alfred A. Knopf, 1987, p.43.

［2］欧阳昱，译心雕虫：一个澳华作家的翻译笔记，2013，秀威·釀出版，2013，p.268.

［3］罗伯特·休斯，致命的海滩：澳大利亚流犯流放史 1787—1868，欧阳昱译，南京大学出版社，2014，p.50.

［4］译心雕虫，p.267.

［5］Ibid.

［6］The Fatal Shore, p.43.

［7］致命的海滩，p.50.

［8］让·徐雷－卡纳尔，黑非洲：地理·文化·历史，何钦译，世界知识出版社，1960，pp.148-149.

［9］W. E. Burghardt Du Bois, The World and Africa: An Inquiry into the Part Which Africa Has Played in World History and Color and Democracy, Oxford University Press, 2007, p.33.

［10］活在地狱：近代北非的欧洲白奴，https://mp.weixin.qq.com/s/W8Xdjvz7z TcByvdDzdbldQ

［11］詹森·汤普森，埃及史：从原初时代至当下，郭子林译，商务印书馆，2012，p.97.

［12］Ibid., p.99.

［13］约翰·汉尼·斯皮克，尼罗河探源，吴鹏，陆品超译，当代中国出版社，2017，p.3.

［14］Ibid., p.331.

［15］https://en.wikipedia.org/wiki/Blue_Nile

［16］https://m.kekenet.com/read/201111/159976.shtml

孔子曰 Time is Like a Cleavage

［1］Joseph Bikart, The Art of Decision Making: How We Move from Indecision to Smart Choices, Watkins, 2019, p.91.

［2］孔子，曾参，孔伋等，论语·大学·中庸，辜鸿铭译注，天津社会科学院出版社，2016，p.210.

［3］约瑟夫·比卡特，深度决策：重构你的决策思维，黄延峰译，世界图书出版公司，2020，p.117.

［4］Michaelson, Christopher Wong, Jennifer Tosti-Kharas, Is Your Work Worth It? How To Think About Meaningful Work, PublicAffairs, 2024, p.84.

［5］杨伯峻，论语译注（重校本），中华书局，2011，p.234.

［6］https://language.chinadaily.com.cn/2016-06/28/content_25883935.htm

［7］https://www.zhihu.com/question/357529025/answer/918729826

［8］Willy Sussland, The Innovation Enterprise: How to Transform a Traditional Organization in an Innovative Enterprise, 2e, 2014, p.21.

［9］威利·苏斯兰德，开放式管理平台：互联网时代传统企业创新转型的管理模式（第二版），黄延峰译，台海出版社，2016，p.2.

［10］The Innovation Enterprise, p.82.

［11］王先谦，荀子集解，沈啸寰，王星贤点校，中华书局，1988，p.138.

［12］庄子，陈鼓应，蒋丽梅导读及译注，中信出版社，2013，p.354.

［13］Charlie In, The A to Z of Achieving Abundance for Financial Freedom (e-copy), p.94.

［14］殷生，从 A 到 Z 轻松实现财务自由，黄延峰译，清华大学出版社，

2017，p.157.

情商、和绅、乔布斯及其翻译

[1] 沃尔特·艾萨克森，史蒂夫·乔布斯传（修订版），管延圻，魏群，佘倩，赵萌萌译，中信出版社，2015，p.176–177.

[2] Walter Isaacson, Steve Jobs, Little, Brown, 2011, p.180.

[3] Ibid., p.179.

[4] Margaret Heffernan, Wilful Blindness: Why We Ignore the Obvious, Simon & Schuster, 2019, p. 190.

异父异母之法定继承和《民法典》

[1] 中华人民共和国民法典，法律出版社，2020，p.219.

[2] Josh and Lisa Lannon, The Social Capitalist, RDA press, 2012, p.17.

[3] 乔希·兰农，莉萨·兰农，社会企业家，黄延峰译，四川文艺出版社，2015，p.18；社会企业家，四川人民出版社，2017，p.18.

妍皮不裹痴骨

[1] Russell Jones, Sense: Unlock Your Senses and Improve Your Life, Welbeck, 2020，p.168.

[2] 陈立夫，四书道贯，中国友谊出版公司，2019，p.40.

[3] 房玄龄等，晋史（第十册），中华书局，1974，pp.3175–3176.

[4] https://www.nytimes.com/1999/07/04/magazine/what-they-say-about-stanley-kubrick.html

[5] 韩非子，陈耀南导读，陈秉才译注，中信出版社，2014，p.164.

王子之 question

[1] Joseph Bikart, The Art of Decision Making: How We Move from Indecision to Smart Choices, Watkins, 2019, p.5.

[2] 约瑟夫·比卡特，深度决策：重构你的决策思维，世界图书出版公司，2020，p.2.

斯宾诺莎：哲学翻译的昏与昭

[1] http://www.aisixiang.com/data/35604.html，杨祖陶：汪子嵩与《希腊哲学史》多卷本

[2] Joseph Bikart, The Art of Decision Making: How We Move from Indecision to Smart Choices, Watkins, 2019, p.112.

[3] Benedict Spinoza, Ethics, translated by W. H. White, revised by A. H. Stirling, Wordsworth Classics of World Literature, 2001, p.107.

[4] 斯宾诺莎，伦理学（典藏版），李健编译，陕西人民出版社，2011，p.109.

[5] 斯宾诺莎，伦理学，贺麟译，商务印书馆，1997，p.107.

[6] 伦理学（典藏版），p.108；https://monadnock.net/spinoza/ethics-3.html，Baruch Spinoza (1677), Ethics, translated by R.H.M. Elwes (1883).

[7] Benedict Spinoza, Ethics Demonstrated in Geometrical Order (e-copy), translated by Jonathan Bennett, Early Modern Texts, 2017, p.61.

[8] The Art of Decision Making, p.175.

[9] Benedict de Spinoza, Ethics Proved in Geometrical Order, edited by Matthew J. Kisner, translated by Michael Silverthorne and Michael Silverthorne, Cambridge University Press, 2018, p.103.

[10] Beth Lord, Spinoza's Ethics: An Edinburgh Philosophical Guide, Edinburgh University Press, 2010, p.90.

斯宾诺莎之 appetite 和 desire 的翻译

[1] Joseph Bikart, The Art of Decision Making: How We Move from Indecision to Smart Choices, Watkins, 2019, p.112.

[2] 刘清平，怎样界定善恶概念—兼析元价值学与规范价值学的区别，人文杂志，2016 (3):1-7.

[3] 斯宾诺莎，伦理学（典藏版），李健编译，陕西人民出版社，2011，p.108.

[4] Benedict Spinoza, Ethics, translated by W. H. White, revised by A. H. Stirling, Wordsworth Classics of World Literature, 2001, p.106–107.

[5] 吉尔·德勒兹，斯宾诺莎的实践哲学，冯炳昆译，商务印书馆，2005，p.60.

[6]鲁伊吉·博格里奥罗,形而上学,朱东华,詹文杰译,王晓朝审校,黑龙江人民出版社,2005,p.12.

[7]Ibid., p.13.

三 惊拍案称奇

[1] Mike Hoefflinger, Becoming Facebook: the 10 challenges that defined the company that's disrupting the world, AMACOM, 2017, p.199.

[2]麦克·霍夫林格,回归商业常识:Facebook 的十大挑战和应对,黄延峰译,中信出版集团,2019,pp.263-264.

[3]麦可·霍伊弗林格,成为脸书,马克·祖克柏如何思考创新与布局,让全世界离不开脸书,黄逸华,刘体中,林丽雪译,三采文化,2017,p.292.

Part 7 译后记

多少钱才够?

[1]本文初稿见于中信出版集团《金钱与好的生活》2016 版,pp.255-258;再见于中信出版集团 2020 版,pp.257-260。截止 2024 年 12 月,我已经翻译了50 多本书,包括 4 本汉译英;已经出版 44 本,其中 2 本汉译英;汉译英中有 1本是国家社科基金中华学术外译项目的书。

美好生活与政治幸福

[1]《安娜·卡列尼娜》(*Anna Karenina*)开头那句话的英文译文因译者不同而略有不同。草婴按俄文译为"幸福的家庭家家相似,不幸的家庭各各不同"。读者也各有所好。

[2]弗雷德里克·勒诺瓦,幸福,一次哲学之旅,袁筱一译,南海出版公司,2015,p.41.

[3] Ibid., p.28.

[4] Robert Skidelsky, Edward Skidelsky, How Much is Enough? The Love of Money, and the Case for the Good Life, Allen Lane, 2012, p.viii.

[5] Allegra Stratton, David Cameron aims to make happiness the new GDP, https://www.theguardian.com/politics/2010/nov/14/david-cameron-wellbeing-inquiry

［6］Ahmad, Husnain Fateh, & Irfan A. Qureshi, Quantifying and Comparing Wellness Across Nations: a Cross Country Empirical Analysis, 2020, p.2.

wellness 是广义的健康，包括身体、精神、智力、社会和环境健康。

［7］幸福，一次哲学之旅，p.20.

［8］How Much is Enough? p.8.

［9］世说新语·言语，朱碧莲，沈海波译注，中华书局，2011，p.57.

［10］昂山素季，昂山素季：免于恐惧的自由，更桑东智译，https://beyondhighwall.blogspot.com/2012/01/blog-post_16.html

［11］自古以来，官吏不外乎五 MANG：文盲、流氓、法盲、瞎忙和真忙。

真忙的人（real busy bees or self-seekers）多为低级别的官吏，官小，钱少，活多，干好了是领导的，干坏了要挨骂；贪官也很忙，不过忙的却是五子登科：孩子、票子、房子、车子、女子。

文盲有三类：除（a）文盲或半文盲（illiterate or semiliterate）外，还包括（b）有大学文凭的文盲（university-educated illiterate），不少还是副教授、教授级别的"文盲"，即他们虽然受过大学教育，却满脑子狭隘的文盲思维。尹保云说过："我们的教育体系一方面在普及识字率和提高文化水平，一方面在培养会读书看报的、会写文章的和有各种头衔的'文盲'"；"他们坚守自己的观念而排斥别的知识。"（尹保云：中国人为什么很难理解现代文明？）以及（c）功能性文盲（functional illiteracy），即没有能力接受新知识，排斥和反对与自己既有知识相佐的一切，只为证明自己是对的，只为证明自己知道的才是真的。不论有没有文化，都有可能是功能性文盲，受过教育的人表现得更甚，因为他们顶着一个尿壶却不自知，满脑子记住的都是标准答案，不会求知，缺少独立思考能力。并且随着年龄的增长，这种封闭的自洽性就越顽固，典型的洗脑后综合症。

流氓包括政治流氓和生活流氓（lecherous and/or gangster politicians），具体到个人，往往兼而有之，而且不分男女。

法盲（legal illiterate）主要是指当权者和执法者不具备法律素养和现代法学理念，只听皇帝或上级的。他们污染的是河源，其对一国之危害远大于罪犯被抓后声称自己是法盲。只是"法盲"不可当借口（Ignorance of the law excuses no one）。

瞎忙（goof-offs）主要指上班应付公事，文山会海，迎来送往，却不解决实际问题；或正事不干，只想利用职位和权力捞取个人的各种好处，心理上跟"贼不走空"是一样的。在他们眼里，工资是应得的，少不得一分；多捞的才是赚的，多捞了今天才没有白上班。官僚职业化且只能进不能出的情况下，如果无法界定犯有过错，就很难开除他们。这样的官僚体制不具备自清能力。

毕竟，官员来自于老百姓，二者是互相培养的。有什么样的普罗大众，就有什么样的文化，也就决定了他们擅长搞什么样的官僚制度。培养蛆虫，再利用监督灭之，且希望通过个人自律改之，这无疑是痴人说梦，即使剥皮楦草都无法阻止他们前腐后继，因为滋生地依然存在。表面看是制度约束缺乏，其实是文化土壤的基因问题。如此的文化土壤产生不了现代政治制度，而现有的制度又不利于文化土壤的改良。故中国的历史没有断层，从头到尾就是一本皇族的家谱，朝代螺旋式前进，且是个死循环；一圈结束后，又从头开始。

[12] The changes in the economic foundation lead sooner or later to the transformation of the whole immense superstructure. (Karl Marx, Frederick Engels, Collected Works, Volume 29, Marx: 1857-1861, Progress Publishers, 1987, p. 263.)

《马克思恩格斯选集》译为"随着经济基础的变更，全部庞大的上层建筑也或慢或快地发生变革。"（《马克思恩格斯选集》第二卷，人民出版社，1977，p. 83.）将 sooner or later 译为"或慢或快地"不恰当，应译为"迟早"，二者还是有很大不同的。

[13] 王成斌，刘炳耀，叶万忠，范传新主编，民国高级将领列传（第四集），解放军出版社，1989，p. 547.

[14] https://zh.wikipedia.org/wiki/%E8%94%A3%E7%B6%93%E5%9C%8B

[15] North, Douglass C., Robert Paul Thomas, The Rise of the Western World: A New Economic History, Cambridge University Press, 1999, p. 1.

[16] Ibid., p.2. 英文是 Growth will simply not occur unless the existing economic organization is efficient，它将 will simply not occur 译成了"不会简单地发生"（道格拉斯·诺思，罗伯特·托马斯，《西方世界的兴起：新经济史》，厉以平，蔡磊译，华夏出版社，1989，p. 3），望文生义了，此处的 simply 应是强调某种说法（to emphasize a statement），表示"根本（不）……""绝对（不）……"。

[17] https://www.nobelprize.org/prizes/economic-sciences/2024/press-release/

[18] F. A. Hayek, The Road to Serfdom, George Routledge & Sons, 2006, p.85. 这句话是不是康德说的存疑。作者提到康德之后，紧接着解释道：在康德之前，伏尔泰也用非常接近的措辞表达过这一观点。

［19］弗里德里希·海耶克，通向奴役之路，滕维藻、朱宗风译，张楚勇审订，商务印书馆（香港），2017，p.65.

［20］Ibid., p.98.

《三娃儿》译之思

［1］参考 Robert Skidelsky, Edward Skidelsky, How Much is Enough? The Love of Money and the Case for the Good Life, Allen Lane, 2012, p.83.

这句话的上下文如下：

The Confucian ideal of learned dilettantism was later enshrined in the imperial examination, the sole route to public office from 605 to 1905. This monument to bureaucratic centralism ensured that for over a thousand years the highest offices of state went to men steeped in ancient poetry and philosophy and little else besides-an important factor in the collapse of China during the final years of the Qing.

［2］http://www.iartsee.com/sharecontents/index.php?id=6395

［3］"仓廪实而知礼节，衣食足而知荣辱"语出司马迁的《史记·管晏列传》，意思是老百姓粮食充裕了才会重视礼仪，吃穿不愁了才会关心自己的荣辱。该句源于春秋时期齐国著名政治家管仲的《管子·牧民第一》，但其"而"字为"则"字。何如璋云：《贾子新书》引管子曰："仓廪实知礼节，衣食足知荣辱。"无两"则"字。《史记·管仲传》：故其书曰"仓廪实而知礼节，衣食足而知荣辱"，两"则"字作"而"字（黎翔凤撰，梁运华整理，《管子校注》上，中华书局，2004，p.4），强调"仓廪实""衣食足"是"知礼节""知荣辱"的前提和基础。

［4］赖建诚，经济史的趣味，格致出版社，2024，p.118.

［5］http://www.rocidea.com/one?id=24781，龙应台：谁欠了他们的人生

白玉无瑕，还是瑕瑜互见

［1］Remarks by the President at the 50th Anniversary of John F. Kennedy's Inauguration,

https://obamawhitehouse.archives.gov/the-press-office/2011/01/20/remarks-president-50th-anniversary-john-f-kennedys-inauguration

［2］Theodore C. Sorensen, The Kennedy Legacy, The Macmillan Company, 1969, p.16.

[3] 米米·阿尔福德，曾经的秘密：我和肯尼迪总统的婚外情，周方舟译，北京理工大学出版社，2013，p.50.

[4] Ibid., pp.190–192.

[5] The Kennedy Legacy, p.397.

[6] N. Gregory Mankiw, Principles of Economics, 3e, Thomson/South-Western, 2004, p.424.

[7] 曼昆，经济学原理（第2版，下册），梁小民译，三联书店，北京大学出版社，2001，p.38.

[8] 曼昆，经济学原理（第7版，微观经济学分册），梁小民，梁砾译，北京大学出版社，2015，p.432.

[9] 曼昆，经济学原理（第8版，微观经济学分册），梁小民，梁砾译，北京大学出版社，2020，p.413.

[10] https://en.wikipedia.org/wiki/Batting_average

[11] William Manchester, One Brief Shining Moment: Remembering Kennedy, Little, Brown and Company, 1983, p.44.

[12] William "Fishbait" Miller, Fishbait: The Memoirs of the Congressional Doorkeeper, Prentice-Hall, 1977, p.321.

脸书之所以是脸书

[1] https://www.forbes.com/sites/amyanderson/2013/03/14/ideas-are-a-dime-a-dozen-people-who-implement-them-are-priceless/

[2] 保罗·斯普林格，梅尔·卡森，数字化先锋—广告、营销、搜索和社交媒体领导者的成功案例，徐梦蔚译，机械工业出版社，2014，p.64.

[3] Mel Carson, Paul Springer, Pioneers of Digital: Success Stories from Leaders in Advertising, Marketing, Search and Social Media, Kogan Page, 2012. P.48.

[4] 麦克·霍夫林格，回归商业常识：Facebook 的十大挑战和应对，黄延峰译，中信出版集团，2019，p.59.

精英、暴民与肤色革命

[1] 陈建华，申报·自由谈话会：民初政治与文化批评功能，二十一世纪，

香港中文大学中国文化研究所，2004，第 81 期，p.91.

　　[2] https://www.pewresearch.org/race-and-ethnicity/2024/05/31/the-state-of-the-american-middle-class/

　　[3] Tyler Anbinder, City of Dreams: The 400-Year Epic History of Immigrant New York, Houghton Mifflin Harcourt, 2016, p.8.

　　[4] https://time.com/3923128/donald-trump-announcement-speech/; Time Magazine, Here's Donald Trump's Presidential Announcement Speech, 2015; "那位著名的纽约人"是出生并成长于纽约的唐纳德·特朗普。2015 年 6 月 16 日，特朗普正式宣布参选美国总统，在那天的集会上他说了这番话。为什么没有指名道姓？作者解释说：因为这句话在美国太出名了，也就不用提及是谁说的。而且我从没想过我的书会被译成中文！

　　[5] 泰勒·安宾德，纽约四百年：为冒险而生的移民之城，黄延峰译，中信出版集团，2025，p.646.

　　[6] 在第一届美国国会上，詹姆斯·麦迪逊（James Madison）应各州议会的要求，提出了 20 项宪法修正案，第一修正案草案明确表示不许确立国教：

The civil rights of none shall be abridged on account of religious belief or worship, nor shall any national religion be established, nor shall the full and equal rights of conscience be in any manner, or on any pretext, infringed. ...

Source: https://en.wikipedia.org/wiki/First_Amendment_to_the_United_States_Constitution

　　但国会进行了大幅压缩，第一修正案最后改为：

Congress shall make no law respecting an establishment of religion, or prohibiting the free exercise thereof; or abridging the freedom of speech, or of the press; or the right of the people peaceably to assemble, and to petition the Government for a redress of grievances.

Source: https://constitution.congress.gov/constitution/amendment-1/

　　并且在几乎没有众参两院任何辩论记录的情况下通过了这些措辞，使得日后对修正案意图的讨论变得更加复杂。

　　[7] Konrad Bercovici, Around the World in New York, The Century, 1924, pp.3–4.

　　[8] Alexander Hamilton, James Madison, and John Jay, The Federalist Papers, edited by and with an Introduction by Michael A. Genovese, Palgrave Macmillan, 2009, p.120.

［9］City of Dreams, p.300. 诗歌原文是：

> Give me your tired, your poor,
>
> Your huddled masses yearning to breathe free,
>
> The wretched refuse of your teeming shore.
>
> Send these, the homeless, tempest-tost to me,
>
> I lift my lamp beside the golden door!

［10］杨立雄，贫困理论范式的转向与美国福利制度改革，美国研究，2006，第 2 期.

［11］Sixty years ago, President Lyndon Johnson declared an "unconditional war on poverty in America." To realize his "Great Society" vision, Johnson created a series of new welfare programs aimed "not only to relieve the symptom of poverty, but to cure it and, above all, to prevent it." ...

In the six decades that followed the launch of the "war on poverty," the U.S. government spent $27 trillion on anti-poverty programs (this figure excludes Medicare and Social Security expenditures). While the programs arguably relieved some of the symptoms of poverty, they failed in satisfying Johnson's mark of success—curing and preventing poverty.

Source: Russ Latino, "War on Poverty" contributed to breakdown of American family, June 23, 2024. https://magnoliatribune.com/2024/06/23/war-on-poverty-contributed-to-breakdown-of-nuclear-family/

[12] Despite this massive government investment, as of 2022, 37.9 million people were living in poverty. Welfare enrollment in 2022 was even higher in many programs than at the height of the pandemic and government lockdowns in 2020.

Source: 60-Year Anniversary of the War on Poverty-Are We Winning or Losing? January 24, 2024. https://budget.house.gov/press-release/60-year-anniversary-of-the-war-on-poverty_-are-we-winning-or-losing

［13］https://www.pewresearch.org/short-reads/2024/07/22/what-we-know-about-unauthorized-immigrants-living-in-the-us/

［14］https://en.wikipedia.org/wiki/Illegal_immigration_to_New_York_City

［15］Samuel P.Huntington, If Not Civilizations, What? Paradigms of the Post-Cold War World, Foreign Affairs, Vol. 72, No. 5 (Nov. - Dec., 1993), pp.186–194.

［16］李慎之，数量优势下的恐惧：评亨廷顿第三篇关于文明冲突论的文章，太平洋学报，1997 年第 2 期.

［17］Samuel P. Huntington, Who Are We? The Challenges to America's National Identity, Simon & Schuster, 2005, pp.xv-xvi; 塞缪尔·亨廷顿，《我们是谁？美国国家特性面临的挑战》，程克雄译，新华出版社，2005，p.2.

［18］英文原文是 Our Constitution was made only for a moral and religious people. It is wholly inadequate to the government of any other.

［19］英文原文是 Of all the dispositions and habits which lead to political prosperity, religion and morality are indispensable supports. In vain would that man claim the tribute of patriotism, who should labor to subvert these great pillars of human happiness, these firmest props of the duties of men and citizens.

［20］Who Are We? The Challenges to America's National Identity, pp.128–130; 塞缪尔·亨廷顿，《谁是美国人？美国国民特性面临的挑战》，程克雄译，新华出版社，2010，pp.96–97

［21］Zbigniew Brzezinski, Out of Control: Global Turmoil on the Eve of the 21st Century, Charles Scribner's Sons, 1993, p.114; 兹比格涅夫·布热津斯基，大失控与大混乱，潘嘉玢，刘瑞祥译，朱树飏校，中国社会科学出版社，1994，p.125.

［22］美国宪法第八修正案规定如下：Excessive bail shall not be required, nor excessive fines imposed, nor cruel and unusual punishments inflicted.

［23］https://apnews.com/article/fact-checking-160551360299

［24］https://thehill.com/opinion/campaign/4921785-kamala-harris-proposition-47-failure/

［25］Jeremiah Mosteller, Proportional Punishment: Does It Lead to More Crime? Liberty University Law Review, 2018, Vol. 12: Iss. 2, Article 5.

［26］罗敷，这么慢，那么美，中国友谊出版公司，2016，p.3.

［27］Ibid., p.21.

［28］Abstract truths mattered less than tangible issues, like the ability to pay rent or concerns over border crossings. https://www.nytimes.com/2024/11/06/us/politics/harris-voters-democracy.html

［29］William Manchester, One Brief Shining Moment: Remembering Kennedy, Little, Brown and Company, 1983, p.90; 威廉·曼彻斯特，短暂的辉煌：纪念肯尼

迪，黄延峰译，中信出版集团，2017，p.90.

[30] Robert A. Caro, The Path to Power: The Years of Lyndon Johnson I, Vintage Books, 1990, p.xvii.

[31] https://www.youtube.com/watch?v=w2ifmUtywwU

President Joe Biden is the first president in the history of this nation who came into the office and unsecured border on purpose.

[32] Werner Sombart, Why is There no Socialism in the United States? translated by Patricia M. Hocking and C. T. Husbands, Macmillan Press, 1976, p.16; W. 桑巴特，为什么美国没有社会主义，赖海榕译，社会科学文献出版社，2003，p.29.

[33] Rudolph W. Giuliani, with Ken Kurson, Leadership, Hyperion, 2002, pp.xi-xii, xvii, 47, 72, 307, 381–382.

[34] 英文原文是 We love this country enough that we will never give up hope, and we will never stop fighting for a better future for everybody, whether they vote for us or not. 佐治亚州亚特兰大市佐治亚州立大学会议中心，2024 年 8 月 3 日。

[35] Robert D. Atkinson & Michael Lind, Big is Beautiful: Debunking the Myth of Small Business, The MIT press, 2018, p.135; 罗伯特·阿特金森，迈克尔·林德，规模：企业创新、生产率和国际竞争，黄延峰译，格致出版社，2021，p.203; 由于富兰克林的科学发现，他获得了牛津大学和圣安德鲁斯大学的荣誉学位，此后他被称为"富兰克林博士"。https://www.worldhistory.org/Benjamin_Franklin/

[36] https://www.bartleby.com/lit-hub/respectfully-quoted/benjamin-franklin-170690-23/; 美国历史评论，1906，第 11 期，p.618.

[37] 富兰克林的原话是 Because the people, on tasting the dish, are always disposed to eat more of it than does them good.

Source: https://www.seattletimes.com/nation-world/nation/a-republic-if-you-can-keep-it-did-ben-franklin-really-say-impeachment-days-favorite-quote/

www.ingramcontent.com/pod-product-compliance
Lightning Source LLC
Chambersburg PA
CBHW080943120626
46546CB00010B/2817